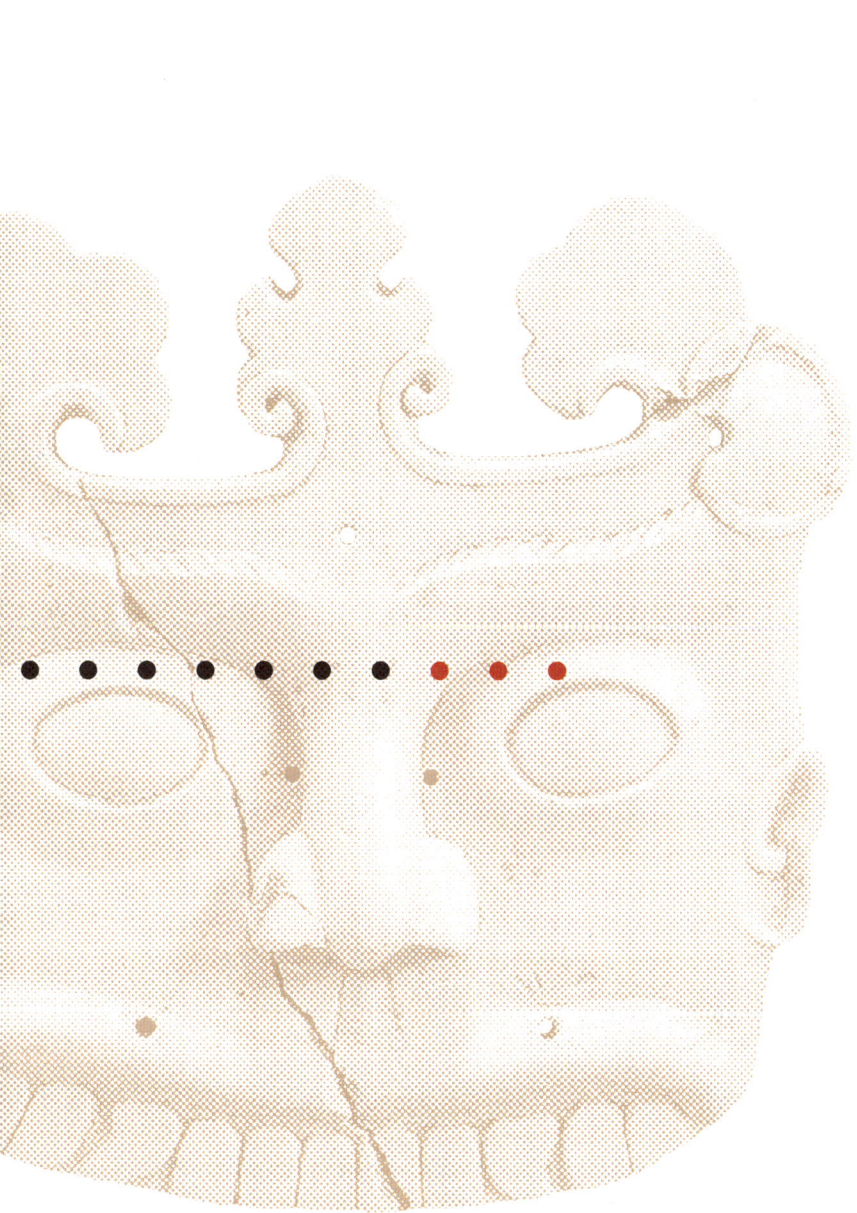

중국을 말한다

**06**

**끝없는 중흥의 길**

서기 8 년 ~ 220 년

장젠중 지음 ┃ 남광철 옮김

좋은 책 좋은 독자를 만드는─

㈜신원문화사

# 발간에 즈음하여

역사란 사람에 따라서 여러 가지 뜻으로 사용되고 있지만, 일반적으로 두 가지의 뜻이 있다. 하나는 인류가 살아온 과정에서 일어난 과거의 모든 사실과 사건 그 자체를 말하며, 다른 하나는 이러한 과거의 모든 사실과 사건의 기록을 의미한다. 즉 역사는 '사실로서의 역사'와 '기록으로서의 역사'라는 두 가지 측면이 있는 것이다.

기록으로서의 역사는 과거의 사실을 토대로 역사가가 이를 조사하고 연구하여 주관적으로 재구성한 것이다. 이 과정에서는 필연적으로 역사가의 가치관과 같은 주관적 요소가 개입하게 되며, 이 경우 역사라는 말은 기록된 자료 또는 역사서와 같은 의미가 된다.

역사는 정치, 경제, 사회, 문화 등 여러 방면에 걸친 지식이 포함되어 있는, 과거 인간 생활에 대한 지식의 총체를 의미한다. 역사를 배움으로써 우리는 인간 생활에 대한 지식의 보고에 다가갈 수 있다. 역사를 알지 못하면 현재를 살아가는 우리 자신의 정체와 우리를 둘러싸고 있는 현재의 상황을 바로 알 수가 없다. 그러므로 현재를 바로 알기 위해서 뿐만 아니라 미래를 예측하고 설계하기 위해서도 과거의 역사를 바로 알아야 한다.

발간에 즈음하여

이 책《중국을 말한다》는 총 15권으로 구성되어 있으며, 중국의 원시 사회부터 마지막 왕조인 청나라가 멸망하기까지의 역사 과정을 서술하고 있다. 본서는 유구한 중국 역사의 흥망성쇠를 시대별로 나누고, 그 시대의 주요 역사적 사실과 인물들에 관한 이야기를 1500여 편의 표제어로 엮어 구성하였을 뿐만 아니라 누구나 쉽게 읽고 이해할 수 있도록 이야기 형식으로 서술했다.

또한 당시 사회생활을 반영한 3000여 점의 그림 및 사진 자료가 매 페이지마다 실려 있어 본문의 내용을 생생하고 깊이 있게 이해하도록 도와준다. 나아가 사진과 그림들을 문화적인 유형으로 분류하면 또 하나의 독립적인 복식문화사, 풍속사, 미술사, 과학 기술사가 될 것이다.

특히 본서의 번역에 있어서 최대한 원서의 내용과 의미를 살리고자 했으며, 중국 지명 및 인명 표기에 있어서는 독자들의 혼란을 야기하지 않기 위해 외래어표기법에 의한 중국식 발음이 아닌 우리나라의 한자음으로 표기했다. 부득이 중국식 발음으로 표기한 인명에 있어서는 한자를 병기했다. 수많은 중국 고대의 문명과 인물, 그리고 생소한 지명 등을 일일이 찾아 번역하기란 쉬운 일이 아니었다. 중국의 역사는 그만큼 방대하고 폭넓기 때문이다.

《중국을 말한다》는 중국인들이 그들의 역사를 보는 시각이다. 때문에 분명 우리와 그 맥락을 달리 하는 부분이 있다. 그럼에도 불구하고 이 책을 발간하게 된 취지는, 비록 내용 중 우리 역사와 충돌하는 부분이 있지만 중국과의 교류가 날로 늘어 가고 있고, 또 중국의 국제적 영향력이 확대되고 있는 상황에서 중국을 제대로 이해할 필요가 있다고 판단했기 때문이다. 우리의 역사를 올바로 이해하기 위해서는 밀접한 관계에 있는 주변국들이 주장하는 그들의 역사도 분명히 알아야 한다. 때문에 중국인의 세계관이 잘 드러나면서도 쉽게 읽을 수 있는 역사서를 소개하고자 하는 것이다.

청소년들과 일반인들에게 더 넓은 지식을 알려줌과 동시에 역사를 전공하는 사람들에게는 비교 분석을 통해 실증적인 연구를 하는 데 도움을 주고자 이 책을 출간하게 된 것이다.

신원문화사 대표

# 꿈과 추구

중국 상해문예출판사 편집위원　허청웨이何承偉

## 독자들을 위해 엮은 중국 역사 백과사전

　　찬란한 문명사를 가진 중국은 생기와 활력이 넘치는 나라이다. 선사 시대부터 동방에 우뚝 선 중국은 오늘날에 이르기까지 끊임없는 발전을 거듭해 오고 있다. 수많은 역사가 그 땅에 살고 있는 사람들에 의해 선도되어 왔으며, 그 역사는 또한 길이길이 남아 후손들에게 지혜와 슬기를 안겨 주고 있다.

　　우리는 지금 매우 새로운 시도를 하고 있다. 보다 많은 사람들에게 중국 역사를 알리고 싶은 소망 하나로, 이야기 형식의 역사책을 만들고 있는 것이다. 그래서 이 책은 보통의 역사책처럼 지루하지 않다. 마치 할머니에게 호랑이 담배 피우던 시절의 이야기를 듣는 것처럼 흥미진진하다.

　　이 시리즈는 모두 15권으로 구성되어 있다. 제1권 〈동방에서의 창세〉, 제2권 〈시경 속의 세계〉, 제3권 〈춘추의 거인들〉, 제4권 〈열국의 쟁탈〉, 제5권 〈강산을 뒤흔드는 노래 – 대풍〉, 제6권 〈끝없는 중흥의 길〉, 제7권 〈영웅들의 모임〉, 제8권 〈초유의 융합〉, 제9권 〈당나라의 기상〉, 제10권 〈변화 속의 천지〉, 제11권 〈문채와 슬픔의 교향곡〉, 제12권 〈철기와 장검〉, 제13권 〈집권과 분열〉, 제14권 〈석양의 노을〉, 제15권 〈포성 속의 존엄〉 등이다.

　　역사에 대한 현대인들의 감정에 가장 넓은 공감대를 형성하고 있는 문학 장르는 이야기이다. 사람들은 이야기를 통해 재미와 슬픔을 느끼고, 경탄하거나 한숨을 쉬기도 한다. 이야기는 한 민족의 잠재의식 속에 존재하고 있는 집단적인 기억이다. 이야기는 또한 역사적인 문화의 유전자를 독자들에게 심어 주고, 그들의 의식意識을 깨끗하게 정화淨化시켜 준다.

　　그래서 이 책은 이야기체를 주체로 했다. 또 기존의 역사서들이 갖고 있던 중국 중심의 전통적인 틀에서 벗어나, 세계적인 안목을 가진 일류 역사학자들의 견해를 우선시했다. 나아가 중국 역사의 발전 맥락과 세계사의 풍부한 정보를 함께 실어 이야기만으로는 부족하기 쉬운 지식의 결함을 보완했다. 이야기가 가진 감성적인 감동과 역사 지식에 대한 이성적인 의견을 통일시킨 것이다. 그래서 이 책을 읽은 독자들은 한 그루의 나무뿐만 아니라 거대한 숲도 한눈에 볼 수 있으며, 각각의 이야기가 주는 심미적인 흥미와 함께 역사적인 큰 지혜도 얻게 될 것이다.

　　또한 이 시리즈에는 많은 사진과 그림들을 첨부했다. 비록 편면성을 갖고 있다 할지라도 오늘날 독자들의 수요와 취향이 그것을 요구하고 있기 때문이다. 이 책 속의 사진과 그림들은 감상을 위주

**발간사**

로 하는 사진이나 기존의 그림과는 크게 다르며, 독자들로 하여금 생생한 역사적 사실감을 느끼게 해줄 것이다.

이 책에 실린 사진과 그림들은 그 영역 또한 대단히 넓다. 역사의 현장을 깊이 있게 재현하고, 발전과정과 변화를 입체적으로 돌출시킴으로써 본문의 내용을 생생하고 깊이 있게 이해하도록 도와준다. 따라서 이 책 속의 사진과 그림들은 중국 역사와 문화의 전면적인 정보를 알려 주고 있다고 해도 과언이 아니다. 나아가 사진과 그림들을 문화적인 유형으로 분류한다면, 사진으로 읽는 복식 문화사, 의약사, 도서 서적사, 풍속사, 군사軍事사, 체육사, 과학 기술사 등 독립적이고 전문적인 분야의 역사 사진들이라고 할 수 있다.

이 시리즈에 들어 있는 하나의 이야기, 한 장의 사진, 하나의 그림 등 모든 정보는 각각 대표성을 가진 '점點' 들이라 할 수 있다. 그러나 이 점들은 개별적으로 존재하는 것이 아니라 역사라는 거대한 수레바퀴를 잇는 연속선 위의 서사敍事 단위들이며 중국 문명의 반짝이는 광점光點들로, 중국이라는 거대한 국가의 문화적 성격들을 굴곡적으로 반사하고 있다. 따라서 이 광점들을 연결시키면 하나의 역사적인 '선線' 이 된다. 이 선과 선 사이에 날실과 씨실로 엮어진 것이 바로 신성한 역사의 전당이다. 점과 선과 면, 이 세 개가 합쳐져 중국 역사라는 거대한 탑이 완성된 것이다.

인쇄술은 중국이 자랑하는 4대 발명 중의 하나이다. 한때 중국의 도서 출판은 세계 출판 역사를 선도한 적이 있었다. 하지만 근대에 이르러 중국의 출판업은 퇴보하기 시작했고, 지금도 선진국에 비히면 출판 기술적인 측면에서 상당한 후진성을 벗어나지 못하고 있다. 따라서 우리는 이 책을 출판하는 과정에서 외국의 선진 출판 기술을 열심히 배우고 소화시키며 양자 간의 거리를 단축시키기 위해 노력했다.

우리는 이 시리즈를 만드는 과정에서 중국의 역사와 문화가 너무나 위대하여 그 어떤 찬미를 한다 해도 과분하지 않다는 것을 가슴 깊이 느꼈다. 나아가 중국의 역사와 문화는 단지 중국만의 것이 아니라 세계적인 것이라는 사실을 절감할 수 있었다.

중국의 역사에 비견해 보면, 이 시리즈의 완성은 광야에 핀 꽃 한 송이에 불과할 것이다.

그러니, 앞으로 우리가 꽃피울 세상은 한없이 넓고 아름답다.

# 현대인과 역사

상해사회과학원 연구원  류수밍劉修明

지나간 역사와 오늘은 어떤 관계일까?

역사는 오늘을 살아가는 사람들에게 어떤 영향을 미치고 있는가?

과거란 지나간 세월이다. 과거의 살아 숨 쉬는 실체는 이미 없어지고 유적과 기록만 남아 있을 뿐이다. 시간은 거슬러 흐르는 법이 없다. 그렇다면 과거를 배워 도대체 무엇을 어떻게 하겠다는 말인가?

역사는 무용지물이라는 무지몽매한 개념이 개인에게만 있는 것이 아니다. 특히 과학 기술이 고도로 발달한 현대 사회에서는 역사를 현실과 동떨어졌다 하여 더욱 경시하는 경향이 있다. 또한 역사에 대한 자신의 무지를 부끄럽게 여기지 않는 사람도 적지 않다.

그러나 이런 현상을 그저 나무라기만 할 수는 없는 일이다. 다양한 양질의 자료를 통해 역사와 현시대 사람들 사이의 거리를 단축시킬 수만 있다면, 사람들은 생생한 역사 속에서 깨달음을 얻을 수 있을 것이다. 또한 역사적인 진리를 깨달아 예지叡智를 키움과 동시에, 현대 사회의 문명에 대한 인식을 더욱 깊게 하여 현시대 사람들의 인식과 실천을 한 단계 높은 차원으로 도약시킬 수 있는 기회를 만들 수 있다. 그렇게 된다면, 사람들은 오늘이 곧 역사의 계승이며 역사는 현재의 생존과 발전에 불가결한 요소임을 알게 될 것이다.

중국 역사는 생동감 있고 폭넓은 지식으로 사람들의 슬기를 키워 주는 교과서이다. 또한 독특한 성격을 가진 동방 문명사이기도 하다. 중국 역사는 그 형성과 발달 과정이 이집트나 메소포타미아 문명, 또는 인도 문명처럼 중단되거나 전이되지 않았고, 침몰되지 않았다. 비록 온갖 우여곡절을 겪기는 했지만, 여전히 불굴의 자세로 아시아의 동방에 우뚝 서 있다. 중국 역사는 시간과 공간을 포함하면서도 시간과 공간을 초월하는, 나아가 유형적이면서도 무형적인 운반체인 것이다.

영국의 철학자 베이컨은 "역사는 사람을 지혜롭게 만든다"고 했다. 역사적 경험에는 깊은 사색을 필요로 하는 이치들이 담겨 있다. 그러므로 현실을 바르게 인식하고 미래를 현명하게 내다보려면 역사를 올바르게 이해할 줄 알아야 한다. 역사를 제대로 아는 사람만이 현실을 명확히 파악할 수 있다.

문학과 역사와 철학. 이 세 가지 학문을 주간으로 하는 인문 교육은 인간의 소질을 높이는 데 특별한 가치가 있다. 그리고 이 세 가지 요소가 통합되어 있는 것이 중국 역사이다. 외국어 교육이나 컴퓨터 교육만을 중시하고 인문 교육을 소홀히 하는 경향은 반드시 고쳐져야 한다.

역사는 다양한 서적들을 통해서 연구할 수 있다. 그러나 중요한 것은 독자들의 흥미를 어떻게 이끌어 내느냐 하는 것이다. 우리는 지금 재미나는 글과 정확한 사진이 합쳐진, 이야기 형식으로 편찬된 중국 역사 서적을 독자들에게 선보이고자 한다. 이 시리즈를 주관한 허청웨이何承偉 선생은 평생이라고 해도 과언이 아닐 만큼 오랜 세월 동안 출판업에 몸담은 분이다. 또한 수많은 학자들의 자발적인 참여와 협력이 이 시리즈를 완성하게 했다.

이 시리즈는 생생한 형상과 특이한 엮음으로 누구든 쉽게 중국 역사라는 거대한 전당 속으로 들어갈 수 있게 했다. 또한 그 역사의 전당에서 지식과 도리를 깨닫고 시야를 넓혀, 과거를 거울로 삼아 미래를 꿈꿀 수 있도록 최선을 다했다. 이 책은 전통에 대한 교육과 미래에 대한 전망을 조화시켜 공부하게 함으로써, 오늘날을 살아가고 있는 사람들이 중국의 역사를 넘어서 세계 문명 발달을 선도하는 데 결정적인 역할을 하게 되기를 소망한다.

우리는 옛 선인들의 슬기로움을 가슴으로 느껴야 한다.

그들은 우리가 세계사의 주인공이 되기를 바라고 있다.

# 차 례

동한 왕조는 서한 왕조의 연속으로 역시 중화 민족의 역사에 큰 공헌을 했다.
관리는 백성을 안시시키고, 장수는 변경을 안정시켰지만 외척은 궁궐을 혼란하게 하고
제후들은 사방에서 할거하여 동한제국 성쇠의 밑그림을 그려놓았다.

# 소수 민족의 내륙 이주와 남방의 개발

복단대학 교수, 중국 진한사연구회 부회장   거젠슝葛劍雄

진나라에서부터 청나라에 이르는 2000여 년간 한漢나라의 역사가 가장 긴바, 왕망이 세운 신新나라를 제외하고도 402년이나 된다. 그러나 같은 한나라라 하더라도 동한과 서한 간에, 동한의 전기와 후기 간에 매우 큰 변화가 발생했다. 소위 "한나라가 진나라의 제도를 계승했다"는 말은 서한의 제도가 대부분 진나라에서 기원함을 가리키지만 이는 결코 한나라 전반에 걸쳐 모두 같은 제도를 실시했음을 의미하지는 않는다. 실제로 같은 명칭이나 조문이라 해도 매우 많은 제도는 그 내용과 본질이 이미 변화했다. 특히 동한과 서한은 모두 동일한 왕조의 연속으로 '고황제高皇帝'가 제정한 제도를 많이 개선하기 어려웠지만 시기와 형세의 변화에 따라 조정에서부터 지방에 이르기까지 모두 변통變通하지 않을 수 없었다. 이런 변통은 흔히 정식 기록에 보이지 않으므로 사료의 행간에서 탐구해야 한다. 그러므로 동한 역사를 이해하거나 연구할 때 반드시 이런 변화를 포착해야 사실을 바로 알 수 있다.

이런 변화는 반드시 진보 또는 완전한 것은 아니며, 악화 또는 붕괴일 수도 있다. 그렇다 하더라도 이런 변화는 낡은 제도와 사물의 철저한 소멸을 초래하고 새로운 제도·사물의 생산에 토대를 제공한다. 물론 이 과정은 매우 긴 연대에 걸쳐 지속될 수도 있다. 예를 들면 동한 기간의 이런 변화는 줄곧 위·진·남북조, 수·당나라 시대에 이르러서야 그 결과를 나타내는 경우도 있었다. 그러나 이것이 갑작스런 변화든 점차적 변화든 그 의의는 똑같이 중요한 것이다.

동한의 강역 지도와 서한의 강역 지도를 대비하면 조선 반도와 현재 베트남 경내의 동한 영토가 서한에 비해 후퇴하고 운남성과 미얀마 일대에 한해서만 다소 확장되었음을 어렵지 않게 발견할 수 있다. 서역의 관할 지역은 여러 나라 중 가장 큰 오손烏孫이 줄어듦은 물론, '3통3절'로 말미암아 실제 통제 기간도 제한되었다.

양한 기간의 전란으로 초래된 결과는 줄곧 소실되지 않았고, 서한 옛 서울의 소재지인 관중은 다시 번영하지 못했다. 동한의 개국 황제 유수劉秀 때부터 황권은 이미 지방 토호 열강들의 도전을 받았다. 외척·환관·선비 간의 투쟁은 만 년에 걸쳐도 회복되지 못할 정도로 심화되었고, 흉노의 내지 이주와 '강족羌族 동란'은 국토의 상당 부분의 '강족 오랑캐' 소유를 초래했다.

이는 결코 동한의 역사가 퇴보와 쇠락과 동란만을 의미하는 것은 아니다. 적어도 두 분야에서 동한은 중국 역사에 대해 중요한 영향을 끼쳤다.

첫째는 소수 민족의 내지 이주다. 동한 초기 남흉노인의 장성 이내 정착에서부터 시작해 흉노·

오환·선비족 등의 인구가 부단히 내지로 이주했다. '강족 동란' 중 강족 사람들 역시 대규모로 내지 이주를 했다. 이런 소수 민족 인구는 서북·북방 지역의 매우 큰 범위 내에 분포되었는데 그중 일부분은 목축업을 포기하고 농업에 종사하거나 한인과 잡거하거나 한인에 융합되었다. 동한 시대 소수 민족의 내지 이주는 규모나 수량 또는 민족 유형 분야에서 위진·남북조 시대와는 비교할 수도 없지만 이 시기에 한 역사 조류의 전례를 열어놓은 것만은 사실이다.

동한 시대부터 내지로 이주한 소수 민족 인구는 그 소수가 재차 변경 지역으로 이주해 간 사실 말고도 절대다수는 최종적으로 한족, 특히 북방의 한족에 융합되었다. 비록 이 기나긴 과정에 민족 간의 충돌·살육·전쟁이 발생하고, 쌍방의 생명과 재산에 거대한 손실을 끼치고, 경제와 문화가 파괴되거나 후퇴하기는 했지만, 도리어 그 어떤 사람도 예견하지 못한 결과가 나타났다. 우선, 군사적 정복자는 나중에 문화적 피정복자가 되었다. 중화 문명의 불길이 새롭게 타오른 동시에 수많은 새로운 성분을 섭취해 더욱 풍부하고 다채롭고 생명력이 넘치게 되었다. 다음으로 한족은 많은 이민족을 융합했으므로 양적·질적으로 모두 거대한 진보를 취득, 경내에 정착한 기타 민족도 중국의 다민족 성분을 시종 확보하게 했다. 이런 측면에서 말하면 전례 없이 강대한 당나라 성세는 동한에서부터 싹텄고, 한족을 주체로 하여 다민족이 공존하는 분포 역시 동한에서부터 시작된 것이다.

둘째는 남방의 개발이다. 진나라 시대로부터 황하 유역의 인구는 이미 몇 차례 비교적 큰 규모로 남방에 이주했고, 민간의 자발적인 남부 이주도 이미 진행되고 있었지만 동한 시대에 이르러서야 남부 이주는 비교적 안정된 이민 조류를 형성했다. 동한 중엽 이후 장강 유역의 경제·문화는 이미 점차 진보했는바 이는 북방 이민의 선진 작용이 그 효과를 낳은 것이다. 이는 동한 말기에 시작되어 영가永嘉 동란 이후 부단히 지속된 인구의 대규모 남방 이주에 물질적·정신적 토대를 축성했다. 남방의 개발은 이민의 고조에 따라 파상적으로 진행되어, 마침내 송나라 시대에 이르러 경제 중심의 이동을 완성하고, 그 이후 또 문화 우세의 역전을 형성했다. 이로써 황하 유역 위주의 북방과 장강 유역 위주의 남방의 경제·문화 영역에서 우세의 역전은 역시 동한 시대부터 시작되어 줄곧 오늘날에 이르기까지 그 영향을 미치고 있는 것이다.

이 두 가지 요소가 없었다면, 만약 이런 요소가 동한 시대에 발생하지 않았더라면 중국의 역사는 어떻게 발전했을 것인가?

## 이 시리즈를 읽기 전에

《중국을 말한다》는 재미나는 이야기, 다채로운 그림, 풍부한 지식 등을 집대성한 중국 역사 백과사전으로 중국의 역사와 찬란한 문명을 한눈에 보여 준다. 이 책을 효과적으로 이해하려면 옆의 안내도를 꼼꼼하게 읽고 참조하기 바란다. 그러면 중국 역사가 한 폭의 그림처럼 눈 앞에 펼쳐질 것이다.

독창적인 구성으로 역사와 문화의 매력을 적절하게 표현하고 있음은 물론, 저자의 의도를 최대화시키고 있다.

광범위한 지식 정보와 귀중한 역사 자료에 그림과 사진이 더해져 누구라도 쉽게 이해할 수 있도록 했다.

이 책은 유구한 중국 역사를 이야기로 엮어, 읽는 이들의 흥미를 배가시키고 있다. 또한 이야기마다 각각의 대제목과 소제목을 붙여 본문의 중요 내용을 쉽게 파악할 수 있도록 했다.

또한 이 책은 단순히 이야기에만 그치지 않고 거기에 합당한 정보를 종합적으로 전달해 주고 있다. 이를 테면 이야기의 감성적 느낌과 역사 지식에 의한 이성적 느낌을 결부시켜 읽는 이들에게 나무와 숲을 동시에 보도록 한 것이다. 또한 '중국사 연표', '세계사 연표', '역사문화백과', '역사 시험장' 및 그림과 사진 설명을 통해 다양한 역사 지식을 두루 섭렵할 수 있도록 하고 있다.

동시에 페이지마다 삽입된 수많은 그림과 사진은 그 내용이 풍부해서 지나온 역사를 시각적으로 느끼게 하고 있으며, 각각의 역사 단계와 사회의 발전과 변화를 입체적으로 표현해 역사책이라는 지루함을 최소화했다.

---

이야기 제목

이야기 번호 : 이 번호는 이야기의 순서일 뿐만 아니라 찾아보기를 보다 쉽게 이용할 수 있게 한다.

| 중국사 연표 |
150년  한나라 양 태후가 정권을 내놓고 얼마 안 되어 죽었다. 환 환제가 친정했다.

### 020

### 팽총을 모함한 주부

팽총彭寵은 공로자로 자처하였지만 천하를 탈취한 영주의 심리, 즉 매나 사냥개만이 공신이 될 수 있다는 점을 몰랐다.

**공신인가 적수인가**

어양漁陽 태수 팽총은 유수가 왕랑王郎한테 쫓겨 갈 길이 없게 되었을 때 구원의 손길을 뻗친 공신이다. 그는 여러 번 철에 기병을 제공하였고, 또 오한·왕량王梁 두 장군을 유수의 수하에 보내어 충성하게 하였으며, 부단히 군량을 군중에 수송했다. 유수가 동마銅馬 군단을 추격해 계계현에 이르렀을 때 팽총은 친히 군영 앞에 이르러 알현하면서 속으로 유수가 꼭 원문 밖까지 나와 마중하며 손을 잡고 인사를 나누리라 생각했는데 뜻밖에 유수가 만나서 도 그다지 열성을 보이지 않아 몹시 실망했다. 유수가 호성에서 제위에 오른 후 오한이 대사마로, 왕랑이 대사공으로 임명되어 모두 "삼공" 급의 고관이 되었을 때 자신은 아무런 진급도 작위도 없어 속으로 더욱 앙앙불락했다. 팽총은 생각했다. "오한이나 왕량이 다 이런 고관이 되는데 도리대로 말하면 나는 왕으로 책봉되어야 마땅할 터이다. 지금의 이런 모양을 보면 이 황제는 아마 나를 잊을 모양이다!"

기실 유수가 어찌 그를 잊을 수 있으랴! 오히려 팽총이란 이 변강의 관리가 기병과 군량을 보내준 일이 그의 머리에 너무 깊은 인상을 주었기에 그에게 불안을 느끼게 했던 것이다! 이때의 유수로 보면 오한·왕량은 자기를 따른 공

신이지만 그들의 원래와 상사였던 어양 태수는 어쩌면 자신의 잠재적수일 수도 있었다. 보내온 기병이 정예할수록 이 잠재하는 적은 더욱 위험하므로 어느 때 이 어양 태수를 없애야겠는가 궁리할지도 모르는 일이었다. 유수가 낙양에 도읍할 때 유주·연주兗州 일대는 전란의 파괴를 입었지만 유독 어양군만은 그대로 별일 없었다. 게다가 성내에 관영 재철 작업소가 있어 제조한 철기로 양곡이나 돈을 바꿀 수 있어 팽총은 부유해졌던 것이다. 이때 유수는 나이가 어리고 우기가 뻗쳐 자고자대하는 주부를 팽총의 바로 상사인 유주목으로 임명하였다. 두 사람은 의가 버성긴데다가 유수의 고의적인 선동으로 물불의 관계로 되었다. 주부는 성격이 가볍고 자부심이 매우 강하고, 팽총 역시 굴강한 사람이라 두 사람의 원한은 점점 더 깊어만 졌다. 주부는 여러 차례 광무제 유수 앞에서 팽총을 모함, 그가 암암리에 군량을 초과 저장하는데 그 심보는 알 길이 없다고 말했다. 이런 모함하는 말이 바로 광무제의 마음에 들었던 것이다. 이같이 바르지 못

**한나라 시대의 보기 드문 예술품 – 소 모양 밀판의 구리 등잔**

소 모양 구리 등잔은 조형이 아름다운데 특히 소의 각 부위와 해당 무늬 조각의 비례가 매우 조화로워 비교적 높은 사용 가치 외에 한나라 시대의 보기 드문 예술품이다. 등잔의 연기를 소의 뿔을 통해 물을 담은 복강에 보내는 이런 형식의 청동 등잔은 한나라 시대에 독특한 유형이다.

역사 시험장 : 본문과 관련된 역사 문화 지식에 대해 왼쪽에서 물어보고 오른쪽에 답안을 제시했다.

그림과 사진 : 지나간 역사를 직관적으로 재현시킨다. 이 책의 그림과 사진을 종합해 나열하면, 그것으로 중국 역사를 체험할 수 있다.

중국을 말한다

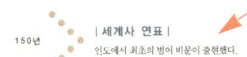

| 세계사 연표 |
150년
인도에서 최초의 병어 비문이 출현했다.

《자치통감資治通鑑 · 한광무제 건무中元2년》
《후한서後漢書 · 팽총전彭寵傳》

출전

-770 ~ -403

동한

●●● 동한 중대 과학기술 일람표 ●●●

| 천문 역법 | 동한 초기 | 부안 가규가 전인의 생환 혼의를 토대로 황도환을 증개해 황도 혼의를 형성했다. |
|---|---|---|
| | 동한 원화 2년 85년 | 편흔 이범이 창제한 《사분력》을 시행했다. 세성 기년법을 폐지하고 간지 기년법을 실시했다. |
| | 동한 중기 | 장형이 서한의 토대 위에서 혼상혼천의를 개선했다. |
| 수리화 | 영평 2년(59년) 시작 | 왕충이 《논형》에서 지남침을 최초로 묘사하고 정전기와 자석의 흡인 현상을 기술했다. |
| | 1세기 후반 | 《구장 산술》이 형성되었다. |
| | 양가 원년 132년 | 장형이 지진을 측정하는 지동의를 발명했다. |
| | 동한 후기 | 위백양이 《주역참동계》를 저술, 세계 최초 연단 저서. |
| 의약학 | 동한 초기 | 부옹 저 《침구 진제법》 |
| | 동한 말기 | 장중경이 《상한 잡병론》 |
| | 동한 말기 | 화타 세계 최초 마취제 "마비산" 및 "오금희" 창제. |
| 제조술 | 동한 초기 | 채륜이 제조술을 개진했다. |
| 기계 | 동한 초기 | 두시가 수력을 이용해 바람을 넣는 수배를 발명했다. |

한 군신의 연합 행동이 개시된 이상 어양 대수 팽총의 죽음은 이미 정해진 일이었다.

### 군신이 연합해 팽총을 제거했다

광무제 유수는 일부러 주부의 모함하는 말을 팽총에 누설해 팽총의 마음에 의심과 공포를 심어 불안하게 했다. 연후에 조서를 내려 팽총을 서울에 불렀다. 팽총은 속으로 불복했지만 광무제 유수에 대해 환상을 품고 있었기에 주부와 함께 서울에 가서 광무제 면전에서 자신의 청백함을 증명할 수 있기를 바란다고 제출했다. 물론 광무제는 허락하지 않았다. 팽총이 한창 놀람과 의심 속에서 고민할 때 그보다 더 굳센 성격의 소유자인 그의 아내는 도리어 황제의 부름을 받을지 말라고 남편을 부추겼다. "목전 천하 정세는 아직 안정되지 않았고 사면팔방에서 모두 한 지역에 할거해 패왕으로 자처하는데, 천하에서 제일 정예한 병마를 가지고 있는 우리 어양과 같은 큰 군에 어찌하여 남의 모함을 받은 처지에 쉽사리 포기한단 말씀입니까?" 팽총이 곁에 두고 있는 신하 이속들과 상의하니 군내 이속들은 모두 평소에 주부에게 더러운 수모를 많이 당한지라 자연히 어느 하나 부름에 응함을 찬성하는 자가 없었다.

광무제는 또 팽총의 사촌동생 자후난경子後蘭卿을 파견해 팽총을 유도하며 그러나 부름을 받들어 서울에 오라고 했다. 팽총은 이 기회를 타서 자후난경을 신변에 남겨 두고 군사를 풀어 주부를 공격했다.

주부는 유주의 군권은 쥐고 있지만 싸움에 들어서서는 절대 어양의 정예한 기병을 당해낼 수 없어 광무제가 당초처럼 친히 원정하기를 기대했다. 뜻밖에 광무제는 유격장군 등릉鄧隆더러 한 갈래의 병마를 거느리고 주부를 협조해 팽총을 토벌하게 할 뿐이었다. 주부는 실망한 나머지 군사를 거느리고 옹노현雍奴縣에 주둔할 수밖에 없었다. 그런데 등릉은 인마를 노노현에 주둔해 멀리 바라보며 의각지세를 삼을 뿐이었다. 팽총이 기병을 파견해 등릉의 무대를 습격했다.

●●● 역사문화백과 ●●●

[건축 채색 그림]
동한 시대 각층 건축물 또는 주택의 벽에 사람 · 화초 · 조류 · 신령 · 과수 등 각종 그림을 그렸는데 당시 상층 사회는 자랑하기 위해 많은 금전도 아끼지 않고 방이나 거실을 장식했다. 동시에 그림 내용은 아름다운 축복을 위주로 하고 대부분 붉은 색으로 상서로운 분위기를 농후하게 했다. 이런 그림들은 건축의 미감을 증강하고 일정 정도 주인의 정취와 애호를 반영하는 동시에 당시의 정치 문화 및 사회 풍속을 충분히 보여주고 있다.

서기 8년 〉 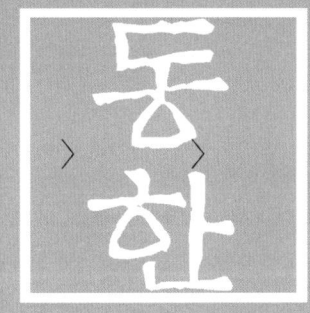 〉220년

# 머리말

서기 8년 ~ 220년
광복을 위한 피비린내 나는 학살 속에서 헤쳐 나오다

## 동한

상해고적출판사 부편심    장젠중江建忠

중국 고대사에서 국운이 비교적 긴 왕조는 전란이나 정치적 변고로 분열 상태에 처하거나 집정자가 바뀌거나 하여, 단절될 듯이 지속되거나 낡은 것과 새 것을 분별하기 어려울 정도로 대통이 이어졌다. 일가 성씨를 대표로 하는 왕조의 표지는 흔히 동서·남북·전후로 구별했고, 이로써 서진과 동진, 북송과 남송 따위의 명칭이 생겼다. 유방이 창건한 유劉씨 한漢 왕조 역시 그러하다.

### 중흥의 길은 왕조 역사의 좌절 전환점에서 시작되었다

변고로 말미암아 좌절·전환되었다가 후에 연속된 왕조는 흔히 국운이 비교적 강성하고 문화의 뿌리가 깊으며, 정치적으로 완전히 단절되지 않는 등 특징이 있다. 남양南陽 용릉春陵의 자제 유수劉秀가 고조 황제의 명맥을 이어 세운 동한 왕조가 바로 이런 상황이다.

그러나 동한 왕조는 계승 상황이 기타 왕조와 좀 다르다. 사마司馬씨 진晉 왕조의 낙양 조정이 거의 멸망될 때 동진東晉 창시자 사마예司馬睿는 이미 친왕의 신분으로 강동에 자신의 근거지를 닦아 놓았다. 그러므로 서진 말기 황제 사마업은 궁전 앞의 흉노 말발굽 소리를 들었을 때 다소 안심하는 마음으로 조서를 내려 이 낭야왕琅琊王에게 진 왕조의 대통을 이어받게 했다. 이런 왕조의 계승은 임시적이지만 왕조의 정치상 단절이 그다지 분명하지 않았고, 민심의 지향이 비교적 안정되었다. 반면 태학생 유수가 직면한 어려움은 훨씬 심했다. 왜냐하면 서한 왕조는 무제의 최고봉으로부터 소제·선제·원제·성제·애제·평제의 내리막으로 줄달음쳤기 때문이다. 왕망은 거섭 원년(6) 어린 유영劉嬰을 평제의 황태자로 세울 때 이미 실제상 황제 옥좌를 찬탈했다. 3년 후 왕망이 '신新' 왕조의 명칭을 내걸고 신망 천자로 칭할 때 지방에서부터 조정에 이르기까지 군사를 일으켜 왕망을 반대한 자는 몇 사람 안 되었다. 14년 후 신나라 지황 3년(22) 유수가 춘릉 종실 자제의 신분으로 녹림군에 들어가 신망 반대 구호를 높이 부를 때 중원 청소년들은 이미 '한나라 관원의 위의威儀'가 무엇인지를 잘 알지 못하고 있었다. 3년간 악전을 거쳐 호성鄗城에서 황제로 칭하고 낙양에 도읍할 때 태반의 국토는 여전히 혼전 상태였다. 민심이 산산이 흩어진 상황에서 단절된 유씨 대통을 이어 염한炎漢 제국을 재건함은 진정한 의미에서의 중흥이자 전례 없이 간고한 시련이었다. 동진을 창건한 사마예는 묘호가 '중종中宗'이고, 남송을 창건한 조구는 묘호가 '고종高宗'이지만 유독 유수만은 '세조世祖'로 존대되었다(고대 황제 묘호의 원칙은 '조祖는 공로, 종宗은 덕'을 가리킨다).

## 중흥은 한 차례 팽배하는 사회 에너지의 방출이다

서한의 강력한 군주 무제는 대규모 정벌과 봉선封禪과 신선 추구로 최고봉에 올랐다. 그러나 그가 지불한 대가는 너무나 컸다. 국가 재력은 이미 전부 소모했고 무수한 병사들이 죽거나 다쳤으며, 백성은 도처에 유랑하고 수천 리 땅이 황폐화되고 인구는 절반이나 감소했다. 무제의 '다욕多慾'은 이미 사회적으로 서한 왕조에 대해 무서운 반동력을 가진 에너지를 깊이 축적해 놓았다.

왕망이 두 살밖에 안 되는 어린아이를 서한 왕조의 용좌에 앉히자 유씨 왕조는 갑자기 운명의 낭떠러지에 이르렀다. 왕망은 천인 감응설, "군주의 권력은 신이 내린다"는 설과 같은 신성한 무기로써 한나라의 '천명'을 자신의 것으로 만들어 저속한 희극 속에서 용좌에 올랐다. 왕망 자신도 마음이 매우 편안했거니와 그토록 많은 하늘의 길조를 목격하고 부득이 믿게 된 한나라의 신하들 역시 마음이 매우 편안했다. 초야의 백성들은 잠시 전날 사라진 한 왕조를 망각했다. 유가 경전을 빌려 이미 형성된 규제를 변화시킴은 점점 심해졌다. 즉 주변의 민족 관계, 조정 관원의 관직, 산천 지역의 명칭, 부세 요역, 화폐 등 관련 규제를 전부 고치다 보니 초야 백성은 더는 살아갈 수 없게 되어 천인공노의 지경에 이르렀다. 이리하여 낭야의 여모呂母가 반란했고, 형초荊楚의 녹림 호걸들이 집결했고, 노魯 지역의 번숭樊崇도 눈썹을 붉게 칠해 봉기했다. 이런 봉기한 자들의 마음 깊은 곳에는 모두 무제 이래 쌓였던 에너지가 축적되어 있는 데다, 또 신망 왕조가 10여 년간 형성한 새로운 반동력이 첨가되었다. 묵묵히 경작하던 농부들이 바라는 것은 다만 자신과 처자의 먹고살 수 있는 식량뿐이었다. 그러나 지금 식량은 고사하고 겨와 푸성귀도 없어졌으니 그들은 가슴속에 축적된 지 오랜 이 "바라지도 않던" 에너지를 방출해야 했다.

유씨 종실과 녹림 농민군이 결합된 경시更始 정권은 낙양에 진입한 지 3년 만에 예기銳氣를 다 상실하고 자신의 몸에 축적된 역사적 에너지를 전부 소모해 신속히 역사 무대의 밖으로 밀려났다. 적미赤眉 대군은 동해의 비바람을 끼고 중원을 휩쓸어 장안에 돌입, 부패하고도 번화한 옛 도읍에서 자신의 마지막 숨결이 간들간들하게 만들었고, 동쪽 고향에 돌아갈 때 그만 천명을 받고 즉위한 천자의 정병들에게 소멸되고 말았다. 동마銅馬 농민군은 자신의 에너지를 보존하면서 고향 주변에서 맴돌다가 역시 유씨 중흥 역량의 일격에 배겨내지 못하고 공연히 '광무 황제'의 존호에 '동마 황제'란 멋진 별명을 하나 더 보태 줄 뿐이었다.

외효隗囂·공손술公孫述은 감숙성 중부와 사천성 중부의 비옥한 땅에서 방출하지 않은 에너지를 마음껏 보양하면서 한 지역의 할거에 의해서도 부귀영화를 확보할 수 있다고 여겼다. 그러나 유수는 그 부하들을 분발시켜 "감숙을 얻으니 다시 사천을 넘거다봄"을 지나친 행위라 탓하지 않았다. 얼마 후 그들은 이 최후의 두 할거 세력을 도와 비옥한 땅 위에 응집된 모든 에너지를 방출하게 했다.

용릉 자제 중 뛰어난 인재인 유연劉縯·유수 형제는 누구보다 더 자각적이고 목적이 있는 용사였다. 그들이 녹림군에서 개편된 하강군下江軍과 연합할 때 마음속에는 이미 고조 황제 같은 위업 목표가 형성되어 있었다. 유씨 형제는 이 사회적 에너지 방출의 추동자이고 인도자이자 흡인자였다. 그들은 때로는 흉악하고 잔인하게, 때로는 온화하고 관후하게 뭇 영웅을 제거하면서 옛 강산을 수습하는 방향을 시종 바꾸지 않았다. 바로 이 때문에 유수 등은 비로소 최후의 승리자가 될 수 있었다.

서기 8년 ~ 220년
광복을 위한 피비린내 나는
학살 속에서 헤쳐 나오다
**동한**

### 중흥은 민심 지향의 한 차례 시범이다

사실 중흥의 길은 선혈이 낭자하는 살벌한 길이고, 역사 에너지로 역사 에너지를 짓부수는 길이었다. 한 차례 전투에 쌍방은 수십만 명씩 동원했다. 광무 통치하의 대 공신 오한吳漢은 공손술에게 최후의 일격을 가할 때 자신의 치욕을 씻기 위해 성이 함락된 후 3일 간 적의 일족을 전멸하고, 또 성도成都의 백성을 전부 도살하려 했다. 그러나 살육만으로는 이미 좌절된 왕조의 정치 생명을 이을 수 없었다. 왜냐하면 한 왕조가 좌절·전환된 근본적 원인은 바로 이 왕조의 민심이 흩어진데 있기 때문이다.

왕망이 살해된 후 경시 정권의 사예 교위 유수가 의관 정제한 한 무리의 관리와 역도役徒들을 거느리고 낙양 가두에 나타나자 연장자들은 예전에 늘 보아 온 "한나라 관리의 위의"를 갑자기 회상하게 되었다. 이렇듯 민심의 회복은 누가 서한의 통치 명맥을 가장 대표할 수 있으며, 누가 바로 최후의 승리자인가를 운명적으로 결정했다.

유수가 경시 대사마 신분으로 지금의 하북성에 진입했을 때 한 성제의 아들 가짜 유자여劉子輿 왕랑王郎은 이미 한 발 앞서 하삭 일대의 민심을 장악하고 있었다. 이 총명한 점쟁이는 한단 주변 지역의 주민과 관리들을 조종해 진정한 황족 후예를 앞길이 막막하게 했다. 종실을 표방하며 민심을 안무하면 인심을 얻을 수 있고 천하에 발을 붙일 수 있으며, 현능한 자를 등용하고 백성을 안무해도 역시 민심을 얻어 패업을 이룩함을 기대할 수 있다. 이는 외효·공손술의 사고방식이다. 특히 공손술은 "서방의 태수太守가 묘금卯金의 위쪽이라" 하며 참어讖語로 유수와 민심을 쟁탈하려 했는데 유씨 종실에 비해 추호도 손색이 없었다. 그러므로 유수는 이 세력에 맞서기 위해 민심을 한쪽에 제쳐놓고 순수한 무력 수단으로 적수의 근본을 잘라 버려야 했다.

### 창의가 없는 재건, 서한·동한은 모두 같은 결과였다

광무제가 감숙과 사천을 평정한 후 천하는 일시적으로 안정되고 백성은 태평했다. 광무제의 재건은 한 무제를 본보기로 삼았는데 그 공력이 크지만 창의와 변경만은 없었다. 확실히 광무제는 정령을 간소화하고 현능한 자를 등용하며, 군권을 풀어놓고 황권을 집중하고, 6차의 노예 석방 조서와 3차의 노비 학살 금령을 내리고, 재삼 '도전령度田令'의 집행을 추적했으니 제국의 재건을 위해 모든 심혈을 기울였다. 광무제는 또 전국에 참위서讖緯書를 반포하는 동시에 태학을 대대적으로 실시하고 내조제內朝制을 강화해 상서대尙書臺를 승상 삼공마저 제압하는 지위로 팽창시키는 동시에 궁중의 순수한 엄인閹人 (생식기가 불완전한 남자)을 "왕명의 반포와 상주문의 접수"를 주관하는 관리로 임명했다.

그의 계승자 한나라 명제明帝는 즉위한 이듬해에 선황제의 28명 공신의 화상을 그려 남궁 운대雲臺에 걸어 놓은 동시에 특히 28명 장수 외에 왕상王常·이통李通·두융杜融·탁무卓茂 4명을 추가했다. 왕상은 농민군에서 넘어온 충후忠厚하고 근신한 장군이고, 이통은 최초로 용龍을 따라 봉기한 지방 토호이고, 두융은 세세대대로 충성한 황제의 외척이며, 탁무는 어느 누가 황제가 되든 마찬가지로 근신하고 공경하고 충성하는 순후한 관리다. 광무제 부자는 이런 네 부류의 인물이야말로 제국의 장구한 안정에 대한 믿음직한 담보라고 깊이 믿었다. 명제는 중흥 위업의 계승자라 불릴 만도 했다. 그 뒤를 이은 장제章帝는 억지로 제업을 지켰다고 할 수 있되, 그 뒤로는 또 서한의 원·성·애·평제와 마찬가지였다. 바로 이런 어린 황제 신변의 어른들, 태후·외척·환관·대신들이 상호 이리 밀고 저리 밀면서 끝없는 중흥의 노정을 거쳐 재건한 동한 왕조를 회복할 수 없는 암흑의 경지로 밀어 넣은 것이다.

황제의 외삼촌이나 처남은 상서尙書의 일을 매우 쉽사리 처리할 수 있는 대장군으로 진급할 수 있었다. 외척의 권력 독점은 또 자연히 황후나 태후들과 관계있다. 동한 전기에 명제의 마 황후는 바로 진정으로 현덕을 갖춘 사람이었다. 그녀는 아들 장제가 외삼촌들을 후작으로 봉하지 못하게 했다. 그러나 마 태후가 죽은 후 그녀의 며느리인 두 황후는 즉시 풍랑을 일으키며 두씨가 권력을 독점하는 국면을 형성했다. 장제의 아들 화제和帝의 등 황후도 현덕을 갖춘 황후로 본가의 형제에 대해서는 매우 엄격했지만, 태후가 된 후 아주 어린 조카를 두 번이나 제위에 올린 적이 있다. 일단 등 태후가 죽자 궁중의 보모·유모·환관들은 기회를 틈타 활동했고, 그 결과 궁중에 큰 혼란이 생겨 외척 염閻씨가 권력을 독점하는 상황이 되었다. 이로부터 동한 외척의 독단 국면은 곧바로 동한의 멸망으로 이어져 그 정도가 서한을 훨씬 초월했다. 한 무제는 솔선하여 엄인을 총애하였고, 원제 때에 이르러서는 환관 홍공弘恭, 석현石顯이 정사에 간섭하는 선례가 출현했다. 광무제는 그 선조를 본받아 전문 엄인을 환관으로 등용했다. 이로써 환관이 직접 궁중의 중추를 장악해 황제나 권세욕이 있는 황후의 심복이 되었다. 청사에 이름이 오른 정중鄭衆·채륜蔡倫에서부터 조절曹節·장양張讓에 이르기까지 어느 하나 동한 왕조의 큰 변고와 관련되지 않는 사람이 없다. 이는 서한의 몇몇 환관과는 비교도 안 된다.

동한의 태학당 출신 조정 대신들은 비교적 청순하고 정의감 있기는 하지만 누구나 다 국사를 파악하고 변고變故에 대처할 수 있는 충신은 아니었다. 그리고 당시의 선발 천거 제도와 세가 대족의 흥기로 다수의 조정 관료는 거의 모두 세족世族의 배경을 가지고 있었고, 그래서 어느 정도 권력을 독점하는 외척·환관들과 승부를 가려 보려는 이익 충동을 보였다. 외척·환관 앞에서 손해를 보는 건 흔히 이런 조정 관료들과 지방 관리, 태학생들이었다. 200년 국운의 행정에 동한은 서한을 본받으려 했지만 몹시 졸렬하고도 연약하게 표현된 반면 부정적인 점은 서한보다 많았다. 유일하게 자랑할 만한 것은 아마 동한의 유학일 것이다. 동한은 서한 유학의 음양오행이 가득 찬 신비주의를 벗어나 본래 면모의 공자학설이 인문 분위기를 표현하고 근엄한가 순후함을 보여 주었다.

환제桓帝·영제靈帝에 이르러 외척·환관·조정 대신 등 3종 세력은 이미 해체할 수 없는 정도로 단단히 매듭지어져 있었다. 동탁의 돌연한 개입으로 외척과 환관은 순식간에 함께 끝장을 보았고, 조정 대신들은 제각각 지방으로 흩어져 조정 밖의 할거 세력이 되었으며, 동한 왕조 최후의 황제는 남의 손에 든 명령용 패쪽이 되어 버렸다. 동한 왕조는 마침내 역사의 어느 한 파열 시점에 이르고 말았다. 어쨌든 동한 왕조의 재건 역사는 음미할 가치가 있으며, 동한의 창시자 광무제의 역사적 공적은 마멸될 수 없는 것이다.

# 서 기 8 년  ~  2 2 0 년

동한 시대 지도

《중국 역사 지도집》 제2권 : 진·서한·동한 시대

동한 세계표世系表

| 1 | 2 | 3 | 4 | 5 | 6 | 7 | 8 | 9 | 10 | 11 | 12 | 13 |
|---|---|---|---|---|---|---|---|---|---|---|---|---|
| 광무제 유수 | 멍지 유장 | 장지 유달 | 화지 유조 | 상제 유륭 | 인제 유호 | 순제 유보 | 충제 유병 | 질제 유찬 | 환제 유지 | 영제 유굉 | 소제 유변 | 헌제 유협 |
| 劉秀 | 劉莊 | 劉炟 | 劉肇 | 劉隆 | 劉祜 | 劉保 | 劉炳 | 劉纘 | 劉志 | 劉宏 | 劉辯 | 劉協 |

# 001

## 녹림의 호걸

녹림산綠林山에서 잠시나마 안식처를 찾은 이재민들이 핍박을 받자, 산림을 떠나 유랑 길에 오르며 왕조의 무덤을 파는 사람이 되었다.

왕망王莽은 정치적 술수로 서한西漢 왕조의 유씨劉氏 정권을 자신의 손아귀에 넣었다. 왕망은 나라의 대사를 자의적으로 처리했고, 부단히 '복고緮古' 정책을 시행했다. 또한 지방의 탐관오리들은 자의적으로 법이나 금령을 해석해 백성을 괴롭혔고, 백성들은 결국 민란을 일으켰다. 이에 왕망은 매번 군사를 파견해 잔혹하게 진압했지만 민란은 멈추지 않았다.

### 자연재해와 인재로 형성된 녹림군

농토가 비옥해 비교적 풍족하게 살았던 형주荊州, 즉 지금의 호북성·호남성 일대에 기근이 들었고 수많은 이재민이 생겼다. 그들은 습지에서 올방개를 채취해 연명했는데 다툼이 생길 때마다 신시新市 출신인 왕광王匡과 왕봉王鳳이 공평하게 해결해 주었다. 사람들에게 수령으로 추대된 왕광·왕봉은 수백 명을 거느리게 되었고, 얼마 후 남양南陽 출신 마무馬武, 영천潁川 출신 왕상王常·성단成丹 등

이 찾아와 가담했다.

왕광·왕봉은 무리를 거느리고 먼저 현지의 유민 마을들을 점령한 후 바로 부근의 녹림산에 숨어들었다. 그러자 녹림산에 의협심 강한 사람들이 자리를 잡았다는 소문이 퍼져 수개월 사이에 7, 8000명이 집결했다. 이 소식이 장안에 전해지자 신新나라 황제 왕망은 급히 병마를 파견해 진압하게 했다.

### 왕명을 받은 군사를 격파한 녹림군

당시 녹림산에 들어온 사람들은 기아와 빈곤 탓에 일시적으로 고향을 떠났지만, 풍년이 들면 고향으로 돌아갈 사람들이었다. 그래서 수만 명에 이를 만큼 숫자가 많다고 해도 함부로 성을 공격하지는 않았다. 단지 작은 고을을 습격해 며칠간의 식량을 확보하면 그만이었다. 그 와중에 지방 관원들이 부상을 입어 죽은 경우도 있었지만, 고의적으로 해친 것은 아니었다. 왕망 역시 이러한 사실을 알고도 군사를 파견해 잔혹하게 진압하라고 명령했다.

지황地皇 2년(21)에 형주목荊州牧(주의 장관)은 2만 군사를 친히 거느리고 녹림산으로 향했다. 관군이 움직인다는 소식이 녹림산으로 전해지자 왕광·왕봉 등 우두머리는 무리를 이끌고 산을 내려왔고,

**정밀하게 만든 청동 도끼 수레**
1969년 10월 감숙성 무위武威 뇌대雷臺에서 발굴되었다. 동한 말기의 벽돌 묘실에서 이 청동 도끼 수레가 손수레·달구지 등과 함께 출토되었는데, 당시 수레의 종류와 용도를 짐작하게 한다.

《자치통감資治通鑒·한왕망지황漢王莽地皇 3년》
《후한서後漢書·유현전劉玄傳》

출전

**조각이 정밀한 용봉 옥패**
한나라 시대 옥 기물器物은 전국 시대 전통을 이어받아 간결한 추세를 보이고 있다. 옥패는 보통 반원형·고리·호박·용무늬 옥 등인데, 한나라 시대 패옥의 조각 기술은 매우 수준이 높았다. 사진은 동한의 용봉 옥패다.

운두현雲杜縣 경계에서 관군과 부딪쳤다. 싸움이 뭔지도 모르는 백성들은 무장한 관군과 마주치자 굶주림에 대한 공포가 돌연 죽음에 대한 공포로 변했다. 또한 죽음의 공포는 삶에 대한 강한 욕망이 되어 눈동자에 핏발이 서기 시작했다. 결국 몽둥이와 호미를 든 수천, 수만의 굶주린 백성이 관군을 향해 달려들자 2만의 군

**동한 벽돌 그림 – 파종**
파종 계절에 서로 이어진 밭에서 앞선 농민들은 낫질을, 뒤따르는 농민들은 파종하는 모습을 묘사하고 있다. 멀찌감치 잎이 우산처럼 우거진 나무는 그 지역의 환경을 말해 준다. 사천성 덕양德陽에서 출토된 이 그림은 농민들의 힘찬 율동감 등으로 아름다운 예술 효과를 나타낸다.

사들은 목숨을 걸고 달려드는 백성들 앞에서 힘 한번 제대로 써 보지도 못하고 수천 명이 전사하고, 군수 물자 또한 모두 빼앗기고 말았다. 형주목은 군사들이 속절없이 죽어나가자 도망쳤고, 녹림의 백성들은 사기가 충천했다. 자신들의 엄청난 힘을 알게 된 백성들은 곧바로 경릉竟陵·운두雲杜·안육安陸 등 현성縣城을 공격해 전리품을 챙긴 다음 녹림산으로 돌아왔다.

## 녹림산을 떠나 새로운 세상으로

얼마 후 녹림산 지역에 전염병이 발생해 많은 백성들이 목숨을 잃자 뿔뿔이 흩어질 수밖에 없었다. 왕봉·왕광·마무 등은 무리를 거느리고 남양, 지금의 하남성 남양 지역에 진입해 '신시병新市兵'이라 했다. 왕상·성단은 한 갈래 부대를 거느리고 남군南郡, 지금의 호북성 강릉江陵 일대에 진입해 '하강병下江兵'이라 했다. 그리고 평림平林 출신 진목陳牧·요담廖湛은 고향에서 수천의 인마를 모아 '평림병平林兵'이라 불렀다. 각각 우두머리는 모두 장군이라고 칭했다.

이렇게 해서 '녹림군綠林軍'이라는 칭호는 완전히 사라졌지만 녹림군에서 개편된 '신시병'과 '평림병'은 당시의 정권에 반항하는 주요한 세력으로 이름을 날리게 되었다. 또한 '녹림 호걸'은 오랜 동안 인심을 얻는 칭호로서 간혹 헐뜯는 명칭으로 불리기도 했지만 그 내재적인 반항 정신은 말살할 수가 없었다.

●●● **역사문화백과** ●●●

### [사대부에 의지하는 문하생]
유학을 전공한 사대부가 친히 가르치는 학생을 제자라고 부른다. 또한 그 제자에게 전수받는 자를 문하생이라고 한다. 문하생이 사대부에게 의지하면 요역을 면제받을 수 있다. 이들은 평소에 주인의 시중을 드는 등 충성을 바친다. 위·진·남북조 시대에 사대부 제도가 널리 퍼짐에 따라 사대부에게 의존하는 문하생들의 숫자가 많아졌다. 반면 그들의 지위는 점점 더 낮아졌다.

8 ~ 220

동한

# 002

## 적미군

반항의 물결이 제노齊魯, 지금의 산동성 일대에서 일어났다. 번숭이라는 사나이가 눈썹을 붉게 그린 무수한 민중을 거느리고 중원을 동쪽에서 서쪽으로 휩쓰는 장정을 시작했다.

형주荊州 지역의 녹림군 봉기와 동시에 제노 지역의 농민도 왕망의 지방 관병에 반기를 들고 필사적인 전투를 전개했다.

### 동해의 거센 파도

낭야군琅琊郡 해곡현海曲縣, 지금의 산동성 일조日照의 한 하급 관리가 현관縣官에게 억울하게 죽었다. 여모呂母라는 하급 관리의 부친은 아들을 잃은 일이 분통해 술집을 꾸려 번 돈으로 화살과 활을 사서 무장했다. 후에 그는 사람을 거느리고 현성에 쳐들어가 그 현관을 죽여 아들의 제사를 지냈다. 이 거사가 제노 지역에서 왕망의 폭정에 반항하는 신호탄이 되었다.

낭야군 내의 번숭樊崇이라는 사람은 고향 거현莒縣에서 봉기했지만 버티지 못하고 태산 속으로 들어갔다. 일대의 작은 농민 무장들이 그의 용맹함을 듣고 몰려들어 1년 사이에 1만여 명으로 늘어났다. 이때 낭

#### 생활 분위기가 생생한 도기 돼지우리
이 도기 돼지우리는 동한 묘의 부장품으로 섬서성 건현乾縣에서 출토되었다. 장방형으로 전부 녹색 유약을 칠했다. 당시의 축산업 실정과 생활 분위기를 생생하게 엿볼 수 있다.

●●● 역사문화백과 ●●●

**[웅대한 장관의 묘비]**
양한兩漢 시대의 장례 풍속에 따르면 묘비는 묘 앞의 복도에 설치했다. 묘비는 돌로 조각하는데, 그 형체가 매우 웅대했다. 현존 묘비에서 보면 그 높이가 적어도 3〜6m에 이른다. 산동성의 무씨 묘비석, 사천성 신도왕 치자 묘비석 등이 그 대표적인 사례이다.

#### 거문고를 연주하는 도기 용
거문고를 타고 있는 사람은 두건을 쓰고, 속에는 깃이 둥근 옷을 입었으며 그 위에 두루마기를 걸치고 땅바닥에 앉아 있다. 무릎에 거문고를 하나 놓고 두 손으로 현을 누르며 타고 있다. 얼굴 표정은 매우 침착한데, 마치 거문고 타는 기쁨에 취해 있는 듯하다.

《자치통감資治通鑑 · 한왕망지황漢王莽地皇 3년》
《후한서後漢書 · 유익자전劉益子傳》

출전

야 출신 방안逄安, 동해 출신 서선徐宣 · 사록謝祿 · 양음楊音 등이 각각 봉기했는데, 도합 수만 명의 병력이 모두 번숭의 무리를 찾아왔다. 이 대오는 청주靑州와 서주徐州 사이에서 활약했고 왕망이 파견한 지방 관군은 그들을 당해내지 못했다.

## 적미군의 기강 확립을 한 번숭

번숭 등 봉기군 수령은 수하의 인원이 모두 각 지방으로부터 흘러들어온 까닭에 질서가 잡히지 않음을 깨닫고는, "살인자는 죽이고 사람을 상하면 그 죄를 다스린다!"고 선포했다.

또한 부하들과 관군을 쉽게 구별하기 위해 모든 부하들에게 붉은 안료로 눈썹을 칠하게 했다. 이때 왕망이 파견한 태사太師 왕광과 경시更始 장군 염단廉丹이 장안을 출발해 동쪽으로 토벌을 떠났는데, 관병의 수는 10여 만에 달했다. 이들이 가는 곳마다 약탈을 하고 불을 지르며 악행을 저지르자 백성들은 이렇게 말했다. "적미를 만날지언정 태사는 안 만나리. 경시는 모조리 죽인다네!"

왕광과 염단은 적미군赤眉軍과 접전하기도 전에 분산된 농민 무장군을 진압했다. 동평군東平郡 무염현無鹽縣의 농민군을 격파한 후 1만여 명이나 되는 농민군의 목을 잘라 상을 청구하자, 왕망은 그들을 공작公爵으로 진급시켰다.

관군은 양군梁郡 경내에 들어서 번숭의 부장 동헌董憲이 거느리는 수만 명의 적미군

**위무 당당한 극을 든 기병**
이 기다란 극戟을 잡고 있는 기병은 귀족 가정의 호위를 담당하는 사람이거나 장원에 소속된 무사로 추정된다. 말은 위무 당당하고 기운차게 조각되어 무사의 표정과 잘 어울린다.

과 마주쳤다.

태사 왕광은 교만하고 공을 탐내는 사람으로, 무염현의 승전에 도취되어 즉시 공격하려 했고, 염단은 지혜롭게도 지친 병사들을 쉬게 한 후 정돈해야 위세를 확보할 수 있다고 했다. 왕광이 공을 세울 생각만으로 먼저 일부를 거느리고 진군하자 염단도 병마를 재촉해 그 뒤를 따를 수밖에 없었다.

## 첫 번째 대접전

무염현에서 멀지 않은 성장成昌이라는 곳에서 관군과 적미군의 전투가 벌어져 왕광은 패전했다. 왕광은 말머리를 돌려 도망쳤고 부하들도 앞을 다투어 도망치면서 뒤따르던 염단의 부대를 흐트러뜨렸다. 이 정경을 본 동헌은 기세를 올리며 추격했다. 상황을 반전시킬 수 없음을 안 염단은 자신의 장군 인수와 병부를 벗어 부하에게 넘겨주며 왕광에게 전하라고 했다. "어린애는 도망칠 수 있어도 나는 안 되네!" 그는 전장에 끝까지 남아 싸우다 죽었고, 또 염단의 교위 여운汝雲 · 왕륭王隆 등 20여 명의 장수가 전사했다.

성창 전투는 적미군과 왕망 관군의 첫 접전이자 최후의 대접전이었다. 왜냐하면 남양南陽 일대의 반란 대군이 이미 크게 일어나 왕망은 낙양洛陽 일대에서 방어선을 칠 수밖에 없어 더 이상 중병을 파견해 적미군과 결전할 수 없었기 때문이다.

8~220

동한

# 003

## 유수는 천자가 되리라

민요와 참언은 종종 당시의 정치 기상도를 반영한다. 일단 요언이 사방에 퍼지면 민심도 뒤따라 흔들린다. 한 광무제光武帝는 민요와 참언을 능란하게 이용하는 정치인이었다.

특히 난세에는 민요가 많이 불려졌는데, 왕망은 자기 스스로 민요와 참언讖言으로 황제의 자리를 차지했다. 그런 까닭에 각지에 있던 왕망의 반대 세력 역시 민요와 참언을 널리 퍼뜨린 뒤 봉기를 했다.

### 황제를 예측하는 참언

녹림군 활동 지역의 북쪽은 남양군南陽郡으로, 그 산하에 백수향白水鄕이 있었다. 거기에는 재능과 야심이 있는 유연劉縯·유수劉秀 형제가 살고 있었다. 어느 날 유수는 매형 등신鄧晨과 함께 채소공蔡少公을 방문했다. 채소공은 친구 사귀기를 좋아하며, 평상시 종종 민요와 참언을 수집 연구해 농담거리를 만들었다. 등씨와 유씨를 비롯한 빈객이 자리에 가득 차자 그는 몹시 기뻐하며 유행하는 참언을 내놓고 연설하기 시작했다. 그 속에 "유수는 천자가 되리라"는 말이 있었다. 만약 당년 효무孝武 황제 유철劉徹의 생전이라면 이 참언을 만들어 낸 사람을 찾아 목을 베는 것은 두말할 것도 없고, 그 참언을 입에 올린 사람조차 모두 감옥신세를 면할 수가 없었을 것이다.

그러나 당시 왕망 정권 사람들이 이미 민심을 잃은 지 오래였으므로 모두 아랑곳하지 않고 입을 열기 시작했다. "허! 국사國師를 가리키는 건 아닌지요?" 왕망의 수하에 유흠劉歆이라는 공신이 한 사람 있었는데, 왕망이 등극한 후 그를 국사로 봉해 이름을 유수라고 쳤던 것이다. 국사가 이 참언을 들은 후 자신의 이름을 고쳤는지, 아니면 국사가 이름을 고친 후 이런 민요가 생겨났는지, 사람들의 의견이 분분했다. 그런데 갑자기 한쪽에서 그들의 얘기를 듣고 있던 백수白水의 수재 유수가 한마디 참견했다.

"어찌해 여러분은 소인을 짚지 않으시는지요?"

이 말에 좌중은 모두 "와" 하고 웃음보를 터뜨렸다. 원래 수재 유수는 국자감에서 성현의 책을 읽은 적이

**한나라 광무제 초상**
한나라 광무제光武帝 유수는 동한東漢 왕조의 창시자다. 그는 학문이 높고 용병에 능했으며, 인재를 잘 등용하는 제왕으로 알려져 있다. 평민이었던 그는 또한 중국 역사상 세 번째로 통일을 실현한 영웅이기도 하다. 재위 기간 동안 수많은 개혁을 단행하기도 했다.

중국을 말한다

《후한서後漢書·광무제기光武帝紀》  출전

있는 태학생이었다. 그는 콧마루가 덩실하고 이마가 넓었으며, 기다란 검은 수염이 흩날리는 멋진 젊은 이였다. 그러나 평상시 온화하고 성실해 농사로 가산을 잘 꾸려가는 사람이어서 큰일을 하려는 사람 같지 않았다. 말하는 사람은 농담이었고, 웃는 자들도 모두 그 말에 크게 신경 쓰지 않았지만, 옆에서 조용히 듣고 있던 등신만은 마음속으로 다른 생각을 했다. 그리고 먼 훗날, 등신은 결국 온 집안에 금옥이 빛을 뿌리는 황제의 친척이 되었다.

## 공신을 예측하는 참언

남양군 수부 완성宛城에 일찍이 왕망 수하에서 벼슬한 적이 있는 이수李守라는 사람이 있었다. 그는 별자리를 보고 판단하는 예언에 상당히 조예가 깊었다. 어느 날, 그는 아들 이통李通에게 "유劉씨가 흥하게 되는데, 이李씨가 보좌하게 될 것이다" 하고 말했다. 이는 아들에게 일단 천하가 혼란하게 되면, 유씨 종실에 투신하면 앞날이 창창할 것이라 가르치는 것이나 다름없었다.

'신시병'과 '평림병'이 크게 활동할 때 남양군 역시 술렁이기 시작했다. 이통의 사촌동생 이질李軼은 조용히 이통을 보고 말했다. "지금 도처에 혼란이 생

### 한나라 시대 잡극 도기 용 무리

1953년 하남성 낙양 소구燒溝에서 출토된 유물로, 높이는 14.5~5.1cm다. 본래 적색·흑색·백색으로 채색되었는데 지금은 거의 대부분이 탈색되었다. 도기 9개의 자태가 각각 다른 이 유물은 연극 장면을 구성하고 있다. 다채로운 연극을 한다 하여 '백극百戱'이라고도 불리는 이런 종류의 극단은 당시 한나라 조야에 널리 활약했는데, 풍부하고 다채로운 가무와 잡기를 포괄했다. 이 유물은 기술을 중하게 여기고 힘을 위주로 하여 기세를 높이며, 활력으로 가득 찬 당시의 시대정신을 상징적으로 보여 주고 있다. 이 유물은 한나라 시대 흙인형 장인들의 높은 조형 공예 수준을 보여 주고 있다.

기니 유씨 황실이 또 흥할 모양입니다. 남양 지역의 유씨 종실은 유연 형제만이 인애仁愛의 마음으로 민중과 사귈 수 있으니 그들을 찾아가서 대사를 함께 도모합시다." 이 말을 들은 이통은 자기의 마음에 바로 맞는지라 웃으며 말했다. "이 역시 내가 생각하던 바일세!" 이에 두 이씨는 함께 유수를 찾아가서 연락하면서 그들 용릉舂陵 자제가 손을 쓰기만 하면 이씨 가족은 바로 호응하겠다고 약속했다.

## 참언의 수익자

그러나 유연이 친히 나서 백수향의 용릉 자제들을 동원할 때, 한나라 고조의 후손들은 모두 공포에 휩싸여 벌벌 떨면서 제각각 숨으며 "유연이 나를 죽이려 든다!"고 했다. 후에 용릉 자제들은 유수가 한나라 왕실의 붉은 두루마기를 입고 무장이 쓰는 큰 모자를 쓰고 활개를 치며 다니는 것을 보고 쌈싹 놀랐다. "저런!

### '뭇 신선의 수령'을 기념하는 태세전太歲殿

고대 사람들은 목성이 서쪽에서 동쪽으로 하늘을 한 바퀴 회전하는
데 12년이 걸린다는 사실을 발견하고는 기년으로 삼았다. 그것이
바로 세성기년법이다. 그러나 목성이 운행하는 궤도와 사람들이 익
숙하게 알고 있는 12성신의 방향과 순서가 상반되어 세성 기년법을
사용하는 것은 매우 불편했다. 이에 고대 천문학자들은 가상의 세
성 '태세太歲'를 불러내어 진짜 세성과 반대로 운행하게 함으로써
12성신의 방향 및 순서와 일치하게 하고, 이를 기년으로 사용했다.
그것이 바로 '태세 기년법'이다. 그러나 동한 시대부터는 간지 기
년으로 태세 기년을 사용했으므로 이 가상적인 태세는 점차 신격화
되어 뭇 신선의 수령이 되고 중국의 전통적인 길상 선택 방법에서
중요한 지위를 점하게 되었다. 사진은 북경 선농단先農壇 내의 태세
전이다.

### 담이 작고 성실한 수재마저 나섰구려!

이에 모두 마음이 안정되어 하나둘씩 유연의 수하
에 가담했는데, 용릉 자제가 7, 8000명이나 되었다. 유
연은 군법으로 대중을 묶어세운 후 '주천도부柱天都
部'라 자칭하며 주위의 무장력과 연계했다. 유연은 위
험을 무릅쓰고 군의 수부首府 완성宛城을 들이칠 생각
을 했고, 남양 현성의 자그마한 읍을 지나다가 장수
견부甄阜 · 양구사梁丘賜가 거느리는 관군을 만나 패
해 산산이 흩어지고 말았다. 당시 용릉 자제들은 농민
군과 마찬가지로 온 가족이 종군하다 보니 식량도 준
비하고, 가족이 관군의 습격을 받지 않도록 보호하는
역할까지 담당해야 했다. 유수는 형세가 불리함을 깨

#### ●●● 역사문화백과 ●●●

##### [한나라 시대의 모자 - 두건]

한나라 시대 사람들은 머릿수건을 집 모양으로 접어 뒤쪽으로
감았는데, 이를 두건이라 부른다. 쓰는 방법은 먼저 상투를 잘
동이고, 그 다음에 천을 감싸서 두건을 쓰는 것이다. 한나라
시대 두건은 꼭대기가 높이 솟은 모양, 꼭대기가 평평한 모양
등 다양했다. 미성년의 경우는 집모양이 없는 두건을 쓴 것으
로 알려져 있다. 보통 지위가 낮은 사람들이 두건을 썼는데,
그렇다고 엄격한 구별이 있는 것도 아니어서 간혹 상류층 사
회의 남자들도 두건을 썼다. 다만 두건의 색깔은 지위와 신분
의 고저와 귀천을 확실히 나타낸다. 이를테면 무장은 붉은 두
건, 노비 등 비천한 자는 녹색 두건을 썼다.

닫고는 도망쳤고, 도중에 여동생 백희伯姬를 만나 둘
이 말 한 필을 함께 타고 도망쳤다. 얼마 안 가 큰 누
나 유원劉元을 만났는데, 유수가 급히 내려 누님을 말
에 오르게 하자 유원이 말했다. "그대들 먼저 가게! 이
렇게는 도망치지 못하네. 왜 모두 함께 죽어야 하나!"
이때 추격병이 당도해 유원과 세 딸, 둘째형 유중劉仲
과 집안 형제 수십 명이 모두 죽고 말았다.

후에 유연은 천방백계千方百計로 하강병과 연합하
고, 신시병과 평림군을 연합해 함께 완성을 공격, 견
부와 양구사를 죽이고 남양 일대에서 발을 붙였다.

유연은 신망이 매우 높고 싸움에서도 용맹했지만
내부의 분쟁으로 피살되었다. 그러나 보기에는 온화
하고 나약한 듯한 유수는 위기가 도처에 도사리고 있
었지만 자신의 실력을 보존하면서 기회를 엿보았다.
그리고 뭇 영웅을 발아래 꿇린 뒤, 동한 왕조의 천자
에 즉위했다. 물론 누구도 이것이 참언의 영험함이라
고는 믿지 않았다. 더구나 어떤 사람들은 "유수는 천
자가 되리라" 하는 참언은 유수가 황제에 등극한 뒤
그의 수하들이 민심을 안정시키기 위해 만들어 낸 말
이라고 했다.

중국을 말한다

# 004

《자치통감資治通鑑·한회양왕경시漢淮陽王更始 원년》
《한서漢書·왕망전王莽傳》

출전

## 미수정변

신망新莽 정권은 민심을 잃어 폭풍우에 뒤흔들리고 있었다. 왕망의 사촌 동생 왕섭王涉은 왕망을 찬탈한 후 제위를 유씨에게 돌려주어 가문의 화를 면하려 했다.

8 ~ 220

동한

### 18년 묵은 사건

전국 각지에서 민란이 일어나고, 민중봉기를 진압하기 위해 조정이 파견한 관병이 매번 패전을 거듭하자 왕망은 마음이 불안해 어찌할 바를 몰랐다. 그는 각지에서 올라온 상소문에 "왕망이 효평 황제孝平皇帝를 독살했다"는 내용이 있음을 보고 시급히 조정 대신들을 '왕로당王路堂'이라는 궁전으로 불렀다. 그러고는 황금색 끈으로 묶은 함을 꺼내어 풀어헤친 후 그 속의 문서를 꺼내 흐느끼면서 대신들에게 보여 주었다.

18년 전, 왕망은 안한공安漢公이라는 신분이었다. 그런데 그는 겨우 수년 전에 황제의 자리에 올라 아직 안정을 찾지 못한 한나라 평제平帝 유간劉衎을 죽였다. 유간은 방계 종실로, 한 성제成帝의 계승자가 되었지만 모친 위衛씨가 여전히 중산국中山國의 왕후에 머물러 있었기 때문에 조정의 태후가 될 수 없었다. 이에 불만을 품다 보니 자연히 원망의 말이 나왔고, 겉으로는 겸손하고 온화하며 인덕이 가득하지만, 속으로는 티끌만 한 실수도 용납하지 못하는 왕망이었다.

12월 8일, 그는 백신百神에 제사를 지내는 조회에서

**생기를 북돋우는 도기 주택**
매우 정밀하고 특이한 도기 주택은 원래 부장품이지만, 침침한 기운밖에 없는 곳에 생기를 북돋아 주고 있다.

●●● **역사문화백과** ●●●

**[한나라 시대의 이불]**
잠옷은 '금衾'이라 하는데 《논어》에 이미 잠옷을 입고 잔다는 기록이 있다. 그런데 '금'은 한나라 이후 이불을 가리키는 말로 쓰였는데, 삼베와 견직물을 원료로 해 홑이불과 솜이불을 구분했다. 한나라 시대 부부가 공용하는 이불을 '합환合歡'이불이라 불렀다.

한 나라 평제에게 산초나무 열매로 담근 술을 올렸다. 그 술에는 만성 독약이 들어 있었지만 평제는 아무것도 모른 채 향기로운 산초주를 다 마시고 말았다. 그 결과 평제는 생명이 위급해졌다. 왕망은 즉시 하늘에 제사를 지내는 책문策文을 썼고, 병환이 있었던 주나라 무왕을 위해 주공周公이 하늘에 기도를 올렸던 그 대로 신단에 올라 하늘에게 노여움을 거두기를 빌면서 평제 대신 자신이 죽게 해 달라고 외쳤다. 왕망은 또한 주공처럼 책문을 함 속에 넣고 금실로 봉해 대전에 안치하면서 대신들에게 이 일을 입 밖에 내지 말라고 했다.

어쨌든 한나라 평제는 얼마 지나지 않아 죽고 말았

**동한 그림 벽돌 – 연회의 기쁨**

벽돌 정면에 연석을 만들어 상 두 개를 놓았고, 빈 곳에 술잔 등 그릇을 놓았는데 주객이 술이 거나해 함께 춤을 추는 장면을 묘사하고 있다. 왼쪽에는 남녀 한 쌍이 앉아 한 사람은 팔을 흔들며 거문고를 타고 한 사람은 감상하고 있다. 오른쪽 아래에는 한 사람이 긴 소맷자락을 휘두르며 춤을 추고, 다른 한 사람은 허리를 구부리고 손바닥을 내밀어 북을 두드리며 장단을 맞춘다. 화면의 분위기는 유쾌하고도 조화롭다. 사천성 성도 소각사昭覺寺 한나라 시대 묘에서 출토되었다.

다. 당시 왕망의 세력은 하늘의 태양과 같은지라, 어느 누구도 평제의 사망 원인을 조사할 수 없었다. 지금 그는 10여 년을 소장한 그 책문을 꺼내어 자신의 죄를 씻으려는 것이었다. 그러나 대신들이 믿든 안 믿든 여러 봉기군의 공격 추세는 막지 못했고, 장안의 정세는 점점 더 불안해졌다.

### 황제의 보좌를 내놓고 집안의 생명을 보존하다

그때 명성이 자자하던 서문군혜西門君惠란 도사가 왕망의 사촌 동생 위장군衛將軍 왕섭에게 조심스럽게 말했다. "지금 도처에서 참언이 생기는데, 모두 유劉씨가 다시 흥한다는 내용입니다. 한 참언은 직접 '유수劉秀가 황제 위에 오르리라' 하는데, 유수는 국사 유흠劉歆의 옛 이름 아닙니까!'

왕섭은 사촌형 왕망 때문에 한참 동안 근심하던 차라 왕씨가 용좌에 앉아 버티지 못할 것을 예감하고, 차라리 일찌감치 손을 써서 훔친 보좌를 다시 유씨에

게 돌려주면 가족들의 목숨이라도 보전할 것 같았다. 이에 왕섭은 국사공 유수와 대사마 동충董忠과 사중대춰司中大贅 손급孫伋을 청해 비밀리에 상의하면서, 수하의 군사로 왕망을 제거한 후 정권을 내놓아 생명을 보전하게 하기로 했다.

그런데 뜻밖에도 사중대춰 손급은 이를 못마땅하게 여겨 즉시 왕망에게 고자질하고 말았다. 왕망은 바로 밀모자 중 직위가 가장 높은 대사마 동충을 불러다 문책하고, 그 자리에서 그를 죽인 후 무사들을 시켜 동씨 가족을 전부 잡아들여 식초와 독약과 칼날과 가시 등과 함께 매장했다. 일련의 사태를 지켜보던 유수(유흠)와 왕섭은 자살하고 말았다.

왕망은 자신의 가족이나 공신마저 믿을 수 없음을 보고 더는 전국全國을 보전할 궁리를 하지 않고, 대장 왕읍王邑을 장안에 불러 대사마로 임명해 수도를 보위하게 했다. 또한 그 자신은 종일 우울해 입맛을 다 잃어 향기로운 술과 함께 해물 중 가장 맛 좋은 전복으로 끼니를 때우면서 병서를 뒤적거리는 일로 세월을 보냈다. 읽다가 지치면 바로 책상에 엎드려 졸면서 더는 침대에 누워 편한 잠을 이루지 못했다.

# 005

《자치통감資治通鑑·한회양왕경시漢淮陽王更始 원년》
《후한서後漢書·유현전劉玄傳》

 출전

동한

8~220

## 경시 천자

황제라는 자리는 사냥터에서 쫓기는 사슴과 마찬가지라고 말하는 사람들이 있다. 그들은 또한 초야의 백성들에 대해서는 불 속에서 갓 꺼낸 뜨거운 군밤 같은 존재로, 매우 조심스럽게 다루어야 한다고 말한다.

## 끊을 수 없는 인연

왕망이 민심을 잃어 민간에는 참언이 널리 퍼졌는데, 그 내용은 유劉씨가 부흥한다는 것이었다. 그러므로 적지 않은 봉기군은 모두 유씨 종실을 명의상 수령으로 모시고 호령했다. 남양 일대의 봉기군 숫자는 이미 10여 만이었지만 행동이 통일되지 않아 힘이 부족함을 느꼈고, 역시 유씨 종실을 황제로 내세우려 했다. 남양의 지방 토호·악질 지주와 하강병下江兵 왕상 등은 용릉 자제 군사의 수령 유연劉縯을 옹립하려 했다. 반면에 신시新市·평림平林 등 봉기군의 장군들은 평림군에 투신한 종실 유현劉玄을 옹립하려 하여, 그들의 의견은 통일되지 못했다.

유연이 말했다. "제공께서 유씨 종실을 옹립하려 하니 여러분의 깊은 사랑에 감사합니다. 그러나 현재 동방의 청주靑州·서주徐州 일대 적미군은 수십만의 병력을 가지고 있는데, 만일 그들이 우리가 여기서 유씨 종실을 황제로 옹립한 소식을 듣고 그들 역시 따로 한 사람을 옹립한다면 왕망을 타도하기도 전에 유씨 종실끼리 먼저 싸우는 결과를 초래할 것입니다. 게다가 용릉 종실이 옹립된 후에는 천하 사람들의 목표가 되어 바로 손실을 볼 것입니다. 그럴 바에는 왕을 하나 내세워 각 부대를 지휘하는 것이 나을 것 같습니다. 왕의 권력이라면 장군 정도는 충분히 제압할 것입니다. 만약 장래 적미군이 옹립한 유씨 종실에게 덕이 있다면 우리는 그에 복종해 각자의 작위도 보전할 수 있는 것이고, 만약 적미군이 종실을 옹립하지 않는다면 우리가 왕망을 타도한 후 다시 적미군에 투항을 권유하면서 황제를 칭해도 늦지 않을 것입니다." 유연의 이 말은 시간을 지연시키는 계책으로, 유현을 옹립하는 측의 세력이 강하므로 먼저 왕으로 칭해 형세를 어렵게 이끌지 말고 추후에 기회를 보아 다시 겨루어 보자는 것이었다. 그의 분석은 확실히 일리가 있었기에 많은 장군들의 지지를 받았다.

## 타인을 황제로 정한 재야 장군

이때 신시군의 대장 장앙張卬이 검을 뽑아 땅바닥에 내리꽂으며 말했다. "결정을 내리지 못하고 망설여서는 대사를 이룰 수가 없소! 오늘 우리가 유현을 황제로 세우려 하는데 누가 감히 동의하지 않는단 말이오?"

장군들의 입장에서 종실을 황제로 내세움은 병졸과 백성들을 미혹시키기 위한 간판이므로 어느 누구

### 동한의 돌 신수神獸

1978년 하남성 허창현許昌縣 석장촌石莊村에서 출토되었다. 능묘나 건축물 앞의 장식물로 석회암으로 조각되었다. 몸체는 범 같고 머리는 사자 같다. 특히 한번에 달려들 기세는 용맹하고 강렬한 느낌을 준다.

중국을 말한다

를 세우든 상관없는데 장앙의 기세등등한 모습을 보고는 모두 화를 당하고 싶지 않아 고개를 끄덕이고 말았다. 길일을 잡아 육수淯水 강변에 단을 높게 쌓고, 유현은 남쪽을 향해 서서 장군들의 참배를 접수했다. 평소에 나약하고 무능한 유현은 처음 겪어 보는 일이었고, 무리 속에 많은 사람이 자신이 황제가 됨을 마뜩찮게 여기고 있음을 아는지라 부끄러운 마음이 있어 얼굴에 땀이 송골송골 맺혔다.

유현의 본래 칭호는 '경시更始 장군' 이었으므로 황제의 연호 역시 '경시'로 고치고, 그를 '경시 황제更始皇帝'라 불렀다. 동시에 왕광王匡을 정국상공定國上公으로, 왕봉王鳳을 성국상공成國上公으로, 주유朱鮪를 대사도로, 진목陳牧을 대사공으로, 그 외의 장군들을 구경九卿 장군으로 봉했다. 도저히 황제가 될 수 없었던 유현은 급기야 역사에 이름을 남길 황제가 되었고, 암암리에 '천자'가 되려고 했던 유수는 겨우 태상 편장군太常偏將軍에 책봉되었을 뿐이다.

### 주작·백호·쇠고리 화상석畫像石 (왼쪽 그림)

하남성 방성현方城縣에서 출토된 이 유물은 묘의 문에 조각한 것으로 추정된다. 중간에 쇠고리가 있고 괴수가 그것을 물고 있다. 쇠고리의 위에는 아름다운 주작이 있고, 그 위에 영지와 단약을 담은 쟁반을 받쳐 든 사람이 있으며, 주작은 단약을 물고 있다. 아래쪽에는 백호가 머리를 쳐들고 용맹한 자태로 서 있다.

### 북두성상도 석상 (위 그림)

이 그림은 산동성 가상嘉祥 동한 묘의 석굴 그림이다. 중국의 고대 천문 이론에 의하면 북두성은 하늘의 중심이며, 삼원三垣과 28성수는 모두 북두를 중심으로 나뉜다. 묘에 그린 북두칠성은 제왕의 수레가 북두칠성을 타고 승천함을 상징한다.

### 강남 수향水鄉의 힘있는 품격 – 동한 청자 항아리

청색 유약이 칠해진 그물무늬 장식은 푸른 물결 위에 던져진 고기 그물과 흡사하다. 매듭이 크고 거친 것은 그것을 사용하는 어민의 용맹성을 암시한다. 강남 수향水鄉의 훌륭한 소묘라 할 수 있는 유물이다.

●●● 역사문화백과 ●●●

[경의를 표시하는 예의 – 읍]

쌍방이 두 손을 주먹 모양으로 맞잡아 가슴 앞에 놓고 서로 경의를 표한다. 가장 흔히 볼 수 있는 것은 장읍인데, 읍할 때 몸을 앞으로 기울이고 허리를 약간 구부린다. 흔히 지위가 비슷하거나 익숙한 사람들 사이에 행하는 예절이다.

# 006

《자치통감資治通鑑·한회양왕경시漢淮陽王更始 원년》
《후한서後漢書·광무제기光武帝紀》  출전

## 곤양 보위전

곤양昆陽 전투는 신나라 관병과 왕망을 반대하는 봉기군 간에 벌어진 유일한 결전이었는데 호랑이나 사자 같은 동물까지 동원되었다. 그 결과 무려 백만 대군이 무너져 역사에 남게 되었다.

경시 황제 유현은 즉위하자마자 성국상공 왕봉과 태상太常 편장군 유수劉秀 등을 파견해 성을 점령하고 영토를 넓혔다. 여러 장수가 북상해 영천군潁川郡 일대에 진입해 곤양昆陽·정릉定陵·언성郾城 등 3현을 공격했지만 완전히 점령하지는 못했다. 그런데 갑자기 왕망의 백만 대군이 공격해 온다는 소식이 들렸다.

### 본래 한 차례 조우전에 지나지 않아

본래 왕망의 군대는 경시 군사를 목표로 온 것이 아니었다. 동방에서 농민 봉기군을 진압하는 엄우嚴尤·진무陳茂가 연이어 패전해 사도 왕심王尋과 사공 왕읍王邑이 왕망의 명을 받들어 지원군을 이끌고 갔는데 이번에 출병한 기세는 매우 심상치 않았다. 각 주 군의 43만 군사를 동원해 백만 대군이라 칭하고 병법을 아는 사람 36명을 징발해 수군 참모로 삼았다. 그 외에도 신장이 한 장 남짓하고 허리 둘레가 열 아름이 된다는 거인 거무패巨無霸에게 군영을 수위하는 도위都尉를 담당케 했다. 또 상림원에서 사육하던 범·표범·코뿔소·사자 등을 전부 몰고 나와 위세를 돋우었다. 대군이 낙양에서 남하해 영천군을 지나 동쪽에서 패전해 후퇴하는 엄우·진무의 잔여 부대와 합하려 하는데, 그 길목에 경시군의 진영이 있었다. 경시군 장병들은 왕망 대군의 놀라운 기세를 보고 곤양성으로 퇴각했다. 장수들은 또 모두 처자를 데리고 행군하므로 차라리 흩어져서 고향으로 돌아가자고

했다. 유수가 황급히 나서며 권유했다.

"우리는 지금 병력이나 양식과 마초가 모두 부족한데 적은 매우 강합니다. 우리가 모두 힘을 합쳐 저항한다 해도 이길 가능성이 없는데, 이처럼 모두 흩어진다면 어느 한 사람도 생명을 보존할 수 없게 됩니다. 대부대는 아직 완성宛城을 공략하지 못했으므로 우리를 공격할 수 없습니다. 만약 우리 곤양이 함락된다면 다른 곳의 부대도 잇달아 끝장나게 됩니다! 눈앞의 이런 형세를 보면서도 협력해 적을 치지 않는다면 어찌 우리의 처자와 재물을 지킬 수 있겠습니까!" 많은 장수들은 이 말을 듣고 화를 버럭 냈다. "유 장군은 무슨 말씀을 그렇게 하십니까!" 유수가 말하려는 순간 정탐병이 들어와서 말했다. "관병이 지금 북문에 당도하고 있는데 진영은 수백 리에 달해 그 끝을 볼 수가 없소이다!"

많은 장수들은 평소에 유수를 매우 업신여기던 터라 이런 소식에 직면하자 그저 "유 장군께서 방법을 생각해 보십시오!"라고 말할 수밖에 없었다. 유수의 계책대로 왕봉王鳳·왕상이 8, 9000명밖에 안 되는 군사를 거느리고 곤양성을 지키고, 유수와 오위五威 장군 이질李軼은 13명의 기병을 거느리고 밤을 이용하

**동한의 궁노기 (위 사진)**

이 기계는 나무틀에 가설했는데, 앞부분은 활을 고정시키고 화살촉은 홈 중간에 설치해 자루와 기계를 스쳐 지나며 쏘게 되어 있다. 궁노 자체는 3개의 활동 부분이 있는데, 그것은 차단물과 조준기와 구리로 만든 틀이다.

동한

8~220

불교 37

여 남문으로 뚫고 나가 부근에
서 군사를 모집하기로 했다.

이때 관병의 선두부대 10만
명은 이미 곤양성 밑에 이르러
성을 겹겹이 둘러쌌다. 엄우가
주장主將 왕읍에게 말했다. "곤
양성은 작기는 하지만 매우 견고합니다. 지금 황제라
자칭하는 유현이 완성에 있는데, 즉시 진군하면 유현
의 군대는 패배합니다. 완성을 점령하면 곤양성도 항
복할 것입니다." 그러나 왕읍은 동의하지 않았다. "내
가 당년에 반적 책의翟義를 포위 공격할 때 바로 책의
를 사로잡지 못하여 조정의 질책을 받았소. 지금 백만
대군을 거느리고 이 성을 공략하지 않는다면 나의 군

### 3층 기마용과 4층 등잔으로 장식한 도기 등잔

이 도기 등잔은 조형이 특수하고 장식이 복잡하고도 규칙적이다.
이 50cm도 안 되는 나무 그루터기에 3층 4조의 기마용, 4층의 10
개 등잔을 조각했는데 한나라 시대 도자기 등잔의 진품으로 손색이
없다.

### 즐거움이 가득한 동물 세계

사진 속 동한의 조각은 마치 즐거운 동물 세계를 보고 있는 듯하
다. 이 동물들은 저마다 부족함이 없어 서로 화목하게 지내면서 으
르렁거리는 일이 없다.

세를 나타내 보일 수 없을 거요! 우선 이 작은 성 사람
들을 전부 죽인 후 완성으로 진군해야 하오."

그래서 관병은 성을 수십 겹으로 에워싸고 수백 채
의 영채를 세웠으며, 징소리와 북소리는 수십 리 밖까
지 울려 퍼졌다. 관군은 매우 세차게 공격하며 왕봉王
鳳 등에게 투항할 것을 요구했으나 항복하지 않았다.
그들은 성이 무너지고 곤양이 피로 물들게 될 날이 이
제 머지않았다고 생각했다.

## 용감한 자의 승리

유수 일행은 성을 빠져나와 곧 언성·정릉에 가서
모든 병력을 끌어모았다. 장수들은 그래도 일부 병사
를 남겨 재물을 지키게 했다. 그러자 유수가 이렇게
말했다. "오늘 적을 무찌르면 얻은 보물이 지금의 재

### ●●● 역사문화백과 ●●●

#### [자유가 없는 농민 – 도부徒附]

도徒는 노역에 봉사하는 사람을 가리키고, 부附는 장원에서 주
인을 위해 일하는 예속된 농민을 가리킨다. 동한 시대에 토지
겸병이 계속 심해짐에 따라 수많은 자작농이 토지를 잃고 지
주 장원의 도부가 될 수밖에 없었다. 그들은 자유가 없고, 독
립적인 호적도 없었으며, 그들의 노동으로 생산된 결과물은 모
두 주인의 소유가 되었다.

물보다 만 배나 더 많겠지만, 적에게 패하면 머리도 보존하지 못할 터인데 무슨 재물을 운운한단 말씀입니까?' 그래서 두 현의 봉기군은 일제히 전진해 곤양성으로 나아갔다. 유수는 친히 1000여 명을 거느리고 앞장서서 관군 영채 4, 5리 지점에 이르렀다. 왕읍과 왕심은 수천 명 병사를 보내어 영채 밖에서 응전하게 했다. 유수는 관군이 발을 채 붙이기도 전에 군사를 거느리고 출격해 관병 수십 명을 물리쳤다. 경시 장군들은 모두 기뻐하며 말했다. "허! 유 장군이 평소에는 적은 관군을 보고서도 겁을 내더니만 오늘은 대적을 눈앞에 두고 도리어 용감해졌구려, 정말 대단하오! 이제 유 장군께서 다시 한 번 선봉을 선다면 우리가 뒤에서 장군을 도우리다!'

유수는 다시 군사를 거느리고 돌격해 관군을 또 한 차례 물리쳤는데, 이번에는 그 숫자가 1000여 명에 이르렀다. 경시 군사는 사기가 충천해 관군의 중군中軍 군영까지 접근했다. 왕심과 왕읍은 갑옷마저 제대로 입지 못한 농민군을 하찮게 여기고는, 친히 1만 명의 군사를 징발해 영채를 순시하면서, 기타 부대는 함부로 출동하지 못하게 하고 자신이 단독으로 경시 군사와 접전하려 했다. 곧 양군이 접전하자 관군이 불리해졌다. 관군의 기세가 꺾이는 것을 본 경시 군사는 더욱더 용감하게 공격했다. 관군은 크게 혼란에 빠졌고, 왕심은 그 와중에 목이 달아났다. 곤양성 꼭대기에서 성을 지키던 농민 봉기군은 관군의 기치가 어지럽게 넘어지고 함성이 천지를 진동함을 보고 구원병이 도착했음을 판단해 성문을 열고 출격했다. 경시 군사는 협공해 관군을 물리치기 시작했다.

관군은 제각각 도망을 쳤고, 서로 짓밟는 바람에 죽고 상한 자가 부지기수였다. 마침 이날은 천둥 번개와 함께 강한 비바람이 불어 기왓장마저 도처에 날아다녔다. 또한 성 북쪽의 치수滍水마저 제방이 터져 범람하는 바람에 빠져 죽은 자가 수만을 헤아렸고, 군사를

**한나라 시대 묘의 벽화**
동한의 회화는 이미 상당한 수준에 이르렀고, 화가들은 과장과 변형의 기법을 살 썼다. 이 벽화에서 말 다리는 나뭇가지처럼 가늘고 수레의 지붕은 칡덩굴을 얹어놓은 것 같지만 동적 감각이 살아 있다. 이 벽화는 주인이 죽은 후에 적막하지 않기를 바라는 마음으로 그린 그림이다. 앞줄에는 살찐 준마가 한 줄 서 있는데 매우 정교하게 처리되었다.

따라 실려 온 호랑이·표범 등의 맹수들도 몸을 움츠릴 뿐이었다. 왕읍·엄우·진무는 기병을 거느리고 치수를 가득 메운 시체를 밟으며 강을 건너 북으로 도망치는 수밖에 없었다. 전쟁터에 남은 관군의 군수 물자는 경시 군사가 1개월을 날라도 다 나르지 못해 나머지는 전부 불살랐다.

그 이후, 경시군의 위세는 하늘 높은 줄 몰랐다. 나아가 각 지역 민중들은 자발적으로 경시군을 찬양하면서 경시 연호를 접수하고, 신하로서 복종할 것을 맹세했다.

# 007

## 유연을 죽이다

왕망 정권은 가장 강하고, 가장 큰 위협이 되는 인물이 유연劉縯이라 여기고 있었다. 나약하기 그지없던 유현도 황제가 된 후에는 자신의 위엄을 세우기 위해 노력했다. 유연의 불행은 그렇게 싹트고 있었다.

유연은 형주荊州·예주豫州 일대의 봉기군 속에서 신망이 매우 높았다. 하지만 신시·평림 계통의 장수들이 자신들의 힘을 앞세워 유현을 옹립하는 바람에 황제가 될 기회를 잃고 말았다.

### 왕망의 현상금

그러나 남양南陽 지역 지주 토호들의 생각은 달랐다. 경시군과 한사코 대항하던 현읍들은 한결같이 유연이 온다는 소리만 들으면 즉시 성문을 열고 투항하는 것이었다. 심지어 경시 황제가 즉위하기 전에 유연은 주천柱天 대장군大將軍이라 자칭하며 당시의 군사 요충지 완성을 공격했다. 이 말을 들은 왕망은 크게 놀라 유연의 머리에 거금을 내걸었다. 벼슬은 상공上公으로 봉하고 식읍 5만 호와 황금 10만 근을 하사한다는 영을 내렸다. 그런데 여기에서 왕망이 하사한다는 황금은 구리였다. 본래 한나라는 이미 수량銖兩으로 계산하는 은전과 황금을 상으로 주었는데, 왕망이 '복고'를 좋아해 진나라 관습대로 구리를 금 대신 주었기 때문에 단번에 10만 근이나 하사할 수 있었던 것이다.

왕망은 이 밖에도 장안 성내 관아와 천하 각 지방 관청 문 앞에 유연의 초상을 걸어놓고 매일 아침이면 활로 쏘게 했다. 이 모든 것은 신시·평림 장수들에게 불안감과 경계심을 불러일으켰다.

### 유연이 차고 다니는 검

완성을 공략하고 곤양 보위전을 거친 후 유연 형제의 명망은 더욱 높아졌고, 경시 황제와 그를 지지하는 신시·평림의 여러 장수들은 더욱 큰 위협을 느껴 선수를 써서 유연을 제거하려는 움직임을 보였다.

담이 작고 관찰력이 세심한 유수는 이미 형에 대한 좋지 않은 분위기를 감지하고 유연에게 말했다. "일이 상서롭지 않게 돌아가는 듯합니다!" 소탈하면서도 통이 크고 데면데면한 유연은 오히려 아무런 감각도 없어 그저 웃으면서 말했다. "저 사람들은 본래 그렇

**조형이 과장된 도금 망아지 (왼쪽 사진)**
이 도금 망아지는 조형이 매우 기이해 높이가 길이를 초과한다. 이는 일종의 과장이라 생각할 수도 있지만, 사실은 동적 감각에 의한 것이다. 네 다리가 모두 오른쪽으로 기울어지고 머리를 약간 위로 쳐들었는데, 이는 분명 앞의 어딘가에 맛좋은 풀이 있어 흥분되었거나 맹수를 발견해 경각성을 높이고 있는 것이다.

**낭만주의를 표현한 동한 그림 (오른쪽 그림)**
동한은 사상이 매우 발달한 시대로, 회화 작품에서 낭만주의 특성이 충분히 표현되고 있다. 질풍처럼 달리는 수레, 위무 당당한 사냥꾼, 한사코 도망치는 사슴은 당시의 사냥 장면을 형상적으로 재현하고 있다. 그림 왼쪽 상단에는 붉은 해, 중간에는 신령한 새 한 마리가 있어 신화나 전설의 묘사와 같아 사람을 황홀하게 한다. 벽돌은 대부분 단일한 색깔이지만, 채색 진품으로 매우 희귀한 작품이다.

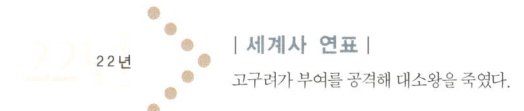

22년

| 세계사 연표 |

고구려가 부여를 공격해 대소왕을 죽였다.

출전

《자치통감資治通鑒 · 한회양왕경시漢淮陽王更始 원년》
《후한서後漢書 · 유연전劉縯傳》



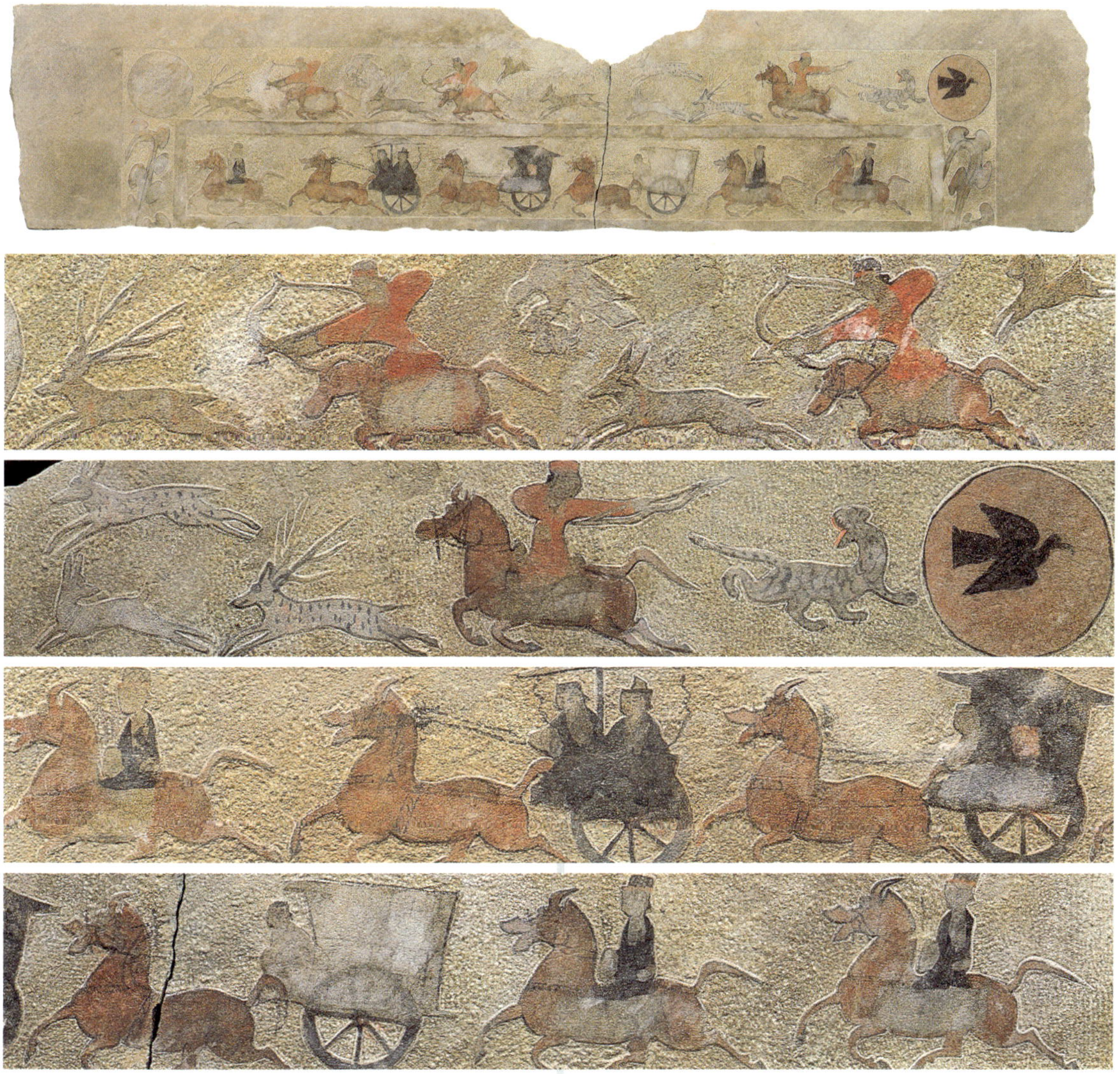

거든!" 한 차례 연회에서 경시 황제는 유연이 차고 다니는 보검을 보고 싶다고 했다. 그 당시 남자가 호신용으로 검을 차고 다니는 것은 정서가 그윽한 풍습이자 하나의 멋이었는데, 그 검은 칼날이 예리하고 장식도 뛰어나게 정밀했다. 황제의 말에 유연은 아무 생각도 없이 검을 풀어 종자에게 넘겨주었다. 옆에 있던 신도건申屠建이라는 어사 역시 자신이 차고 있던 옥패를 풀어 경시 황제에게 바쳤다. 연회 후 유연 형제의 외삼촌 번굉樊宏이 유연에게 말했다. "항우와 우리의 고조 황제께서 홍문에서 만날 때, 연회석에서 모사 범증은 자기가 차고 있는 옥패를 추켜들어 고조 황제를 죽이라고 항우에게 신호를 보냈거든. 오늘 신도건의 거동을 보니 좋은 마음을 품은 것 같지 않네." 그래도 유연은 여전히 웃어넘길 뿐이었다.

상서롭지 못한 일은 계속 발생했다. 본래 이통과 함께 유연 형제를 보좌하던 이질은 이미 경시 황제 신변

의 권세자 주유周鮪 등에게 붙어 아첨하고 있었다. 이런 상황을 본 유수는 또 미심쩍은 마음에 유연을 일깨웠다. "이 사람은 더는 믿을 수가 없습니다!" 그러나 유연은 조금도 개의치 않았다.

## 두 유씨가 화를 입다

재앙은 끝내 발생했다. 유연 수하의 맹장 유직劉稷은 역시 유씨 종실의 후대로, 항상 앞장서서 돌격하곤 하여 그 용맹이 삼군에 떨쳤고 명성도 대단했다. 그는 군사를 거느리고 남양군南陽郡의 노양현魯陽縣을 포위 공격하는 도중에 여러 장수들이 이미 경시 장군 유현을 황제로 옹립했다는 소식을 듣고 노기충천해 말했다. "본래 여러 사람을 움직여 천하를 점령한 사람은 유연 형제인데, 경시 장군이 대체 무슨 물건이란 말이야!"

그 말이 완성에 전해지자 경시 황제와 주유 등 무리는 질투심과 분노가 동시에 일어 일부러 영을 내려 유직을 '항위抗威 장군' 으로 임명했다. 유직이 이 위임

### 한나라 시대 관료의 행차 장면

청나라 광서 연간에 출토된 동한 시대 화상석 탁본拓本이다. 그림 중 주인공 '군차君車' 는 사군使君인데, 주州의 태수에 해당한다. 그의 행차 장면은 매우 웅장해 그 뒤에 각급 관료가 옹위하며, 좌우에서 시중을 들고 있다. 이는 한나라 시대 관료 계층의 사치를 충분히 보여 주고 있다.

### 기쁨에 겨워 부르는 노래 – 슬瑟을 타는 악사용樂士俑

악사가 깃이 둥근 적삼 위에 오른쪽으로 깃을 여미는 소매 긴 두루마기를 입고 무릎을 꿇고 앉아서 현을 누르고 있다. 이 악사는 머리를 오른쪽으로 쳐들고 얼굴에 미소를 띠며 자신의 반주에 맞춰 노래를 부르는 것으로 추정된다.

장을 접수하지 않자 경시 황제는 항명한다는 이유로 주유 등 몇몇 대장에게 수천 군사를 거느리고 가서 유직을 체포해 참하라 했다. 유연은 급히 나서서 도리를 따지며 제지했는데, 이질·주유 두 사람은 유현을 부추겨 함께 체포하게 하고 그날로 두 유씨를 살해했다.

경시 황제 유현은 뒤이어 자기의 사촌형 유사劉賜를 대사도로 봉해 유연의 빈자리를 이어받게 했다. 이밖에 유수를 안정시키기 위해 그를 무신후武信侯로 봉하고 파로破虜 대장군으로 임명해 위안했다.

### ●●● 역사문화백과 ●●●

#### [백성들의 풍속 – 상사일上巳日]

상사일은 3월 상순의 첫 사일巳日로, 목욕을 해 질병을 제거하는 날이다. 이는 동한 시대를 살았던 모든 백성이 행하던 풍속이다. 이 풍속은 비교적 시간이 많이 걸리는 까닭에 사람들은 흔히 음식을 가지고 나가 점심을 먹으며, 목욕이 끝난 후 일부 음식을 강물에 던져 신령에 대한 제물로 바친다. 그리고 문인들과 부호 귀족, 심지어 황제나 대신들도 간혹 각종 연회를 열어 흥취를 돋웠다.

# 008

《후한서後漢書·광무제기光武帝紀》
《한서漢書·왕망전王莽傳》  출전

## 왕망의 죽음

직접 장안성을 공격한 군대는 경시군이 아니라 성 밖의 토호 지주와 성내의 청장년 시민이었고, 직접 왕망王莽을 죽인 자는 상인 두오杜吳이다. 왕망 왕조의 흥망은 민심의 변화를 완벽하게 따르는 결과를 가져왔다.

## 죄수들과 피를 마시며 맹세하다

경시군은 피비린내 나는 내부 숙청을 거친 후, 경기 지역에 진입해 왕망의 조정과 전면전을 개시했다. 먼저 정국상공定國上公 왕광王匡이 군사를 거느리고 낙양에 주둔하는 왕망 왕조 중신인 태사太師 왕광과 국장國將 애장哀章을 공격했다. 동시에 새로 위임한 서병西屛 대장군 신도건申屠建과 이통李通의 동생 이송李松 등을 파견해 무관을 침공해 측면으로 장안을 위협하게 했다. 이에 서울 지역은 민심이 황황해졌다. 왕망은 불안에 떨며 어찌할 바를 몰랐다.

무관武關을 점령한 왕광·등엽鄧曄 봉기군과 이송이 통솔하는 경시군은 함께 서울 지역에 돌입했다. 장안 주변 각 현의 대 지주들은 기회를 틈타 군사를 일으키면서 한나라의 장군으로 자칭했다. 당시 천수天水의 외괴隗씨

### 성대한 행차 장면의 벽화

귀족이 행차할 때 마차의 수량과 규모는 신분과 지위의 상징이라 할 수 있다. 그림 중 네 대의 마차가 병행해 가족의 부귀와 권세를 과시하고 있다.

세력이 서울을 들이친다는 소문이 떠돌았다.

이러한 '한나라' 장군들은 모두 서둘러 성에 돌입하려 했다. 이렇게 하면 큰공을 세움은 물론, 한바탕 재물을 약탈할 수 있기 때문이었다. 이런 혼란에 직면해 왕망은 아무런 계책도 없어 장안성 옥에 갇힌 죄수들을 풀어 놓고 그들에게 무기를 지급한 후 돼지를 잡아 죄수들과 피를 마시며 맹세했다.

"만약 신나라 황실을 배반한다면 토지신은 그대를 징벌할 것이다!"

연후에 새로 임명한 경시 장군 사담史澹에게 그들을 거느리고 나가 '한나라' 장군들을 막아내라 했다. 그러나 이 칼과 창을 받은 죄수들은 성을 나서서 위하교渭河橋를 건너자 뿔뿔이 흩어졌고, 사담은 홀로 장안성으로 돌아오는 수밖에 없었다.

이때 성 밖의 '한나라' 장군들은 무리를 거느리고 도처에서 날뛰며, 왕망의 조상과 처자들의 무덤을 전부 파헤쳤고, 관재를 불태웠다. 또 국사공 유흠劉歆이 큰 힘을 들이고 무수한 재물을 소모해 건축한 '구묘九廟' '명당明堂' '벽옹辟雍' 등 호화롭고 웅대한 건물들을 전부 불태워 버렸다. 그 불빛은 장안성을 환히 비추어 백성들을 공포에 떨게 했다.

성 밖의 난군亂軍은 마침내 장안성 동북쪽의 선평宣平 성문으로부터 성내에 진입했다. 대신 장한張邯은 난군 속에 죽고, 왕읍王邑·왕림王林·왕순王巡 등은 군사를 거느리고 황궁을 보위했다. 이때 황혼이 깃들어 모든 관아와 관저의 사람들은 전부 흩어지고 숨어 버렸다.

## 궁중의 격전

성내 백성 중 두 청년이 있었는데, 한 사람은 주제朱弟, 다른 한 사람은 장어張魚라 불렀다. 그들 둘은 정권이 공백인 상태에서 뭇사람의 저택마저 약탈당할까 봐 아예 먼저 성에 들어온 난병과 손을 잡고 황궁을 들이쳤다. 이때 시민들은 미앙궁未央宮의 옆문을 불사르고 큰 도끼로 궁문을 찍으면서 소리높이 외쳤다.

"반적 왕망아, 왜 투항하지 않느냐!"

큰 불은 후궁에까지 타들어갔다. 왕망이 불길에 쫓겨 숨으려 했지만 가는 곳마다 불길이 뒤쫓아 왔다. 이에 왕망은 짐짓 공자의 어조를 본받아 말했다.

"하늘이 나에게 덕을 부여했으니, 한나라 군사가 나를 어찌할쏘냐!"

나중에 왕망은 큰 불에 미앙궁 창지滄池 가운데의 점대漸臺에 몰려 최후를 기다리고 있었다. 그래도 왕망에게 충성하는 왕읍과 아들 왕목王睦은 밤낮으로 입성한 난군과 교전을 벌였다. 왕망이 점대에 갇혔다는 소식을 들은 그들은 부자가 함께 겹겹의 포위를 뚫

| 세계사 연표 |

23년   로마는 원 누미디아 왕 유바 2세 및 그 아들 프톨레마이오스를 보호
국 모리타니아 국왕으로 임명했다.

고 점대에 와서 왕망의 신변을 지켰다.

이때 난군은 이미 점대를 단단히 에워쌌고, 왕읍 등은 활로 난군을 쏘다가 화살이 떨어지자 육박전을 개시했다. 왕읍 부자와 왕순·묘흔苗訴·당존唐尊·왕성王盛은 전부 격투 속에서 죽었다. 이 왕성은 바로 10여 년 전에 애장이 가짜 참언을 만들어 내 왕망을 황제로 옹립할 때 공신 행렬에 든 장안 시장의 기름떡 장수 왕성인데, 이번에 그는 끝내 죽음으로 그의 주공 왕망에 보답했던 것이다.

위사와 신하들이 전부 죽은 후 왕망은 장안 시민들 앞에 직접 노출되었다. 상인 누오杜吳가 먼저 달려들어 단칼에 이 신나라 황제를 찔러 죽였다. 황궁에 돌입하는 인파와 함께 뛰어 든 교위 동해 공빈公賓은 공을 세우는 수단을 알았다. 그는 재빨리 달려들어 칼로 왕망의 머리를 베어가지고 눈 깜짝할 사이에 인파 속을 빠져나갔다.

주위의 군사들이 제각기 그것을 본떠 달려들어 왕망의 시체를 쟁탈하다 보니 서로 수십 명이나 죽이고 죽었다. 동해 공빈은 왕망의 수급을 들고 경시군 이송·등엽이 파견한 선봉 교위 왕헌王憲을 찾아가 상을

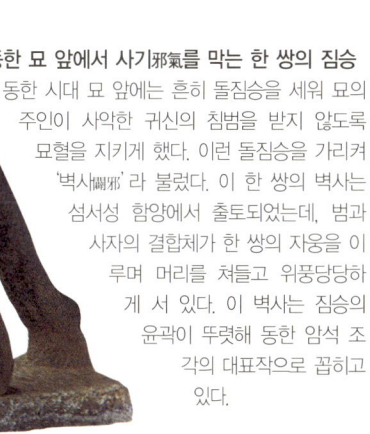

### ●●● 역사문화백과 ●●●

#### [튼튼한 봉건 예속 관계 – 고리]

동한 시대 관원의 선발은 지방 자사와 주목이 천거하는 형식을 취했다. 피천거자는 그 후 관직이 중앙 대신에 이르렀다 하더라도 천거한 사람에게 자신을 고리故吏, 즉 속리라 불렀다. 고리는 가신家臣과 같은 말로 그들 사이에는 사사로운 은혜를 인정해 천거한 자를 위해 충성을 다했다. 그들 사이에 튼튼한 봉건 예속 관계가 형성되어 심지어 주인이 죽은 후에 고리는 3년간 상복을 입을 정도였다. 그 후 문벌 사족士族은 대대로 공경의 벼슬을 하므로 문하생과 고리가 천하에 가득하게 되었다.

탔다.

며칠 지나서 왕망의 수급은 완성에 전해졌고, 경시 황제 유현은 영을 내려 왕망의 수급을 저잣거리에 내걸어 효시했다. 현지 백성이 모두 몰려와 이를 구경하면서 왕망의 수급을 메어치고 때리고 했다. 심지어 어떤 사람은 왕망의 혀를 뜯어 먹기까지 했다.

결국 천하를 편취한 왕망은 51세에 섭정 대신이 되고 54세에 황제의 보좌에 올랐다가 68세에 죽었다. 그가 건립한 '신' 왕조는 중국 역사상 겨우 15년 동안 존재했다. 역사상 어느 사학자도 이 짧은 왕조를 위해 국사를 편찬하려 하지 않았다. 신 왕조의 역사는〈왕망전〉의 형식으로《한서》의 마지막에 열거되어 있을 뿐이다.

**동한 묘 앞에서 사기邪氣를 막는 한 쌍의 짐승**
동한 시대 묘 앞에는 흔히 돌짐승을 세워 묘의 주인이 사악한 귀신의 침범을 받지 않도록 묘혈을 지키게 했다. 이런 돌짐승을 가리켜 '벽사辟邪'라 불렀다. 이 한 쌍의 벽사는 섬서성 함양에서 출토되었는데, 범과 사자의 결합체가 한 쌍의 자웅을 이루며 머리를 쳐들고 위풍당당하게 서 있다. 이 벽사는 짐승의 윤곽이 뚜렷해 동한 암석 조각의 대표작으로 꼽히고 있다.

# 009

## 억지로 웃음을 지으며 시기를 기다리다

유수劉水는 형 유연劉緶이 경시 황제 유현劉玄과 신시·평림 장수들에게 피살되었다는 소식을 듣자 두말없이 곤양성에서 경시군의 임시 도성이던 완성으로 달려갔다. 하지만 그는 영접하러 나온 유연 휘하 관원의 조문에도 아랑곳하지 않고 그저 자기의 잘못을 탓하면서 곤양 보위전의 큰 공은 입 밖에 내지도 않았다. 심지어 형 유연을 위한 상복조차 입지 않고, 마치 아무런 일도 생기지 않은 듯 평소와 마찬가지로 먹고 마시며 담소했다. 유수의 이런 태도를 보자 경시 황제 유현은 오히려 마음속에 부끄럼을 느꼈다. 모두 황제의 종실인데 자신이 너무했다는 생각이 든 유현은 유수를 파로破虜 대장군大將軍으로 임명하고 무신후武信侯에 봉했다.

사실 유수는 가슴속에 원한과 분노가 끓어 넘치지만 분풀이할 곳이 없는 상태였다. 하지만 스스로 조심

## 유수가 북상하다

유수에게 부절을 지니고 북상해 하북의 기반을 확장하게 한 것은 모두에게 변화의 계기가 되었다. 경시更始 내부의 입장에서 보면 잠재하고 있는 적수를 내보낸 것이지만, 유수는 이를 계기로 발전의 기회를 얻었다. 또한 중흥 공신들은 그때부터 두각을 나타내기 시작했다.

을 대하고, 밤이면 이불 속에서 이를 갈며 새로운 세상을 개척할 궁리를 했다.

왕망이 죽은 후, 경시군의 정국상공定國上公 왕광王匡은 낙양에서 왕망의 수하 장수 태사太師 왕광王匡과 국장國將 애장哀章을 생포하고, 분위奮威 대장군 유신劉信은 여남汝南에서 황제를 칭한 현지 유씨 종실 유망劉望을 죽이고 그곳의 군·현을 수복했다.

경시 황제는 큰 도회지인 낙양에 가서 황제 노릇을 하려고 유수를 대리 사예 교위로 임명해 먼저 낙양에 가서 전란에 파괴된 궁전과 관아를 정리하게 했다. 이리하여 유수는 자신의 관아와 막료들을 거느리고 한나라 관리의 신분으로 낙양에 들어섰다.

처음에 낙양 부근의 민중들은 경시군 군사들이 머리에 관리 모자를 쓰고 몸에는 부녀의 잡색 옷을 입고 있음을 보고 속으로 몹시 웃었다. 그런데 유수가 거느리는 사예 교위 관아가 들어서자 모두 관복이 일치함을 보고 몹시 기뻐했다. 특히 옛날 관리들은 눈물을 흘리며 "오늘 다시 한나라 관원의 예법에 맞는 차림

하지 않으면 자신의 생명마저 달아날 판이었다. 또한 그렇게 되면 "유수는 황제가 되리라"는 참언은 빈 꿈에 지나지 않을 것이고, 형의 복수는 영영 할 수도 없게 된다. 그래서 낮이면 희희낙락하며 사람

### 광무제의 능원

유수 능묘는 하남성 맹진현孟津縣 백합향白合鄉 철사촌鐵謝村 서남쪽에 있다. 능은 남쪽으로 망산邙山을 바라보고 북쪽으로는 황하를 접하고 있는데 송백이 매우 울창하다. 능원의 중심의 둘레 487m, 높이 약 15m의 거대한 둔덕이 유수의 묘라고 전해지고 있다. 묘 위아래와 사면에 오래된 소나무가 약 1500그루 있는데, 그 나무들은 당나라 시대에 심은 것으로 전해진다.

중국을 말한다

《후한서後漢書·등우전鄧禹傳》
《후한서後漢書·광무제기光武帝紀》
출전

동한

8~220

**구순이 고평을 지혜롭게 탈취하다**

동한 초년, 광무제 유수는 서북을 평정하고 외효를 제압했다. 당시 외효의 부하 고준高峻이 군사 1만 명을 거느리고 고평高平을 점거해 한나라에 대항했다. 건무建武 대장군 경감이 군사를 거느리고 1년이나 포위 공격했으나 효과를 보지 못했고, 유수 역시 점령하지 못했다. 그래서 유수는 구순寇恂을 파견해 투항하도록 권유했다. 고준은 그의 군사 황보문皇甫文을 보내 구순을 만나보게 했다. 황보문이 매우 오만하게 구순을 대하자 구순은 크게 노해 황보문을 참수한 후 고준에게 말했다. "그대의 사신이 무례해 이미 내가 참수했다. 그대가 만일 투항하려 한나면 속히 투항하고, 투항할 생각이 없다면 군사를 동원해 전쟁을 벌이는 게 어떠한가!" 고준은 이 말을 듣고 몹시 두려워 성문을 열고 투항했다. 누군가 구순에게 고준의 사절을 죽였는데 어찌하여 고준이 도리어 투항했는가 물으니 구순은 이렇게 말했다. "황보문은 고준의 마음속 기둥인데, 그 기둥을 잃었으니 투항하지 않을 수 없었던 겁니다." 이에 뭇사람은 구순의 견식에 탄복했다. 왼쪽 그림은 청나라 말, 민국 초 마태의 《마태화보馬駘畵報》에 실려 있고, 오른쪽 그림은 청나라 각본 《신각비평동한연의新刻批評東漢演義》에 실려 있다.

새를 보게 될 줄은 생각지도 못했다!"고 했다. 결국 견문과 학식 있는 사람들의 마음이 자연스럽게 유수를 향하게 되었다.

## 경시 정권의 생존 공간

경시 황제는 낙양의 양좌 용정陽座龍庭에 도착한 후

전국의 지방 관원들에게 귀순할 것을 권고했다. 그래서 많은 사자를 각 군에 파견해 "먼저 투항하는 자는 작위를 회복한다!"고 선전했다.

경시 사자가 유주幽州 상곡군上谷郡에 이르렀을 때, 옛 왕망 정부가 임명한 상곡 태수太守 경황耿況이 영접하는 동시에 귀순의 표시로 태수의 인수를 바치면서 사사에게 신분을 확인하라고 했다.

그런데 사자가 인수를 받은 후 하룻밤이 지났으나 낙양으로 돌아가려는 기미를 보이지 않았다. 당시 지방관은 인수가 없으면 사무를 처리할 수 없었다. 이에 군의 공조功曹 구순寇恂은 병사를 거느리고 사자를 찾아가 인수 반환을 요청했다.

사자가 대답을 하지 않으니 구순은 인수를 강제로 회수해 인수의 끈을 경황의 몸에 걸어 주었다. 결국 사자는 어쩔 수 없이 황제의 명의로 인수를 경황에게 수여한다고 반포했다. 이 일은 당시 북방이 아직 진정으로 경시 정권에 귀순하지 않았음을 설명하고 있다.

이 밖에 완성 출신 팽총彭寵은 경시의 명령을 받고 편장군의 신분으로 어양漁陽 태수를 대리하고 있었지만, 속으로는 관망하는 태도를 취하고 있었다. 적미군이 경시 사자의 부름을 받고 번숭 등 20여 명이 낙양에 가서 열후로 책봉되었지만 봉지封地가 없어 자기가 있는 복양濮陽의 대군영에 돌아와 옛날대로 봉기군으로 있을 수밖에 없었다.

이 밖에 왕망의 옛 장수 이헌李憲은 영천에서 자칭 회남왕淮南王이 되었고, 옛 양왕梁王의 아들 유영劉永은 양왕으로 책봉되어 수양睢陽에 주둔했지만, 암암리에 그곳의 무장들과 깊은 연계를 맺고 있었다.

중국을 말한다

## 한 장의 위임장이 천하를 꿈꾸게 하다

경시 황제는 극히 불안정한 정세가 계속되자 믿을 만한 대장을 보내 황하 이북 지역을 개척하여 지킴으로써 동방을 통제하려 했다. 유현의 숙부 대사도大司徒 유사劉賜가 말했다. "종실 자제 중 이런 대임을 감당할 자는 유수밖에 없다." 그에 반해 주유 등은 그러한 조치는 타당하지 못하다고 주장했다. 그러나 숙부가 우기는 바람에 유현은 유수에게 대리 대사마代理大司馬 신분으로 부절符節을 들고 황하를 건너 하북 지역을 통치하게 했다. 경시 황제의 이러한 조치는 유수를 더없이 기쁘게 했다. 그래서 유수는 대리 대사마라는 위임장을 받아들이자마자 갇힌 교룡이 풀려나듯 재빨리 황하를 건넜다.

경시군에 투항하려 하지 않던 유지인사有志人士들도 유수가 북상하자, 지금이 자신의 공명을 얻을 때라고 생각하게 되었다. 그리하여 수많은 인재가 유수에게 몰려들었다. 남양 출신 등우鄧禹는 손에 지팡이를 들고 밤낮으로 길을 재촉해 유수 일행을 뒤쫓아 업성에서 만나게 되었는데, 그는 이렇게 말했다. "등우는 명공明公의 수하에서 한 치의 공이라도 세워 청사에 이름을 남기고자 하오이다."

송자현宋子縣 출신 경순耿純은 한단邯鄲으로 가는 길에서 유수를 막고 자기 자신을 천거했고, 그 후로 유수를 매우 가까이서 모시는 신하가 되었다. 또한 처음부터 부하였던 현임 대사마 주부인 풍이馮異는 천하 사람들이 결코 경시 정권을 신임하지 않고, 민심 또한 안정되지 않을 것이므로 각 군·현을 다니면서 민심을 수습하는 것이 좋겠다고 간언했다.

결국 그들은 경시 황제가 유수에게 부여한 권한을 이용해 시급히 경시 황제의 통제를 벗어날 수 있었고, 다른 정치 세력이 진입하지 못한 황하 이북의 광대한 지역에서 새로운 기반을 다지기 시작했다.

**제준이 사정을 봐주지 않다**

서한 말기, 유수가 군사를 일으킬 때 사천 출신 제준祭遵은 문하사門下使로 있었다. 유수가 하북을 정벌할 때 제준은 군시령軍市令을 지냈다. 유수의 시종이 법을 어겨 제준은 법률에 의해 그를 사형에 처했다. 이 말을 들은 유수는 크게 노해 제준을 체포하게 했다. 그러자 유수의 주부 진부陳副가 말했다. "장군께서는 군기軍紀를 공평하게 집행하려 하지 않았습니까? 지금 제준이 존귀한 자를 피하지 않고 법을 집행하니 이는 바로 장군께서 원하시는 바이옵니다." 유수는 크게 깨우치고 제준을 체포하지 않음은 물론, 그를 자간刺奸 장군으로 봉했다. 이 그림은 청나라 말, 민국 초 마태의 《마태화보》에 실려 있다.

●●● 역사문화백과 ●●●

**[한나라 부녀의 윗옷]**

규상袿裳은 주로 한나라 시대 부녀의 윗옷을 가리키는데, 위는 비교적 넓고 아래는 비교적 좁아 칼 모양을 하고 있었다. 여성의 유연한 아름다움을 나타내기 위해 특히 기다란 띠를 달아 바람에 가볍게 날리면 특이한 정취를 자아내곤 한다.

# 010

《자치통감資治通鑒·한회양왕경시漢淮陽王更始 원년》
《후한서後漢書·유현전劉玄傳》

출전

## 장안에 도읍한 경시 황제

장안을 도읍으로 정하면서 경시 정권은 부패와 붕괴가 시작되었다. 민중들 사이에는 "황제의 부엌에서 일하는 아이가 중랑장中郞將이요, 요리를 하기 위해 잡은 양의 창자는 기도위騎都尉며, 그 양의 머리는 관내후關內侯라" 하는 얘기가 떠돌았는데, 이는 이미 정권이 민심을 잃은 증거라고 할 수 있다.

경시更始 황제와 그를 옹립한 장군들은 도읍을 완성宛城에서 낙양洛陽으로 옮겼지만, 그들은 항상 천하의 중심지 장안長安을 눈여겨보고 있었다. 낙양은 기껏해야 중원의 한 군사 요새에 지나지 않고, 그 성벽 또한 수백 년 도읍 장안과는 비교도 되지 않았다. 군신들은 밤낮 장안에서 나오는 소식을 수복하면서 내심 장안 천도를 정치의 완성으로 생각했다.

### 새로운 군주를 기다리는 장안

경시 2년(24) 정월, 장안성을 수비하던 신도건申屠建과 이송이 조정을 장안으로 옮길 것을 청했다. 이송·신도건이 장안에 진입할 때 수도 주변 각 현의 지주 토호들은 각자 '한나라 장군'으로 자칭하며 황궁으로 진격해 왕망을 죽이면서 경시 정권이 작위를 하나

씩 봉해 주기를 기대했었다.

그런데 신도건은 도착하자마자 뜻밖에도 여러 사람과 의기투합하고 있던 왕헌을 참수하고, 또 "서울 지역 사람들은 모두 몹시 간사하고 교활해 무리를 지어 자신의 군주마저 살해한다!'라고 떠들었다. 그 뜻은 앞으로 이런 가짜 '한나라 장군' 들도 성벌을 받게 된다는 말이었다.

그리하여 서울 일대의 작은 관리들과 백성들은 모두 당황할 수밖에 없었다. 그 결과 지형이 험한 곳을 기지로 삼아 한데 뭉쳐 반항하기 시작했다. 신도건 등도 그들을 어찌할 수 없어 조정이 모두 이주하면 그 다음에 함께 이 어려운 문제를 해결하려 했다.

경시 황제는 장안에 온 후 미앙궁만 불에 탔을 뿐 기타 궁전·시설·창고는 모두 남아 있고, 성내의 관아와 저잣거리가 모두 안정되어 있음을 보고는 몹시 기뻐하며 즉시 파괴되지 않은 장락궁으로 이주했다.

조회를 할 때 경시 황제가

8~220

동한

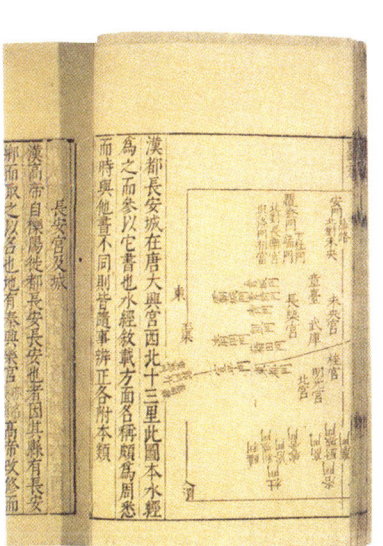

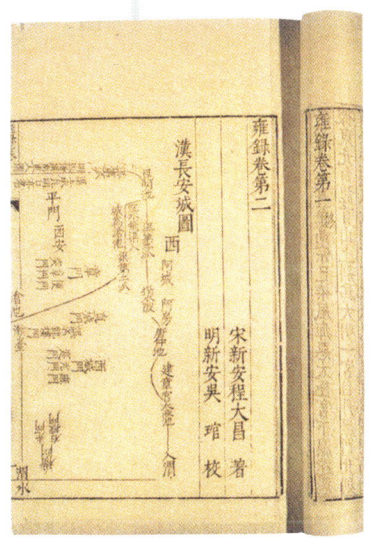

**한나라 장안성도**

이 '한나라 장안성도'는 남송 정대창程大昌의 《옹록雍錄》에 들어 있다. 《옹록》은 지리 저서로, 도합 10권인데 관중의 주·진에서부터 당·5대에 이르기까지 성·궁전·산수·군·현·묘·능·전원·절 등을 기록하고 있다. 또한 한·당나라 군사들이 수비를 하고 있던 지점과 관직·군직 제도의 변천을 기록했다. 이 책은 고증이 상당히 상세하며 또한 32폭의 지도를 수록하고 있다.

**시장 무역을 관리하는 장안 시장**

한나라 시대 장안·낙양·한단·임치·성도 등 대도시는 모두 시장을 설치했다. 물론 이 시장은 현재의 시장과 다르다. 그 주요 관리 책임은 시내의 시장市場, 즉 상업무역 구역을 관리하는 것이다. 그림은 동한 시대 장안 시장市長의 인감이다.

신하들을 접견하기 위해 대전으로 나가자 옛 궁중의 낭관 속리들이 모두 질서 있게 정원에 서 있었다. 지금껏 황제가 조회를 여는 모습을 보지 못한 경시 황제는 인상을 찌푸리며 얼굴이 벌겋게 달아올라 머리를 숙이고는 손가락을 꼼지락거렸다. 그는 감히 눈앞의 신하들을 정면으로 보지도 못했다. 이때 지각한 장군 몇 명이 대전으로 들어왔는데, 경시 황제는 자신도 모르는 사이에 이렇게 물었다. "물건을 얼마나 빼앗았는고?" 경시군의 장군들은 본래 궁중 법도를 모르는 사람들이라 뭐가 잘못됐는지 몰랐지만, 시종과 궁전의 오랜 관리들은 너무 놀라 서로 쳐다보기만 할 뿐이었다.

## 왕으로 책봉된 공신들

장안에 도읍한 후 이송·조맹趙萌 등 새로운 귀족들은 우선 공신을 왕으로 봉할 것을 주장했다. 그러나 원로 주유朱鮪는 이에 동의하지 않았고, 경시 황제는 한나라 고조 황제의 후대로 고조의 "유劉씨가 아니면 왕으로 봉하지 않는다"는 유훈대로 처리해야 한다고 주장했다. 경시 황제는 왕을 책봉하는 일에서 나름대

**실용적이고 외관이 아름다운 녹색 유약 도기 부엌**

서안 패교灞橋에서 출토된 도기 부엌은 동한 부엌의 전형적인 형태를 구현하고 있다. 부엌은 장방형인데 다리는 원호형이고 측면의 작은 구멍으로 연료를 보충할 수 있다. 또한 윗면에는 두 개의 불 아궁이와 연통이 있다. 간단한 꽃무늬로 장식된 표면에는 녹색 유약을 칠해 당시 사람들의 기구와 물건에 대한 심미안을 구현했다. 현재 섬서성 박물관에 소장되어 있다.

로 양쪽을 모두 만족시켰다. 그는 우선 숙부 유사劉賜와 유신劉信 등 6명의 유씨 종족을 왕으로 봉하고 나서 자기의 공신인 왕광王匡·왕봉王鳳·주유·왕상王常·신도건·이통李通·이질 등 14명을 왕으로 봉했다. 다만 주유가 왕위를 원치 않아 좌대사마로 임명해 병권을 장악하게 했다.

## 경시 황제의 타락

경시 황제는 주유·유사·이질 등을 동방에 파견해 안정을 취하게 하고, 이통에게는 고향 형주를 지키게 했으며, 왕상은 옛 도성 완성宛城의 태수로 임명했다. 이에 천하는 태평해졌다. 그 다음에는 이송·조맹 등 두 심복을 승상承相과 우대사마右大司馬로 임명해 함께 내정을 장악하게 했다. 그러나 자신은 조정 정사를 돌보지 않았다.

경시 황제는 조맹의 딸을 부인으로 맞아 밤낮 궁중에서 연회를 베풀고 술에 취해 대신들을 접견하지 않았다. 대신

들은 일이 있을 경우 시중을 통해 장막 앞에 전달했다. 조맹은 국구國舅로서 총애를 등에 업고 사람의 생사까지 마음대로 할 수 있는 권한을 위임받았다.

혹시 누군가가 감히 조맹이 전횡한다고 말하기만 하면 경시 황제는 바로 검을 뽑아 목을 내리쳐 천하에 감히 말하는 사람이 없었다. 경시 황제는 부하들을 함부로 관직에 임명해 나중에 궁중의 하인·화부들마저 모두 관직과 작위를 가지게 되었다. 이에 장안 성 내에는 이런 민요가 돌았다.

"황제의 부엌에서 일하는 아이가 중랑장中郞將이요, 요리를 하기 위해 잡은 양의 창자는 기도위騎都尉며, 그 양의 머리는 관내후關內侯라."

그리하여 관중 지역은 민심이 흩어지기 시작했고, 각지에서 분연히 반란을 일으키는 사람이 많아졌다. 결국 경시 정권의 붕괴가 시작되었다.

'불을 끄는 동쪽 우물' 회색 도기
서한 말기부터 동한 초기 사이의 유물로, 하남성 언사偃師 중주대거中州大渠에서 출토되었다. 속이 빈 장방형이다. 우물 둔덕의 사각에 십자형의 틀이 있고 좌우에 대칭되는 두 개의 장방형 구멍 위에 우물 틀을 가설했다. 우물틀 위에 사각의 들보와 지붕이 있고, 그 위에 기와 모양의 이랑이 파였다. 따로 밧줄 홈이 보이는 도르래가 있고 물을 긷는 두 개의 작은 항아리가 있다. 우물 난간 사면에는 모두 주형으로 찍은 그림 도안이 있다. 그중 한 폭의 그림에 한 사람이 위손에는 병을 들고 오른쪽 어깨에 긴 장대를 메고 급히 걷는 모습이 있는데, 그 뒤로 수탉 한 마리가 바싹 따르고 있다. 화면의 양쪽에 각각 두 자씩 도합 넉 자의 '불을 끄는 동쪽 우물'이란 글이 있다. 이를 통해 서한 말기부터 동한 초기 사이에 이미 불을 끄는 전용 우물이 있었음을 짐작할 수 있다.

길상吉祥을 나타내는 비단 장갑 (왼쪽 사진)
이 장갑은 신강 화전和田 묘지에서 출토되었는데, 이미 많이 파손되어 손가락 하나만 밖으로 나와 있었다. 장갑은 장방형으로, 견사 비단에 채색 꽃무늬를 수놓았다. 장갑에 있는 "장수해 자손에 크게 유익하리延年益壽大宜子孫"라는 여덟 글자로 당시의 시대적 상황을 짐작할 수 있다.

●●● 역사문화백과 ●●●

[동성 간의 예의 - 악수]
악수는 상대방을 신임하거나 친근감을 표시하는 인사법이다. 그런데 "남녀가 인사를 주고받을 때는 손을 잡지 않는다"는 풍속이 존재했다. 따라서 악수는 보통 동성同性 간에 사용되던 인사법이라 할 수 있다.

# 011

## 제위에 오른 가짜 종실 왕랑

왕망을 반대하는 대풍랑 속에서 수많은 유씨 종실들이 그 대열에 참여했고, 제위를 꿈꾸는 많은 사람들이 유씨 종실을 사칭했다.

### 진짜와 가짜 유자여

왕망이 죽자 각지의 야심가들이 정권 각축 연회에 참석했다. 한 경제의 8대손 유림劉林은 조趙·위魏 일대의 지주 토호와 내왕하고 지냈는데 한번은 한단 성내에서 점을 치는 왕랑王郎을 만났다. 그런데 그가 자칭 유자여劉子輿라고 하자 깜짝 놀랐다.

13년 전, 왕망이 제위에 오른 이듬해에 각지의 관리와 백성들이 진상할 물품을 헌납해 왕조의 공덕을 칭송했는데, 한 사람이 나서서 "나는 한나라 종실 유자여로, 한 성제成帝의 소첩이 낳은 아들이다. 유씨가 다시 흥하리니 빨리 가서 황궁을 청소하라!"고 말해 바로 왕망에게 처형을 당했다. 그런데 지금 또 한 사람이 자기를 유자여라 하며 왕망이 죽인 그자는 가짜라고 주장했다. 그는 자신의 모친 가기歌妓가 성제의 총애를 받아 임신했으나, 조비연의 여동생이 질투해 죽이려 하자, 아이를 낳을 때 시녀가 다른 아이로 바꾸었기 때문에 생명을 보존하게 되었다고 했다. 결국 견식이 넓은 유림도 그 말을 믿게 되었고, 조 지역의 토호 이육李育·장참張參 등과 왕랑을 황제로 옹립했다.

이때 조·위 지역의 백성들이 동쪽의 적미군이 황하를 건너온다는

소문을 내자, 적당한 시기라고 판단한 유림 등은 "적미군이 유자여를 황제로 옹립하려 한다"는 말을 만들어 냈다. 그들은 그것을 통해 백성의 생각을 알아보려 하였는데, 백성들은 정말로 그 말을 믿었다. 유림 등은 민심의 움직임을 보자, 수백 명 기병을 거느리고 성내에 진입해 옛 조왕趙王의 왕부에 이르러 사람들 앞에서 왕랑을 천자로 옹립했다. 왕랑은 즉시 사자를 유주幽州·기주冀州로 보내어 그곳 관원들에게 투항을 권유하고, 또 격문을 그곳의 군·현에 띄웠다. 이리하여 조趙 이북, 요동 이서의 광활한 지역이 모두 그에 부응해 그 성세가 커졌다.

한편, 유수는 그때 하북 지역에 도착했는데, 경시 정권의 명의로 주·군의 투항을 권유하다 보니 왕랑의 세력과 격렬한 충돌이 생기게 되었다

### 진짜 종실을 압도한 가짜 종실

유수는 황하를 건넌 후 왕랑이 천자를 칭한다는 말을 듣고 급히 최북단의 유주에 가서 그곳의 주·군을 회유하려고 했다. 도중에 노노현盧奴縣에서 상곡군上谷郡 태수 경황耿況의 아들 경감耿弇을 만났다. 원래 경감은 부친의 명을 받들어 장안으로 가던 중, 송자현宋子縣 경내에서 왕랑이 거사한 소식을 들었다. 그때 관리 손창孫倉과 위포衛包가 말했다. "유자여에게 귀

### 한나라 시대 용머리 연통 붉은 도기 부엌

1963년 하남성 남양시에서 출토된 이 장방형 도기 부엌은 한나라 시대에 부엌을 매우 중요시했음을 알 수 있다. 이 붉은색 도기 부엌은 주형에 찍어 낸 것이며 세 개 솥 중 한 솥에는 시루가 있다. 아궁이 위에는 부엌 신神의 위치가 걸채 중앙에 있으며, 부엌 뒤 벽에 입을 벌린 용이 굴뚝을 형성했다. 아궁이 앞의 부엌 신은 주인의 생활이 행복하도록 보우하고 뒤의 수신水神 용은 화재를 방지한다.

《후한서後漢書 · 왕창전王昌傳》
《후한서後漢書 · 광무제기光武帝紀》 출전

8 ~ 220

동한

**다양한 한나라 생활용 부엌**
서한 중기 이후 도기 부엌이 점차 증가했는데 출토된 부엌을 보면
각지의 부엌의 형상이 다르다. 선박 모양을 한 이 부엌은 뒷부분이
뱃머리와 흡사한데 중국 강남의 부엌 형상으로 추정된다.

순하지 않고 어찌 장안으로 간단 말입니까!" 이에 경감은 "유자여는 결국 망하고 말 것이네. 나는 장안에 가서 상곡·어양에 정예 군사가 있음을 알리고 그곳의 기병을 징발해 유자여를 무찌를 예정이네!"

그러나 손·위 두 사람은 왕랑에게 귀순했다. 경감은 유수가 노노에 있다는 말을 듣고 유수를 찾아갔다. 유수는 경감을 곁에 두고 대사마 장사로 삼아 함께 계현薊縣으로 갔다. 이때 왕랑은 10만 호 열후의 작위를 걸고 유수를 현상수배 중이었다. 그 사실을 모르던 유수가 공조功曹 왕패王霸를 저잣거리에 보내 군사를 모집하게 하자 사람들은 모두 왕패를 비웃었다. 상황이 불리함을 안 유수가 남쪽으로 돌아가려 하자 경감이 말했다. "왕랑의 병마가 남쪽에서 북상하고 있는데 어찌 다시 남쪽으로 간단 말입니까? 어양 태수 팽총은 명공의 동향 사람이고 상곡 태수 경황은 저의 부친이니 그곳의 2만 기병만 모집하면 한단邯鄲의 군대는 문제가 안 됩니다!" 바로 이때 떠들썩한 소리가 났다. 한단의 사자가 와서 성내 관원들이 영접하러 간다는 것이었다. 유수 일행은 급히 성을 빠져나와 겨우 요양饒

陽 현성에 이른 후 한단의 사자라고 사칭하고 역참에 들었다. 역리가 음식을 주자 굶은 지 오래된 유수의 수하들이 서로 그릇을 빼앗으며 야단법석이었다. 이를 보고 의심이 든 역리는 큰 북을 두드리며 "한단 장군이 오셨다"라고 거짓말을 했다.

놀란 유수는 도망치려 하다가 이미 늦었다는 것을 깨닫고 천천히 자리에 앉으며 말했다. "한단 장군에게 드시라고 하게." 그러자 역리들이 오히려 난처해졌다. 한참 후 역참을 떠난 유수 일행은 계속 남하해 갖은 고난을 겪으면서 기주의 수부 신도성信都城에 이르렀다. 이때 기주 각 군은 거의 왕랑에게 귀순했고 한단성을 중심으로 사방 수천 리 지역은 이미 가짜 황제 왕랑의 천하가 되었다. 유씨 종실과는 상관도 없는 이 참주僭主는 도리어 황하 이북 지역에서 예식마저 제대로 치르지 않은 제왕이 되었다.

**동한의 술 문화를 반영하는 회색 도기 술단지**
동한의 회색 도기에 채색 구름무늬를 장식한 술단지는 2000여 년이나 되었지만 주홍색·석록색·갈색이 여전히 선명하며, 풍부한 그림들은 당시 술 문화의 장관을 보여 준다.

●●● **역사문화백과** ●●●

**[중대한 의의를 띠는 납일]**
한나라 시대에 납일臘日은 동지 후 세 번째 술일戌日, 즉 12월 하순이었다. 당시 납일은 아무리 바빠도 온 식구가 모여 같이 식사를 하는 동시에 귀신이나 사기邪氣를 쫓는 활동도 하고 조상에 제사를 지낸다. 그런 뒤에 가정 연회를 진행하는데, 친척·친우들도 서로 방문한다.

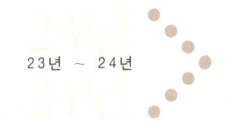
# 012

## 경감의 군사 동원

이미 하북河北을 통제하고 있는 왕랑의 강대한 한단 세력을 없애려면 유주의 기병에 의거하는 것이 관건이었다. 군사를 일으켜 지원한 팽총彭寵·경황耿況의 공로도 높았다.

경시 황제의 명의를 빌려 빈손으로 하북 땅에 간 유수는 왕랑보다 한 걸음 늦었을 따름이었지만 10여 일 사이에 조·위 일대의 광활한 지역을 왕랑에게 빼앗겼다. 경시 황제가 정식 임명한 대사마가 참주 왕랑의 일개 사자보다 못했다. 유수와 그의 부하들은 도처에서 퇴짜를 맞아 낭패해 남으로 도망쳤다.

### 정치 혼인을 한 유수

경시 황제는 정통 유씨 종실의 황금 간판을 내걸고 당시 낙양성에서 한 장의 공문을 내보냈는데 상당한 효과를 보았다. 하북의 조·위 지역 각 군의 대소 지방 관리들은 본래 바람 따라 돛을 다는 격으로 전부 귀순했는데, 왕랑이 궐기하는 바람에 기주의 각 군·현들에서 제각각 배반했다. 다행히 그중에 신도 태수 임광任光, 화성和成 태수 비동邳彤이 단호히 경시의 호령에 복종했다. 그들은 외롭게 성을 고수하다가 경시의 대사마 유수가 바로 당도한다는 말을 듣자 매우 기뻐 만세를 불렀다. 대사마 유수는 도리어 다음에 어떻게 해야 할지 갈피를 잡지 못했다. 비동은 이렇게 분석했다. "지금 천하 사람들의 인심은 한나라를 그리

위하고 있으므로 경시가 황제로 칭하자 사방에서 향응하며 서울 지역은 궁전을 정리하고 길을 닦으면서 환영했습니다. 만약 공께서 두 현을 포기하고 장안에 돌아가시면 하북 지역을 상실함은 물론, 서울 지역마저 놀래어 위신이 땅에 떨어질 것입니다. 그러나 이는 결코 좋은 방법이 못 됩니다!' 이 말을 들은 유수는 남아서 왕랑과 다시 한 번 겨뤄 보기로 결심했다.

유수는 2개 군의 병력만 가지고는 아무래도 부족할 것 같아 2, 30만 병력을 가지고 있는 부근의 봉기군 두령 자로子路·역자도力子都 부대와 연합하려 했다.

### 뜻을 세우고 이를 끝내 이룬 경감

경감(3~58)은 자가 백소伯昭, 동한 초년 부풍 무릉扶風茂陵 사람이다. 그는 지혜와 용맹을 겸비한 대장으로 동한 건무 5년(29)에 군사를 거느리고 할거 세력 장보張步를 공략했다. 당시 장보는 군사를 거느리고 극현劇縣을 지키면서 한나라 군사의 공세를 막으려 했다. 그래서 급히 그 동생 장람張藍에게 군사를 거느리고 서안西安(지금의 산동성 치박)동쪽을 지키고, 또 부하에게 임치臨淄를 고수하게 함으로써 기각지세椅角之勢를 이루어 한나라 군사의 진공을 막아보려 했다. 경감은 "서안은 성이 작으나 견고하고 장람의 군사 또한 정예한 반면에 임치는 크지만 공격하기 쉽다"는 적의 상황을 감안, 성동격서 책략으로 수비가 약한 임치를 급습했다. 임치를 잃자 서안의 적군은 고립되어 장람은 부득불 서안을 버리고 극현의 장보에게 도망갔다. 경감은 싸우지 않고 서안을 점령했다. 후에 장보와의 전투 중 경감은 몸에 화살을 둘이나 맞고서도 싸움을 계속했다. 이 소식을 들은 유수는 친히 군사를 이끌고 경감을 지원하였으나, 뜻밖에 경감은 이미 장보를 없앴다. 이에 유수는 경감을 보고 기뻐하며 말했다. "그대는 참으로 '뜻을 세우고 이를 끝내 이룬' 사람일세!" 이 그림은 청나라 말 《역대명신상해歷代名臣像解》에 실려 있다.

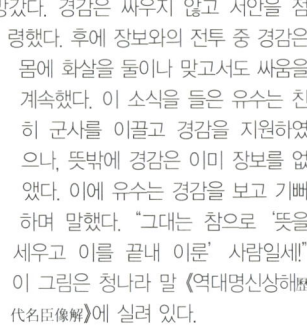

중국을 말한다

《자치통감資治通鑑·한회양왕경시漢淮陽王更始 2년》
《후한서後漢書·경감전耿弇傳》   출전

8 ~ 220

동한

임광은 이를 타당치 못하다고 간주해 바로 인근 현과 읍에서 4000명 정병을 모집했다. 이리하여 유수는 임광을 좌대장군으로, 이충李忠을 우대장군으로, 비동을 후대장군으로, 만수萬脩를 편장군으로 임명하고 모두 열후로 봉한 후 비동을 선봉으로 하여 거록巨鹿으로 진군했다. 그리고 도중에 대사마 유수가 자로와 역자도의 백만 대군을 거느리고 동쪽으로 공격해 이 곳의 역적을 치게 된다고 공문을 발표했다. 공문이 각지의 관리와 백성들에게 알려져 그 위풍과 기세가 매우 커졌다. 연도의 당양堂陽·세현貰縣·창성昌城·하곡양下曲陽·중산中山 등 현성에서 모두 귀순해 대군은 순조롭게 노노성盧奴城에 이르렀다. 유수는

동한의 채색 도기 유모용

**수레가 꼬리에 꼬리를 무니 그 낙이 끝이 없네**
하북성 안평현安平縣 동한 묘의 벽화 〈군주 행차도〉는 묘 주인의 행차 장면을 묘사했다. 주로 생전의 생활 및 사후 승천 행락의 아름다운 축원을 표현했는데, 사망자가 지하 세계에서 계속 부유한 생활을 향수하기를 기원하고 있다.

또 공문을 발포해 각 군·현이 모두 군사를 일으켜 함께 한단성을 공격하게 했다.

한 경제景帝의 7세손 진정왕眞定王 유양劉楊은 군사 10만을 거느리고 왕랑에 의지했다. 유수는 효기 장군 유식劉植을 파견해 투항을 권유했는데 유양은 즉시 귀순했다. 유수는 중병을 소유한 유양을 이용하기 위

●●● **역사문화백과** ●●●

**[관변 정보 신속 전달 기관 – 전사傳舍]**
진·한 시대 조정에서 도로변에 설치한 여관을 가리키는데 공문을 운송하는 관리 및 조정의 징모에 응해 상경하는 현달賢達에게 무상으로 숙식을 제공했다. 전사는 건축 풍격이 특이해 쉽사리 분별할 수 있었다. 그 내부에 말을 비치해 두어 긴급한 상황에 쓸 수 있었다.

해 진정에 체류하면서 유양의 누이의 딸 곽씨를 부인으로 맞았다. 그리고 기세를 빌어 부근의 원씨元氏·방자防子 두 큰 현을 공략하고, 호성鄗城에서 왕랑의 수하 대장 이운李惲의 목을 베고, 백인柏人에서 이육李育을 격파하여, 왕랑이 도사리고 있는 한단성으로 예봉을 향했다.

## 유주의 기병

이때 양군의 접전 장소는 갑자기 천 리 밖의 유주로 옮겨졌다.

왕랑은 유수가 정면 공격으로 연승하여 한단 방어에 유리한 요충지가 몇 남지 않자 상곡·어양漁陽에

### 힘찬 기상이 넘치는 붉은 도기 수탉

붉은 도기 수탉은 1956년에 하남성 남양南陽에서 출토되었다. 전부 손으로 빚어 만든 형상이다. 세 마리 수탉은 조형이 대동소이한데 주둥이가 뾰족하고 볏이 크고 가슴을 내밀고 꼬리를 쳐들어 사실주의적 정취가 농후하다. 그중 특히 중간의 큰 수탉이 볏이 높고, 목을 쳐들어 우는 모양을 한 것이 눈에 띈다.

사자를 보내어 정병을 모집했다. 당시 유주 지역은 인심이 안정되지 못했고 적지 않은 관원들은 왕랑을 지지했다. 마침 계현薊縣을 빠져나갈 때 유수와 흩어졌던 경감이 홀로 상곡군의 창평현昌平縣에 돌아가 출병해 한단을 공략하도록 부친에게 권유했다. 구순寇恂·민업閔業 등 관리들도 모두 유수를 지지하라고 경황에게 권유했다. 왕랑이 너무 강대해 자신의 힘으로 당하지 못할까 봐 근심하는 경황에게 구순은 이렇게 말했다. "우리 상곡군은 수비가 완벽해 근심이 없는데다가 1만 명의 기병을 완전히 우리 의도대로 움직일 수 있소이다. 제가 어양군에 가서 그 사람들을 설득할 터이니 우리가 합심하기만 하면 한단은 얼마든지 깨뜨릴 수 있소이다!' 이에 경황은 구순을 파견해 팽총과 같이 의논한 후 쌍방이 각각 기병 2000명과 보병 1000명씩 파견해 함께 유수를 지원하기로 했다. 상곡

### 청나라 황궁에 소장되었던 동한의 옥보

청나라 황궁에 소장된 용봉을 조각한 동한 옥 술잔이다. 한나라 옥 기물은 그 명성이 높아 '한옥漢玉'은 거의 고대의 아름다운 옥 기물의 '대명사'가 되었다. 이 한나라 시대 옥잔은 설계가 새롭고 무늬 장식이 정밀하며 조각이 세밀해 한나라 옥 기물 중 최고 작품, 보배 중의 보배라 할 수 있다. 기록에 의하면 옥 조각 술잔은 현재 중국 내에 이 한 점밖에 없어 더욱 진귀하다 하겠다.

의 병마는 구순·경단景丹·경감이 거느리고, 어양의 병마는 오한吳漢·개연蓋延·왕량王梁이 거느렸다. 이 유주의 병마는 경계를 벗어나자 바로 기현에서 왕랑의 대장 조굉趙閎을 격파해 목을 베었다. 그리고 계속 공격해 탁涿·중산·거록·청하淸河·하간河澗 등 대소 22개 현성을 공략, 왕랑의 대장·구경九卿·교위·병사 도합 3만여 명을 죽이고 나중에 광아廣阿에서 유수와 만났다.

유수는 몸은 진정眞定에 있지만 유주의 기병이 천 리 밖에서 이미 승리의 기반을 닦아 놓자 너무나 기뻐 상곡·어양의 6명 장군을 모두 편장군으로 임명해 계속 각자의 군사를 거느리게 하고, 또 경황·팽총을 대장군, 열후로 봉했다.

## 한단을 공략하고 왕랑의 목을 베다

한나라 군사는 거록을 포위·공격했으나 오래도록 공략하지 못하고 도리어 주변 지역에서 패했다. 이에 경순耿純이 조언했다. "오래도록 거록에서 싸우다 보니 군사들이 모두 지쳤는데 대부대를 거느리고 먼저 한단을 공격함이 더 나을 것 같소이다. 왕랑이 패하면 거록은 저절로 무너질 것이외다!" 이리하여 유수는 장군 등만鄧滿을 남겨 거록을 견제하게 하고, 자신은 대군을 거느리고 돌연 한단으로 진공, 왕랑의 군사를 연속 격파했다. 왕랑은 간의대부 두위杜威를 보내 투항을 청하게 했다. 두위는 유수에게 왕랑이 확실히 성제成帝의 아들이라고 곱씹어 말했다. 유수는 참지 못하고 말했다. "지금 성제가 부활한다 하더라도 이 천

하는 그의 것이 아닐 터인데 하물며 가짜 유자여야 더 말할 것 있나!" 두위는 한 걸음 물러나서 왕랑을 만호후로 봉해 달라고 간청했다. 유수는 아예 잘라 버렸다. "목숨을 부지한다면 다 괜찮은 걸세!" 이 말을 들은 두위는 분노해 떠나갔다.

유수는 군사를 다그쳐 한단을 맹공격했다. 20여 일 후 왕랑의 근신 이립李立이 성문을 열어 한나라 군사를 맞아들였다. 왕랑이 어두운 밤빛을 타서 성문을 빠져나가 도망을 치는데 당초 기현에서 군사를 모집하다가 저잣거리에서 사람들의 조소를 받던 왕패가 이를 발견하고 즉시 말을 달려 쫓아가 목을 베었다. 왕패는 왕랑의 수급과 몸에 걸었던 천자의 인수를 함께 유수에게 바쳐 왕향후王鄕侯에 봉해졌다.

조·위 지역에서 일시 횡행하던 참주 왕랑의 중원을 점령해 보려던 꿈은 끝내 산산이 부서지고 말았다.

**명실상부한 녹색 유약 파도무늬 도기 항아리**
이 기물의 무늬와 색깔은 바로 유동하는 깊은 물과 같지 않은가? 정교한 가운데 주는 미감은 기예의 정밀함을 증명하고, 질박한 가운데 주는 미감은 예술가의 마음속 불꽃을 증명한다. 후자가 의심할 바 없이 전자보다 더 어려운 것이다.

8~220

동한

# 013

## 유수의 곤혹

유수가 금방 한단을 공략한 후 경시 황제는 바로 사자를 군영에 보내 유수를 소왕蕭王으로 봉하고, 유수에게 즉시 부대를 해산하고 공을 세운 장수들과 함께 장안에 들어와 어명을 기다리라 명했다. 이 밖에 따로 묘증苗曾·위순韋順·채충蔡充 등을 유주에 파견해 주州의 수부 계성과 상곡·어양을 접수하여 관리하게 했다. 이는 유수 등의 병권을 해제하고 이들이 피흘려 싸워 얻은 유주·기주를 전부 공짜로 거두어가려는 것이었다. 아무런 계책

## 미로에서 헤쳐 나가다

승리해도 진취 목표를 잃고 전도를 분별하지 못한다면 자아를 상실하게 된다. 유수의 미로는 바로 여기에 있었다.

도 없어 마음이 몹시 울적해진 유수는 왕랑이 있던 한단의 온명전溫明殿에서 머리를 싸매고 잠에 곯아떨어졌다. 남달리 총명한 경감耿弇은 유수의 고뇌하는 모습을 보고 일부러 찾아와서 미로를 헤치는 길을 가리켰다.

한단궁에 이른 경감은 통보도 없이 직접 온명전에 이르러 가만히 유수의 침상 앞에서 평소에 군사 상황을 보고하던 말투로 말했다. "제가 방금 대본영에 이르러 병마를 점검하니 각 부 군사들의 사망자가 매우 많았습니다. 저로 하여금 상곡에 돌아가 다시 한 번 일부 군사를 불러오게 하소서." 유수는 모호한 어투로 말했다. "왕랑이 이미 소멸되고 하북 지방도 태평해졌는데 이제 더 군사를 모아서 뭘 하려는고?" 경감은 정색하며 말했다. "왕랑은 패했지만 천하의 전란은 이제야 진정 시작된 셈입니다! 지금 경시 황제께서 사자를 보내 우리에게 군대를 해산하라 하는데 절대 그대로 하셔서는 안 됩니다! 동마銅馬·적미赤眉와 같은 대부대가 모두 수십 개나 되는데 적은 것이 수십 만, 많은 건 백 만에 이르고 모두 싸움에 날래니 경시 황제는 이를 당해내지 못해 실패할 날이 멀지 않았습니다!" 이 말을 들은 유수는 벌떡 일어나 앉으며 말했다. "흥! 감히 이런 소리를 해, 내 당장 영을 내려 그대 목을 자를 테야!" 경감은 조금도 당황하지 않으며 말했다. "대왕께선 저를 부친처럼 대해

### 동한 초기의 악무용

악무용樂舞俑은 모두 6명이다. 무용은 남녀 각 1명이며, 여자 무용은 오른 다리를 뒤로 내밀고 왼 다리를 앞으로 내밀어 허리를 낮춘 자세로 두 소매를 흔들며 춤을 추고, 남자 무용은 손뼉을 치고 발을 구르며 춤을 추고 있다. 땅바닥에 발뒤축을 깔고 앉은 네 명의 악용은 앞줄의 1명이 슬瑟을 타고 1명이 두 손으로 계란 모양의 훈塤 피리를 불고 뒷줄의 1명은 생황을 불고 1명은 두 손으로 리듬을 맞추는 모양을 하고 있는데, 이 네 명의 악용은 춤의 리듬에 따라 연주하고 있다. 여기에 노래가 없지만 "현악기와 취주악기가 더욱 잘 어울리고" 리듬을 맞추는 자도 있다. 이런 도기용이 전시하는 형상은 바로 당시 연회 오락 중의 악무 활동이다.

### 조형이 생동한 목제 육박용 (위 사진)

한나라 시대 목제 육박용六博俑으로 두 사람의 표정은 참으로 재미있다. 조형물의 표정이 매우 뛰어나다.

《자치통감資治通鑑 · 한회양왕경시漢淮陽王更始 2년》
《후한서後漢書 · 경감전耿弇傳》  출전

**유수 묘비**

유수는 동한의 개국 황제로 각지의 할거 세력을 소멸하고 중국 역사상 제3차 대통일을 실현했다. 다른 제왕의 능묘와는 달리 귀중한 부장품도 없어 도굴되지 않은 소수 제왕 능묘의 하나가 되었다. 능원의 중간은 주변 길이가 근 500m에 달하는 무덤인데 무덤 앞에는 청나라 건륭 15년에 세운 거대한 비석이 세워져 있고, 비석에는 '한 세조 중흥 광무황제릉'이라 새겨 있다.

주시니 제가 감히 마음속 생각을 그대로 말씀드렸을 뿐입니다!" 유수는 웃으며 말했다. "내가 그대와 농담을 했으니 그대 계속 이야기하세." 경감은 그제야 유수의 신변에 가까이 앉으며 유수가 받아들이지 않으면 안 될 이야기를 했다.

## 경감의 계략

"왕망의 허튼 짓 때문에 고생을 겪을 대로 겪은 천하 백성들이 옛날 유씨 천하의 좋은 점을 새삼스레 기억하게 되어 유씨 후대가 군사를 일으겼단 말을 듣자 환희에 들끓지 않는 사람이 없고, 마치 범의 아가리에서 벗어나 어미 옆에 돌아온 듯합니다. 지금 유현이 천자가 되었지만 그 수하 대장들이 모두 동방에서 위세를 부리고 복을 누리는가 하면 새로운 귀족과 외척들이 장안에서 불법 횡행하면서 백성의 재물을 노략질하고 있소이다. 백성들은 그 고생을 하소연할 곳이 없어 지금 도리어 왕망 시대의 좋은 점을 떠올리고 있습니다. 그러므로 저는 경시 조정은 꼭 실패한다고 말

**다기능 유약 도기 부엌**

작은 솥 두 개는 밥을 끓일 때와 물을 데울 때 사용하며, 큰 솥은 국이나 죽을 끓이는 것이고, 시루 세트로 된 솥은 찐빵 종류의 음식을 찌는 것이다. 같은 부엌에서 동시에 각기 다른 식품을 조리함은 한나라 시대 부엌 기구의 발달과 당시 식구가 많았음을 알 수 있다.

씀 올린 것입니다! 주공의 공로와 명성은 이미 사람들이 다 아는 바이니 정의로써 죄악을 상대해 싸운다면 온 천하는 한 장의 공문으로 평정하게 될 것입니다. 천하에 가장 귀중한 것을 주공께서는 이미 가졌으니 절대 남들에게 내주셔서는 안 됩니다!'

말이 여기에 이르자 가장 절묘한 부분을 지적했는지라 이미 이런 상황에 처해 있고 아무 때든 한 번 '천

●●● 역사문화백과 ●●●

[한부漢賦 가작의 하나 – 《노영광전부魯靈光殿賦》]

동한 왕연수王延壽 작. 과장 수법으로 영광전의 웅대하고 장려함을 찬미하고 전의 구조를 상세히 묘사하며 전내 조각 기술과 벽화에 찬사를 아끼지 않았다. 문장의 기세가 웅대하고 필치가 아름다운 가작이다. 영광전은 지금의 산동 곡부에 있다. 한 경제의 아들 노 공왕魯恭王 유여劉餘가 지은 것이다.

'자' 가 되고 싶어 하는 사람으로서 이젠 한마디도 더할 필요가 없게 되었다. 유수는 즉시 경시 황제의 사자에게 찾아가서 하북의 상황이 아직 안정되지자면 멀었으니 군사를 해산하고 조정에 복귀하라는 명을 받들 수가 없다고 말했다. 이를 가리켜 장수는 외지에 있으면 군주의 명도 받들지 않을 때가 있다고 말한다. 이에 경시 사자는 장안에 돌아가 아뢰는 수밖에 없었고, 유수는 경시의 통제를 벗어나 자신의 황제 옥좌를 위해 분투하게 되었다.

당시 농민 봉기군 동마·대융大肜·고호高湖·우래尤來·철경鐵脛·대창大槍 등 10여 갈래 군사는 모두 그 가족이 딸려 있어 남녀노소 수십, 수백만에 달했는데 그중 동마가 제일 강성했다. 유수는 동방의 이런 방대한 무장 세력들을 응징하기 위해 오한吳漢·경감을 대장군으로 임명해 부절을 들고 북방에 가서 유주 산하 10군의 정예한 기병을 징병하게 했다.

경시 조정이 파견한 묘증은 이미 유주를 인계받았는데 유수가 징병하러 온다는 말을 듣자 암암리에 산하 군들에 영을 내려 군사를 파견하지 못하게 했다. 오한은 20기騎만 거느리고 당시 유주의 수부首俯인 무종성無終城에 이르렀다. 묘증이 성을 나와 영접하는데 오한은 그 자리에서 묘증을 생포해 목을 베었다. 경감은 상곡군에 이르러 두말없이 경시 황제가 파견한 위순·채충 두 장수를 나포했

### 구리 인형 펜던트 등
진·한나라 이후 청동기는 정교하고 실용적인 점이 특색이다.

다. 이 일은 온 유주를 감짝 놀라게 했고, 이로부터 오한·경감 두 장군은 유주 산하 각 군의 기병을 전부 징발해 유수를 지원하러 남하했다.

유수가 한창 거록군 동북쪽의 교현鄡縣, 지금의 하북성 속록束鹿 동쪽에서 동마 봉기군과 교전하는데, 오한이 유주 기병을 거느리고 부근 청하군淸河郡의 청양淸陽, 지금의 하북성 청하 동남쪽에 와서 만나는 즉시 부하들의 명부를 유수에 바치면서 감히 이렇다 저렇다 주장하지 못하겠다고 표시했다. 이에 유수는 오한이 온당하고 대세를 안다고 매우 칭찬했다. 양군이 대치하는 과정에 동마 봉기군은 군중에 식량이 떨어져 진을 나서서 도전했지만 유수가 응전하지 않자 부득불 남쪽으로 퇴각, 양평군陽平郡 경내의 관도현館陶縣에서 유주의 기병에 쫓겨 단번에 붕괴되었다. 유수가 영을 내려 한창 흩어진 동마 무리들을 수용하는데 고호·중련重連 봉기군이 동남쪽에서 당도해 미처 개편되지 못한 동마 잔존 세력과 합쳐 포양蒲陽에서 유수의 군사와 맞붙어 한 차례 대전을 벌였다. 농민군은 그 수가 매우 많았지만 전선이 붕괴되자 바로 투항했다.

### 동한 《부부 대작도》
1981년 하남성 낙양의 동한 고묘 묘실에서 《부부 대작도》가 발견되었는데 높이가 183cm, 길이가 300cm로 처음으로 발견된 동한 벽화다. 그림은 부부가 술을 마시는데 시녀가 국자로 쟁반의 작은 진에 술을 담는 장면이다.

중국을 말한다

# 014

《자치통감資治通鑑·한회양왕경시漢淮陽王更始 2년》
《후한서後漢書·오한전吳漢傳》

출전

## 한 치의 땅도 다툼

## 사궁을 주살한 유수의 계책

유수는 하북에서 날카롭게 맞서 왕랑·토호·농민 봉기군과 생사 결판을 한 반면 경시 세력과의 내부 투쟁은 더욱 은폐되고, 한층 격렬하게, 더욱 피비린내 나게 전개했다.

유수劉秀는 상곡 태수 경황耿況과 어양 태수 팽총彭寵의 지지하에 숨을 돌린 후 급히 남하해 왕랑과 조趙나라 지역을 쟁탈했다. 경시 조정은 하북의 정세에 안심할 수 없어 상서령 사궁謝躬을 파견해 6명의 장군을 거느리고 유수와 함께 왕랑을 토벌하게 했다. 그 속에는 자연히 유수를 감시하는 의미가 내포되어 있었다.

그러나 사궁이 통솔하는 병마는 왕랑의 군사와 대치하는 정도에 그칠 뿐 우세는 점할 수 없었다. 유수는 유주 기병의 지원을 받기도 전에 먼저 출발해 직접 한단의 왕랑을 공격하여, 마침 사궁의 군사와 만났다. 두 갈래의 군사가 함께 한단을 포위 공격했으나 달포가 넘도록 함락하지 못했다. 왕랑은 조급해하지 않고 따로 장수를 보내어 동쪽의 기주 수부 신도성을 공격하였다. 성내의 대성大姓 마총馬寵은 성문을 열어 왕랑의 군사를 영접하고 유수가 임명한 태수를 쫓아냈다. 경시 군사가 출병해 다시 신도를 수복한 후 유수는 전임 신도 도위 이충李忠을 파견해 신도 태수 직무를 대리하게 했다. 신도에서 공방전을 벌일 때 왕랑은 돌연 대장 예굉倪宏·유봉劉奉을 파견해 한단을 지원했다. 이에 유수가 또 황급히 남련南䜌에 달려가 공격했으나 결과는 또 실패했다. 다행히 어양의 장수 경단景丹이 유주 기병을 거느리고 달려와 예굉·유봉을 격파해서야 유수는 다시 기세를 올려 전력으로 거록과 한단을

공격하고 나중에 왕랑을 없애게 되었다.

## 살기가 있는 달콤한 말

왕랑을 공멸하는 전투에서 사궁은 경시군의 일부로서 모든 전투에 참가했다. 작전 과정에서 사궁은 늘 유수와 마찰을 빚었는데, 몇 차례 치열한 논쟁 끝에 사궁은 하마터면 유수에게 무력을 쓸 뻔하다가 유수의 세력이 커서 단념하고 말았다. 왕랑을 소멸한 후 두 갈래 군사는 모두 한단에 주둔하고 있었지만 사궁과 유수는 각각 다른 성에 주둔했다. 유수는 평소에 화해를 주장하고 심지어 일부러 호의를 베풀기도 했다. 사궁은 비록 초야 출신이긴 하지만 일 처리는 매우 깔끔했고 직책에 충실했다. 이에 유수는 기회만 있으면 뭇사람 앞에서 "사상서는 참으로 훌륭한 인재다!" 하고 칭찬했다. 사궁은 이런 말을 많이 듣다 보니 자신과 유수 간의 조화할 수 없는 모순을 잊고 수시로 발생할 수 있는 위험을 감지하지 못하게 되었다. 그러나 사궁의 처는 눈이 밝고 생각이 명석한 여인이어서 당초 경시 황제의 여러 장수들이 유수의 형 유연劉縯을 죽일 때 유수가 아무렇지도

### 청갈색 유약의 주전자 – 풍채 늠름한 군자

청갈색 유약을 칠한 납작한 입구의 주전자는 일부 반점이 있기는 하지만 이 때문에 더욱 그 가치를 과시하고 있다. 몸에 칠한 유약은 사람의 몸에 걸친 망토처럼 주전자를 풍채가 늠름한 군자의 행렬에 들어서게 했다. 당시에는 하나의 보통 생활용품에 지나지 않았지만 오늘날에 이르러 어느 누구도 그 가치를 분명히 밀하지 못하고 있다.

8~220

동한

중국을 말한다

### 살아 숨 쉬는 활석 탈

활석으로 만든 가면으로서 그 선이 유창
하고 오관五官이 완전히 갖춰져 사실주의
적 경향도 있거니와 과장 수법도 있다. 탈
은 사망자의 얼굴을 가리고 있었는데 이
는 마치 살아 숨 쉬는 듯하다. 머리에 관
을 쓰니 그 신분을 표시하고 가지런한 이
빨이 있으니 자연히 식성도 좋을 것이다.
생전에 부귀하고 사후에도 빛을 뿌리니
자연히 보통 인간은 아닐 것이다.

않은 모양을 하던 일을 여전히
기억하고 있었다. 하물며 현재
유수는 세력이 크니 사궁 수하의
여섯 명 장수가 거느리는 병마로
는 그 처지가 매우 위험했으므로
늘 남편에게 귀띔했다. "상서께
서는 유 대사마와 협력하지 못해
종종 다퉜는데 만약 그의 입에 발린 달콤한 말을 경
솔히 믿는다면 나중에는 큰 손해를 볼 것입니다!" 사
공은 부녀자의 소견이라 생각해 아랑곳하지 않았다.

얼마 안 되어 사궁은 장수 6명과 수만 병마를 거느
리고 남하해 위군魏郡의 수부 업성鄴城에 주둔했다.
유수는 청독靑犢 농민군을 토벌하면서 사궁에게 주둔
지를 떠나 멀리 인근 군에 가서 임호산林虎山에 주둔
하고 있는 우래尤來 농민군을 공격하게 했다. 사궁은
출병 후 일이 순조롭지 못해 대패하고 돌아왔다. 그런
데 유수가 이미 용장 오한과 잠팽岑彭을 보내어 사궁
이 출병한 후 업성을 기습해 점령하고 성내에 많은 병
사를 매복시켜 사궁이 돌아오기만을 기다리고 있을
줄이야 어찌 알았으랴.

사궁은 그저 참담하게 일을 처리하고 직책에 충실할
뿐 군중軍中의 험악하고 간사한 상황에 대해서는 추
호도 모르고 있었다. 그는 부대를 거느리고 업성에 당
도한 후 먼저 교외에 부대를 주둔시키고 자신은 부하
들과 수행 인원들만 거느리고 입성해 아문에 들어섰

다. 오한과 잠팽 두 장수가 당상에 높이 앉아 있음을
본 사궁이 크게 놀라 머리를 돌려 성 밖으로 나가려는
데 양쪽에 매복해 있던 도부수들이 이미 포위했다. 오
한과 잠팽은 심문도 하지 않고 사유도 묻지 않은 채
즉시 사궁과 6명의 장수 목을 전부 베었다. 성 밖의 경
시 군사는 장수들이 죽었음을 알자 전부 무기를 놓고
투항했다.

유수는 늘 유연한 자태로 나서다가는 돌연 일격을
가해 최종 목적을 달성했다. 사궁을 기습해 죽임은 자
그마한 가벼운 동작에 지나지 않았다.

●●● 역사문화백과 ●●●

**[국가의 중추 기관 – 상서대]**

상서대尙書臺는 상서성이라고도 하는데, 동한 시대 궁중에 설
치한 관아 명칭으로 국가의 중추 기관이었다. 장관으로 상서령
을 설치해 직접 황제에 대해 책임지고 국가 정사를 총괄했다.
상서령 수하에 6조曹 · 35낭조郞曹와 각 조상서曹尙書 · 승丞 ·
낭郞 · 영사令史 등을 설치했다.

# 015

《후한서後漢書·경순전耿純傳》
《후한서後漢書·광무제기光武帝紀》 출전

## 유수가 황제라 자칭하다

동한의 개국 황제는 녹림 폭풍 속에서 궐기해 동마銅馬 농민군이 귀순한 후 황제로 칭했다.

### 숨김없이 말하다

동마銅馬 봉기군은 모두 농민으로 구성되어 군영 내부도 촌락과 같이 순박했다. 그러나 수년간의 전쟁을 겪으면서 남을 믿지 못하는 마음이 깊이 자리 잡았다. 유수는 동마·고호高湖·중련重連 등 여러 봉기군의 두령들을 열후로 봉해 성의를 표시했지만 격전이 끝난 직후여서 서로 믿지 않았다. 농민군의 사정을 잘 알고 있는 유수는 귀순한 농민군 두령들에게 자신의 본 군영에서 부하들을 관리하게 한 후 약간의 수행 인원을 거느리고 직접 동마·고호의 군영에 가서 병사들을 검열

### 동한의 개국 황제 유수

동한의 개국 황제이며 군사 전략가이자 군사 원수인 유수는 자가 문숙文叔이고 남양군 채양蔡陽 사람으로 한 고조 유방의 9세손이다. 서기 25~57년에 재위, 시호는 광무제다.

했다. 삼군 통수로서 거의 아무런 방비도 없이 금방 투항한 적병의 군영 속에 들어간다는 것은 누구도 상상할 수 없는 일이었다. 이는 비범한 용기와 도량을 과시하는 일이었다. 동마·고호의 두령들은 감동되어 서로 말했다. "소왕蕭王이 우리를 진심으로 대하는데 우리가 어찌 그를 위해 목숨 바쳐 싸우지 않는단 말인가!"

유수는 이 동마의 무리들이 진심으로 귀순함을 보고 그들을 여러 장수의 부하로 임명했다. 그리하여 유수의 군대는 단번에 수십만 병력을 가지게 되었다. 유수는 군사를 거느리고 계속 조趙 지역을 하나하나 소탕해 승전을 거듭했다. 그러나 우래·대창大槍·오번五幡의 세 세력이 연합해 매복 습격하는 바람에 패전해 타고 있던 전마戰馬마저 잃었다. 다행히 기병 장수 왕풍王豐이 자기의 말을 바쳐 유수는 요행히 목숨을 건졌다. 유수의 대군이 흩어진 후 여러 장수들은 남은 무리를 집결해 범양성范陽城으로 이동해 계속 부대를 집합시켰다. 군중에서 유수를 찾지 못하게 되자 장수들은 걱정을 했다. 이때 오한이 나서서 말했다. "우리모두 함께 노력합시다! 소왕 형장의 아들이 모두 남양南陽에 있으니 우린 주공이 없을까 봐 근심할 필요가 없소이다!" 이렇게 며칠 지나서야 군심이 안정되었고 유수도 시위의 보위하에 군영에 돌아왔다. 농민 봉기군은 승전을 했지만 유수의 위망威望에 겁을 먹고 슬그머니 퇴군하자 유수는 그들을 추격하게 했다.

### 진귀한 보석 왕관

이 진귀한 보석 왕관은 황금의 본색이 보석의 빛에 배합되어 더욱 환하게 빛나고 있다. 이 관은 얼마나 고귀한 사람이어야 쓸 수 있었겠는가. 이 왕관을 둘러싸고 무척 감동적인 애정 이야기가 연출되었으리라.

28년 | 중국사 연표 |

유수는 조서를 내려 경감에게 팽총을 공격하게 했다. 이듬해 팽총의 가노가 그를 죽여 불의후不義侯에 봉해졌다.

**고대 이집트 풍의 용 모양 황금 장신구**
이는 확실히 중국 동한 시대 장인들이 제작한 용 모양 황금 장신구로서 황금의 특징과 용의 성격을 모두 성공적으로 표현해 상호 보완하고 빛을 뿌리게 한다.

## 호성에서 등극을 권유하다

이때 하내河內 지역에서 경시 황제의 군사와 작전하던 풍이馮異·구순寇恂이 첩보를 전해 오자 승진할 생각이 간절하던 여러 장수가 이 기회를 타서 황제로 칭하라고 유수에게 권유했다. 그중 신시新市 봉기군 출신의 마무馬武가 제일 적극적이었다. 유수는 허락하지 않고 오한·경감·경단 등 13명의 장수를 남겨 계속 우래 봉기군의 각 대오를 추격 토벌하게 하고 자신은 계현에 돌아와 형세를 관망했다. 우래 봉기군의 각 대오가 요동군 근처에서 섬멸된 후 유수는 남쪽 중산中山으로 옮겨 군사들을 쉬게 했다. 이때 여러 장수가 또 유수에게 등극하라고 권유했지만 유수는 망설였다. 이에 부하 경순耿純이 나서서 이해관계를 설명했다. "천하의 현명하고 유능한 자들이 집을 버리고 대왕을 따라 칼과 화살을 받으며 목숨을 내걸고 싸운 것은 대왕의 제업을 성사시켜 자신의 공을 세우려는 것입니다. 지금 대왕께서 황제의 대위에 오르지 않으시면 기회를 놓치게 되고, 사람들은 이에 실망할 것입니다. 저는 이 사람들이 일단 실망하면 모두 고향에

돌아갈까 봐 두렵습니다. 그들이 왜 여기에서 헛되이 고생하겠습니까! 이렇게 큰 대오가 분산된다면 더는 이를 집결시킬 수가 없습니다!" 경순은 유수가 즉위할 생각이 있음을 아는지라 유수를 고생스럽게 따른 문무 장군들의 염원만을 밝히면서 인정과 사리에 맞게 말했다. 이에 유수는 자연히 묵묵부답이 되었다. 경순은 눈치가 빠른지라 긴말 하지 않고 조용히 물러났다.

유수는 대군을 거느리고 거록성巨鹿城 북쪽의 호성鄗城에 이르렀을 때 형세를 잘 살피는 유생 강화彊華가 멀리 관중에서 찾아와 〈적복부赤伏符〉한 편을 바쳤다. "유수가 군사를 일으켜 무도한 무리를 토벌하니, 사방의 오랑캐가 운집해 전야에서 용과 싸우는데, 사칠四七의 교차되는 시각에 화火를 위주로 하리라." 이 세 마디의 통할 듯 말 듯한 참언은 아첨하는 맛이 다분히 풍겼지만 어쨌든 천의를 대표한 것으로 치부되었다. 이에 유수는 안심하고 호성에서 단을 쌓고 황제로 등극한 후 연호를 '건무建武'라 고치고 천하에 대사면령을 내렸다. 이 해가 바로 서기 25년이다.

당시 사람들은 유수가 황하 북안의 기주·유주의 광활한 지역에서 적을 소탕하고 민심을 안정시키며 호성에서 등극해 황제로 칭한 것은 동마를 위주로 하는 수십 만 농민군 무장의 실력에 의거한 것이라 인정했다. 이에 관중의 민중은 자기들끼리 유수를 '동마 황제'라 불렀다.

## 016

《후한서後漢書·유분자전劉盆子傳》
《후한서後漢書·유현전劉玄傳》
출전

### 생존을 위한 진군

## 창과 검으로 숲을 이룬 장안

빈곤한 농민은 먹고살기 위해 봉기군에 가담했고, 같은 이유로 서진해 장안에 들어왔으며, 또 같은 이유로 장안을 떠나 고향으로 흩어졌다.

8~220

동한

경시 황제가 장안에 도읍할 때 적미군 수령 번숭 등은 모두 신하로 복종한다고 표시하고 열후로 책봉되었다. 그러나 경시 조정은 번숭 등에게 열후의 빈 직함만 주었을 뿐 사태를 안정시키지 않아 적미군의 수십만 대중은 관동에서 이끄는 사람이 없게 되었다. 그러므로 번숭 등은 얼마 안 되어 장안을 떠나 영천潁川의 본영으로 돌아갔다. 적미군은 난을 일으킬 때부터 지금까지 결코 정치적 자아의식이 있는 것이 아니라 오직 먹고살 길을 찾기 위해 영천 일대에서 뭉쳐 돌아다녔을 뿐이다. 그러다가 먹고살 길을 찾지 못하자 잠시 두 부분으로 나뉘어 번숭·방안逢安이 일부를 영솔하고, 서선徐宣·사록謝祿·양음楊音이 일부를 거느리고 각각 유격전을 하며 현읍을 공격해 눈앞에 닥친 양곡과 마초 문제를 해결했다. 종군 가족은 생활이 보장되지 못해 위기가 사방에서 발생하자 밤낮 울면서 고향으로 돌아갈 생각을 했다. 그러나 고향엔들 어찌 쉽게 돌아가랴. 여러 해를 떠난 고향의 밭은 이미 황폐해졌으니 무엇을 먹고살겠는가? 농기구나 종자는 전부 없어졌는데 무엇으로 경작한

단 말인가? 고향에도 돌아갈 수 없고 객지에서도 살아갈 수 없으니 번숭과 방안은 상론 끝에 차라리 하나의 목표를 내세워 민심을 수습함으로써 일시적 방향을 찾자고 합의를 보았다. 그런데 목표가 어디에 있는가? 장안이다! 그래서 적미군은 재차 기세를 돋우었다. 번숭·방안 부대는 무관武關에서 출발, 서·사·양 부대는 육혼관陸渾關에서 출발해 함께 그 예봉을 장안에 돌렸다.

### 강적이 둘러보는 환경의 변수

경시 황제는 적미군이 동으로부터 온다는 말을 듣고 급히 왕광王匡·성단成丹·유균劉均을 파견해 각각 낙양의 양익과 하동河東·홍농弘農 일대에 방어선을 치게 하고, 뒤이어 주장 주유·이질에게 전립田立·진교陳僑·무발武勃 등 장수와 군사 30만을 거느리고 동대문 낙양을 고수하게 했다.

한창 하북 지역에서 세력을 발전시키던 유수는 적미군이 동으로 향한다는 소식을 주목했다. 그는 경시 황제의 군사가 전국에서 가장 강한 이 농민 군단을 당해내지 못하리라 확신했다. 그리고 자신은 이 싸움에 말려들지 않으면서도 국물이라도 나눠 먹을 기회는

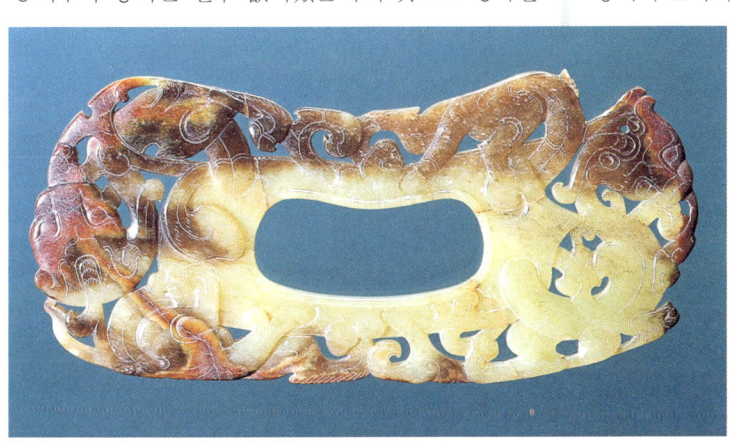

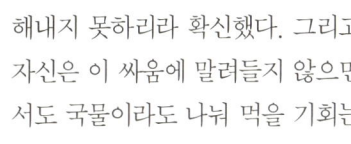

**사람을 재삼 탄복하게 하는 부채형 옥패**
이 부채형 옥패는 세 가지 절묘한 점이 있다. 첫째, 이렇듯 얇은 옥에 이렇듯 아롱진 꽃무늬를 조각한 정밀함이다. 둘째, 그 어떤 화가도 그릴 수 없는 천연적인 색깔의 조화로움이다. 셋째, 그 주인의 복이다. 이런 패물을 몸에 달고 다녔으니 이는 바로 삼생三生의 행운 아니겠는가?

놓치지 않으려 했다. 그래서 독립적으로 일을 처리할 수 있는 대장 풍이와 구순에게 하내군河內郡에서 황하를 사이에 두고 낙양 일대의 전쟁 국면을 관망하면서 기회를 틈타 성읍을 빼앗고 이득을 챙기도록 했다. 그리고 등우鄧友에게 군사를 거느리고 직접 낙양과 장안 사이의 하동군에 들어가 황하 북안에서 국면의 변화를 관망하게 했다. 후에 경시군과 적미군이 차례로 붕괴되고 적미군이 동으로 후퇴할 때 유수의 이 두 갈래 복병은 기회를 틈타 황하와 낙양, 관중의 지반을 쟁탈했다.

적미군의 두 갈래 병마는 결코 낙양이란 이 힘든 동대문을 두드린 것이 아니라, 남쪽으로 에돌아 장안이 소재하는 홍농군에 진입해 우선 경시군의 토난討難 장군 소무蘇武를 격파하고, 또 모향秡鄕에서 경시 승상 이송李松을 대패시킨 후 약간 북으로 이동해 장안에서 그다지 멀지 않은 호현湖縣에 이르렀다. 그러나 경시 황제의 대장들은 이때 각자의 방어선에서 유수가 잠복시킨 병마와 격전을 벌였다. 비록 각자 따로 승부가 났지만 경시의 겹겹으로 쌓인 방어선은 이미 뒤죽박죽이 되어 방어 의미를 잃었고, 이에 왕광·성단·장앙張昻 등 장군은 10만 군사로 등우鄧友를 격파한 후 서둘러서 장안에 돌아왔다.

왕광·장앙 등이 낙양 일선에서 방어선을 구축한 건 동에서 오는 적미군을 방어하려는 것이고, 등우鄧友·풍이가 황하 북안에서 시탐하는 건 적미·경시

**상업과 성내 시장**

동한 시대 농업과 수공업의 발전으로 상품이 많아져 상업 역시 발전했다. 건무 16년(40)에 유수는 영을 내려 오주전五株錢을 재차 주조, 일체 낡은 화폐를 전부 취소해 왕망이 일으킨 화폐 혼란 국면을 제거하고 상업의 발전에 대해 일정한 촉진 작용을 일으켰다. 동한의 상품 종류는 서한을 초과하자 시장이 확대되고 교통이 발달했다. 도시에는 모두 교역시장을 설치, '시市'라 불렀는데 시장 관리 관원을 시장市長이라 불렀다. 시장은 판매하는 상품의 종류에 의해 '시열市列' 또는 '열사列肆'로 구분했고, 매 열사에 또 매우 많은 가게나 난전이 있었다. 주요 제품은 농산물과 수공업품이고 이외에 금옥 보물 등 진귀한 기물과 각종 약재가 있었다. 인구가 비교적 많은 향촌이나 교통 요로 지역에도 저잣거리가 출현하였다.

쌍방이 모두 붕괴된 후에 어부지리를 노리는 것이었다. 유수의 부하들이 참지 못하고 국면을 교란하는 바람에 적미군단은 조금의 손실도 보지 않고 직접 장안 어귀까지 접근했다.

## 방어가 없어진 장안성

장앙은 의롭지 못한 자로서 경시 황제가 적미·유수 두 갈래 적의 협공을 받아 곧 실각할 듯하자 여러 장수들과 상론하며 말했다. "적미군이 조만간 당도하면 우리가 소멸되는 것도 시간 문제요. 그럴 바엔 장안에서 노략질이나 한 후 남양南陽의 고향에 돌아가는 것이 나을 것 같소. 남양에도 발을 붙이지 못하면 다시 강호에 돌아가서 강도질해도 괜찮을 거요!' 여러 장수는 논의를 마치자 조정에 가서 경시 황제에게

권유했다. 의외로 유현劉玄은 2, 3년간 초야 황제로 있더니 이젠 제법 틀이 잡혀 더는 현실 생활로 돌아가 보통 백성이 되려 하지 않았다. 그가 크게 화를 내는 바람에 여러 장수들은 창피한 느낌이 들어 감히 더 권유하지 못했다. 경시 황제는 즉시 왕광·진목陳牧·성단·조맹趙萌과 같은 원로에게 명해 군사를 거느리고 장안성 동쪽의 신풍新豐에서, 이송은 홍문鴻門에서 선봉이 되어 바야흐로 들이닥치게 될 적미군을 막게 했다.

성내에 남은 장앙·요담廖湛·신도건申屠建·외효隗囂 등은 모두 음험하고 악독한 소인들이라 함께 계책을 꾸며 입추 날에 경시 황제를 협박해 장안 노략 계획을 실현하려 했다. 경시 황제는 풍문을 듣자 병을 핑계로 입추 사냥 활동에 참가하지 않은 반면에 도리어 장앙 등을 궁전 연회에 청했다. 여러 장수들은 의심하지 않고 모두 입궁했는데 외효만은 의심이 많아 핑계를 대고 오지 않았다. 장앙이 입궁한 후 경시 황제는 또 마음을 독하게 먹지 못해 이리저리 어물거리며 손을 쓰지 못했다. 그 와중에 장앙은 허점을 발견하고 되돌아 나왔고, 신도건만 궁중에서 피살되었다. 장앙은 변이 생기자 군사를 거느리고 궁중에 들어갔다. 경시 황제 유현은 신풍으로 도망쳐서 장인 조맹과 만난 후 왕광 등 장수가 장앙과 내통한 것으로 의심하여 계책을 써서 진목·성단의 목을 베었다. 오직 왕광만 장안에 들어가 장앙과 손을 잡았다.

이리하여 장안은 두 팔을 벌리고 적미군이 빈 성에 들어오기를 기다리게 되었다.

**삶과 죽음**
한나라 시대 회화는 궁전이나 낭하에는 물론, 능묘의 묘실과 석벽에도 대량으로 그려졌다. 한나라 풍속이 죽음을 삶으로, 후장厚葬을 덕으로, 검장儉葬을 비천한 것으로 보았으므로 낙양 동한 묘실 그림 중의 남자 주인의 생활 장면은 생전의 생활과 사후 승천 행락에 대한 아름나운 염원을 표현하고 있다.

29년

| 중국사 연표 |

두융竇融이 하서 지역을 한나라에 바치고 양주목凉州牧을 제수받았다.
두융이 명을 받아 사차왕莎車王 강康을 왕 겸 서역대도위로 책봉했다.

# 017

## 목동 황제

적미군은 다만 유씨 종실이란 이유 하나만으로 한 목동을 황제로 옹립했다.

### 세 유씨 종실

적미군은 낙양과 장안 중간의 화음華陰현까지 왔다. 군중에 한나라 성양왕城陽王 유장劉章을 큰 신으로 믿는(유장은 일찍이 정변을 일으켜 여후呂后의 동생 여산·여록 등을 전부 주살하고 유씨 정권을 회복, 성양왕으로 책봉, 산동 지역 민중에게 신으로 숭모되었다) 무당이 돌연 "유장 대왕께서 '너희들이 황제가 되어야 될 형편인데 어찌하여 강도질을 하느냐' 하며 화를 내신다"고 고함쳤다. 병사 중 한 사람이 이 말을 듣고 조소했는데 공교롭게 아무 이유없이 병에 걸렸다. 이에 방양方陽이라는 사람이 번숭樊崇에게 말했다. "장군께서 백만 대군을 거느리고 서진해 장안에 입성하실 때 아무런 칭호도 없으면 도적으로 불릴 수밖에 없으니 차라리 유씨 종실 한 사람을 황제로 옹립해 명분을 세우는 것이 좋을 것 같소이다!" 번숭이 동의해 군중에서 유씨 종실의 자제 70여 명을 조사하니, 그중 유무劉茂·유분자劉盆子와 전 서안후西安侯 유효劉孝 세 사람이 황족과 가깝다고 할 수 있었다. 번숭은 정읍鄭邑의 북쪽 교외에 단을 쌓고 성양왕 유장을 제사지내며 여러 장수들과 군중의 삼로三老·종사從事들을 만나고, 또 사람을

#### 응고된 순간 – 물구나무서기를 한 세 명의 곡예 도기용

1972년 하남성 낙양 칠리하七里河에서 출토된 이 물구나무서기를 한 세 명의 곡예 도기용은 그 조형이 극히 아름답다. 셋이 모두 물구나무서기를 한 가운데 둘은 손으로 항아리 변두리를 잡고 물구나무를 서 신체가 서로 의지하며 지지대를 이루고, 다른 하나가 그 위에 물구나무서기를 해 두 발을 공중에 뻗치고 있다. 이 응고된 공간 자태는 아찔아찔하면서도 교묘하며 여러 방위와 각도의 관상 효과가 있다.

파견해 나무판에 상장군이란 글자를 써서 글자를 쓰지 않은 다른 두 나무판과 함께 대통에 넣은 후 유무 등 세 사람에게 제비를 뽑게 했다. 유분자는 나이가 어려 나중에 뽑았지만 상장군 패가 유분자의 손에 들어왔다. 이에 전군이 모두 꿇어앉아 신하로 칭했다. 당시 산발에 낡은 옷과 맨발을 한 15세의 어린 목동 유분자가 놀라서 사람들 앞에 꿇어앉아 큰소리로 울음을 터뜨리자 종실 유무가 다가와서 말했다. "이 나무패를 잘 간수하십시오!" 그러나 유분자는 오히려 나무패를 부러뜨렸다. 이렇게 목동 황제 유분자를 옹립한 후 서선徐宣을 승상으로, 번숭을 어사대부로, 방안逄安을 좌대사마로, 사록謝祿을 우대사마로 선포했다. 순식간에 적미군은 유씨 한나라의 군대가 되었다.

### 장사왕으로 강등된 경시 황제

적미군은 마침내 장안성 밑에 당도했다. 이때 홍문鴻門을 지키던 이송이 군사를 되돌려 장안에 돌입, 왕광·장앙을 몰아내어 경시 황제는 또 장신궁長信宮에 들어갔다. 적미군이 풍상군馮翔郡의 고릉현高陵縣에 이르자 왕광·장앙이 투항해 적미군과 함께 장안의 동도문으로 들이쳤다. 이송은 생포되고 경시 황제는 도망치다가 고릉에서 앞길이 막혀 되돌아 왔다. 적미군은 유현이 투항하면 유현을 장사왕으로 봉하고 20일이 지나면 더는 투항을 받아들이지 않는다고 발포했다. 경시 황제는 유분자의 형 유공劉恭을 통해 청했고, 적미군은 사록을 파견해 투항을 접수했다.

경시 황제 유현은 사록·유공과 함께 장안에 돌아와
상의를 벗고 유분자를 황제로 칭하며 자신의 옥새와
인수를 바쳤다. 적미군의 여러 장수들은 유현을 죽이
려 했으나 유공·사록이 강력하게 말렸다. 장수들은
그래도 분이 가시지 않아 끌고나가 칼을 들었다. 이
에 유공이 따라 나와 유현에게 "이제 힘을 다했으니
그대보다 먼저 죽으리라" 하며 검을 뽑아 자결하려
했다. 그때 번숭 등이 달려와 제지하며 유현을 사면
함은 물론, 그를 또 외위후畏威侯로 봉했다. 유공이 그
래도 만족하지 않자 나중에 장사왕으로 고쳐 봉했다.
이때부터 유현은 사록을 따라다니며 그의 보호를 받
았다.

　적미군이 장안에 입성한 것은 경시군처럼 장안성

광무제가 강을 건너는 그림 (명나라 구영仇英 그림)

을 보금자리로 보았을 뿐 어떻게 정사를 처리하고 군
사력을 공고히 할 것인가, 특히 어떻게 자신을 관리할
것인가는 모르고 있었다. 나중에 그들은 결국 경시군
과 마찬가지로 이 번화한 도읍을 떠나고 말았다.

### 극히 희소한 10인 용등

이 녹색 유약 용등俑燈은 조형이 간단하면서도 생동감 있고 활력이
넘친다. 한나라 시대 용등은 비교적 많이 출토되었지만 하나의 등
에 10명을 조각한 형상은 극히 희소하다.

●●● 역사문화백과 ●●●

### [진귀한 사료 – 산동 화상석 묘]

민간의 이른바 '장군무덤'은 동한 말기 화상석 묘로 지금의
산동성 기남현沂南縣 북채촌北寨村에 있다. 묘실의 길이는 870
㎝, 너비는 755㎝이다. 묘 내에 대량의 석각 화상이 있다. 화상
은 내용이 풍부하고 필치가 세밀하며 조각 기술이 뛰어나다.
내용은 군사·수렵·가무·연회석 등으로 당시 사회 풍속을
반영함은 물론, 후세에 진귀한 사료를 남겨 주었다.

# 018

## 고립무원의 보금자리

적미군은 유분자를 옹립해 장안에 입성한 후 이 목동 황제를 영락궁에 편안히 놔 두고서 창고에 저장된 무수한 재물과 양곡을 누리게 한 후 더는 아랑곳하지 않았다. 그런데 그들은 위기가 바로 사방팔방에서 닥쳐옴을 모르고 있었다. 우선 적미군이 장안에 입성한 후 유수는 낙양을 지키는 주유의 항복을 받고 낙양에 도읍해 적미군의 동진 길을 막고 있었다. 부풍군扶風郡에 주둔하던 등우는 상군上郡과 북지군北地郡과 안정군安定郡의 세력을 연합해 장안성에 대한 포위를 형성하고 있었다. 장안성 밖 인근 각 현읍은 모두 지역 토호를

### 동으로 돌아간 적미군

장안은 하나의 고립된 성으로, 성 밖에는 온갖 반대 세력이 있었다. 서울 부근 지역 이북에는 유수가 통제하는 여러 군郡이 있었고, 성 밖 주변에는 경시 황제를 암암리에 지지하는 지주 토호들이 있었다.

馮異

중심으로 보루를 쌓고 각자 한 지역씩 지키면서 적미군에 대항하고 있었다. 게다가 장안 주변의 토호들이 다시 유현을 구해 황제로 옹립하려고 부단히 사람을 성 안에 파견했다. 그 바람에 유현을 배반한 적이 있는 장앙 등은 신경이 날카로워져 사록을 핍박해 저택 내에서 유현을 교살하게 했다. 이 소식을 들은 유공劉恭은 유현의 시체를 가만히 성 밖으로 실어 갔고, 등우가 유수의 영에 따라 패릉覇陵에 안장했다. 유현의 친족들은 처참하게 장안을 도망쳐 나와 천신만고 끝에 고향 남양으로 돌아갔다.

### 밀어 버릴 수 없는 황제의 보좌

동짓날 적미군은 궁중에서 크게 연회를 베풀었는데 주연이 아직 시작되기도 전에 장수들은 다투기 시작했다. 이때 궁 밖에 있던 병사들이 담을 타고 넘어와 술과 고기를 서로 빼앗으며 칼부림을 하여 죽고 상

#### 실패를 거듭한 후 마침내 성공하다

동한 건무 초년에 적미군이 장안을 공격할 때 풍이는 군사를 거느리고 적미군과 화음에서 60여 일간 대치해 수십 번 싸운 결과 적미군 5000여 명의 항복을 받았다. 건무 3년(2) 유수는 풍이를 정서征西 대장군으로 임명했고, 마침 이때 등우鄧禹가 군사를 거느리고 동으로 귀환, 이에 두 부대는 합쳐 적미군을 공격했다. 그런데 적미군에 패해 3000여 명이나 죽거나 다쳤다. 풍이는 남은 부대 수만 명을 집결해 재차 적미군에게 도전했다. 풍이는 장사들에게 적미군으로 분장해 도로 양옆에 매복해 있다가 양군이 접전한 후 짓쳐 나오게 했다. 이에 적미군은 적을 분간하지 못해 패배했다. 풍이는 승전한 김에 그 뒤를 추격해 도망치는 적미군을 전부 없앴다. 유수는 편지를 써서 풍이를 위로했다. "적미를 격파하니 병졸들이 노고가 많소이다. 처음에는 회곡回谷에서 좌절을 당했으나 마침내 면지澠池에서 분발하니 실패한 뒤 끝내 성공했다 하오리다. 이제 공을 논하고 상을 내려 큰 공훈에 보답하리다." 이 그림은 청나라 각본 《신각비평동한연의》에 실려 있다.

《자치통감資治通鑑·한광무제건무漢光武帝建武 원년》
《후한서後漢書·유분자전劉盆子傳》　출전

**거칠고 너른 회색 도기 창고**
이 기물은 청해성 대통大通의 한 흉노인의 묘에서 출토되었다. 창고 벽에 자그마한 문을 내고 칼로 문짝 모양을 그려 놓았고 한 옆에 또 사다리를 그려 놓아 평면으로 입체적인 물건을 표현했다. 현재 청해성 문물고고학연구소에 소장되어 있다.

한 자가 매우 많았다. 위위衛尉 제갈치諸葛稚가 소식을 듣고 달려와서 무력으로 100여 명을 죽여서야 겨우 평정되었다. 유분자는 이에 놀라 밤낮 울어댔다. 유공은 적미군이 꼭 붕괴되리라 짐작해 가만히 동생 유분자를 시켜 황제의 옥새를 다시 반환하게 하고 사전에 사양하는 말도 잘 생각하게 했다. 정월 초하루 조회 시 유공은 먼저 입을 열었다. "여러분이 저의 동생을 황제로 옹립하신 데 대해 감사합니다. 지금 이미 1년이 지났지만 사정은 여전히 혼란하니 그는 사실이 중책을 감당할 수가 없소이다. 이에 다시 평민이 되기를 원하니 여러분이 따로 현능한 자를 선택하시기 바랍니다!" 번숭 등은 오히려 황공한 듯이 말했다. "이는 모두 우리의 죄과입니다!" 그러나 유분자의 퇴위에 대해서는 동의하지 않았다. 유공이 재삼 청구하니 누군가 말했다.

"이는 식후式侯를 봉하는 식의 작은 일이 아니외다!" 이 말의 뜻인즉, 그대의 자그마한 식후 작위로서 황제의 대사에 참견하지 말라는 것이다. 이에 유공은 감히 더 참견하지 못했다. 이때 유분자가 황제의 보좌에서 내려 몸에 띤 옥새와 인수를 풀어 내리고 꿇어앉아 절하며 말했다. "지금 여러분이 황제를 옹립했으

나 하는 일은 여전히 강도의 행세라 천하 사람들이 모두 우리를 원망하며 우리에게 마음을 돌리지 아니하니, 이는 모두 사람을 잘못 옹립해 초래된 일입니다! 제가 퇴위해 따로 재덕이 있는 자의 길을 가로막지 않기를 바랍니다. 만약 꼭 저 유분자를 죽여 이전의 죄과를 속죄해야 한다면 저는 이 죽음을 피하지 않으렵니다!" 유분자는 말을 마치고는 눈물을 흘리며 통곡했다. 번숭 등 조회에 참가한 수백 명의 문무백관이 모두 동정과 애석한 마음을 금할 수 없어 일제히 자리에서 일어나 절을 하며 말했다.

"신하들이 제 모양을 갖추지 못해 폐하께 송구하게 되었은즉 오늘부터 더는 감히 방종하지 않겠나이다!" 그러고는 다시 유분자를 부축해 옥새와 인수를 달아 주었다. 유분자는 울며불며 떼를 썼지만 여전히 벗어날 수가 없었다. 여러 장수들은 영채에 돌아온 후 각자 영채의 대문을 걸어 닫고 나오지 않았다. 이에 서울 주변의 백성들은 기뻐하며 이 황제를 영명하다고 칭찬했다. 백성들은 본래 서울을 나서서 부근에 숨어 있었는데 이렇게 되자 모두 다투어 서울에 들어와 살림을 차렸고 저잣거리는 다시 활기를 띠기 시작했다. 그러나 20여 일이 지나자 적미군의 여러 장수는 또 영채를 뛰쳐나와 도처에서 노략질을 했다. 적미군의 장수들이 예전처럼 방종하니 장안의 백성들 또한 예전처럼 고생했다.

●●● 역사문화백과 ●●●

**[문벌 사족士族의 전신 – 호우]**

호우豪右는 본래 서한 시대에 출현한, 대량의 토지를 점유한 호족을 가리킨다. 그들은 수많은 토지와 주택을 점하고 향리에서 횡행하며 수차 압박을 받았지만 그 세력이 소실되지 않았다. 동한이 건립될 때 호우 세력은 제각각 군사를 일으켜 유수를 도와 정권을 건립하고 공고히 했다. 그러므로 동한이 건립된 후 호우 세력은 확장되어 토호 세력으로 발전하고, 후에 문벌 사족文閥士族의 전신이 되었다.

8 ~ 220

동한

## 역사의 여정을 끝낸 적미군

적미군은 창고의 양곡이 거덜 나는 것을 보고 더는 성중에서 버틸 수 없어 궁전과 관청의 재물을 전부 수레에 싣고 떠나가 버렸다. 떠나기 전에 궁궐 아문을 불태우고 저잣거리를 지나며 마음대로 노략질하고 사람을 죽여 장안성 안은 일시에 쥐 죽은 듯했다.

적미군은 텅 빈 장안성을 버리고 부근의 북지·안정 등을 돌아다니다 나중에 경시 황제의 부장 외효가 할거하는 천수군天水郡 경내에 진입해 외효의 부장에게 격파당했다.

때는 큰 눈이 쏟아지는 엄동설한인데 적미군은 또 장안성에 귀환했다. 적미 전군前軍 장수 방안이 두릉杜陵을 지키는 토호 연잠延岑과 접전했다. 이때를 타서 등우鄧禹가 장안성을 기습했으나 적미군의 후비를 맡은 대장 사록에게 패배당했다. 그런데 방안은 연잠에게 패해 적미군의 군사 10만이 참혹하게 죽었다. 이밖에 적미군의 별장 요담廖湛은 많은 병력을 거느리고 장안에 돌아가다가 도중에 한나라 종실 한중왕漢中王 유가劉嘉의 군대에 격파당했다. 적미군은 손실이 심했다. 당시 사방에 기근이 든 데다 지방 토호와 한나라 군사의 습격으로 적미군은 또다시 동으로 돌아갈 수밖에 없었는데 남은 부대는 겨우 20여 만밖에 안 되었다. 도중에 끊임없이 풍이馮異의 큰 병력이 기습하여, 적미군의 손실은 계속 늘어났다. 적미군은 싸우는 한편 퇴각하면서 겨우 낙양 서쪽의 의양宜陽에 이르러서야 풍이의 추격에서 벗어났는데 남은 군사는 겨우 10여 만이었다. 그러나 의양성 밖에는 또 유수가 친히 어림군을 거느리고 적미군을 기다리고 있었다. 노인과 아이들을 거느리고, 기아에 시달리는 적미군은 더는 저항할 힘이 없었다.

유공은 명을 받들어 유수의 진영 앞에 찾아와 투항을 청했다. "유분자가 백만 민중을 거느리고 폐하께 항복하려 하니 폐하께선 그를 어떻게 대하시렵니까?" 유수는 말했다. "죽이지는 않으리라!" 이틀 후 유분자는 승상 서선 등 30명의 적미군 장수들을 거느리고 윗몸을 벗은 채 유수의 군영 앞에 찾아와 투항하며 한나라의 옥새를 바쳤다. 투항할 때 적미군이 벗어놓은 무기와 갑옷은 신양성信陽城 밖의 웅이산熊耳山만큼 높았다!

전국을 수 년간이나 제압하던 농민 군단인 적미군은 마침내 간난신고의 역사적 여정을 다 걷고 삽시간에 황하와 낙수 사이의 그 피로 물들인 평원에서 사라지고 '적미군'이란 이 위풍당당하던 명칭만 남겨 후세 사람들이 평가하게 했다.

**동한 양조 부엌**

광서성 귀항貴港 한나라 시대 묘에서 출토되었다. 장방형 부엌 위에 3개의 부엌 아궁이가 있고 그 위에 각각 솥과 손잡이 달린 솥과 시루 등 양조釀造 기구가 놓여 있다. 부엌 윗면과 부엌 양면에 각각 두 사람씩 일하고 있다. 부엌 화구에는 한 사람이 불을 때고 있다. 이 도기 제품은 당시 양조 생산 과정을 사실적으로 반영하고 있어 '전형적인 양조 작업 부엌'으로 인정되고 있다.

# 019

《자치통감資治通鑑·한회양왕경시漢淮陽王更始 2년》
《후한서後漢書·풍이전馮異傳》

출전

## 함양왕

한나라 고조가 백마를 베어 맹세한 후부터 타성 제후왕은 제일 금기로 되었다. 특히 천하가 채 안정되기 전에는 더욱 그러했다. 다행히 풍이는 겸손하고 근신하기로 유명한 사람이었다.

'함양왕' 咸陽王이란 한나라 광무제의 개국 공신 풍이馮異를 가리킨다. 풍이는 영천潁川 부성父城, 지금의 하남성 보풍寶豐 동쪽의 사람이다. 그는 독서를 좋아했고 《춘추좌전》과 《손자병법》을 해석했으며, 왕망 시대에 본군 속리를 지내며 5개 산하 현을 감독 관리했다. 유수가 군사를 일으켜 영천에 이르러 부성현을 공략하지 못해 부근의 건차향巾車鄉에 주둔했다. 풍이는 작전 여가를 타서 산하 현을 시찰하다 한나라 군사에게 포로가 되었다. 유수 수하에서 일을 보고 있던 풍이의 사촌형 풍효馮孝와 동군同郡 사람 정림丁

綝·여안呂晏은 모두 그를 유수에게 천거했다. 후에 풍이는 유수 산하의 주부主簿로서 줄곧 유수 신변을 따라다니며 하북의 국면을 돌파해 편장군으로 임명되고 응후應侯에 책봉되었다. 풍이는 위인이 겸손해 자신을 자랑하지 않으며, 평소에 동료를 만나면 먼저 길을 비켜주고, 군영에 돌아가 휴식할 때면 많은 장군이 함께 모여 자기의 공로를 자랑하지만 그만은 항상 홀로 큰 나무 밑에 앉아 있으므로 군중에서 모두 그를 "큰 나무 장군"이라 불렀다. 한단, 지금의 하북성 한단시 서남쪽을 공략해 하북을 평정한 후 여러 장수들

## 큰 나무 장군

풍이는 자가 공손公孫이고 동한의 개국 명장으로서 《손자병법》에 정통했다. 그는 여러 차례 군공을 세우고 군사를 잘 다스렸으나 위인이 겸손해 여러 장수들이 모여 앉아 군공을 자랑할 때엔 항상 홀로 큰 나무 밑에 피해 앉아 있었으므로 군중에서 '큰 나무 장군'이라 불렸다. 일찍 유수를 위해 북진해 흉노를 공격하고, 하북을 평정하고, 천정관天井關·상당上黨·성부成阜 등 13현을 공략하였으며, 유수를 황제로 옹립했다. 건무 2년에 양하후陽夏侯로 책봉되고 등우를 대리해 서정했다. 또 적미군을 격파하고 관중의 독립 세력들을 평정하고 서북을 정벌해 공손술·외효를 정벌했다. 건무 13년에 감숙 정벌의 길에서 죽어 절후의 시호를 받았다. 이 그림은 청나라 말기, 민국 초기 마태의 《마태 화보》에 실려 있다.

●●● 역사문화백과 ●●●

### [한나라 석각의 대표작 중 하나 – 태실궐]

태실궐太室闕은 지금의 하남성 숭산 중악묘 앞에 있는 신도궐神道闕을 가리키는데 동한 시대에 수축했다. 궐은 단궐과 쌍궐로 구분되는데 일반적으로 절이나 능묘의 앞에 건축해 위의를 표시한다. 그 형상은 누각과 비슷한데 궐 본채와 밑채와 천장의 3부분으로 구성된다. 태실궐은 쌍궐에 속하는데 그 간격은 675cm, 높이는 392cm다. 본채에 문자 및 50폭의 인물·화초·조류 등 그림이 조각되어 있다. 태실궐과 소실궐小室闕·계모궐啟母闕을 합쳐 '중악 한나라 3궐'이라 부르는데 전국 중점 문물 보호 건물이다.

호화로운 행차 벽화

의 부서를 새롭게 배치할 때 군사들은 모두 그의 부하가 되기를 원했다. 이에 유수는 그를 매우 중용했다.

## 등우를 대체해 관중을 개척하다

등우가 군사를 거느리고 서정해 관중을 개척할 때 풍이는 구순을 따라 하내군河內郡에 주둔하며 낙양성을 지키는 경시 황제의 여러 장수와 대치하고 있었다. 풍이는 유수의 의도에 따라 반간계로 이질을 제거, 낙양 수비군이 상하로 분열되게 했다. 풍이와 구순은 힘을 합쳐 소무를 격파한 후 황하를 건너 주유를 격파하고, 낙양까지 추격해 낙양성을 한 바퀴 돌고 돌아옴으로써 유수 한나라 군사의 위망을 크게 떨쳤다. 유수도 이로부터 제위에 오르려는 결심을 굳혔다.

유수는 등극한 이듬해(26년) 봄에 풍이를 양하후陽夏侯로 책봉, 조서를 내려 그에게 고향에 가서 선조의 무덤에 제사를 지내게 하고, 태중대부에게 소와 술을 보내며, 200리 이내의 군 태수와 도위 이하 관원 및 종

족들이 모두 참가하게 했다. 당시 장안 주변 경기 지역에는 아직도 적미군과 경시 잔존 세력과 연잠 반란군이 혼잡스럽게 만들고, 지방 토호들이 각각 사적으로 무장하고 있었다. 대사도 등우가 시일을 지연시키며 관중에 대해 과감한 행동을 하지 못할 때 풍이는 명을 받들어 등우를 대체해 관중을 개척하기 위해 떠났다. 유수는 친히 낙양 서쪽 교외의 하남현河南縣까지 배웅하면서 풍이에게 황제가 타는 수레 및 옥으로 장식한 일곱 자 검을 하사하면서 지역의 공략이나 성내 도살에 열중하지 말고 부하를 통제하고 민심을 안무하라고 요구했다. 풍이가 홍농군弘農郡 지역에 이르러 위엄을 보이자 본래 지방에서 장군이라 칭하던 사람 10여 명이나 찾아와 귀순했다.

풍이는 군사를 화음華陰, 지금의 섬서성 화음현 동남쪽에 주둔시키면서 장안 지역에서 물러나 동으로 귀환하는 적미군과 60여 일 동안 대치하며 수십 번이

●●● 역사문화백과 ●●●

### [저고리의 전신 – 유]

유襦는 일종의 짧은 저고리로서 후세의 저고리에 해당한다. 진·한나라 시대의 유는 보통 허리 위에 이르러 홑옷과 핫옷의 두 가지가 있어 남녀 모두 입을 수 있었다. 그 종류도 단식·복식·반대식 등이 있었다. 단식은 여름에 입었는데 땀옷이라 부르기도 했다. 겨울에는 복식을 입었는데 안에 솜을 두기도 했다. 반대식은 뒤집어 입는 식을 가리킨다.

중국을 말한다

| 세계사 연표 |

35년    로마 대장 비텔리우스가 티리다테스 3세를 부축해 파르티아 제국 아
르타바누스 3세의 왕위를 교묘하게 대체했다.

나 싸웠다. 풍이는 적미군 장수 유시劉始·왕선王宣 등과 5000병사의 항복을 받았다. 바로 이때 명을 받들어 동부로 이동하던 등우와 거기 장군 등홍鄧弘도 부대를 거느리고 화음에 당도했다. 등우·등홍은 함께 적미군을 공격하자고 풍이에게 요구했으나 풍이는 이렇게 말했다. "적미군은 병력이 매우 많아 일시 무력으로 붕괴하기는 어렵습니다. 폐하께서는 여러 장수들을 포위 배치해 동쪽 길에서 이들을 막을 것이므로 우리는 서쪽에서 이들을 협공하여 일거에 평정하는 것이 만전을 기하는 술책입니다."

그러나 두 등 씨 장수는 듣지 않았고 등홍이 줄병해 적미군과 반나절 싸웠다. 적미군은 패한 척하며 적지 않은 물자를 버리고 갔다. 이들은 수레에 흙덩이를 싣고 그 위에 콩알을 뿌려 놓은 채 버리고 퇴각했는데, 굶주린 한나라 군사들이 이를 보고 서로 빼앗아 먹었다. 이에 적미군이 즉시 말머리를 돌려 공격하자, 등홍의 군사는 붕괴되고 말았다. 등우와 풍이가 구원해서야 적미군은 퇴각했다. 풍이는 반나절이나 격전을 하여 병사들이 굶주리고 지쳤을 터인즉, 휴전하도록 했다. 그러나 등우는 듣지 않고 군사를 내몰아 또 싸운 결과 대패해 멀리 의양宜陽, 지금의 하남성 의양 서쪽까지 도망쳤다. 풍이는 걸어서 회계回溪를 거쳐 군영에 돌아온 후 다시 군사들을 정돈해 여전히 수만 병력을 확보, 재차 적미군에게 도전했다.

풍이는 한 패의 장사들을 파견해 적미군 분장을 하고 길옆에 매복하게 했다. 날이 밝을 무렵 적미군은 먼저 1만

명으로 공격했다. 풍이는 소수의 병력으로 응전했다. 적미군은 한나라 군사가 약하다고 보고 총공격했다. 풍이는 그제야 군사를 풀어 크게 싸웠다. 정오 무렵 적미군의 사기가 저하될 무렵 한나라 복병이 참전했다. 적미군은 피아를 분별하지 못해 놀라 패하여 흩어졌다. 풍이는 군사를 거느리고 추격해 효저崤底, 지금의 하남성 낙녕형洛寧縣 서북쪽에서 적미군을 대파해 8만여 명의 항복을 받았다. 적미군은 아직도 10여만 명이 남아 동쪽으로 달아나 의양에 갔는데 역시 현지 한나라 군사에 항복했다. 유수는 황제의 옥새를 찍은 조서를 하날해 풍이를 표창하며 "회계回溪, 지금의 하남성 낙녕현 동북쪽에서 좌절했어도 마침내 면지澠池에서 대승했다"고 지적했다.

## 파괴된 옛 서울을 참담히 경영하다

적미군은 기본적으로 평정했지만 전반 관중 지역은 여전히 연잠·왕흠王歆·장한張邯·여유呂鮪 등 10여 갈래의 장군으로 자칭하는 지방 세력이 있었다. 풍이는 장안 부근의 상림원上林苑에 주둔하면서 가장 흉포한 연잠을 토벌하여 장안 지역에서 남양으로 도망치도록 했다. 당시 관중은 대 기근으로 사람이 사람을 잡아먹는 정도에 이르렀고, 한나라 군사들도 야생 열매를 따서

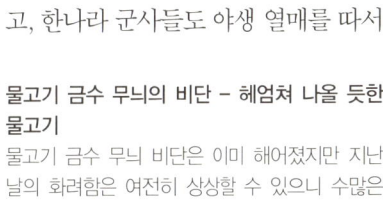

**물고기 금수 무늬의 비단 – 헤엄쳐 나올 듯한 물고기**
물고기 금수 무늬 비단은 이미 해어졌지만 지난 날의 화려함은 여전히 상상할 수 있으니 수많은 물고기가 마치 헤엄쳐 나오려는 듯하다. 특히 몇 포기의 수초는 물의 존재를 실제적으로 감각하게 하며, 색채의 배합 역시 흠잡을 데가 없다.

주린 배를 달랬다. 광무제는 조광趙匡을 우부풍右扶風 태수로 파견, 병마와 양곡을 가져왔다. 이에 현지 백성들은 만세를 높이 불렀다. 풍이도 각 지방의 독립 세력을 토벌하고 안무할 힘을 갖게 되었고, 찾아와 투항하는 두령들을 낙양으로 호송했다. 관중이 평정된 후 풍이는 상림원에 3년간 주둔하면서 이 황가 원림園林을 대도시로 변화시켰다. 풍이가 한창 모든 것에 만족을 느낄 때 누군가 상서해 풍이가 관중에서 독단적으로 행동하며, 심지어 장안현의 현령을 주살할 정도로 위엄과 권력이 몹시 강해 현지 백성들이 그를 '함양왕' 이라 부른다고 신고했다. 황권 지상의 시대에 한 대장이 현지 백성에 의해 현지의 왕으로 옹호를 받으니 이는 최대의 혐의였다.

광무제가 이 상주문을 직접 풍이에게 보였을 때 일관되게 겸손하고 근신한 그는 너무 놀라 즉시 사죄했

다. 광무제는 오히려 이렇게 말했다. "그대와 나의 신분은 군신 관계지만 감정으로 말하면 부자와 마찬가지인데 무슨 혐의가 있고 두려울 것이 있겠는가!" 건무 6년(30)에 풍이가 조회에 나가니 광무제는 특히 여러 공경에게 그를 소개하며 말했다. "그는 짐이 군사를 일으킬 때의 주부로서 짐을 위해 관중을 평정했네." 그러면서 많은 돈과 재물을 하사했다. 풍이는 말했다. "당년에 관중은 제 환공에게 '군주께서 화살로 고리를 맞힌 원한을 잊으시고 신은 함거檻車에 갇힌 일을 잊지 말기를 바랄 뿐이옵나이다' 고 말했는데 주공께서 하북에서 겪은 간난신고를 잊지 마시고, 신도 건차향巾車鄉의 죽이지 않은 은혜를 잊지 말기를 바랄 뿐이옵나이다." 그 후 광무제는 또 풍이에게 처자를 데리고 관중에 돌아가 관중·감숙 일대 외효와 사천 일대 공손술에게 대응하게 했다. 건무 10년(34) 여름 풍이는 전선에서 병을 앓아 죽었다. 시호는 절후節侯이다.

광무제는 공신에 대해 비교적 신임하고 관용했는데, 그와 풍이의 관계는 하나의 전형적인 실례라고 말할 수 있다.

**한나라 휘장 수레 벽돌 그림**
한나라 시대의 휘장 수레幨車는 주로 부녀용으로 사용했다. 사서에 여러 차례 황제의 모친이나 황후, 귀빈들의 행차 시 필히 휘장 수레를 탄다는 기록이 있다. 이 벽돌 그림에서 표현한 것은 한나라 시대 보통 부잣집 부녀가 휘장 수레를 타는 정경이다. 그림 중의 수레 좌석은 전·후 두 부분으로 구성, 주인은 뒤에 앉고 마부는 앞에 앉아 마차를 몰고 있다.

# 020

《자치통감資治通鑑·한광무제건무漢光武帝建武 2년》
《후한서後漢書·팽총전彭寵傳》

출전

## 공신인가 적수인가

### 팽총을 모함한 주부

팽총彭寵은 공로자라 자처했지만 천하를 탈취한 영주의 심리, 즉 매나 사냥개만이 공신이 될 수 있다는 점을 몰랐다.

어양漁陽 태수 팽총은 유수가 왕랑王郞에게 쫓겨 갈 길이 없을 때 구원의 손길을 뻗친 공신이다. 그는 여러 번 정예 기병을 제공했고, 또 오한·왕량王梁 두 장군을 유수의 수하에 보내 충성하게 했으며, 부단히 군량을 군중에 수송했다. 유수가 동마銅馬 군단을 추격해 계현薊縣에 이르렀을 때 팽총은 친히 군영 앞에 이르러 알현하면서 속으로 유수가 꼭 원문轅門 밖까지 나와 마중하며 손을 잡고 인사를 나누리라 생각했는데 뜻밖에 유수가 만나서도 그다지 열성을 보이지 않아 몹시 실망했다. 유수가 호성에서 제위에 오른 후 오한이 대사마로, 왕량이 대사공으로 임명되어 모두 '삼공' 급 고관이 되었을 때 그 자신은 아무런 진급도, 작위도 없어 속으로 더욱 마음이 답답하고 울적했다. 팽총은 생각했다. '오한이나 왕량도 이런 고관이 되었는데 도리대로 말하면 나는 왕으로 책봉되어야 마땅할 터다. 지금의 이런 모양을 보면 이 황제는 아마 나를 잊은 모양이다!'

사실은 유수가 어찌 그를 잊을 수 있으랴! 오히려 팽총이란 이 변경의 관리가 기병과 군량을 보내온 일이 그에게 매우 깊은 인상을 주었기에 불안을 느끼게 했던 것이다! 이 당시의 유수로 보면

오한·왕량은 자기를 따른 공신이지만 그들의 원래의 상사였던 어양 태수는 어쩌면 자신의 잠재적 적수일 수도 있었다. 보내온 기병이 정예일수록, 군량과 마초가 많을수록 이 잠재하는 적은 더욱 위험하므로 언제 이 어양 태수를 없앨 것인가 궁리했을지도 모르는 일이었다. 유수가 낙양에 도읍할 때 유주·연주燕州 일대는 전란의 파괴를 입었지만 유독 어양군만은 그런 대로 별일 없었다. 게다가 성내에 관영 제철 작업소가 있어 제조한 철기로 양곡이나 돈을 바꿀 수 있어 팽총은 부유해졌던 것이다. 이때 유수는 나이 어리지만 성질이 급하고, 잘난 체하고 교만한 주부朱浮를 팽총의 바로 상사인 유주목으로 임명했다. 두 사람은 의가 틀어진 데다 유수의 고의적인 선동으로 물불의 관계로 되었다. 주부는 성격이 가볍고 자부심이 매우 강하고, 팽총 역시 몹시 고집이 센 사람이라 두 사람의 원한은 점점 더 깊어만 갔다. 주부는 여러 차례 광무제 유수 앞에서 팽총을 모함, 그가 암암리에 군량을 초과 저장하는데 그 속을 알 길이 없다고 말했다. 이런 모함하는 말이 바로 광무

**한나라 시대의 보기 드문 예술품 – 소 모양 밑판의 구리 등잔**

소 모양 구리 등잔은 조형이 아름다운데 특히 소의 각 부위와 해당 무늬 조각의 비례가 매우 조화로워 비교적 높은 사용 가치 외에 한나라 시대의 보기 드문 예술품이다. 등잔의 연기를 소의 뿔을 거쳐 물을 담은 복강으로 보내는 이런 형식의 청동 등잔은 한나라 시대의 독특한 유형이다.

8 ~ 220

동한

중국을 말한다

제의 마음에 들었던 것이다. 이같이 바르지 못한 군신의 연합 행동이 개시된 이상 어양 태수 팽총의 죽음은 이미 정해진 일이었다.

## 군신이 연합해 팽총을 제거하다

광무제 유수는 일부러 주부의 모함하는 말을 팽총에게 누설해 팽총의 마음에 의심과 공포를 심어 불안하게 했다. 연후에 조서를 내려 팽총을 서울로 불렀다. 팽총은 속으로 불복했지만 광무제 유수에 대해 환상을 품고 있었기에 주부와 함께 도성에 가서 광무제 면전에서 자신의 결백함을 증명할 수 있기를 바란다고 건의했다. 물론 광무제는 허락하지 않았다. 팽총이 한창 놀랍고 의심스러워 고민할 때 그보다 더 굳센 성격의 소유자인 그의 아내는 도리어 황제의 부름을 받들지 말라고 남편을 부추겼다. "목전 천하 정세는 아

### 동한의 제철 그림
동한 시대 제철 상황을 반영하는 화상석의 탁본이다. 원래의 돌은 1930년 산둥성 등등현, 지금의 등주滕州에서 출토되었다. 그림에서 왼쪽 사람들이 풀무를 자아 송풍하고, 중간 사람들이 한창 쇠를 단조하며, 오른쪽 사람들이 광석을 채굴하고 있다.

직 안정되지 않았고 사면팔방에서 모두 한 지역에 할거해 패왕으로 자처하는데, 천하에서 제일 정예한 병마를 가지고 있는 우리 어양과 같은 큰 군에서 어찌하여 남의 모함을 받은 처지에 쉽사리 포기한단 말씀입니까?' 팽총이 곁에 두고 있는 신하들과 상의하니 군내 관리들은 모두 평소에 주부에게 더러운 수모를 많이 당했기에 자연히 누구 하나 부름에 응하는 것을 찬성하는 자가 없었다.

광무제는 또 팽총의 사촌 동생 자후 난경子后蘭卿을 파견해 팽총을 유도하며 그에게 부름을 받들어 서울로 오라고 했다. 팽총은 이 기회를 틈타 자후 난경을 신변에 남겨 두고 군사를 풀어 주부를 공격했다.

### 동한의 고명한 유리 공예
이 정밀하기 그지없는 유리잔은 광서성 귀항貴港에서 출토되었다. 잔의 높이는 3.1cm, 구경은 5.9cm, 밑은 평평하고 외벽의 복부에 세 줄의 돌기 무늬가 있다. 작고 영롱하고 투명하며 동한 시대 높은 유리 공예 수준을 반영하고 있다.

●●● 역사문화백과 ●●●

**[고관 부호에 예속된 음호]**
동한의 노복은 모두 음호蔭戶라 불렸는데 그들은 대부분 토지를 상실한 유민으로 부득불 관료지주나 부유한 상인에 종속되어 노역을 당했다. 이런 예속 호수는 줄곧 명·청 시대에 이르러서야 점차 사라졌다.

주부는 유주의 군권은 쥐고 있지만 싸움에 있어서는 절대 어양의 정예 기병을 당해낼 수 없어 광무제가 이전처럼 친히 원정하기를 기대했다. 뜻밖에 광무제는 유격장군 등륭鄧隆에게 한 갈래의 병마를 거느리고 주부를 협조해 팽총을 토벌하게 할 뿐이었다. 주부는 실망한 나머지 군사를 거느리고 옹노현雍奴縣에 주둔할 수밖에 없었다. 그런데 등륭은 군사를 노노현에 주둔해 멀리 바라보며 견제의 형세를 취한 뿐이었다. 팽총이 기병을 파견해 등륭의 부대를 습격, 등륭의 군사가 대패했는데 주부는 근본적으로 구원할 방법이 없었다. 주부는 유주 수부 계성을 외롭게 고수하다가 성 안의 군량이 다 떨어지고 말았다. 다행히 상곡上谷 태수 경황耿況이 군사를 파견해 구원해서야 몸만 빠

져나와 상곡으로 도망칠 수 있었다. 계성은 바로 팽총에 투항했다. 팽총은 일을 벌인 바에 끝을 본다고 아예 연왕燕王으로 자칭했다.

## 이름도 훌륭한 불의후

유주가 함락되었다는 소식이 즉시 서울에 전해지자 상서령 후패는 상서해 주부를 탄핵하면서 "주부가 사사로운 감정으로 유주의 정세를 교란해 팽총의 국법 위반 죄명을 추진하고 국가의 재물을 허비한 동시에, 패전하고서도 죽음으로 중성을 표시하지 않았으니 그 죄악은 목을 베어 마땅하다"고 했다. 광무제는 본래 주부와 한통속으로 팽총을 배반의 길에 몰아넣었으므로 자연히 주부를 징벌하지 않음은 물론, 도리어 주부를 서울에 불러 서울을 보위하는 집금오執金吾로 임명했다.

팽총은 비록 일시적인 승리를 거두었지만 유수가 결코 스스로 봉한 연왕을 인정하지 않을 건 뻔했으므로 부부는 항상 불안하게 지냈다. 사실상 광무제는 바로 고위직과 많은 돈을 팽총의 머리에 내걸었다.

1년이 지난 후 어느 봄철의 재계齋戒하는 날 팽총이 한창 부중에 홀로 앉아 재계하는데 돌연히 자밀子密을 우두머리로 평소에 신변에서 따르던 노복 셋이 뛰어들어 다짜고짜 팽총과 후당에 있던 부인을 죽이고 수급을 베어 낙양의 황궁에 보냈다. 광무제도 약속을 지켜 그 우두머리 자밀을 불의후不義侯로 봉했다. 그런데 누차 팽총을 무고한 그 주부는 광무제의 아들이 제위를 계승한 후 역시 남의 모함으로 처형당했다.

### "장수하고 자손에 복을 주는" 비단
이 그림은 신강 민풍현民豊縣 니아尼雅 유적지에서 출토된 비단 저고리의 앞섶 부분이다. 비단의 무늬는 휘어진 등나무 덩굴에 각종 형상의 용무늬를 배합했다. 용무늬의 중간에 "장수하고 자손에 복을 주리."라는 글자가 짜여 있다.

# 021

## 감숙을 얻으니 사천마저 가지고 싶다

외효隗囂는 비교적 일찍 거사했고 명망도 있었지만 천하를 굽어보는 기백이 없고 우유부단해, 결국 유수가 공손술公孫述을 없애기 전에 맛보는 군것밖에 되지 못했다.

광무제는 관중을 평정할 때 단호히 자립하는 외효와 부딪쳤다.

### 위망이 높은 할거자

외효는 천수天水 성기成紀, 지금의 감숙성

통위通渭 동쪽 사람으로 청년 시기에 일찍 왕망의 국사 유흠劉歆의 문하에 투신했다. 경시 정권이 건립된 소식이 감숙에 전해진 후 외효의 숙부 외최隗崔는 군

### 감숙을 얻으니 사천을 가지고 싶다

동한 건무 6년(30)에 유수는 군사를 거느리고 서북을 평정했다. 부장 잠팽과 오한은 외효를 서성에서 포위했다. 유수는 귀환하면서 떠나기 전에 잠팽에게 편지를 남겼다. "만약 두 성을 모두 공략한다면 군사를 거느리고 남하해 사천을 공격할 수 있도다. 사람이란 만족을 모르는 법이니, 감숙을 평정하자 또 사천을 가지고 싶도다. 한 번 군사를 발동할 때마다 머리가 세는구려." 후에 사람들은 득롱망촉, 즉 "감숙을 평정하자 또 사천을 가지고 싶다."라는 말을 성구로 하여 만족을 모르는 인심을 비유했다. 이 그림은 청나라 각본 《신각비평동한연의》에 실려 있다.

岑彭

### 정직하고 청렴한 제준

제준祭邊(?~33)의 자는 제손弟孫이고 영천 영양, 지금의 하남성 허창 사람이다. 유수가 군사를 일으킬 때 제준은 문하사로 있었고, 후에 군시령軍市令을 담임했다. 한번 유수의 한 시종이 법을 어겨 제준은 법률에 의해 그를 처형했다. 이 말을 들은 유수는 크게 노해 부하에게 제준을 체포라 했다. 유수의 주부 진부는 유수에게 권유했다. "장군께서는 군기가 정연하고 일치할 것을 요구하시지 않았습니까? 지금 제준은 존귀함을 가리지 않고 법을 집행하니 이는 바로 장군이 요구하는 바입니다!" 이 말을 들은 유수는 크게 깨닫고 제준을 체포하지 않음은 물론, 그를 자간 장군으로 봉하면서 수하 장수들에게 말했다. "그대들은 제준을 조심하게, 그는 나의 시종마저 법을 어기면 감히 죽이는데 그대들이 법을 어기면 사정을 보지 않을 걸세." 제준은 위인이 청렴결백하고 근신하며, 자신의 상으로 받은 재물을 전부 부하들에게 나눠주고 자신은 챙기지 않았다. 그는 비록 전쟁터의 장군이지만 유학을 몹시 즐겨 행군 시에도 잊지 않고 제사를 지냈다. 제준이 죽은 후 광무제는 매우 애석해 하며 친히 백관을 거느리고 추도했다. 이 그림은 청나라 말기 《역대명신상해》에 실려 있다.

《후한서後漢書 · 외효전隗囂傳》  출전

사를 일으켜 천수군 수부 평양平襄을 공격하여 점령하고 외효를 상장군으로 추대했다. 외효는 모사 방망方望의 건의를 좇아 출병해 옹주목雍州牧 진경陳慶과 안정安定 대윤(군 태수) 왕향王向을 죽인 후 또 장수를 파견해 감숙 서부의 무도武都 · 금성金城 · 무위武威 · 장액張掖 · 주천酒泉 · 돈황敦煌 등 변경의 군을 공략했다. 경시 2년(24)에 경시 조정은 사자를 파견해 외효를 장안에 불러 우장군으로 봉했다. 그러나 외최 · 외의隗義는 관직을 얻지 못했다.

그해 연말에 외최 · 외의 두 사람은 논의 끝에 천수로 도망치기로 했다. 외효는 자신이 연루될까 봐 경시 황제에 고발했다. 이에 외최 · 외의 두 사람은 주살되고 외효는 충성한 덕에 어사대부가 되었다.

얼마 안 되어 적미군이 동에서부터 공격하고 유수가 이미 하북에서 제위에 올랐다는 소식도 전해졌다. 경시 황제가 낙양에 파견한 장앙 · 신도건 등 장수들은 경시 황제를 협박해 장안에서 도망쳐 남양 지역에 돌아가 따로 살길을 도모하려 했다. 외효 역시 이 밀모에 참여했다. 경시 황제는 모의가 드러나자 신도건을 주살하고, 또 등엽鄧曄을 파견해 외효를 체포하려 했다. 외효와 부하들은 그날 밤 장안을 빠져나와 천수로 도망쳤다. 외효는 다시 옛 부하들을 모아 서주西州 상장군이라 자칭했다. 적미군이 장안에 진입한 후 경시 정권은 붕괴되고 서울 부근 지역의 사대부들은 모두 서쪽으로 외효를 찾아 투신했다. 외효는 평소에 겸손하게 선비를 대하는 인물이라 이런 때엔 더욱 선비들을 중용했다. 그러므로 당시 할거 세력 중 외효의 명망이 제일 컸고 산동 지역까지 그 명성이 전해졌다.

## 유수와 공손술 사이에서 주저하다

한나라 장군 등우는 관중 경영 시 운양雲陽, 지금의 섬서성 순화淳化 서북쪽에 주둔했다. 비장 풍음馮愔이 감숙으로 도망치다가 고평高平에서 외효에게 격파당했다. 등우는 광무제가 수여한 대권으로써 외효를 서주 대장군에 임명하고 그가 양주凉州 · 삭방朔方의 사무를 보는 것을 허용했다. 적미군이 장안을 떠날 때 잠깐 감숙 중부에 발을 붙이려 했는데 외효의 대장 양광楊廣에게 격퇴당했다. 외효는 공을 세웠다고 느껴 광무제에게 상서했다. 광무제는 회신에서 외효를 매우 존중하면서도 그를 부하로 대하지 않았다. 당시 진창陳倉 사람 여유呂鮪가 공손술의 지지 아래 서울 부근 지역을 습격 교란했는데 외효는 또 군사를 보내어 풍이와 함께 여유에게 반격했다. 이에 광무제는 외효를 더욱 예의로 대했다. 후에 공손술은 여러 차례 한중漢中에서 출병했는데 외효에게 사자를 보내 그를 대사공 부안왕扶安王으로 봉했다. 외효는 남의 밑에 있으려 하지 않아 사자의 목을 벴다. 그러나 광무제가 외효의 진실한 태도를 관찰하기 위해 그에게 공손술 토벌을 요구하자 외효는 또 완곡한

**조형이 아름답고 특이한 술잔 위에 도립한 두 도기용** (위 사진)
발이 세 개인 도기 술잔 위에 두 명의 잡기 예인이 두 손으로 술잔 끝을 짚고 몸을 뒤로 젖히며 거꾸로 솟구쳐 머리를 아래로 하여 물구나무를 서 두 발을 공중에서 맞붙여 아름답고 특이한 조형을 하고 있다. 도립(물구나무서기) 자세는 매우 많은데 배우는 모두 여성이고 머리를 높이 쪽지고 허리를 동이고 위에는 몸에 붙는 옷을 입고 흔히 두 손이나 한 손으로 술잔의 끝을 집고 도립한다. 어떤 것은 술잔에서 손을 짚으며 오르내리거나 머리로 사발을 이고 손에 술잔을 들고 있는데 그 사태가 나임하고 밋밋다.

동한

8 ~ 220

말로 거절했다. 광무제는 외효가 진심으로 귀순하지 않음을 알고 그 후부터 전처럼 그를 존중하지 않고 신하에 대한 군주의 어조로 대했다. 건무 5년(29) 동방의 할거 세력이 소멸되자 외효는 한나라 장수 내흡來歙의 권유대로 장자 외순隗恂을 조정에 인질로 들여보냈다.

한번은 외효가 사자 주유周遊를 장안에 보냈는데 풍이의 군영을 지나다가 원수에게 살해되었다. 또 광무제가 외효에게 진귀한 예물을 하사했는데 사자가 정현鄭縣, 지금의 섬서성 화현華縣에서 도적에게 예물을 다 털리고 말았다. 광무제는 일이 이렇게 되자 탄식할 수밖에 없었다. "나와 외효 간의 일은 상서롭지 못하구나. 그가 파견한 사자가 피살되고 내가 보낸 예물이 털렸으니." 이때 공손술이 출병해 형주荊州를 공격하자 광무제는 조서를 내려 외효에게 출병해 촉蜀, 즉 사천을 토벌하라 요구했다. 외효는 백수관이 험준한데 현지의 잔도棧道가 단절되었다고 상서했다.

광무제는 외효가 신하로서 복종할 수 없음을 알고 친히 장안에 와서 경감에게 일곱 장군을 거느리고 감숙을 지나 공손술을 공격하게 했다. 외효는 즉시 대장 왕원王元을 파견해 농판隴坂에서 길을 막게 했다. 여러 장수가 외효 군사와 접전한 결과 대패해 도망쳤다. 왕원은 승전한 김에 서울 부근 지역에 침입했으나 풍이·제준祭遵에게 격퇴당했다. 외효는 공손술에게 신하로 칭했고, 공손술은 군사를 파견해 외효 군사와 호응했다.

## 감숙을 얻으니 사천을 가지고 싶다

한나라 군사의 끊임없는 공격과 투항 권유로 외효 군사 가운데 변심하는 장수가 나타났다. 외효는 상황이 어려워지자 대장 왕원을 사천에 파견해 공손술에게 구원을 청하고 자신은 가족을 데리고 서성西城을

수비하는 장수 양광을 찾아갔다. 광무제는 재차 항복을 권유했으나 성공하지 못하자 오한·잠팽에게 서성을, 경감·개연蓋延에게 상규上邽를 포위하게 하고 자신은 낙양으로 돌아갔다. 한 달 남짓 지난 후 양광이 전사해 외효의 처지는 더욱 위급해졌다. 또 몇 달이 지나 왕원·주종周宗이 촉의 군사 5000명을 거느리고 돌연 서성에 나타났다. 왕원이 높은 곳에 올라 "백만 대군이 왔도다!" 하고 외치자 한나라 군사는 크게 놀랐고, 왕원은 바로 이들이 아직 진도 치기 전에 포위 속에 뛰어들어 외효를 기현冀縣에 모셔 갔다. 한나라 군사는 군량이 떨어져 관중으로 철군했다. 이리하여 안정·북지·천수와 감숙 서부의 여러 군은 재차 외효에게 예속되었다. 건무 9년(33)에 외효는 재력과 인력이 다 소모되어 처지가 안쓰러워졌다. 게다가 병환과 굶주림에 시달리며 콩과 쌀로 미음을 쑤어 연명하다가 결국 원한을 품고 죽었다. 외효 부하들이 그의 어린 아들 외순隗純을 주공으로 옹립하고 낙문落門, 지금의 감숙성 감곡甘谷을 고수했다. 1년 후 내흡이 군사를 거느리고 낙문을 공략, 외순과 여러 장수가 투항, 오직 왕원만이 사천에 들어가 공손술의 수하 장수가 되었다.

광무제는 잠팽에게 편지를 남겼다. "만약 두 성을 모두 공략한다면 군사를 거느리고 남하해 사천을 공격할 수 있다. 감숙을 평정하자 또 사천을 가지고 싶도다." 광무제는 이런 '만족을 모르는' 욕구로 '중흥'의 대업을 이룩한 것이다.

●●● 역사문화백과 ●●●

### [한나라 시대 서신]

고대의 서신이나 서류는 모두 목판이나 죽간에 썼는데, 죽간과 같은 길이의 널빤지나 노끈으로 묶고 노끈의 매듭을 함에 넣은 후 점토로 매듭을 봉하고 인감을 찍어 불에 말려 굳은 후 역참을 거쳐 발송했다.

# 022

《후한서後漢書 · 두융전竇融傳》 출전

## 한나라에 귀순한 두융

황제의 친척은 두융竇融 일생의 배경이다. 그를 영원히 순조롭게 한 요인은 기회를 잘 만드는 그의 수단이다. 그러나 그는 정권에 대한 야심은 없었다.

8 ~ 220

동한

### 황제 친척 출신

두융은 황제 친척의 운명을 타고난 사람으로 7세 선조 고모가 바로 서한 초기의 유명한 두 태후다. 그녀는 생전에 서한 왕조의 여론을 장악하고 일심으로 황로黃老 사상을 실시해 서한 왕조를 안정적으로 발전시켜 청나라 역사에 이름을 남겼다.

황제 친척의 자손은 모두 그 덕을 보는바, 두융의 고조 때만 해도 2000석의 지방 고관 정도는 할 수 있었다. 두융은 날 때부터 시운이 따르지 않았다고 할 수 있었다. 그가 벼슬할 때는 이미 왕망이 집권하는 혼란한 시기로, 그는 억울하게 일개 장군 수하의 사마 밖에 지내지 못했다. 그리고 군공軍功으로 자그마한 남작 봉호를 가졌다. 두융은 시기를 놓치지 않고 여동생을 당대 삼공의 한 명인 대사공 왕읍王邑의 첩으로 시집보냈다. 왕읍은 황족이므로 그 역시 이때부터 귀족의 행렬에 들어서기 시작했다.

두융은 그야말로 행동이 신속하다 할 수 있다. 그는 상층 사회에 들어서는 길을 닦은 후, 또 하층 사회에

서 의협심 있는 호걸의 명성을 얻었다. 이로부터 적지 않은 영웅호걸을 사귀어 어떠한 정치 거두도 얕볼 수 없는 인물이 되었다.

### 기회를 잘 만든다

왕망의 대군이 곤양성昆陽城을 포위 공격할 때 두융도 왕읍 · 왕심王尋의 장막 속에 있으면서 왕망을 반대하는 봉기군의 강대함을 몸소 체득했다. 장안에 돌아온 후 그는 장안 외부 군사 요새지인 파수波水의 장군으로 임명되었다. 경시 황제의 군사가 장안에 입성한 후 두융은 적극적으로 경시의 측근인 대사마 조맹의 군영에 찾아가 투항하고 신임을 얻어 경시 정권의 거록군巨鹿郡 태수로 임명되었다.

그러나 벼슬길과 세상사에 몹시 밝은 두융은 결코 경시 정권을 위해 혼란한 동방에 가서 목숨을 팔고 싶지 않았다. 필요한 때에는 조용한 곳에 가서 한동안 묵묵히 있는 것이 장래의 더 큰 이익을 위해 가장 좋은 방법일지도 모른다는 점을 그는 깊이 알고 있었다. 두융의 고조부는 일찍이 장액張掖 태수를 지내고 종조부는 호강護羌 교위를 지냈고, 사촌 동생은 현임 무위武威 태수로, 두씨 일가는 엄연한 하서河西 일대의 대족이었다. 하서가 목전의 가장 훌륭한 거주지라 점찍은 두융은 날마다 조맹의 아문에 찾아가 조 대사마

#### 예부터 있어 온 소싸움

하남성 남양南陽에서 출토된 소싸움 화상석은 한나라 시대 화상석 중 진품이다. 소와 사람이 싸우거나 소와 짐승이 싸우는 장면에 치중해 소의 기세와 격투 시 소의 광분함을 묘사하고 있다. 몇 갈래의 간단한 오목선만으로 목 부위 융기 상태, 아래 복부의 수축, 예리한 두 뿔, 위로 쳐든 꼬리를 그려 소의 격노함과 흉맹함을 돌 위에 살린 것이다. 이런 거칠고 호탕하고 질박한 특징은 남양 화상석의 독특한 예술 품격을 나타낸다.

●●● 역사문화백과 ●●●

[한나라의 후장 풍속]

한나라 시대 후장 풍속에 목욕 반함沐浴飯含 · 의금衣衾 · 관곽棺槨 · 발상 조문 · 매장 · 부장물 · 분묘 · 사묘祠墓 · 합장 · 이장 · 부증賻贈 · 호상護喪 · 상기喪期 · 거상 · 성묘 등 수많은 절차와 종류가 있다.

에게 자기를 하서에 임명해 달라고 애걸했다. 경시 제국의 국구인 조맹은 두융을 장액 속국 도위로 임명하겠다고 응낙했다. 두융은 위임장을 받자 즉시 가족을 데리고 장액으로 달려갔다.

두융은 하서에 이르자 익숙한 솜씨로 얼마 안 되어 주천 태수 양통梁統·금성 태수 고균庫鈞·장액 도위 사포史苞·주천 도위 축증竺曾·돈황 도위 신융辛肜 등 지방의 실력자들을 하나하나 자신의 숭배자로 만들었고, 하서 본지의 토호들과도 자주 내왕했다. 경시

**수레바퀴 제조 화상석**
이 화상석은 산동성 가상현嘉祥縣의 동한 묘에서 출토되었다. 화면은 3층으로 구분된다. 상층은 신화 인물 이야기인데 서왕모·금 까마귀·약을 찧는 옥토끼·두꺼비 등이다. 하층은 전쟁 광경이다. 가운데 층은 수레바퀴 제작 과정이다. 한 사람은 공구를 들고 수레살을 만들고 한 사람은 수레바퀴 제조에 사용되는 아교를 가열 제조하고 있다. 오른쪽의 검을 든 사람은 감독으로 추정된다. 이는 동한 수공업 생산의 진실한 묘사다.

정권이 붕괴된 후 두융은 바로 금성·무위·장액·주천·돈황 5군의 태수를 전부 자신의 심복으로 바꾸고 자칭 '하서 5군 대장군'이 된 동시에 경시 정권이 위임한 장액 속국 도위의 직무도 포기하지는 않았다. 이로써 알 수 있는바, 두융은 기회를 매우 잘 이용하는 동시에 시시각각 동태를 살피며 자신을 위한 기회를 잘 만드는 사람이다.

## 한나라에 귀순하는 길을 선택

광무제가 즉위한 소식이 하서에 전해지자 두융은 성을 바치려고 계획했지만 하서와 낙양 사이에 천수天水를 중심으로 하는 외효 세력이 가로막고 있었다. 외효는 야심가로서 앞장서서 광무제의 정통 지위를 인정한다고 표시하고 '건무' 연호를 받들어 사용했다. 두융 등 각지 세력은 뒤떨어져 도리어 외효가 수

여하는 장군 칭호를 받아야 했다. 두융은 온갖 방법을
다해 자기 수하의 장사長史 유균劉鈞을 파견해 서신과
준마를 가지고 빙빙 돌아 낙양에 이르러 직접 광무제
를 만나게 했다. 광무제는 하서 지역이 안정되고 외효
의 천수 지역과 인접해 있으므로, 외효와 사천의 공손
술公孫述을 견제하려고 두융에게 양주목涼州牧 관직
을 내렸다. 후에 하서와 낙양 사이에 서신이 자주 내
왕하면서 두융은 광무제의 마음을 완전히 이해해, 외
효에게 편지를 써서 그가 두 마음을 품어 멸망을 자초
하지 말아야 한다고 질책했다. 외효는 자연히 불복했
고 두융은 이를 명분으로 하서 5군의 병력으로 낙양
과 합작해 외효를 공격하려 했다. 다만 낙양 측에서
일시 서진西進의 힘이 부족하므로 중지했을 뿐이다.

건무 8년(32)에 광무제는 친히 외효를 정벌해 군사
를 거느리고 고평현高平縣의 첫 성에 이르렀다. 두융
은 5군 태수와 수만 군사를 거느리고 찾아와 한나라
군사와 회합, 광무제의 특별 대우를 받아 안풍후安豊
侯로 책봉되었고, 하서 5군 태수도 모두 열후로 책봉
되었다.

외효와 공손술이 모두 망한 후 두융은 하서에서 더
는 지탱할 수 없다고 여겨 서울에 술직述職(중국에서 제
후가 조회에 나아가 천자에게 직무의 상황을 아뢰던 일)하러
가는 기회를 이용하여 형제와 5군 태수·이속 및 가
족·재물, 심지어 마필과 소와 양마저 전부 낙양으로
이주했고 양주목·장액 속국 도위·안풍후의 인감을
전부 상납했다. 광무제는 두융이 이렇듯 대세를 분명
히 파악함을 보고 그들이 모두 서울에 거주하도록 허
용하는 동시에 은총을 베풀어 하사했다. 후에 두씨 문
중에는 공작이 1명, 후작이 2명, 부마가 3명, 2000석
고관이 4명이 나왔는데 동한 왕조에서 매우 드문 일
이었다.

**동한 동 주조업**
동한 시대 동 주조업은 여전히 발전했다. 관부는 매우 많은 중요
동광 지역에 동 제련소나 동 주조 작업소를 설치, 황궁 또는 관아
유관 동 기물을 제작했다. 매우 많은 지주·상인이 동 제련업을 경
영했다. 당시 동 주조업은 전국에 걸쳐 성행했는데 가장 유명한 지
역은 광한廣漢·촉군蜀郡·주제朱提이다. 제품은 난로·거울 등 생
활용품 위주였다. 그중 일부는 제작이 정밀하고 무늬가 정교했으며,
일부는 도금하거나 금은을 상감했다. 일부 제품에는 '주제 제조',
'당랑當狼 제조', '청령靑羚 제조' 등 명문으로 산지를 밝혔다. 무늬
로는 짝 지은 물고기·양·세발솥 등 도안이나 길상과 부귀를 축복
하는 말들이 주조되어 있다.

●●● **역사문화백과** ●●●

**[한나라 시대 화상석은 어떻게 제작했는가]**
한나라 시대 화상석畵像石의 제작 과정은 일반적으로 먼저 형
태를 이룬 돌 위에 표현하려는 사물의 형상을 그리고 난 후에
조각하고 나중에 색깔을 칠하는 것이다. 이는 회화와 조각이
겸비된 미술 유형에 속한다. 연대가 오래되었기 때문에 본래
있어야 할 채색과 묵선은 이미 벗겨졌다.

# 023

## 백제와 적제의 쟁탈

너무나 많은 산과 강이 가로막혀 있는 성도成都와 낙양洛陽 사이에 수 년간 전개된 백제白帝와 적제赤帝의 쟁탈은 구두상으로 천명天命 분쟁이었다.

### 붉은색을 숭상한 유씨

무당이나 방사方士가 조작한 예언성 은어는 문자도 있고 그림도 있어 오래 유전되는데 이를 '도참圖讖'이라고도 하고 '참서讖書'라고도 한다. 이른바 '하도낙서河圖洛書'란 바로 비교적 일찍이 출현한 도참이다. 이런 참언은 늘 정치 선전에 이용되어 여론을 선동했다. 예를 들면 진나라 말년에 출현한 "조룡祖龍이 죽는다"거나 "진승陳勝이 왕이 된다"는 말은 그중 가장 간단한 것들이다. 유방은 군사를 일으켜 천하를 쟁탈할 때 자신을 "적제의 아들"로 칭한 적이 있다. 그러므로 유씨가 건립한 정권은 붉은색을 숭상하고 붉은색을 기치나 의복의 주요 색으로 정했다. 유수劉秀는 한실 중흥의 구호를 내걸고 군사를 일으킬 때 역시 붉은색을 표지로 하고 이를 오행五行의 근거로 삼았다.

경시 3년(25)에 유수는 하북 지역에서 왕랑王郎에 전승해 기반을 닦았지만 유씨 종실의 경시 황제가 장안의 황제 보좌에 앉아 있고, 각지에 유씨 할거 세력이 수없이 많았으므로 경솔히 제위에 오르지 못했다. 당시 강화彊華라 부르는 한 유생이 이른바〈적복부赤伏符〉를 바쳤다. 이 참서에는 "유수가 군사를 일으켜 무도한 무리를 토벌하니 사방의 오랑캐가 운집해 전야에서 용과 싸우는데 사칠四七의 교차되는 시각에 화火를 위주로 하리라"고 쓰여 있었다. 이 참언에도 "화를 위주로 하리라"라고 지적해 유수가 제위에 등극해야 할 신성한 근거가 된 것이다. 그 후 광무제는 조서를 내리거나 인재를 등용할 경우 참언을 근거로 삼았다. 광무제는 참언으로 천하에 군림하는 이상 자연히 다른 사람이 참언으로 자신과 대항함을 두려워했다. 쪽방에 할거한 공손술公孫述은 바로 이렇게 참언으로 자신을 치장하여 유수에 대항한 대표적인 인물이다.

### 지혜와 용맹을 겸비한 구순

구순寇恂(?~36)은 자가 자익子翼이고 상곡上谷 창평昌平, 지금의 북경시 창평구 사람이다. 동한 초기에 외효의 옛 부하 고준高峻이 군사 1만 명을 거느리고 고평을 점령해 한나라 군사와 대항했다. 한나라 군사는 수차례 공격했으나 점령하지 못했다. 이에 유수는 구순에게 옥새를 찍은 서한을 들고 찾아가서 투항을 권유하게 했다. 구순이 바로 고평을 찾아가자 고준은 그의 모사 황보문皇甫文에게 구순을 접견하게 했다. 황보문이 오만무례하게 구순을 대하자 구순은 크게 노해 황보문을 참하려 했다. 여러 사람이 극구 말렸으나 구순은 끝내 듣지 않고 황보문의 목을 베고 말았다. 이어 그는 사람을 파견해 고준에게 말했다. "그대의 사신이 무례해 이미 나에게 목을 잘렸으니 그대는 투항하려면 지금 속히 투항하고 투항하지 않으려거든 군사를 파견해 고수하라." 이 말을 들은 고준은 과연 몹시 두려워 당장 성문을 열고 투항했다. 나중에 사람들이 구순에게 어찌하여 고준의 사자를 죽였는데도 고준이 도리어 투항했는가 물으니 구순은 이렇게 말했다. "황보문은 고준의 뒷심인데 그자를 죽이니 고준은 어찌할 바를 몰라 투항하게 된 거요." 이 그림은 청나라 말기의 《역대명신상해》에 실려 있다.

《화양국지華陽國志·공손술지公孫述志》
《후한서後漢書·공손술전公孫述傳》

출전

## 흰색을 숭상한 공손씨

공손술은 자가 자양子陽이고 부풍扶風 무릉茂陵 사람으로, 그의 부친 공손인公孫仁이 한나라 애제 조정에서 시어사侍御史로 있었기에 낭관郎官에 임명되었다. 왕망 시기에 공손술은 도강導江, 즉 촉군蜀郡 신정辛正으로 이사하여 임공臨邛에 거주, 당시 재능으로 이름을 날렸다. 경시 황제 즉위 후 공손술은 자립해 촉왕이 되어 성도에 도읍했다.

촉 지역은 본래 부유하고 병력도 충분하므로 먼 곳의 선비나 백성들이 점차 옮겨와 투신했다. 공손술 자신도 등극할 생각이 있었고, 일부 수하들도 일찍이 연호를 정하라고 권유했다. 공손술은 자기의 꿈에 누군가 이런 말을 하더라고 했다. "팔사자계는 기한이 열둘이라" 당시 참언에 대한 이해에 의하면 '팔사자계八厶子系'란 공손公孫 두 자이고 '기한이 열둘'이란 12년의 제왕 운명이란 뜻이다. 공손술의 처는 말했다. "존귀하다 해도 기한이 너무 짧아요." 공손술은 이렇게 대답했다. "아침에 도를 깨치면 저녁에 죽어도 원이 없다고 말하는데 하물며 12년임에야!" 그는 황제로 칭하려 결심하고 손바닥에 '공손제公孫帝'란 글자 모양을 새긴 후, 마침내 건무 2년(25) 4월에 스스로 천자가 되었다. 호를 '성가成家'라 하고, 흰색을 정통 표지로 하며, 연호를 '용흥龍興'이라 했다.

공손술이 제위에 오른 후 섬서 관중 일대와 감숙 일대의 광무제에게 패배한 영웅들이 대부분 사천에 찾아와 투신했다. 공손술은 자신이 천명을 타고났음을 증명하기 위해 각종 참서의 문자를 인용했다. 예를 들면 《영운법靈運法》: "창제昌帝를 폐하고 공손公孫을 세우리라", 《괄지상括地象》: "황제 헌원軒轅이 명을 전수하니 공손씨의 손바닥에 있도다", 《원신계援神契》: "서방의 태수가 묘금卯金의 위쪽이라". 이런 참언은 종합하면 바로 공손씨가 흥하며, 오직 서쪽 세력만이

**옥 매미**

한나라 시대 호탄和闐, 지금의 신강 호탄현의 청옥으로 제작한 초대형의 옥 매미. 눈이 둥글고 툭 튀어 나오고, 하단에 콧구멍과 입이 새겨 있고 두 날개는 단단히 닫혀 복부를 보호하고 있다. 목 부위와 두 날개에 새긴 돋을무늬 익액은 장단과 만곡이 자연스럽고, 두 날개 변두리는 사변으로 연마하고 날개가 복부보다 약간 길며 복부 하단은 오목 무늬로 조각했다. 전체적 조형이 정확하고 조각 수법이 간결하며 선이 유려하고 형상이 생동감 있고 입체감이 강해 살아 숨 쉬는 듯하다. 몸체의 여러 곳에 적갈색과 회백색 흙에 담근 흔적이 있는데 장액과 칼의 무늬는 모두 한나라 시대 기물의 특징에 부합하여 한나라 시대 옥 매미 중 정교한 작품이다.

유씨(卯金은 유씨 劉자를 가리킴)를 제압할 수 있다는 말이 된다. 또 오행 대응의 '오덕五德의 운'에 의하면 응당 '황黃'이 '적赤'을 승계하고 '백白'이 '황黃'을 승계해야 한다. 유씨는 적색인데 왕망의 황색이 이를 승계했고, 서방은 오행에서 금에 속하고 백색을 숭상하므로 공손술이 백색으로 왕망의 황색을 승계해야 한다. 공손술의 말에 유수는 몹시 근심되어 바로 편지를 써서 반박했다. '공손'이란 한나라 선제가 황제 손자의 신분으로 제위에 올랐음을 가리킨다면서 일무러 편지의 끝에 '공손 황제'라 서명했다. 이런 말

| 중국사 연표 |

55년

마원이 자원해 무릉武陵의 소수민족을 공격하다가, 군중軍中에서 병사했다. 누군가 마원이 교지交阯에 있을 때 보물을 가득 싣고 돌아왔다고 무고해 그 가족이 6차례나 억울함을 호소해서야 고향에 묻혔다.

의 실제 함의를 잘 알고 있는 공손술은 아예 대답도 하지 않았다.

건무 8년(32)에 한나라 군사가 외효를 대대적으로 공격하자, 공손술은 대장 이육李育을 파견해 원조했으나, 그 결과 전군이 망하여 촉 지역이 떠들썩했다. 성도성 밖에 진나라 시대에 남긴 양곡 창고가 있었으나, 공손술은 이를 "백제 창고"라 고쳐 부르고 사람을 파견해 백제 창고에서 쌀이 샘처럼 솟아나 지금 쌀이 산처럼 쌓였다고 유언비어를 퍼뜨렸다. 이에 백성들이 무리 지어 찾아가 보았다. 공손술은 신하들에게 물었다. "백제 창고에서 정말 쌀이 솟아났는가?" 신하들은 아니라고 대답했다. 공손술은 이렇게 말했다. "전하는 말이란 믿을 수가 없는 법이네. 외왕이 패망했다는 말도 결국은 이런 일이네." 외효의 대장 왕원이 공손술을 찾아와 투신했다. 그는 장군으로 임명되어 군사를 거느리고 대장 전융田戎·임만任滿 등과 함께 각 요새지를 지켰다.

### 적제의 승리

건무 11년(35)에 한나라 장군 잠팽은 장강을 거슬러 오르면서 촉의 군사를 격파, 수비를 맡은 장수 전융은 강주江州, 지금의 중경으로 퇴각해 지켰다. 잠팽은 다시 내강內江을 따라 무양武陽, 지금의 사천 건위犍爲 동남쪽을 공격했다. 광무제는 편지로 공손술에게 투항하라고 권했다. 공손술이 편지를 가까운 신하인 상소常少와 장륭張隆에게 보이니 두 사람은 모두 그에게 투항하라고 권유했다. 공손술은 이렇게 말했다. "흥망이란 운명이 결정하는 것일 뿐 세상에 어디 투항하는 천자가 있단 말인고!" 근신들은 더 이상 감히 투항하란 말을 꺼내지 못했다. 한나라 중랑장 내흡은 하지河池, 지금의 섬서성 봉현鳳縣을 고수하는 왕원·환안環安을 맹공격하다가 환안이 보낸 자객에게 피살되었

다. 공손술도 자객을 보내 팽망취彭亡聚에서 한나라 대장 잠팽을 암살했다. 건무 12년(36)에 한나라 장군 오한·장관臧宮이 공손술의 동생 공손회公孫恢와 사위 사흥史興을 격살하자 촉의 장수들이 투항하기 시작해 공손술이 주살해도 이를 막을 수가 없었다. 광무제가 조서를 내려 투항을 권했지만 공손술은 여전히 아랑곳하지 않았다. 9월에 오한은 촉의 대신 사풍謝豊·원길袁吉을 죽이고 성도성 내에 돌입했다. 이에 연잠延岑은 장수와 병사를 모집해 기병으로 한나라 군사를 대패시켰다. 오한은 강물에 빠져 말꼬리를 잡고서야 겨우 언덕에 올라 도망쳤다. 연잠은 또 성 밖에서 연속 세 번이나 승전했으나 공손술은 창에 가슴을 찔려 그날 밤 죽었다. 오한은 입성 후 공손씨와 연잠의 가족을 전부 죽이고 군사를 풀어 불사르고 노략질했는데, 성 안의 희생자가 수만 명에 달했다.

백제와 적제의 쟁탈이란 명의를 띤 이 통일 전쟁은 이로써 막을 내렸다. 사실은 '백제 창고의 유언비어'라는 일에서 알 수 있는바, 공손술은 마음속으로 기적이 결코 나타나지 않으리라는 점을 똑똑히 알고 있었다. 그가 자신을 천명天命 백제로 고집함은 단순히 하루만이라도 황제가 되어 보려는 것이고, 그저 여기에 만족할 뿐이었다. 유수가 공손술에게 전승한 것도 결코 그가 진짜 적제의 아들이기 때문이 아니라 이번 통일 전쟁 중 그의 군사력이 사천의 한구석에 처해 있는 '성가成家' 정권보다 훨씬 더 강했기 때문이다.

●●● 역사문화백과 ●●●

**[후장과 도굴]**

한나라 시대 귀족·관료에서부터 지주나 부유한 상인에 이르기까지 모두 후장厚葬 기풍이 만연했다. 묘실 내에 적지 않은 부장품을 매장, 그 수량이 가관임은 물론, 일부는 심지어 호화스럽기까지 했다. 일단 기근이 들면 먹고 입을 것이 없는 굶주린 백성은 도굴할 수밖에 없었다. 왕충王充의 기록에 의하면 기근이 심할 때 도굴하는 자가 1000만 명을 헤아렸다.

# 024

《후한서後漢書·송홍전宋弘傳》
《후한서後漢書·동선전董宣傳》
출전

## 호양공주

송홍宋弘은 정직한 조정 대신이고, 동선董宣은 강직한 관리로서 모두 과부가 된, 가노를 방임하는 호양湖陽 공주와 만났다. 그중에는 다행스런 자도 있고 불행한 자도 있다.

### 어려운 중매

광무제의 여동생 호양 공주의 남편이 죽자 광무제는 여동생 앞에서 조정 대신을 거론하면서 여동생이 어느 대신에게 호감이 있는가를 살폈다. 호양 공주는 약삭빠른 여인이라 저도 모르게 불쑥 말했다. "대사공 송홍은 생김새와 재덕이 문무백관 중 따를 사람이 없사와요!" 광무제는 자연히 그 뜻을 알아차렸으나 무슨 생각이 있는 듯 그저 담담히 말할 뿐이었다. "천천히 방법을 생각해 보아야지."

송홍은 직위가 삼공三公에 이른 정직한 사람이었다. 그는 유생 환담桓譚을 광무제에게 천거한 적이 있다. 환담은 확실히 학식과 경륜이 뛰어나고 재주가 많은 사람으로, 광무제는 즉시 그를 측근 고문인 급사중給事中으로 등용했다. 이 벼슬은 높지는 않지만 늘 황제를 측근에서

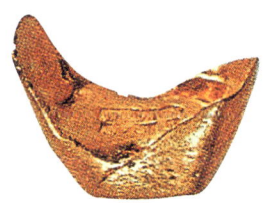

**중요한 황금**
한나라 시대 저장과 사용의 편리를 위해 금을 사각형·원형·말발굽형·엽전형으로 주조했다. 황금을 빈번히 사용했고 그 액수가 큰 것으로 보아 그 시기 경제가 크게 발전했음을 알 수 있다. 황금은 줄곧 중요한 지위를 차지했지만, 한나라 이후 황금의 유통량은 점점 적어졌다.

#### ●●● 역사문화백과 ●●●

**[죽음의 불공평]**
한나라 시대 후장의 기풍이 성행하는 반면 하층 백성의 생활은 몹시 빈곤해 죽은 후 대부분 매장하지 못했다. 그래서 시체를 돼지와 개가 뜯어 먹거나 황야에 내버렸다. 《후한서》 기록에 따르면, 주창周暢은 하남윤으로 있을 때 낙양성 옆에 버려진 시체 100여 구를 거두어 주었다고 한다.

모시는 요직이었다. 광무제는 환담이 특수한 기법으로 거문고를 탈 줄 안다는 말을 들은지라, 여러 사람 앞에서 몇 곡 타게 했다. 송홍은 이 일을 안 후 매우 못마땅하게 여겨 환담을 불러다 경고한 후 직접 광무제를 찾아가 말했다. "신이 환담을 천거함은 그의 충성과 정직함으로 폐하를 보좌하려는 것인데, 지금처럼 이렇게 만조백관에게 그가 연주하는 소리를 듣게 함은 신의 죄가 되나이다!" 이에 광무제는 사과의 뜻을 표시하는 수밖에 없었다. 이런 인물을 자신의 매부로 삼는다는 것은 생각해 본 적이 없었다. 게다가 송홍은 이미 처자가 있는 사람이었다. 그래서 광무제는 호양 공주 앞에서 장담하지 못했던 것이다.

어느 날 광무제는 호양 공주를 병풍 뒤에 감춘 다음

**동한의 거문고 타는 돌 인형**
사천 면양綿陽 동한 묘에서 출토된 거문고 타는 돌 인형은 머리를 번쩍 쳐들고 두 발을 깔고 앉아 두 손으로 거문고를 타는 형상이다. 이는 마치 한창 곡에 맞춰 소리 높여 노래를 부르며 서정을 토로하는 듯하다. 조각 수법은 간결하고 의복의 무늬는 유창해 인물의 정신 상태와 완전히 일치된다. 낙산樂山에서도 일찍이 유사한 인형이 출토되어 사천 지역에 이런 인형이 매우 많을 것으로 추정되지만 기타 지역에서는 매우 희소하다.

궁중에서 송홍을 단독으로 접견했다. "속담에 '부귀해지면 친구를 바꾸고 재산이 늘면 아내를 바꾼다'고 했는데 이것은 아마 인정에 부합하는 말이겠지요!" 광무제의 말 속에 담긴 뜻을 알아들었는지는 모르지만 그는 광무제의 말을 받아 말했다. "신은 그저 빈한할 때 사귄 친구는 잊으면 안 되고, 조강지처는 버리면 안 된다는 것만 알고 있나이다." 이 말을 들은 광무제는 머리를 돌리며 아쉬운 기색으로 말했다. "일은 안 되겠구려!"

이 일은 송홍의 인품을 나타냄은 물론, 봉건사회 초기 사람들의 혼인 관념에 아직도 상당 정도의 인정미가 남아 있었음을 보여 준다. 즉, 과부는 재가할 수 있으며 권세 앞에서 사람들은 여전히 자신이 인정하는 지조를 보존할 수 있다는 것이다. 그러므로 "빈한

### 법을 엄히 집행하는 동선

한나라 광무제의 누이 호양 공주의 노복이 권세를 믿고 살인하자 동선이 그를 처단했다. 호양 공주가 광무제에게 이를 고자질하니 광무제는 호양 공주 앞에서 동선을 매질하게 했다. 동선은 말했다. "폐하는 황제로서 법령을 중하게 여기셔야 합니다. 지금 폐하께서 공주에게 가노를 종용해 살인하게 한다면 천하를 어떻게 다스릴 수 있겠나이까?" 광무제는 동선의 말이 일리 있음을 알았지만 여전히 공주에게 머리를 조아려 잘못을 빌게 했다. 동선은 죽어도 머리를 조아리지 않자 내시가 그의 머리를 내리 눌렀으나 동선이 뒷목에 힘을 주었다. 내시가 "동선의 목이 너무 꼿꼿해 누를 수가 없나이다" 하자 광무제는 영을 내릴 수밖에 없었다. "이 뒷목이 뻣뻣한 자를 쫓아내거라" 광무제는 동선의 죄를 다스리지 않음은 물론, 상으로 35만 전을 하사해 그의 엄명한 법 집행을 포상했다. 이 그림은 명나라 장거정의 《제감도설帝鑑圖說》에 실려 있다.

### 지위가 낮은 노비

진·한 시대 노비는 주인의 사적 재산으로서 마음대로 매매할 수 있었다. 한나라 시대 시장에는 흔히 전문적인 '노시奴市'가 있어 집중적으로 노비 매매를 진행했다. 대부분의 노비는 파산한 농민이 전락하여 형성되는데 노비는 각종 중노동에 종사했다. 한나라 시대 여러 황제가 영을 내려 노비의 대우를 개선하게 했다.

중국을 말한다

**사천 악무 잡극 벽돌 그림**

동한 시대 조각은 매우 진보했다. 일반적으로 동적인 작품은 생기와 활력을 풍부하게 묘사한다. 악무 잡극 벽돌 그림 윗부분은 두 명의 잡기 예인이 춤을 추는 형상이 반영되어 있다. 하나는 공놀이 극을 하고 다른 하나는 어깨에 어린애를 업고 오른손에 막대기를 들고 공놀이를 하면서 매우 높은 기교를 보여 준다. 아래 절반은 남녀 두 예인이 유한 악곡에 맞추어 가볍게 춤을 추는 정경이다.

할 때 사귄 친구는 잊으면 안 되고 조강지처는 버리면 안 된다"라는 중국 고대의 격언이 지금까지 유전된 것이다.

## 권세를 업은 악한 가노와 강직한 현령

호양 공주는 정직하고 개성이 강한 남자와 부딪히는 운명이었던가 보다. 10여 년이 지난 후 호양 공주는 낙양성에 거주하고 있었는데, 한 가노가 공주의 권세를 믿고 감히 대낮에 사람을 죽이고는 공주부에 숨어들었다. 이에 관원들은 감히 부중에 뛰어들어 체포하지 못했다. 그때 당시 낙양현 현령으로 사람들이 '엎드린 범'이라 부르는 관원 동선董宣이 있었다. 그는 공주가 외출 시 이 가노가 공주의 수레를 몰 것이라 짐작하고 미리 공주의 외출 날짜를 탐문한 후 공주가 지나가는 낙양 서북쪽 하문夏門을 지키고 있었다.

공주의 수레가 도착하자 그는 즉시 달려 나가 큰 소리로 공주의 과실을 질책하는 한편 관원들을 꾸짖어 이 살인범을 때려 죽였다. 공주는 동선의 도도한 정기를 보자 기가 죽어 황궁으로 달려가 광무제에게 울면서 고소했다.

일개 낙양 현령이 황족인 공주를 뭇사람 앞에서 무안하게 하다니, 황제의 체면도 떨어지는 것 아닌가. 분노한 광무제는 동선을 불러들여 훈계한 후 좌우 신하들을 꾸짖어 당장 동선을 죽이라 했다.

"신이 한마디만 말한 후 죽게 해 주시옵소서!" 동선은 머리를 조아리면서 말했다.

"그래, 뭘 말할 텐가?" 광무제는 쌀쌀하게 말했다.

"폐하께서 영명하시어 천하 중흥을 이룩하셨지만 악한 가노가 살인함을 종용하신다면 앞으로 어떻게 천하를 다스리겠나이까? 신은 자결하면 그만이옵나이다."

말을 마친 동선은 머리를 대전의 기둥에 박아 이마에서 피가 흘렀다. 광무제는 급히 만류하며 동선이 공주에게 머리를 조아려 사죄하는 것으로 일을 마무리 지으려 했다. 그러나 동선은 끝까지 머리를 조아리지 않았다. 호양 공주가 쌀쌀하게 말했다. "당초에 셋째 오빠가 백성으로 있을 때 집에 망명객 한둘 정도 감추어도 관아에서 감히 집으로 찾아오지 못했는데 천자가 된 지금은 명령 한마디 집행하지 못하는구려!" 광무제는 웃으면서 말했다. "천자가 되었기 때문에 백성과는 다른 것이지!" 이어 광무제는 영을 내렸다. "이 뒷목이 뻣뻣한 현령을 쫓아내거라!" 그리고 동선에게 35만의 오주전을 상으로 내렸다. 동선은 이 돈을 전부 수하의 대소 관리들에게 나눠주었다. 공주가 가노의 죄를 덮으려 하고, 황제가 여동생을 비호함도 그 책임을 면하기 어렵다. 그러나 이는 봉건 시대의 황가에서 발생했고, 결과 역시 이렇듯 극적으로 끝났기에 청사에 대서특필할 만도 했다.

| 중국사 연표 |

56년

한나라 광무제가 참서讖書를 천하에 선포했다. 환담은 그것을 믿지 않아 "성인과 법을 무시한" 것으로 간주되어 거의 죽을 뻔하다가 육안 승六安丞으로 좌천, 길에서 죽었다.

# 025

## 광무제의 애정 이야기

남녀의 혼인은 본래 세속의 일상사이지만 정치적 배경이 있는 혼인은 세속의 일상사가 아니다.

어느 때부터인지 중국의 선비들은 모두 무수한 재자가인의 이야기를 남겨 중국 고대 역사에 또 다른 내용을 추가했다. 선비였던 광무제 유수도 고향 완성宛城 일대에서 글을 읽고 장안에서 유학도 했다. 따라서 그의 복잡한 인생 경력에 동반한 애정의 발자취도 세속에 남게 되었다.

### 낭만적인 혼인과 정치 혼인

유수는 왕망의 백성으로 있을 때 고향 부근의 신야新野에 가서 유람한 적이 있고, 신야 현성에 음려화陰

麗華라 부르는 대단한 미인이 있다는 말도 들은 적이 있다. 비록 한 번도 본 적이 없지만 그는 이 아가씨를 짝사랑하기 시작했다. 후에 그는 장안에서 공부하면서 장안 순경의 우두머리인 집금오執金吾의 위풍당당한 모습을 보고 역시 부러워 죽을 지경이었다. 유수는 저도 모르게 옆 사람을 보고 말했다. "벼슬을 하려면 집금오가 되어야 하고 아내를 맞으려면 음려화를 맞아야 하리." 영웅과 미인에 대한 갈망은 아마 혈기 왕성한 청년의 보편적인 심리일 것이다. 유수는 그때 세상을 처음 접한 젊은이인만큼 이런 이야기는 매우 자연스러운 일이라 하겠다.

유수가 왕망을 반대하는 봉기군에 참가한 이듬해에 그는 완성에서 음려화와 결혼했는데 그때 신부는 19세였다. 그러나 좋은 일에는 방해가 많다는 말과 같이 유수는 바로 경시 황제의 명령을 받아 신부를 처가에 남겨 둔 채 황하 이북 지역으로 떠나야 했다. 유수는 조趙ㆍ위魏 지역에서 참주僭主 왕랑과 근 1년간 갖은 고생을 다 겪으며 싸우다가 진정眞定에서 10여만 병력을 가진 진정왕 유양劉揚을 만났다. 이 유양을 왕랑편에서 끌어오기 위해 그는 유양의 생질녀 곽성통郭聖通을 아내로 맞으려 결심했다. 사서에는 곽성통의 용모에 대한 묘사가 없지만, 10여만 군사를 가진 외삼촌을 둔 그녀가 곤궁한 처지에 빠진 유수 입장에서는

**아내를 맞으려면 음려화를 맞아야 하리**
서한 말기에 남양 신야 지역에 음려화라 불리는 매우 예쁜 처녀가 있었다. 후에 유수는 득세해 음려화를 아내로 맞았다. 건무 17년(41)에 유수는 곽 황후를 폐위하고 음려화를 황후로 책봉했고, 명제 유장劉莊은 즉위한 후 음려화를 황태후로 존봉했다. 음려화는 황후로 책봉된 후 검소하고 인자하며, 효성스럽고 관대했다. 영평 7년 (64)에 사망한 후 유수와 원릉에 합장되었다. 시호는 광렬光烈이다. 이 그림은 청나라 말, 민국 초 마태의 《마태화보》에 실려 있다.

《후한서後漢書 · 곽황후기郭皇后紀》
《후한서後漢書 · 음황후기陰皇后紀》 출전

의심할 바 없이 하늘에서 떨어진 보살님이라 자연히 총애가 깊었을 것이다.

## 아들 덕에 부귀를 누리는 어머니

또 한 해가 지나 유수는 호성에서 부랴부랴 황제의 보좌에 앉았고 곽성통을 귀인으로 봉했다. 그 후 유수는 낙양에 도읍하고 원부인 음려화도 황궁에 데려와 역시 귀인으로 봉했다. 두 귀인 중에 황후로 책봉할 사람은 오직 하나뿐이었다. 이때 유수는 천자로서 자신의 뜻에 따라 황후를 책봉할 수 있었다. 음려화는 현숙하면서도 총명한 사람으로 곽씨가 이미 황자를

### 동한의 방직업

동한 시대 뽕과 삼의 재배 범위가 서한 시대보다 확대되어 양잠업 · 견직업 · 마직업 등이 크게 발전하고 방직 기술도 진보했다. 주요 견직물 산지는 지금의 산동 · 사천 등으로서 복관服官이 설치되고 서울 낙양에는 직실織室이 설치되어 황실 및 고급 귀족 · 관료를 위해 복장을 제작했다. '실크로드'에서 발견된, 동한 및 위 · 진 시대의 견직물은 금錦 · 단緞 · 능綾 · 나羅 · 사絲 · 곡縠 · 주綢 · 견絹 · 증繒 · 백帛 등이고 꽃무늬는 구름무늬 · 동물무늬 · 길상 문자 등 도안인데 화려하고 우아한 자수 꽃무늬도 있다. 유수가 제위에 오른 후 월포越布를 공물로 정했다. 황제 · 황후 및 귀족 · 관료 · 지주는 모두 월포를 좋아해 월포가 한때 귀중품이 되었다.

낳았음을 보자 한 걸음 물러나면서 자신이 계속 귀인으로 있더라도 황후 자리를 곽씨에게 양보하려는 태도를 보였다. 음려화의 선택은 물론 대세를 돌보아 유수를 이해하고 지지한 것이었다. 유수는 후에 친히 출정할 때마다 항상 음 귀인을 데리고 다녔는데 처음 사모하던 조강지처에 대한 유수의 사랑을 엿볼 수 있다. 때마침 음려화도 아들을 낳았으니, 그가 바로 훗날의 한나라 명제다.

아들은 어미 때문에 총애를 받고 어미는 아들 때문에 부귀해진다는 말이 있다. 유수에게 아들을 낳아 준 음 · 곽 두 부인 역시 총애를 다투는 일이 없을 수 없었다. 사서에 단 한마디 기록이 있다. "도적이 황후 음려화의 모친 등鄧 씨와 동생 흔訢을 죽였다."(건무 9년) 이는 일반적인 형사 사건이 아닌 것으로 추정된다. 그러나 곽후가 총애를 잃은 것도 논쟁할 여지가 없는 사실이다. 사서에 곽 황후가 "여러 번 마음속에 불만을

●●● 역사문화백과 ●●●

#### [동한의 묘에는 무엇이 있는가]

동한의 묘는 대부분 도굴당해 기물이 얼마 남지 않았다. 남아 있는 주요한 기물은 창고 · 맷돌 · 돼지우리 · 부엌 · 솥 · 창고 · 단지 · 화장함 등이다. 소수의 묘에서 여전히 세발솥이나 덮개 달린 세발 식기나 주전자 같은 제기가 출토되는 동시에 향로나 두豆나 등잔 같은 것도 출토되고 있다. 닭 · 오리 · 개 같은 가축 가금 기물은 거의 모든 묘에 다 있다. 대부분 묘에서 오주전이나 왕망 시대 동전이 출토되고 있다.

품었다"고 쓸 정도이니 이는 곽 황후의 불만이 여러 번 폭발해 수습할 수 없는 지경에 이르렀음을 나타낸다. 마침내 건무 17년에 곽 황후가 폐위되었다. 그 이유는 "황후로서 마음에 불만을 품고 수차례나 가르침과 영을 어겼다"는 것이다. 곽 황후가 폐위되어 고향에 돌아가 중산왕의 태후가 됨은 물론, 장자 유강劉彊도 태자에서 폐위되어 동해왕이 되었다.

## 속죄의 심리

광무제는 곽 황후를 폐위했지만 처남 곽황郭況의

인품과 재능에 대해서는 여전히 매우 높이 평가해 관록官祿을 조금도 감하지 않음은 물론, 이전보다 더 많이 하사했다. 황은으로 하사한 재물이 너무 많아 당시 사람들은 곽씨 댁을 "황금 굴"이라 부르기까지 했다. 이런 점에서 보면 유수는 사실 너무 과분했으니 사람들은 이로써 유수의 "자신을 뉘우치는" 뜻을 보기 어렵지 않다.

어떻게 말할 것인가? 유수는 진정 곽성통을 조금도 사랑하지 않았단 말인가?

| ●●● 진·한 시대 존칭어 ●●● | | | |
|---|---|---|---|
| 존칭어 | 의미 | 사용 장소 | 예 |
| 공公 | 남성에 두루 사용하는 존칭 | ① 제왕 대 신하·백성 ② 상사 대 부하 ③ 친구 및 지위가 비슷한 자 ④ 강남 지역에서 연장자 | ① 한고조 대 상산 네 노인: "공이 부디 태자를 보살펴 주시오." ② 항량: "공에게 모 일을 주최하게 하지 못하니 공을 임명하지 않소이다." ③ 종리매 대 한신: "공은 장자가 아닙니다." ④ 《삼국지·정보전》: 정보가 연장자인 고로 모두 '정공'이라 불렀다. |
| 자子 | 남성에 대한 존칭 | ① 지위가 높은 자 대 지위 낮은 자 ② 지위가 비슷한 자 상호 칭호 | ① 한무제 대 목동: "짐의 양을 네(子)가 돌볼지어다." ② 전 중산 재상 장순 대 전 태산 태수 장거: "당신(子)이 나와 함께 거사하면 대업을 이룩하리라." |
| 족하 足下 | 남성에 대한 존칭 | 각 계층 각 장소에 널리 사용 | 서한 선비 조구 대 계포: "족하는 어이하여 양·초 지역에서 이런 명성을 얻었는고?" |
| 군君 | ① 대 남성 존칭 ② 아내 대 남편 칭호 ③ 자녀 대 부친 칭호 | ① 지위 높은 자 대 지위 낮은 자 ② 지위 비슷한 자 상호 칭호 ③ 제3인칭 경어(매우 큰 경의 표시) ④ 아내 대 남편 ⑤ 자녀 대 부친 | ① 혜제가 소화에게: "군 백세 후 누가 군의 뒤를 이을 수 있으리오?" ② 문제 우승상 주발 대 좌승상 진평: "군은 왜 저를 가르치지 않나요?" ③ 동한 교동후 재상 오위가 사형수 무구 장으로 하여금 옥에서 처와 동거해 아들을 낳게 하니 장이 울면서 모친께 말함: "무엇으로 오군에 보답하리까?" ④ 왕패의 처 대 남편: "군은 어려서부터 청렴한 지조를 닦았으되 …" ⑤ 왕장의 온 가족이 옥에 갇히니 그 딸이 밤에 울며 말함: "우리 부친(君)은 본래 강하시지만, 먼저 죽을 이는 필시 우리 부친(君)일지라." |
| 경卿 | ① 대 남성 존칭 ② 부부 상호 존칭 | ① 지위 높은 자 대 지위 낮은 자 ② 지위 비슷한 자 상호 칭호 ③ 부부 상호 칭호 | ① 동한 장제 대 시중 두헌: "경은 그래 최인을 아는고?" ② 동한 장사 오우 대 마융: "경은 무슨 면목으로 천하 사람을 대하리오." ③ 초중경과 아내 담화: "경의 높은 승진을 축하해요." |
| 선생 先生 | 대 문인 존칭(선先 또는 생生으로 줄이기도 함) | 학식이 높은 자와 보통 선비에 대한 칭호 | 무제 대 박사 적산: "짐이 선생에게 일군에 거주하게 하면 오랑캐의 침입을 막을 수 있는고?" |
| 부로父老 | 노년 남자 존칭 | 초나라 방언 | 문제가 풍당에게: "부로는 어이해 홀로 지내시오? 집은 어디고요?" |
| 부인 夫人 | ① 기혼부녀 존칭 ② 남편 대 아내 칭호 | ① 기혼 부녀 ② 남편 대 아내 | ① 노자가 밭일을 하는 여치에게: "부인은 천하의 귀인이시오." ② 한 무제 대 이 부인: "부인의 동생이 짐을 만나면 천금을 더 하사하리." |
| 모母 | 노년 부녀 존칭 | 노년 부녀 | 한신 대 빨래하는 모: "저 기필코 중하게 모에 보답하리다!" |

# 026

《후한서後漢書·두시전杜詩傳》  출전

8∼220

동한

## 두시의 발명

동한 초기에 남양 태수 두시杜詩는 수력을 이용해 풀무를 잣는 기계, 즉 수배水排를 발명했다.

## 폭도를 제거하고 백성을 안정시킴

두시는 지금의 하남성 위휘시衛輝市 사람으로 줄곧 관아에서 하급 관리를 지냈다. 25년 광무제가 동한을 건립할 때 두시는 마침 낙양으로 전근되어 도성의 치안을 유지하게 되었다. 당시 조정의 대장군 소광蕭廣은 공로를 업고 교만하게 날뛰어 민심을 불안하게 했다. 두시는 소광에게 백성을 아끼고 부하를 엄하게 단속해 백성을 안심시키고 몸과 마음을 정리하도록 권유했다. 그러나 소광이 고치지 않자 두시는 법령에 의해 소광을 사형에 처했다. 이 말을 들은 광무제 유수는 바로 두시를 불러 두시의 정신과 용기를 칭찬하면서 보검을 하사해 그의 충절을 치하했다. 이로써 두시는 조정에서 위신이 크게 높아졌다. 얼마 안 되어 두시는 하동 지역에 파견되어 양이楊異를 토벌했다.

## 큰 공로를 세우고도 겸손한 두시

두시는 하동에 파견된 후 양이가 황하를 건너 북상하려 한다는 정보를 듣고 수하의 장수와 군사들을 배에 태우는 동시에, 정병을 거느리고 뒤에서부터 도적 무리를 습격해 도적 두목 양이를 죽이고 이 도적 무리를 철저히 없앴다. 두시는 조정을 위해 계책을 내놓고 남정북전南征北戰하면서 공로도 많았지만 결코 이를 진급의 기틀로 삼지 않고 황제에게 오히려 직위를 낮춰 달라고 요구했다. 그는 상소문에서 폐하의 가장 주요한 문제는 흉노의 침공을 막는 것이고, 급선무는 조정의 변경 우환을 제거하는 것으로, 장수들이 작전을 펴서 북방의 부족을 투항하도록 권유하는 동시에 병역과 세금을 면제해야 변방을 보위하게 할 수 있다고 썼다. 또한 자신은 본래 무명 소졸로서 황제 폐하의 높은 평가를 받았기에 관직이 태수에 이르렀을뿐 직위는 높지만 폐하를 위해 근심을 덜어줄 수 없으니, 이는 너무 부끄러운 일이므로 조정에서 강직降職시켜 능력에 알맞은 일을 시켜 달라고 요구했다. 두시는 진실한 언어로 사람을 깊이 감동시켰지만 황제가 인재를 아꼈기에 그의 청은 받아들여지지 않았다.

## 수배를 발명해 천추만대에 복을 주다

두시는 국가를 생각하고 개인의 사리를 돌보지 않는 고귀한 품성과 국가의 근심을 덜어 주고 백성의 어려움을 풀어 주는 정신으로 백성의 사랑을 받았다. 두

### 수배 모형

중국은 춘추 후기서부터 가죽 풀무로 철을 제련했다. 이런 가죽 풀무는 양 끝이 가늘고 중간이 불룩해 늘어나고 압축되는 과정에서 바람을 노에 불어넣는다. 제철업이 발전함에 따라 용광로의 용적은 지속적으로 확대되었고, 필요한 풀무도 마찬가지로 증가했다. 여러 개의 가죽 주머니를 연결시켜 사용하므로 이를 배탁排橐이라고도 불렀다. 동한 초기에 두시는 남양 태수를 지내며 수배를 발명해 수력으로 배탁을 밀게 했다. 수배의 발명은 한나라 시대 제철 기술과 규모가 비교적 높은 수준에 이르렀음을 실명한다.

시는 일찍이 남양, 지금의 하남성 남양시에서 관직에 올랐는데, 한수漢水의 지류인 백하白河가 남양을 관통하고 있어 수력 자원이 비교적 풍부했다. 그러므로 당시 남양의 농업과 수리 시설은 모두 발달했다. 농민들이 사용하는 농

**동한 용광로 모형**

하남성은 한나라 시대 제철 유적지가 가장 많이 발견된 지역으로 그 규모도 비교적 크다. 1975~76년 고고학자들은 정주鄭州 고형진古滎鎭 제철 유적지를 발굴했다. 대량의 유물과 다양한 유적지 외에 두 개의 병렬 수직 용광로를 발견했다. 용광로 밑 부분과 노앞은 서로 연결되어 있으며 노의 형체는 타원형인데 이산화규소 함량이 비교적 높은 황토를 다져 만들었다. 그중 1호 용광로는 긴 축이 4m, 짧은 축이 2.8m, 면적이 8.5㎡다. 연구에 의하면 1호 수직로의 원 높이는 5m, 유효 용적은 50㎡, 하루 생산량은 1톤 정도며, 중국에서 발견된 고대 용광로 중 용적이 가장 큰 것으로 당시 세계적으로도 선진 수준에 속한다.

기구도 부단히 개선되었다. 그러나 선진적인 농기구를 제조하려면 높은 제련 기술이 필요했다. 제련 기술을 높이는 관건은 송풍 설비를 개선하는 것이었다. 선진先秦 시대에 사람들은 용광로의 온도를 높이기 위해 가죽 풀무로 바람을 불어넣었다. 이전에 제련 장인이 되려면 우선 가죽 풀무를 만드는 기술부터 배워야 했다. 두시가 남양 태수로 부임하기 전에 현지 사람들은 주로 인력과 말의 힘으로 노의 온도를 높여 철기를 제련했다. 이는 시간과 힘이 많이 들어 철기구 제조 기술의 개선에 부정적인 영향을 끼쳤다.

능률을 향상시키기 위해 그는 반복적인 연구를 거쳐 수력으로 풀무를 당길 수 있는 기계, 즉 후에 말하는 수배水排를 발명했다. 이런 공구는 힘도 적게 들이고 이전에 말의 힘으로 바람을 불어넣던 것보다 3배

나 능률을 높여 동한 시대 철 제련 기술의 중대한 혁신이 되었다. 이런 선진 기술을 응용함으로써 지출과 인력을 크게 절감해 백성의 찬양을 받았다.

서한 시대에 남양 태수 소신신召信臣이 현지 농토 수리 건설에 걸출한 공헌을 해 사람들의 깊은 사랑을 받았는데 사람들은 그를 '소부召父'라 불렀다. 두시의 성과에 비추어 사람들은 그를 소부와 같은 위치에 놓고 "먼저 소부가 있고 후에 두모杜母가 있다"라고 찬양했다.

이렇듯 국가와 백성을 위해 일하던 태수는 죽은 후 가정이 빈한하고 토지와 값나가는 물건도 없어 장례마저 치를 수가 없었다. 그의 친구가 조정에 상서해 두시의 상황을 설명하니 조정은 비단 1000필을 하사해 그의 장례를 치르게 했다.

●●● **역사문화백과** ●●●

[**동한 사회 경제 문화를 반영하는 《사민월령》**]

《사민월령四民月令》은 동한 최식崔寔이 지었는데 《예기 · 월령》의 차례에 따라 1년 중 사士 · 농農 · 공工 · 상商 4민의 생산과 생활 상황을 매월 순서대로 기록했다. 내용은 벼 · 밀 · 기장 · 삼 · 콩 등 농작물의 재배와 나무 · 가금 · 양잠 · 과일의 경영과 제사 · 사교 · 교육 · 음식 · 의약 등 분야의 활동인데 원서는 이미 없어지고 현재 편찬본이 있을 뿐이다. 여기에는 동한 시대 사회의 경제 · 문화 상황이 반영되어 있다.

중국을 말한다

# 027

《후한서後漢書 · 남흉노전南匈奴傳》  출전

## 흉노의 분열

약탈과 노역으로 말미암아 형제도 다른 부족으로 변할 수 있었다. 오직 각종 형식의 약탈과 노역을 포기해야만 부족이 모두 형제가 될 수 있다.

진 · 한나라 두 왕조는 계속 북방 유목 민족 흉노의 시달림을 받았다. 천고의 제일 황제라 불리는 진시황도 "진나라를 멸망시킬 자는 호胡라"는 예언으로 인해 무력 사용의 방향을 잃을 뻔했다. 한 왕조의 초기 군신들은 여러 차례의 전쟁에서 승리와 실패를 경험한 후 화친 정책만이 왕조를 유지할 수 있다고 인정했다. 서한 왕조는 흉노와 화친과 교전을 반복하며 공존하는 과정에서 흉노를 쇠약하게 했다. 특히 왕소군이 시집을 간 관계로 호한사呼韓邪 계통의 분지는 늘 한나라에 가입하려는 생각을 하게 되었다. 왕망 시대에 이르러 이 찬탈자는 흉노에 대해 인감을 바꾼 다음 '흉노 선우 새'를 '신흉노 선우 장'으로, '선우單于'를 '선우善于'로, '흉노匈奴'를 '공노恭奴'로 바꾸는가 하면, 재물을 크게 하사하다가도 경솔히 무력을 쓰기도 했다. 중원의 정치 변화에 익숙한 흉노는 동한 정권이 건립되는 초기에 다시금 중원 왕소의 풀 수 없는 악몽이 되었다.

### 흉노와 한나라는 형제

건무 초년에 공로가 많은 어양 태수 팽총彭寵은 광무제의 상벌이 공평하지 못함을 불만스레 생각하다가 광무제와 주부가 모함하고 선동하자 반란의 길에 들어섰다. 이때 흉노는 처음으로 동한 정권의 내부에 개입했다. 흉노는 팽총에게서 미녀와 황금과 비단으로 회유를 받고 7, 8000명의 기병을 파견해 팽총을 지원했다. 이 밖에 왕망 말년에 안정安定 삼수三水 사람 노방盧芳은 민심이 한나라를 그리워하는 기회를 타서 한 무제의 증손 유문백劉文伯으로 자칭하며 현지 강羌 · 호胡 부족과 함께 거사했다. 경시更始 시대에 삼수 지방의 토호는 노방을 상장군 · 평서왕으로 옹립하고 서부 강족과 흉노와 화친했다. 흉노 선우는 이렇게 말했다. "흉노와 한나라는 형제다. 흉노가 쇠약할 때 한나라는 호한사를 지지했다. 지금 한나라가 쇠약해 노씨가 의부하니 우리 역시 그들을 지지해 그들이 우리를 존중하여 받들게 해야 한다." 이리하여 그들은 노방을 한나라의 황제로 옹립했다. 오원五原 사람 이홍李興 · 수욱隨昱과 대군代郡 사람 석유石鮪 · 민감閔堪이 모두 군사를 일으켜 노방에 호응하자 흉노는 노방을 송환해 구원九原, 지금의 산서성 신강新絳 북쪽에 도읍하게 했다. 노방은 한나라 군사의 공격에 붕괴된 후 한나라에 귀순해 대왕代王으로 책봉되었지만 조정에 들지 못하게 하니 의심스럽고 두려워 흉노로 도망쳐 10여 년 후 병들어 죽었다. 건무 20년(44)에 흉노는 상당上黨 · 부풍扶風 · 천수天水 등 군에 침입하고 이듬해에는 또 상곡上谷 · 중산中山 등지를 공격했다.

### 백성의 생활에 융합된 달구지

달구지는 한나라 시대 수송 도구는 물론, 민간의 주요 승용차로 매우 보편적으로 사용되었다. 귀족은 달구지를 타지 않았다. 이 사진은 동한의 청동 달구지다.

동한 왕조 북부 변경은 더이상 평화로운 날이 없게 되었다.

## 전통의 파괴

흉노가 부흥하긴 했지만 내부 모순은 오히려 더 첨예해졌다. 흉노 선우 여興는 선우의 지위를 아들에게 넘기기 위해 형이 죽으면 동생이 계승하는 전통에 의해 선우의 지위를 계승해야 할 우곡려왕右谷蠡王 이도지아사伊屠知牙師(왕소군 소생)를 죽였다. 이 사건은 선우 여의 조카 우오일축왕右奧日逐王 비比의 선우 계승 기회를 말살해 그를 몹시 분개하게 했다. 이때부터 그는 선우 조정의 활동에 거의 참가하지 않았다. 선우 여는 조카의 심사를 알고 두 골도후骨都侯를 파견해 일축왕 비가 관할하는 부대를 감시하며 반란을 방지하게 했다. 흉노 선우 여는 건무 22년(46)에 죽고 아들 좌현왕左賢王(세자에 상당함) 오달식후烏達鞮侯가 선우로 등극했으나, 그 후 바로 죽어 그 동생 포노蒲奴가 또 선우로 옹립되었다. 비는 선우가 될 희망이 없음을 보고 원망이 끓어 넘쳤다. 당시 흉노 지역에는 해마다 재해가 들어 초목이 마르고 사람과 가축이 병들어 죽었으며 동부의 오환烏桓 부족도 계속 침입했다. 포노는 동한 군사도 공격할까 봐 사자를 파견해 한나라 군사와 연계하면서 화친을 요구했다. 동한 조정은 중랑

오색 찬연한 담요
신강 약강현若羌縣 누란樓蘭 옛성 동북 교외의 동한 묘에서 출토되었다. 담요는 이중 융단으로 융의 색깔은 자홍색·분홍색·남색·녹색·귤색·흰색 등으로 화려하다.

북흉노를 토벌하다 – 계록 요새 유적지

흉노는 광무제 시대에 분열, 남흉노가 한나라에 귀순했다. 영평 16년(73)에 명제는 군사를 네 갈래로 나누어 북흉노를 공략했다. 오직 서로군의 봉거도위 두고竇固·기도위 경병耿秉만이 차사 전·후왕을 공격하여 평정하고 서역도호부를 재차 설치, 북흉노의 오른팔을 잘라 버렸다. 북흉노가 곤궁에 처하자 한나라에 투항하는 자가 점점 더 많아졌다. 화제 영원 원년(89)에 두고·경병의 군사는 남흉노와 회합해 계록 요새에서 또 북흉노를 대패시켰다. 영원 23년에 한나라 군사는 또 북흉노를 격파, 선우는 도망쳤다. 그후 선비鮮卑가 흉노 옛터에서 흥기하자 북흉노는 일부가 선비에 투항하고 일부는 서방으로 이주했다.

장 이무李茂를 파견해 응낙했다. 일축왕 비도 동시에 한인 곽형郭衡에게 흉노의 판도를 가지고 서하西河 태수를 찾아 예속을 청하게 했다.

## 남흉노와 북흉노

비의 행위를 눈치챈 골도후는 용성龍城에 가서 용사龍祠 대회에 참가하는 기회를 타서 비를 죽이라고 선우 포노에게 권유했다. 비의 동생 참장왕斬將王은 이 소식을 듣자 즉시 말을 달려 비에게 보고했다. 비는 4, 5

만 병력을 모아놓고 두 골도후가 돌아오기만을 기다리고 있었다. 두 골도후는 비의 음모를 눈치채고 선우 왕정으로 도망쳤다. 포노 선우는 1만 기병을 파견해 비를 공격했으나 비의 병마가 많음을 보고 퇴각했다.

이듬해 봄, 비에 속한 8부의 대인 추장들은 비를 호한사 선우로 추대했다. 이는 비의 큰아버지 호한사가 일찍이 서한에 의지해 흉노를 안정시켰기 때문에 그의 명칭을 그대로 답습한 것이다. 또 한나라 조정에 영원히 속국으로 있으면서 북쪽의 오랑캐를 막아 주겠다는 표시이기도 했다. 광무제가 이에 동의해 비가 12월에 정식으로 호한사 선우로 칭하자 흉노는 남북 2부로 분열되었다.

건무 25년(49) 봄에 남선우 비는 그 동생 좌현왕 막을 파견해 북흉노를 공격, 그 좌현왕과 수하 1만여 명, 말 7000필, 소와 양 1만 마리를 생포했다. 북흉노의 오건奧鞬 골도후와 우右 골도후는 3만 명을 거느리고 남선우에 귀순했다. 남선우도 한나라의 신하로 칭했다. 이듬해 한나라는 중랑장 단침段郴을 남흉노에 파견해 남흉노 조정을 건립하게 했다. 남선우가 사자와 만날 때 사자 단침은 말했다. "선우는 무릎을 꿇고 조서를 받들지어다." 남선우는 한참 주저하더니 무릎을 꿇고 신하로 칭한 후 말했다. "제가 선우로 즉위해 신하들 앞에서 무릎 꿇기가 몹시 난처하니 사자께서 뭇사람 앞에서 저를 제압하지 말기를 바랍니다." 옆에 있던 골도후 등 대신들은 이 말에 모두 눈물을 흘렸다. 사자가 조정에 돌아온 후 재차 조서를 내려 "남흉노가 운중雲中 일대에 거주함을 허용한다"고 표시했다. 이

해 가을에 남선우는 아들을 한나라 조정에 시자侍子로 보냈다. 한나라 조정은 선우에게 필요한 많은 물건을 하사, 양곡 2만 5000휘, 소와 양 3만 6000마리를 부대에 보내고, 중랑장에게 안집연사安集掾史를 거느리고 남흉노를 보호하게 했다.

후에 남선우는 서하에 정착, 제후왕은 각각 북지北地 · 삭방朔方 · 오원 · 운중 · 정양定襄 · 안문雁門 · 대군 등 각 군의 변경 지대에 주둔하면서 북흉노와 한나라 사이의 완충 지대가 되었다. 이러한 상황은 동한 말기까지 지속되었다.

### 동한 시대 유리병

동한 유리 기물은 전국 시대의 전통을 계승했으며, 수량이 다소 증가되었다. 여러 갈래의 줄무늬가 장식된 이 동한의 유리병은 아름답고 정밀하다.

●●● 역사문화백과 ●●●

[제왕 · 고관의 장례 풍속 – 황장 제주]

속이 누른 잣나무를 관 외면에 쌓음을 황장黃腸이라 하고 나무의 속을 안으로 향함을 제주題湊라 한다. 즉, 속이 누른 측백나무로 그 꼭대기가 안으로 향하는 묘 벽을 쌓음을 가리킨다. 일반적으로 황제나 제후왕이나 고관이어야 이런 대우를 누린다.

# 028

## 억울함을 당한 마원

너무나 정직하고 나랏일에 너무 열성이어서 후배들의 전도를 막았기 때문인지, 아니면 다른 이유에서인지 마원馬援은 억울함을 당했다.

마원은 "남자는 변경에서 죽어 말가죽에 싸여 돌아와 묻혀야 한다"는 말을 했고, 또 친히 이를 실현했기 때문에 역사상 유명인이 되었지만 나라를 위해 죽은 후 하마터면 정정당당하게 매장되지도 못할 뻔했으니 동한 초기 공신 중 억울함을 당한 첫 사람이라 할 수 있다.

### 권력자의 미움을 사다

마원의 부친은 일찍 죽고 세 형은 모두 재능이 있어 2000석의 큰 벼슬을 했다. 본인도 재능이 강하고 뜻이 높았지만 처음에 독우督郵를 지낼 때 일부러 중요 범인을 놓아 보내고 북지군北地郡에 망명, 그곳에서 목축으로 생계를 꾸렸는데 현지 명성이 매우 높았다. 왕망은 그를 한중漢中 태수로 임명했다. 왕망이 멸망할

때 마씨 형제는 난을 피해 양주涼州로 갔다. 유수가 제위에 오를 때 둘째 형 마원馬員이 먼저 유수에게 의지했고, 마원馬援은 감숙의 외효의 눈에 들어 그의 참모로 있었다. 마원은 당시 곳곳에 할거한 자들이 모두 유수의 적수가 아님을 명석하게 판단하고 외효의 맏아들 외순隗恂을 장안에 인질로 호송하는 기회를 타서 가족과 함께 낙양에 이주해 유수의 추종자가 되었다.

한나라에 귀순한 후 마원은 우선 외효 평정 작전에 참가했다. 뒤이어 태중대부 신분으로 내흡을 도와 양주에 출정, 금성金城 · 무위武威 일대의 강羌족 토호들을 장성 밖으로 내몰았다. 얼마 뒤 또 주장으로 원정해 교지交趾의 반란 세력 정측征側 · 정이征貳를 토벌한 공으로 복파伏波 장군을 제수받고 신식후新息侯에 책봉되었다. 낙양에 개선한 후 겨우 한 달 남짓해 또 명을 받고 조趙 · 대代 · 상곡군上谷郡 일대의 오환烏桓을 정벌했다. 62세 고령에 이르러서도 그는 여전히 선뜻 나서서 무릉군武陵郡의 오계만五溪蠻을 토벌, 나중에 진주辰州 전선에서 죽었다. 그러나 마원이 군중에서 병에 걸리자 조정은 바로 사자를 파견해 그의 병권을 박탈하려 했다.

오환을 정벌할 때 광무제는 한창 마원을 중용해 백관을 거느리고 배웅했다. 마원은 후배 황문랑 양송梁松과 두고竇固에게 말했다. "사람들은 부귀해진 뒤에

#### 말가죽에 싸여 돌아온 마 장군
마원은 동한의 명장으로 평생 변경을 정벌하며 나라에 충성을 다하고 전장에서 사망해 자신의 뜻을 실현했다. 그가 조정에 진입한 건 자신의 공로에 의한 것이고 고위직에 있으면서도 당파를 가르지 않았다. 서북 강족 · 북방 흉노 · 남방 만이 · 교지 정벌 등 전쟁에서 혁혁한 전공을 세웠다. 일찍 임분 중랑장 · 복파 장군 등을 역임, 신식후에 책봉되었다.

중국을 말한다

《후한서後漢書 · 명제기明帝紀》
《후한서後漢書 · 마원전馬援傳》
출전

### 조기가 아들을 가르치다

조기鉳期는 동한 초기의 장군으로 광무제 유수의 총애를 받아 식읍 5000호의 안성후安成侯에 책봉되었다. 조기가 중병에 걸려 누웠을 때 노모는 안성후 작위를 아들에게 물려주도록 황제에게 사정하라고 했다. 그러자 소기가 말했다. "몇 년 사이 저는 국가의 깊은 은혜를 입었지만 국가를 위해 한 일은 매우 적습니다. 지금 드러누워 있으니 이제는 국가를 위해 힘을 쓰지 못하게 된 점이 한스러운데 어찌 아들의 부귀영화를 위해 손을 내민단 말씀입니까?" 그러고는 아들에게 말했다. "너는 자립 자중해야지, 절대 국가에 손을 내밀어서는 안 된다. 손을 내민다면 그건 수치스러운 것이다." 말을 마치고는 눈을 감았다. 이 그림은 청나라 각본 《신각비평동한연의》에 실려 있다.

도 다시 가난해질 수 있으므로 고위직에 있을 때 자신을 잘 단속해야 하네." 두 번째로 오환을 정벌한 후 마원이 병으로 누워 있었는데 양송이 문병을 오자 대범하게 그 인사를 받았다. 양송이 떠난 후 아들과 조카가 물었다. "양송은 황제의 사위로서 모두 그를 두려워하는데 어찌 답례를 하지 않습니까?" 마원은 말했다. "나는 그의 부친의 친구인데, 그가 비록 부귀해졌다 하더라도 내가 어찌 선배의 존엄을 지키지 않겠느

**동한의 '기발 참마 수레' 벽돌 그림**
1978년 사천성 신도 마가향新都馬家鄕에서 출토, 사천성 박물관에 소장되어 있다. 수레는 장식이 화려하고 두 벽이 격자무늬로 장식되어 있으며 수레 뒤에 마름모꼴 깃발을 내걸었다. 깃발을 내건 수레는 헌차軒車라 하여 대부 이상 관리들이 타고 다녔다.

냐?' 양송은 이 두 가지 일을 모두 마음에 두고 항상 보복하려 했다.

### 자그마한 모함

오계만을 정벌할 때 여러 무장과 권력자의 자제인 마무馬武 · 경서耿舒 · 유광劉匡 · 손영孫永 등이 부장으로 출정했다. 마원은 이를 상서롭지 못하게 여겼다. 경서는 도로가 평탄하고 보급선이 매우 긴 충도充道에서부터 출격하자고 주장했다. 마원은 노정이 짧지만 강물이 거센 호두도壺頭道로 출격하자고 주장했다. 광무제는 마원의 의견에 동의했다. 그러나 강이 험하

●●● 역사문화백과 ●●●

**[권세 가족 – 문벌]**
동한 시대에 권세 가문의 정문에 기둥을 두 개 세우는데 왼쪽 기둥은 '벌閥'이라 하고, 오른쪽 기둥은 '열閱'이라 하여 공적을 자랑했다. 이런 호족 세기를 벌열 또는 문벌文閥이라 부른다. 동한 이후 사족士族 제도가 발전함에 따라 문벌 사족 자제들도 정치 · 경제 · 문화 등 분야에서 특권을 누렸다. 그들은 생활이 부패하고 방종해 수 · 당나라 이후 점차 몰락했다.

남흉노 선우 적邎이 죽고 선우 막옷의 아들 소蘇가 즉위, 수개월 후 또 죽어서 선우 적의 동생이 즉위하니, 그가 바로 호사시축후제湖邪尸逐侯鞮 선우다.

고 여름이 깊어지며 마원이 더위에 앓아누워 정벌이 여의치 않았다. 경서는 그 형인 유명한 공신 경감에게 편지를 써서 자신의 고명한 책략대로 했더라면 적을 이미 박멸했을 텐데 마원 탓에 병사들을 고생만 시킨다고 고발했다. 경감은 그 편지를 들고 광무제에게 보고했다. 광무제는 즉시 양송을 호분 중랑장으로 임명해 역참의 수레를 타고 직접 전선에 가서 마원을 질책하고 마원의 감군 직책을 대리하게 했다. 바로 이때 마원은 이미 전선에서 병사했고 양송은 제멋대로 마원의 죄상을 꾸며 조정에 보고했다. 광무제는 크게 노해 마원의 신식후 지위를 거두어들였다.

마원이 말가죽에 싸여 낙양에 돌아와 아직 매장되기도 전에 뜬소문과 모함이 우박처럼 쏟아졌다. 이를 국척 마무와 대사도 후패侯覇의 아들 후욱侯昱 등이 증명했다. 광무제가 더욱 화를 내는 바람에 마원의 처는 낙양성 밖에 마원을 대충 안장했고 부하들도 감히 장례에 참가하지 못했다. 마원의 큰 조카 마엄馬嚴은 백모와 사촌형을 모시고 새끼로 몸을 동이고 황궁 앞에 가서 사죄했다. 광무제는 자신이 마원을 엄하게 징벌한 이유를 설명하기 위해 양송이 군중에서 보고한 문서를 꺼내 마원의 부인에게 보였다. 그제야 마원이 징벌을 받은 원인이 드러났다. 마 부인은 여섯 차례나 마원의 억울함을 상서했다. 애절하고 완곡하며 진실한 마 부인의 변호를 본 광무제는 그제야 마원을 고향에 실어다 안장하도록 허락했다.

## 운대에 초상이 걸리지 못한 사연

광무제가 죽은 후 명제 유장劉莊이 즉위, 이듬해에 태후가 주장해 마원의 딸을 황후로 책봉했다. 마원의 딸은 현숙해 사람들이 모두 감복했지만 키가 훌쩍 커서 귀여운 미인에는 속하지 못했다. 얼마 안 되어 명제는 영을 내려 중흥 공신 등우 · 마성馬成 등 28명 장

수의 초상을 그리고 후에 또 왕상王常 · 이통李通 · 두융竇融 · 탁무卓茂 4명을 증가해 도합 32명을 남궁南宮 운대에 걸게 했는데 유독 탁월한 공훈을 세운 마원만은 없었다. 동평왕 유창劉蒼이 이상하게 여겨 명제에게 그 까닭을 물으니 명제는 웃으면서 대답하지 않았다. 공개적인 이유는 마원이 황제의 인척이므로 운대에 화상을 걸어서는 안 된다는 것이다. 하지만 32명 중 적지 않은 사람이 황제의 인척이었다. 마원이 운대 공신에 나열되지 못한 것은 반드시 다른 사연이 있음직한데 문헌에는 확실한 기록이 없다.

### 한나라 시대 회색 도기 집

이 회색 도기 집은 분해 조합할 수 있으며, 문채와 누각, 사랑채와 주방, 창고와 돼지우리 등으로 구성되어 있다. 문채는 맞배지붕의 단층 건축으로 위에 기와를 얹었다. 누각은 뜰의 왼쪽 앞에 문채와 이어져 있으며, 그 평면은 정방형이고 아래층이 작고 위층이 크며 주로 전망 파수용이다. 주방은 단층이며, 본채는 문채와 마주해한 단층 건축으로 정방형이고 계단 5개가 있으며 문 위에 삼각형 창문이 있다. 창고는 문채 동쪽에 위치, 2층의 이중 처마 건축으로 기초가 매우 높다. 창고 자체는 기초 위에 위치하고 계단이 두 개로 팔자형을 이룬다. 양측에 각각 둥근 구멍이 하나씩 있고 2층 앞 벽에 3개의 정방형 창문을 내고 뒷벽에 7개의 삼각형 창문을 냈다. 돼지우리는 뜰의 뒤 구석에 위치, 평면은 정방형이고 위에 맞배지붕의 화장실이 있고 그 위에 닭 8마리가 있다. 뜰에는 개 한 마리가 있다. 이 뜰은 한나라 시대 민간 주택의 기본 분포를 반영함은 물론, 생생한 가정생활 분위기를 보여주고 있다. 1959년 하남성 정주鄭州 남쪽의 한나라 묘에서 출토되었다.

# 029

《후한서後漢書 · 환담전桓譚傳》 출전

8 ~ 220

동한

## 도참圖讖을 읽지 않은 환담

환담은 서한 · 동한 두 왕조에 걸친 재능 있는 선비였지만 새로운 왕조와 결합할 기회를 잃었다.

### 재능이 뛰어난 선비

환담桓譚은 본래 서한 성제成帝 시대의 사람이다. 그의 부친은 태악령太樂令이었다. 그도 부친의 영향으로 음률을 알고 북과 거문고에 익숙한 데다, 박학하고 재능이 많으며 오경에 통달하고 문재도 매우 뛰어났다. 그는 사람됨이 자유분방하여 차림새에 신경을 쓰지 않으며, 비속한 유생 선비들을 비난하기 좋아하여 사람들의 환영을 받지 못했다. 애제 · 평제 시대에 관직이 매우 낮았지만 황후의 부친 부안傅晏과는 교분이 좋았다.

당시 애제의 친신 동현董賢이 한창 득세하여 여동생이 소의昭儀로 책봉되고, 황후가 황제에게 소외되어 부안이 몹시 실의에 빠져 있었다. 환담은 이렇게 말했다. "지금 정세가 위험하므로 동 소의가 이간질해 황후의 자리를 빼앗지 못하도록 명심해야 합니다!" 부안은 크게 놀라 그 대책을 물었다. 환담은 이렇게 말했다. "형벌은 무죄한 사람에게 덮어씌우지 못할 것이고, 사기邪氣로는 정기를 누르지 못합니다. 일반적으로 말해 선비는 재주로 군주의 신용을 받고, 여자는 교태로 군주의 총애를 받습니다. 황후는 아직 나이가 어린 탓에 자신의 지위를 확보하기 위해 무당 따위의 인물을 찾아 도움을 구할 수도 있는데 이를 꼭 방지하셔야 합니다. 군께서도 문객을 많이 불러 자신을 높이실 수 있지만 그렇게 하면 바로 여론의 비난을 받게 됩니다. 그러므로 군께서는 문객을 돌려보내시고 평소에 겸허하고 근신하는 태도를 보여 남들이 간사한 수단으로 해치지 못하도록 방비하셔야 합니다!" 부안은 전

### 황당무계한 참위

참讖이란 방사들이 일부 자연현상을 천명의 징조로 조작한 은어 혹은 예언이며, 위緯란 방사들이 괴상한 언어로 경전의 뜻을 풀이한 책이다. 최초의 참서는 《하도》《낙서》다. 위서의 내용은 복생伏生의 《상서대전尙書大傳》과 동중서의 《춘추음양春秋陰陽》인데 무제 시대에 이르러 경서의 이름을 내건 위서가 출현했다. 당시 육경과 《효경孝經》에 모두 상응한 위서가 있어 총칭 《칠위서七緯書》라 불렀다. 참서와 위를 합쳐 '참위讖緯'라 한다. 이런 책의 내용은 일부 유용한 천문 · 역법 · 지리 · 고대 전설을 아우르지만 대부분 황당무계해 마음대로 해석할 수 있는 것들이다. 그러므로 왕망 · 유수는 모두 이를 이용해 왕조를 바꾸고 제위에 올랐던 것이다. 중원 원년(56)에 참위서는 공명 필독서로 지정되어 그 지위가 경서보다 위에 놓였다.

●●● 역사문화백과 ●●●

### [그림을 첨부한 예언 – 도참]

도참圖讖은 참위의 일종으로 예언 그림이다. 종교 미신을 숭배하는 사회 분위기 속에 통치 계급은 늘 이를 사상적 도구로 삼아 정권의 취득을 천명에 귀결시켜 통치의 토대를 강화했다.

적으로 환담의 방법대로 처신했다. 후에 동현은 태의령 진흠眞欽을 시켜 부씨 댁의 상황을 조사하고 황후의 동생 시중 부회傅喜를 체포했다. 그러나 아무런 흠집도 잡지 못해 부씨 일족은 평안하게 되었다.

왕망이 찬탈하려 할 때 전국의 선비들은 모두 앞 다투어 아첨했으나 유독 환담만은 참여하지 않았다. 그렇지만 왕망은 등극한 후 오히려 그를 장악 대부로 임명했다. 경시 황제는 또 그를 태중 대부로 임명했다. 이는 모두 환담에 대한 존경의 표시였다.

## 신은 도참을 읽지 않나이다

유수는 즉위한 후 백관에게 상서로 각자의 태도를 표명하게 했다. 환담은 상서를 올려 국사를 의논했는데 광무제의 뜻에 부합되지 않아 등용되지 못했다. 후에 대사공 송홍宋弘이 힘써 천거해서 환담은 의랑 급사중議郞給事中으로 임명되었다. 이는 결코 적합한 직위가 못 되었지만 어쨌든 청정하고 중요한 관직이라 할 수 있었다. 광무제는 그저 환담에게 연회에서 거문고를 타게 하기를 즐길 뿐이었다. 이는 송홍을 몹시 화나게 했다. 의랑으로서 환담이 글을 올려 논의할 경우 모두 광무제의 뜻에 맞지 않아 광무제는 점점 더 환담을 좋아하지 않게 되었다.

어느 날 뭇 신하가 황궁 앞의 영대靈臺를 어느 위치에 건축할 것인가를 토론하는데 잠시 의견이 분분했다. 광무제는 환담에게 말했다. "짐이 보건대 아무래도 참언으로 결정하세나!" 환담은 반나절이나 입을 다물고 있다가 겨우 한마디 했다. "신은 도참을 읽지 않나이다." 광무제는 "어찌 읽지 않는가?" 하며 따져 물었다. 환담은 참위란 황당무계한 글이라고 한참 설명했다. 광무제는 크게 노해 말했다. "환담이 성인을 반대하고 왕법을 안중에 두지 않으니 끌어내다 참하렷다!" 이에 깜짝 놀란 환담은 그저 머리를 조아려 이

마에 피가 터져서야 용서를 받았다. 뒤이어 환담은 도성에서 육안의 군승으로 좌천되었다. 환담은 가는 도중 병사했다. 이때 그는 이미 70여 세의 노인이었다.

사실상 광무제는 환담의 재능을 인정했다. 환담이 지은 《신론新論》은 광무제의 높은 평가를 받았고, 광무제의 건의로 각 편을 모두 상하로 구분해 읽기 편하게 했다. 광무제는 그저 환담이 참위를 반대하는 것 때문에 성난 것이었다. 광무제는 참위의 여론 조작에 의해 순조롭게 뭇 영웅 속에서 궐기했고 〈적복부〉의 추진 아래 비로소 황제의 보좌에 앉았다. 정직한 유생에게 참위는 황당하고 낡아빠진 것이지만 제위를 지키려는 자에게 참위는 도구이고 호신부護身符였기 때문이리라. 유수와 환담은 이 점에서 서로 소통할 수 없었으므로 훌륭한 한 쌍의 군신이 될 기회를 잃고 말았다.

### 동한 석각 예술의 보물 반룡 돌벼루

돌벼루는 덮개와 밑판으로 구성되었다. 밑판은 갈색이고 짐승을 새긴 발이 세 개 있다. 세 발 중간의 도형에 '오주五株'라는 전서체 글자가 있다. 벼루면과 덮개가 합쳐지는 곳에 예서체로 '연희 3년 7월 임진 삭7일 정유에 군이 높이 승진하여 이천석二千石, 삼공구경三公九卿으로 높이 승진하고, 군이 금석같이 장수하며 영원히 사용할 벼루'란 글자가 음각되어 있다. 덮개는 남흑색이며 6마리 용이 파도 속에서 머리를 물 위로 쳐들고 하나의 보석을 희롱하고 있다. 보석 위에 '군君'자가 새겨 있다. 구상이 교묘하고 독특하며 원조·부조·누공투조·양각·음각 등 조각 기술을 일체화해 물짐승과 연꽃잎과 파도와 용과 보석 등 물건의 모양을 살아 있는 듯 조각했는데, 동한 석각 예술의 보물이라 할 수 있다.

## 030

《한인개설漢印槪說》
《후한서後漢書·동이전東夷傳·왜倭》  출전

### 왜노국의 풍속

### 한왜노국 국왕

1784년 일본 규슈 치쿠젠국 하쿠야군 시카섬에서 황금 인감이 출토되었다. 인감의 글은 '한왜노국왕漢倭奴國王'이다. 만약 이 인감이 진실하고 믿을 만한 문물이라면 이는 한나라와 왜노국 관계의 증거이다.

한나라의 삼한국三韓國 동남쪽, 회계군會稽郡 동야東冶 동쪽의 바다에 한나라에 의해 왜노라 불린 100여 개 섬나라가 있었다. 한나라의 회계군은 관할 지역이 광활해 지금의 장강 이남의 강소·절강 전체(천목산 이서의 소부분은 제외)와 복건 전체를 망라하며 수부는 오吳, 즉 지금의 소주이다. 동야는 바로 지금의 복주시이다. 100여 개 섬나라의 수령은 대부분 왕이라 불러 세습제를 실시했다. 그중 큰 왜왕이 사마대邪馬臺에 거주하고 있었다.

이런 섬나라의 토지는 벼·모시풀·뽕나무 등 작물의 재배에 적합하고 일부 나라는 기후가 더워 사철 모두 채소가 자라고 있었다. 주민들은 확실히 양잠과 방직 기술을 익히고 있었는데 봉제 기술은 매우 수수해 남자들의 옷은 거의 옆으로 몸을 감쌀 정도이고, 여자들의 옷은 마치 이불잇을 머리부터 감는 식이었

다. 남녀 모두 신발과 양말 없이 맨발로 다녔다. 여자들의 수가 남자보다 훨씬 많아 일부다처제를 실시했다. 여자들은 붉은색 분을 몸에 발랐는데, 음란하지 않고 질투하지도 않았다.

음식은 도기에 담아 손으로 집어 먹었다. 의자가 없어 모두 쭈그리고 앉거나 꿇어앉았다. 사람이 죽으면 10일 간 시체를 놓은 채 식구들이 슬피 울며 음식을 먹지 않는 동시에 사망자와 동년배인 사람들은 노래 부르고 춤을 추며 즐길 수 있었다. 그 풍속과 법률은 매우 엄격해 어느 누가 법을 어길 경우 가벼우면 처자를 몰수하고 무거우면 가족을 전멸했다.

섬나라이기 때문에 배를 만드는 일과 항해에 모두 익숙했다. 그러나 항해 중 한 가지 괴상한 풍속이 있었는데, 출항 전에 '지쇠持衰'라는 명칭으로 한 사람을 선발, 이 사람은 목욕을 하거나 육류를 먹거나 여자와 동거하면 안 되었다. 출항 시 '지쇠'를 데리고 떠나는데 만약 해상에서 순조로우면 그에게 재물을

**한나라 인감 중의 정품 – 광릉왕새·한왜노국왕인**
1981년 강소성 한강현 감천산 2호 동한 묘에서 순금으로 주조한 인감이 출토, 위에 '광릉왕새廣陵王璽'란 네 글자가 새겨 있는데 한나라 인감 중의 정품이라 할 수 있다. 동시에 출토된 것으로 또 '한왜노국왕'인이 있다.

**[고대 조선]**

기원전 3세기 말에 위만衛滿은 유민 1000여 명을 거느리고 고조선으로 도망쳐 고조선 준왕의 신임을 얻은 후 속임수로 정권을 찬탈했다. 위만 조선은 한나라 무제 때 대규모 공격으로 위만의 손자 우거왕 때 멸망했다. 고조선 자리에 진번·임둔·낙랑·현도 4군 설치로 한나라 문화가 대량 조선에 진입했다. 그 후 4군은 고구려에 의해 멸망했다.

65년

중국에서 부처 숭배가 보이기 시작했다. 조서는 초왕 영英이 "불도를 숭상한다"고 칭했다.

선사하고 해상에서 어느 누가 병에 걸리거나 기타 위험에 봉착하면 이 '지쇠'가 근신하지 못한 것으로 인정해 그를 죽여 버렸다. 섬나라 왜인들의 풍속은 참으로 독특했다.

## 신비한 여왕

동한의 환제桓帝·영제 기간에 대왜왕이 죽은 후 계승자가 단절되어 대소 왜노국은 상호 공격하며 혼전을 벌였는데 여러 해가 되도록 국왕이 없었다. 이때 요술을 한다는 노처녀 무당이 하나 있었는데 그 이름은 비미호卑彌呼라 불렸다. 적지 않은 왜노국의 왕들이 그녀의 요술에 미혹되어 그녀를 왜노국 여왕으로 추대했다. 비미호는 사람들을 미혹시키기 위해 거의 외출하지 않았고, 수도·궁전·거처에 모두 위병을 세우고 1000여 명의 노비를 노역시켰다. 이 노비들도 비미호의 진짜 얼굴을 본 사람이 매우 적었다. 왜냐하면 그의 음식 기거는 한 남자만이 보살피기 때문이었다. 심지어 대소 국사나 사사로운 일의 처리마저 모두 이 남자 시종이 여왕의 의견을 전달했다. 비미호는 이런 신비한 방식으로 자신의 통치를 유지하려 했다. 그러나 구노국拘奴國·흑치국黑齒國 등 나라는 여전히 비미호의 통치를 받아들이지 않았다.

## 한나라의 속국

해외의 섬나라를 말하면 사람들은 흔히 진시황이 서불徐市('徐福'으로 표기하기도 함)을 파견해 해상에서 장생불로 약을 찾게 한 이야기를 연상한다. 서불은 수천 명의 동남동녀를 거느리고 떠난 후 감감 무소식인데,

### [군사와 귀족 향락에 쓴 백란선]

한나라의 조선 기술은 상당히 높아 '높이 10여 장'되는 망루 선박을 제조했는데 주로 군사 분야에 사용했다. 동시에 일부 귀족은 향락을 위해 망루 선박을 비단으로 화려하게 장식하여 유흥에 사용, 배에서 연회를 베풀고 손님을 접대하기도 했다. 이런 망루 선박이 바로 이른바 백란선舳艫船이다.

전하는 바에 의하면 지금의 일본에 건너갔다고 한다. 한나라 무제는 또 선박을 파견해 많은 왜노국들과 내왕, 그중 30여 왜노국이 서한西漢 조정과 사자를 서로 파견했다.

동한 광무제 중원 2년(57)에 왜노왕은 사자를 보내 공물을 바치며 대부로 칭하기를 원했다. 광무제는 사자를 접견하고 한나라 제후왕의 권력을 상징하는 인감과 인수를 발부했다. 안제安帝 영초 원년(107)에 왜노국왕 수승帥昇은 친히 사절단을 거느리고 입조해 안제를 배알, 인구 160명을 바쳤다. 이런 사적은 한나라와 왜노국의 관계를 반영하고 있다.

1784년에 일본 규슈 치쿠젠국 하쿠야군 시카섬에서 황금 인감 한 개가 출토되었다. 그 지점은 지금의 일본 후쿠오카현 시카마치이다. 이 금인은 한변의 길이가 2.4㎝ 정도로 '한왜노국왕漢倭奴國王'이란 글자가 새겨져 있고 뱀 모양의 꼭지가 있다. 출토된 문물은 본래 의심할 필요가 없지만 일본 학자들은 한때 이 인감에

### 신비한 여왕의 도기 용

동한의 환제·영제 시대에 대왜왕이 죽음에 따라 대소 왜노국은 상호 침략하며 여러 해가 되도록 군주가 없었다. 이때 요술을 부리는 노처녀 비미호가 왜노 여왕으로 추대됐다. 비미호는 매우 드물게 외출하고 도읍·궁전·거처에 모두 위병을 두어, 그의 진짜 얼굴을 볼 수 있는 사람이 매우 드물었다. 비미호는 이런 신비한 방식으로 자신의 통치를 수호했다.

65년

로마 귀족이 네로를 암살하려다 폭로되어 여럿이 사형을 당했다. 네로는 그 스승 세네카를 자살하도록 핍박했다.

**동한 시대 방직 화상석 탁본 - 가정 방직도**
이 화상석은 강소 서주徐州에서 출토되었는데, 동한 시대 산동 일대 토호 가정의 가정 방직 정경을 반영하고 있다. 한나라 시대 견직물은 산동이 제일 유명했는데 화상석은 견직의 3공정을 제시하고 있다. 첫째, 오른쪽의 여자가 소사차를 돌려 "실을 조절하고" 둘째, 중간의 여자가 물레를 잣고 셋째, 직포기로 견을 짜는 것이다.

'인印' 자 또는 '새璽' 자가 없다 하여 위조 물품으로 의심했다. 170여 년이 지난 후에야 일본 학자 고바야시 도안이 《한대관인사견漢代官印私見》이란 글을 써서 '한왜노국왕' 인감의 신빙성을 지적했다. 마침 1980년에 강소성 한강현 감천향 감천산 2호 한나라 묘 부근에서 '광릉왕새' 1매가 출토되었다. 재질은 황금이

●●● **역사문화백과** ●●●

**[한나라 시대의 신]**

한나라 시대 신의 특징은 신의 밑바닥에 두꺼운 나무판을 대는 것이다. 흙이 신의 윗면을 더럽히지 않도록 하려는 것이고 또 신체가 왜소한 결함도 가릴 수 있어 남녀 모두 착용했다. 이 밖에 황제와 대신들이 제사를 지낼 때 착용하는 제사용 신발도 있었다.

고 꼭지는 거북 형상이고 변의 길이 2.3㎝ 높이 2.1㎝다. '광릉왕새'와 '한왜노국왕' 인의 형체는 대체로 같은데 문자의 서체와 조각한 품격은 한 사람의 손에서 나온 듯하다. 이로써 '한왜노국왕' 인감이 확실히 광무제가 발부한 것임을 유력하게 증명했다. 두 인감은 이로써 '자매 금인'이란 칭호를 얻게 되었다.

'한왜노국왕' 인감의 출토는 왜노국이 한나라의 속국이었음을 승명해 준다.

| 중국사 연표 |

65년 한나라 명제는 유학을 숭상해 외척 번·곽·음·마 4성 열후를 위해
남궁에 학당을 세우고 《오경五經》 스승을 설치했다.

# 031

## 중흥 공신의 일인자

등우鄧禹는 멀리 보는 전략가지만 강하고 속셈이 빠른 공략에 능한 장수는 아니었다. 그의 공적은 바로 지팡이에 의한 추종과 성루에서의 획책에 있었고 오직 유수 한 사람의 마음에만 작용했다.

등우는 한나라 광무제 유수가 마음에 품은 최고 공신이다.

유수는 호성에서 등극할 때 한창 하북 전선에서 싸우는 등우에게

조서를 보내 그를 대사도로 임명하는 동시에 식읍 만호의 찬후酇侯로 책봉했다. 이는 완전히 당년 공신의 일인자 소하에 대한 한 고조의 대우와 마찬가지다.

### 광무 중흥

광무제 유수는 동한 왕조를 건립하여 뭇 영웅을 제거하고 중국을 통일했다. 왕조의 통치를 안정시키기 위해 우선 관리 계층을 정돈하고 중앙 집권제를 강화했다. 공신에 대해 작록을 후하게 주고, 정사에 간섭함을 금했다. 제후왕과 외척에 대해서도 여러 모로 제한을 두었다. 행정 체제는 여전히 삼공을 두고 일은 상서들에게 돌렸다. 지방 관리를 감소했다. 민생을 안정시키고 경제를 회복시켰다. 주요 조치는 서한 초년의 30 대 1의 세금 제도를 회복하고, 군대를 해산해 농촌에 돌려보내고, 9차 조서를 내려 노비를 석방하거나 노비의 법률 지위를 높이고 수리 시설을 강화한 것 등이다. 셋째, 주변 소수민족과의 관계를 비교적 타당하게 처리했다. 그 자신도 정사에 힘쓰고 검박하게 생활하며 죽기 전에 조서를 남겨 장례를 간단히 치르게 했다. 그러므로 그의 통치 기간에 경제는 현저히 회복되었고 정치도 상대적으로 안정되었다. 이를 '광무 중흥光武中興'이라 부른다. 이 그림은 명나라 각본 《역대고인상찬歷代古人像贊》에 실려 있다.

### 청사에 이름을 남기려는 웅심을 품다

등우는 남양南陽 신야新野 사람으로 소년 시대에

### 동한의 개국 명장 등우

등우는 동한의 제일 개국 공신이자 재상이다. 총명하고 배움을 즐기며 유수와는 동창이다. 현명한 인재를 잘 천거했고, 천거한 인재들은 모두 출중하고 직책을 다했다. 이에 유수의 신임을 얻어 고밀후에 책봉되었다. 그는 명리를 중히 여기지 않고 사람을 소중하게 대하며 부모에 효성을 다했다. 천하가 이미 평정된 후 늘 명예와 권세를 멀리하려 생각했다. 등우는 또 자식을 잘 가르쳐 자손들이 모두 천하에 이름을 날렸다.

중국을 말한다

《후한서後漢書 · 등우전鄧禹傳》 출전

벌써 장안에 유학하며 유수를 만나 몇 년간 사귀었다. 경시가 등극할 때 등우는 벼슬할 기회를 버리고 오히려 사예교위 신분으로 멀리 하북으로 떠나는 유수를 뒤따랐다.

등우가 업성에서 유수를 따라잡았을 때 유수는 이 소년 시절의 동창을 보고 말했다. "난 지금 관직을 임명할 권한이 있는데 그대는 멀리 따라왔으니 벼슬할 생각이라도 있는 모양이지?" 등우는 매우 정중하게 말했다. "나는 명공을 따라 천하를 얻고 나 자신도 그 과정에 조그마한 공이라도 세워 이름을 청사에 남길 생각입니다." 이는 유수가 군사를 일으킨 이래 처음으로 들은, 한 선비가 중흥 대업을 위해 생명을 내걸고 토로하는 말이었다. 이런 군신 감정의 직접적인 교류는 평생 잊을 수가 없는 것이었다. 등우는 이어서 유수에게 당시 각종 군사 집단의 태세에 대한 견해를 천명했다.

경시 정권은 비록 장안에 도읍했지만 산동의 광범위한 지역은 여전히 적미 · 청독靑犢 등 농민 봉기군의 천하고, 장안 주변의 경기 지역(경조 · 좌풍상 · 우풍상 3군을 가리킴)에는 도처에 군사를 거느리고 자립하는 대소 호한들이 있었다. "경시 정권은 아직 별다른 착오를 범하지 않았지만 경시의 여러 장수들은 안광眼光이 협소하고 재물을 탐내며 큰 포부가 없는 용렬한 인간들이라 천하는 이제 계속 크게 혼란해질 것이니 명공이 경시 황제를 더 보좌한다 하더라도 아무런 의미도 없을 것이다. 명공이 천하 호걸들을 널리 초청하고 민심을 산다면 당년 고조 황제의 대업은 꼭 명공의 손에서 재차 실현될 것이다!"

등우의 이 말은 천하를 쟁취하려는 유수의 신심을 굳히고 이후 천하를 통일하는 기본 전략을 대체로 결정하게 했다. 등우 역시 이때부터 유수 신변에 남아 가장 신임할 수 있는 참모가 되었다.

왕랑과 작전할 때 유수는 등우에게 결사대로 구성된 5000 군사를 조직해 기동 부대로 작전하게 했다. 유수는 광아廣阿를 공략할 때 등우와 함께 성루 위에서 밤을 지샜다. 유수는 지도를 펼쳐 보면서 자신이 천신만고를 겪고서 겨우 한 군의 기반밖에 차지하지 못하니 전도가 망연하다고 생각했다. 등우는 때맞춰 "자고로 흥하는 자는 기반의 대소가 아니라 덕의 깊고 얕음에 달려 있다"는 도리를 권유했다. 이에 유수는 비로소 새롭게 마음을 다졌다. 유수는 등우에게 대장 개연蓋延 등과 나누어 반복적으로 동마銅馬 봉기군과 작전하게 해 마침내 황하 이북의 광활한 지역을 평정하고 대업을 위한 기반을 닦았다.

## 서부 개척의 중임을 짊어지다

적미군이 장안을 공격할 때 유수는 적미군이 결국은 장안을 점령하리라 여겨 한 갈래 부대를 관중에 파견해 자신도 적미군과 경시 정권의 쟁탈 기회를 이용해 어부지리를 얻으

**세밀한 녹색 유약 도기 망루**

섬서성 동관潼關의 묘에서 출토된 4층의 누각식 건축물이다. 건축물이 토성에 둘러싸인 뜰의 중간에 자리잡았는데 매 층을 모두 독립적으로 분해할 수 있다. 2층 이상 네 각에는 모두 비첨이 있고, 정면 처마 밑에 두공이 있으며, 지붕 위에 기와와 와당이 있다. 3, 4층에 밑판과 구멍을 낸 창살이 있다. 주의할 바는 3, 4층 측면의 창문에 각각 1명의 작은 사람이 내다보고 있는 점인데 상당히 세밀하다. 현재 섬서성 박물관에 소장되어 있다.

려 했다. 그러나 유수는 한창 산동 지역에서 작전중이 었으므로 몸을 빼어 군사를 거느리고 떠날 수가 없었 다. 그는 오직 등우만이 침착하게 큰 국면을 파악한다 고 여겨 관중 탈취 임무를 그에게 맡겼다. 등우는 전장 군 부절을 지닌 신분으로 2만 정병을 거느리고 기관箕 關을 나서서 하동군河東郡에 진입, 북쪽에서부터 직접 관중 지역에 진출하려 준비했다.

등우는 유수 군중에서 고명한 전략가라 할 수 있었 다. 그러나 그는 수하에 중병을 거느리고 복잡한 군사 환경에서 기발하고도 신속한 전법으로 싸우는 공략 에 능한 장수는 아니었다. 등우는 아직 하남을 떠나기 도 전에 이미 기관에서 경시 군사의 하동 도위에게 10 여 일이나 막혀 있었고, 하동 수부 안읍安邑 근처에서 또 저항을 받아 수개월 간 한 걸음도 전진하지 못했 다. 등우는 해현解縣에서 경시 대장 번참樊參의 수만

군사를 무찌르고 번참의 목을 베었지만 왕광王匡·성 단成丹이 하동·홍농 2군의 남은 역량을 규합해 쳐들 어오자 또 패전했다. 효기 장군 번숭樊崇이 전사하고 한나라 군사의 여러 장군이 밤을 도와 철수하려 할 때, 등우는 경시 군사의 작전 습관에 맞추어 휴식 정 돈을 한 후 기운이 왕성한 군사로써 지친 경시군에 맞 서 겨우 경시 군사를 하동군 경내에서 몰아냈다. 이때 유수는 바로 호성에서 제위에 올랐는데 조서를 내려 등우를 대사도로 임명하고 찬후鄼侯로 책봉했다.

## 공훈 일인자

등우는 군사를 거느리고 분음하汾陰河를 건너 관중 변경에 진출했다. 이때 적미군은 장안에 진출했다. 경 기 지역은 연이어 전란을 입고 경시·적미·지방 토 호 3대 세력 간에 어느 세력을 추종해야 할지 몰랐는 데, 갑자기 새로 온 한나라 군사가 규율이 엄정함을 보자 모두 찾아와서 귀순했고 대사도의 명성이 한동 안 관서 지역에 진동했다. 광무제도 기뻐하며 연이어 조서를 내려 포상했다. 그러나 한나라 군사의 장령將

**예술적 미감이 풍부한 구리 등대**

고대 사람들의 조명 조건은 지금보다 못하지만 그들은 제한된 광원 을 매우 잘 운용해 하나의 구리 등대에 3개의 구리 쟁반을 놓고 각 각 1대의 초를 켜서 빛이 서로 다른 방향에서 비추게 했다. 이렇게 하면 보기도 좋거니와 실용적이다. 상하로 용이 한 마리씩 도사리 고 있으며 중간에 새 몇 마리가 앉아 있어 낮에도 잘 감상하면 역 시 보기 드문 향수를 누릴 수 있다.

### ●●● 역사문화백과 ●●●

**[천문 중의 '오성']**

《회남자淮南子·천문훈天文訓》에 '오성五星'의 명칭이 있다. 동 방은 '목'으로 제帝는 태호太昊, 수獸는 창룡蒼龍이다. 남방은 '화'로 제는 염제炎帝, 수는 주조朱鳥이다. 중앙은 '토'로 제는 황제黃帝, 수는 황룡黃龍이다. 서방은 '금'으로 제는 소호少昊, 수 는 백호白虎다. 북방은 '수'로 제는 전욱顓頊, 수는 현무玄武다.

領과 지방 호걸들이 등우를 찾아와 장안 공격을 권유할 때 등우는 도리어 동의하지 않았다.

"안 됩니다! 지금 우리 군사는 매우 많은 것 같지만 진정 싸울 수 있는 사람은 얼마 안 되며, 장안성 내에는 지금 군량과 물자가 얼마 안 되고 뒤에 또 지원자도 없습니다. 적미군이 득세해 당장 맞설 수는 없지만 그들은 오래가지 못할 것입니다. 저는 지역은 넓은데 사람이 드문 상군上郡·북지北地·안정安定 3군에 의지해 이곳의 양곡과 가축으로 휴식 정돈한 후 상대방의 변화를 기다리려 합니다."

이런 얼토당토 없는 말에 사람들은 몹시 실망했다. 광무제는 등우가 군사를 움직이지 않음을 보고 조서를 내려 진군을 재촉했으나 그는 자기주장을 고집했다. 등우는 외출해 군량을 징집하면서 적노 장군 풍음馮愔과 거기 장군 종흠宗歆을 남겨 순읍栒邑을 지키게 했다. 풍음은 권력 쟁탈로 종흠을 죽이고 군사를 일으켜 등우에게 반격했다. 이에 등우는 조정에 보고할 수밖에 없었다. 조정은 상서 종광宗廣을 파견해 이 일을 처리하게 했다. 한 달 남짓한 후 풍음의 호군 황방黃防이 풍음을 체포해 종광에게 데려왔다.

건무 2년(26)에 적미군은 장안에서 버티지 못해 일단 우부풍으로 서진했다. 등우는 그제야 비로소 장안성에 진입, 곤명지에 주둔하고 상황을 조정에 보고했다. 얼마 후 적미군이 장안으로 되돌아오면서 등우를 고릉高陵으로 몰아냈고, 등우 군사는 군량이 부족해 병사들이 모두 대추와 야채로 주린 배를 달랬다.

광무제는 등우에게 퇴군하게 하고 풍이馮異를 대신 보내어 관중을 경영하려고 결심했다. 등우는 자신의

**큰 면양과 작은 산양**
두 마리의 엎드린 양은 보드라운 흙으로 빚은 것으로 회색 도기에 속한다. 큰 면양은 머리를 쳐들고 가슴을 내밀고 고요히 엎드려 있는데 두 뿔은 뒤로 감겨 고리 모양을 이루었다. 몸통은 매우 살쪘는데 이는 면양의 건실한 체형 특징을 나타내고 있다. 작은 산양은 조형이 비교적 구체적이고 세부 묘사가 잘되어 있다. 머리는 약간 뒤로 기울고 두 뿔은 단단히 뒤로 향하고 있다. 두 눈은 불거지고 눈알이 분명히 보이며, 코의 두 구멍은 송곳으로 찔러 냈고, 목과 동체가 자연스레 굽힌 채로 땅에 엎드려 있는데 뒷다리의 감긴 구조가 정확해 더욱 동적 미감을 준다.

체면이 손상됨을 보고 빈번히 기아에 허덕이는 부하들을 내몰아 적미군을 공격, 매번 패전하고 말았다. 등우는 부대를 거느리고 동관을 나서서 동으로 회군하는 길에 화음華陰에서 풍이의 대군을 만났다. 등우는 또 거기 장군 등홍鄧弘과 함께 억지로 풍이를 남겨 역시 동으로 귀환하는 적미군과 접전하여, 적미군의 가짜 군량 수레 계책에 빠져 참패했다. 등우는 거우 24기만 거느린 채 의양宜陽(지금의 하남성 의양 서쪽)으로 도망쳤다. 결국 대사도 및 찬후의 직위를 조정에 반납할 수밖에 없었다. 몇 달 지나서 광무제는 등우에게 우장군 직위를 수여했다.

건무 13년(37)에 전국이 기본적으로 평정되고 여러 공신들의 식읍이 모두 늘었다. 조정은 등우를 고밀후高密侯에 식읍 4현으로 정했다. 광무제는 등우의 공로가 특별하다고 인정, 그의 동생 등관鄧寬을 명친후明親侯로 추가 책봉하고 등우의 대사도 직위를 회복시켰으며, 그에게 자기와 함께 동방의 태산 봉선에 참가하게 했다. 등우는 한나라 명제 원평 원년(59)에 병사하니 향년 57세다.

동한

8 ~ 220

# 032

## 운대의 스물여덟 장수

운대의 28장수는 출신이 어디든 모두 광무중흥을 위해 있는 지혜와 힘을 다한 공신들이다. 이것이 광무제의 의지든, 명제의 뜻이든 공신에 대한 표창은 모두 유씨 강산 사직을 위한 것이다.

한나라 명제明帝(광무제의 아들) 영평永平 3년(60)에 명제 유장劉莊은 광무제 중흥을 보좌한 28명 공신을 표창하기 위해 남궁南宮 운대雲臺에 등우鄧禹 · 마성馬成 · 오한吳漢 · 왕량王梁 · 가복賈復 · 진준陳俊 · 경감耿弇 · 두무杜茂 · 구순寇恂 · 부준傅俊 · 잠팽岑彭 · 견담堅鐔 · 풍이馮異 · 왕패王霸 · 주우朱祐 · 임광任光 · 제준祭遵 · 이충李忠 · 경단景丹 · 만수萬脩 · 개연蓋延 · 비동邳彤 · 조기銚期 · 유식劉植 · 경순耿純 · 장궁臧宮 · 마무馬武 · 유륭劉隆의 화상을 걸어놓아 기념했다. 이것이 바로 저명한 운대 스물여덟 장수다. 뒤이어 또 왕상王常 · 이통李通 · 두융竇融 · 탁무卓茂 등 4명을 추가해 도합 32공신이 되었다.

이른바 28장수는 당년 녹림 봉기군 출신 아니면 왕망 시대 각 계층 인사들로, 모두 광무제 유수를 따라 생사를 무릅쓰고 하북 지역에서 기반을 개척하던 심복 신하들이다. 그중에는 낙양을 공략하고 관중을 평정하며 감숙 · 사천의 정치적 적수를 없애는 등 전쟁에서 혁혁한 전공을 세운 마치 팔다리와 같은 부하들도 있다. 추호도 의심할 바 없이 이 28장수는 이미 정평이 나 있는 사람들이다. 후에 추가한 4명은 아마 명제의 인가를 거쳐 보충한 사람들일 수 있는데 그들의 공적은 확실히 28장수와는 다소 차이가 있다.

東漢二十八宿全圖

중국을 말한다

《후한서後漢書 · 탁무전卓茂傳》
《후한서後漢書 · 이통전李通傳》
《후한서後漢書 · 왕상전王常傳》

출전

## 굳건한 왕상

왕상은 녹림 시대의 원로로서 적미 · 동마보다도 더 앞서 왕망을 반대해 봉기했다. 녹림군이 전염병을 만났을 때 그는 부하들을 거느리고 남하해 형주荊州 남군南郡에 갔다. 그러므로 '하강병下江兵' 이라 부르는데 왕봉王鳳 · 왕광王匡의 '신시병新市兵' 과 진목陳牧의 '평림병平林兵' 과 서로 호응했다. 용릉 유씨 자제(용릉후 유인의 후손을 가리킴)는 군사를 일으킨 후 신시 · 평림 두 갈래 군사와 모두 연계를 가지고 있었다. 유연劉縯 · 유수의 대오가 여러 번 왕망의 대군에 패할 때 신시 · 평림 군사는 왕망의 세력이 강함을 보고 다른 지방으로 흩어지려 함으로써 유씨 형제를 위험에 빠뜨렸다. 다행히 5000명의 하강병이 당도해 영채를 세웠기에 유씨 형제는 즉시 달려가 연락했다.

왕상은 하강병의 주요 장수로서 그들을 접대하고 유연의 "왕망이 포악해 백성이 한나라를 그리워하므로 유씨가 부흥한다"는 설을 받아들여 유연 · 유수가 다시 기세를 돋우게 했다. 또 유씨 군주를 옹립하는 문제에서 왕상은 유연의 등극을 지지했다.

경시 황제가 옹립된 후 왕상은 정위廷尉 대장군으로 임명되었다. 경시 황제가 신시 · 평림의 여러 장수들과 함께 유연을 살해할 때 왕상은 그 일에 참여하지 않았다.

경시 황제가 실패하고 유수가 낙양을 공략한 후 왕상은 형주로부터 찾아와 웃통을 벗고 죄를 빌었다. 광

**강산을 탈취한 28명 공훈 장수**
이 두 폭의 청나라 말기 〈동한28수전도〉 연화에 나오는 인물은 광무제 유수를 도와 강산을 찾은 28명 공훈 장수인데, 유수를 제외하고 왕패 · 제준 · 경순 · 구순 · 이충 · 조기 · 등우 · 부준 · 두무 등이 있다. 28명은 바로 하늘의 28수에 대응하므로 〈동한28수전도〉라 부른다.

무제는 기뻐하며 말했다. "짐이 정위를 보니 남방(형주 지역을 가리킴)의 일을 근심하지 않게 되었네!" 왕상은 이로부터 군사를 거느리고 동서로 정벌했고 최후로 흉노에 의탁한 할거 세력인 노방盧芳과의 대치 전투를 지휘하다가 건무 12년(36)에 군중에서 죽었다. 그에 대한 광무제의 평가는 "한실을 보좌함에 그 마음 금석과도 같다"는 것이다.

## 믿음직한 이통

이통은 남양 완성의 상인 가정 출신으로 일찍이 왕망 시대에 작은 관리를 지냈다. 그의 부친 이수李守는 왕망의 국사 유흠劉歆 문하에서 일했는데 역시 참서

해설자로서 이통에게 "유씨가 부흥하되 이씨가 보좌한다"는 함의를 해석해 준 적이 있었다. 하강·신시 군사가 남양 지역에 진입할 때 이통은 사촌 동생 이질·이송과 함께 유씨 종실에 투신해 용릉에서 봉기했다. 왕망은 장안의 이수 전 가족과 남양에 있는 이통의 인척 64명을 전부 살해했다. 유연을 살해할 때 이질은 경시 편에 섰다. 경시는 황제로 칭한 후 이통을 대장군으로 임명, 뒤이어 보한후輔漢侯와 평서왕平西王으로 봉하며, 이질을 무양왕武陽王으로 봉하고, 이송을 승상으로 임명했다.

경시가 이통을 파견해 형주를 지키게 하자 이통은 유수의 여동생 백희伯姬를 아내로 맞아 영평寧平 공주라 칭했다. 유수는 황제로 칭한 후 이통을 불러 위위衛尉로 임명, 고시후固始侯에 봉하고 후에 다시 대사농·대사공으로 임명했다. 건무 18년에 병사했다.

### 명장 약왕藥王

보정 안국시保定安國市는 고대에 기주祁州라 불렀는데 800여 년 전의 북송 시대에 이미 중국의 유명한 약재 집산지가 되었다. 청나라 도광 연간에 최고봉에 이르러 '약주藥州'라 불리고 "기주 약재는 천하에 명성을 날린다"는 영예를 얻었다. 기주 약재는 약왕 비동으로부터 기원되었다. 비동은 본래 동한의 개국 공신으로 한나라 광무제 수하 운대 28장수의 하나이며 일찍이 곡양군曲陽郡 태수를 지냈다. 이 사람은 문무를 겸비하고 의학에 정통해 그 명성이 사해에 떨쳤는바 당시 사람들을 잘 구제하는 청렴한 관리로서 '약왕'이라 불렸고 사후 안국 남쪽 교외에 매장되었다. 현지 민중은 그를 기념하기 위해 송휘종 숭령崇寧 2년(1103)에 약왕묘를 건축, 집회를 열어 그를 기념했다. 이 그림은 청나라 각본 《신각비평동한연의》에 실려 있다.

#### ●●● 역사문화백과 ●●●

**[한나라 시대 글자 교본 《급취장》]**

《급취장急就章》이라는 책 이름은 첫 구절의 두 글자 '급취'를 따온 것이다. 이 글자 교본은 34장인데 7자 운율을 위주로 해 성씨·의복·음식 등에 의해 분류, 도합 2144자다. 아동이나 학문을 처음 배우는 사람에게 글자 및 당시 '장초章草'라고 했던 초서체를 가르치기 위한 책이었다.

## 관후하고 인자한 탁무

탁무는 인생의 태반을 서한 왕조 시대에서 보내고 왕망 시대와 경시 시대에 모두 장안에서 벼슬을 했으며, 유수가 황제로 칭한 지 4년 만에 죽었다. 이런 인물을 중흥 공신에 들게 한 것은 아마 광무제의 본의가 아닐 것이다. 탁무 역시 남양 완성 사람으로 부친과 조부는 모두 군수라는 큰 벼슬을 했다. 그는 서한 원제 때 장안에 유학하면서 통유通儒라 불렸다. 그는 위인이 관대하고 인자하며 자신을 높이지 않았다. 그러므로 고향 사람들은 성격이나 재능이 그보다 훨씬 못하지만 모두 그와 어울릴 수 있었다.

탁무가 승상 문하에서 관리로 있으면서 한번은 수레를 몰고 문을 나서는데 누군가 그의 말을 가리키며 자기가 잃은 말이라고 했다. 탁무가 그 사람에게 말을 잃은 지 얼마나 오래되었는가 물으니 그는 한 달 남짓 되었다고 했다. 사실 탁무가 사온 말은 이미 여러 해나 되어 이 사람이 착각했음이 분명하지만 탁무는 그래도 말을 그에게 넘겨주고 자기는 수레를 끌고 돌아갔다. 후에 이 사람은 잃은 말을 되찾고 탁무의 말을 도로 가져오면서 머리를 조아리며 사죄했다. 탁무는 일찍이 밀현密縣 현령으로 있었는데 그는 관리에 능숙하지 않아 일부 현내 사무는 정체 상태에 처했다. 인근 현의 사람들이 암암리에 그를 비웃고 군수도 특별히 보조 현령을 파견했다. 그래도 탁무는 성을 내지 않고 여전히 자기 방식대로 일을 처리했다.

몇 년이 지나 밀현의 교화가 확실히 좋아졌다. 왕망

### 신화적 의미가 풍부한 우인 받침 구리 등잔
우인羽人은 신화 중의 두 날개를 가진 사람 모양을 한 신선이다. 기물의 장식에서 우인은 대부분 꿇어앉은 자세를 취하고 있다. 양한 시대, 특히 동한 시대에 참위학의 성행으로 말미암아 날기를 원하고 신선을 갈망함은 사람들이 추구하는 최고의 사상이 되었다. 그래서 우인의 형상은 점차 부장 기물과 일부 일용품에서 늘 보는 장식의 하나가 되었다.

시대에는 그를 대사농 속리로 등용했고 경시 황제는 그를 시중 제주로 임명했다. 광무제가 호성에서 등극할 때 탁무는 이미 70여 세가 되었지만 소집에 응해 하양河陽, 지금의 하남성 맹현 서북쪽에 가서 광무제를 알현했다. 광무제는 그에게 태부의 칭호와 함께 식읍 2000호의 포덕후襃德侯로 봉하고 의장과 수레를 하사했다. 당시 광무제는 그에게 내린 조서에서 이렇게 말했다. "무왕이 주紂를 주살하매 비간比干의 묘를 책봉하고 상용商容의 문호를 표했도다." 여기에서 말하는 비간은 은왕의 아들이고 상용은 현명한 신하로, 모두 공신과는 상관이 없는 인물이다. 명제가 이런 인물을 공신도에 나열한 것은 새로운 왕조을 위해 훌륭한 신민의 본보기를 보여 주는 정치 행위이다.

# 033

## 용맹한 장수의 대도살

왕조가 바뀔 때면 이른바 혼란을 바로잡는 군주의 신변에 늘 피에 주린 정복자들이 모이게 된다. 이들은 늘 조류에 적응하는 면사포를 쓰기는 하지만 선량한 사람들은 여전히 그들을 일일이 식별해 낸다.

진·한나라 이래 사회가 혼란하고 왕조가 바뀔 때마다 황위 추구자의 신변에는 군주에게 의지하는 풍운아들이 출현했는데, 이런 인물들은 청사에 이름을 남기는 공신이 되었다.

### 공을 탐내고 살인에 젖은 오한

오한吳漢은 남양 완성 사람으로 본현에서 정장亭長을 지냈다. 왕망 말년에 오한은 수하 사람이 법을 위반하자 북방의 어양군으로 도망쳐 말 장사로 연명하면서 장기간 연燕·계薊 사이를 내왕하면서 이 일대의 호걸들과 사귀었다. 오한은 겉보기에 학식이 적고 마음속 의사를 제대로 표시하지 못하는 우직한 사나이 같았지만 실제 그는 용맹하고 속셈이 강한 사나이였다. 경시 황제가 제위에 오른 후 오한은 어양 산하의 안락현安樂縣에 현령으로 파견되었다. 왕랑의 세력이 하북 일대에서 돌연히 궐기해 유주·연주 변경 지역도 상당히 소란스러울 때 왕망 시대로부터 내려온 대소 관리들은 제2차 정치 귀속 선택을 해야 했다. 바로 이때 사예 교위 신분을 가진 유수가 나타나 오한의 흥

#### 용맹하고 모략을 잘한 오한
오한은 자가 자안子顔이며 동한 개국 명장이다. 유현 정권의 안락 현령으로 있다가 경시 2년(24)에 유수를 따랐다. 그 20년 종군 생애에서 동마·중련 등 농민 봉기군을 진압, 왕랑·유영劉永·동헌董憲·외효·노방盧芳 등 세력을 제거, 편장군·대장군·대사마를 역임, 광평후廣平侯에 책봉되었다. 건무 3년(27)에 유영의 부하 소무蘇茂를 광락에서 포위, 일시 패전하고 말에서 떨어져 상했으나 상처를 싸매고 계속 분전하고, 장수들을 격려해 대승리를 했다. 12년에 유수가 사천을 공격할 때 오한은 성도성 밖까지 돌입, 공손술의 10만 군사의 포위 속에 빠졌으나 나중에 승전해 동한 왕조의 통일을 위해 탁월한 전공을 세웠다. 건무 22년에 병사했다. 이 그림은 청나라 기, 민국 초기 마태의 《마태화보》에 실려 있다.

미를 끌었다. 그는 유수에게 투신해 왕랑을 격파하는 것으로 '한 세대의 공'을 세울 것을 어양 태수 팽총彭寵에게 진언했다. 팽총 역시 공을 세울 기회를 잡으려 했다. 이때 상곡上谷 태수 경황耿況의 아들 경감이 유수의 명을 받들고 찾아와 유·연 기병을 모집하고 있었다. 이에 쌍방은 즉시 합의를 보았고, 팽총은 3000기병을 오한·개연蓋延·왕량王梁에 넘겨 주며 경감을 따라 남하해 왕랑의 기반을 부수게 했다. 팽총은 유수에 의해 경시 조정의 명의로 건충후建忠侯에 봉해지고 대장군 칭호를 받았다. 이때 오한은 유주 기병을 거느리고 직접 유수의 지휘를 받았고 재빨리 경감·주부朱浮 등과 대장군이 되었다. 동마·청독·우래 등 농민군을 없애고 경시가 파견한 사궁謝躬을 제거하는 여러 전투에서 오한은 항상 앞에서 돌격하면서 힘을

중국을 말한다

《후한서後漢書 · 경감전耿弇傳》
《후한서後漢書 · 오한전吳漢傳》   출전

아끼지 않았다. 유수는 황제로 칭한 후 오한을 대사마 무양후舞陽侯로 봉했다.

건무 11년(35)에 오한과 정남 대장군 잠팽은 명을 받고 사천에 진입했다. 오한이 군사를 거느리고 성도성에 돌입했을 때 공손술과 연잠은 성 밖에서 용사들을 조직해 반격했다. 연잠은 기치를 한껏 세우고 북을 치며 싸움의 기세를 돋우는 동시에 다른 부대를 파견해 성 뒤를 습격해 오한의 부대를 대파하고 오한을 핍박해 강물에 뛰어들게 했다. 오한은 하마터면 목숨을 잃을 뻔했으나 다행히 말꼬리를 잡았기에 언덕에 오를 수 있었다. 후에 공손술은 전사하고 연잠은 성을 바치고 투항했다. 창피감이 분노로 변한 오한은 입성한 후 사흘 동안 공손술 처자와 가족을 전부 죽이고, 연잠을 멸족하고 궁실을 불태워 버렸다. 광무제는 이 소식을 듣고 몹시 진노해 조서를 내려 오한을 질책했다. 오한을 질책했는가는 알 길이 없지만 그의 부하 유상劉尙에 대한 질책은 사서에 보존되어 있다. "성이 투항한 지 3일이 되고 속리과 백성이 복종하는 터에 군사를 종용해 어린이와 노모 1만 명을 불태웠으니 듣기만 해도 콧마루가 시큰하도다!"

## 도살 제후 경감

경감耿弇의 선조는 한나라 무제 때 2000석의 지방 고관을 지냈고 규정에 의해 가족을 부풍扶風 무릉茂陵에 옮겼다. 경시가 황제라 칭할 때 경감의 부친 경황은 상곡 태수로 있었다. 자기의 관직이 왕망의 임명에 의한 것이므로 그는 아들을 파견해 공물을 가지고 경시 황제를 알현하려고 했다. 경감은 출발한 후 바로 노노盧奴, 지금의 하북성 정주定州에서 민심을 수습하고 있는 유수를 만나 일을 보았다. 당시 왕랑의 세력이 매우 커서 유수는 하북에 발을 붙이지 못했는데 경감은 상곡 · 어양에 가서 정병을 모집해 한단을 고수

**정밀하고 아름다운 석각 도안의 마호애 묘**
사천성 낙산시樂山市 교외 마호만麻浩灣에 유명한 마호애麻浩崖 묘가 있다. 묘는 문 · 형당 · 묘도 · 관실 등으로 구성되어 있고, 묘도의 문 기둥에 '양가陽嘉 3년'이란 글자가 있다. 이 묘는 동한 중엽에 건축되었다. 묘에 정밀하고 아름다운 석각 도안이 있다.

하는 왕랑 세력과 대항하자고 제안을 했다. 경감은 창평昌平에 돌아온 후 경황을 설복했고 경황은 팽총과 합의해 각각 기병 2000명, 보병 1000명씩을 내어 유수를 지원하러 남하하기로 했다. 경감은 수중의 상곡 기병을 거느리고 어양 방면의 오한 · 개연과 협력해 남하하는 도중 왕랑 부하의 현읍과 교전해 왕랑의 장교와 관리 400여 명, 병졸 3만 명을 죽이고 22개 현을 공략하면서 광아廣阿, 지금의 하북성 융요隆堯 동쪽에 이르러 유수와 만났다. 유수는 즉시 상곡 · 어양에서 온 장수들을 전부 편장군으로 위임했다. 광무제는 황제로 칭할 때 경감을 건위 대장군으로 봉했다. 그 후 경감은 주로 산동 지역에서 각지 농민 봉기군 및 할거 세력과 맞서 싸웠다.

경감은 건무 13년(37)에 관직을 그만 두고 집에서 쉬다가 한나라 명제 영평 원년(58)에 죽었다. 사서는 이렇게 기록했다. "경감은 자신이 평정한 46군 중 300개의 성을 살육하고도 끝내 무사했다." 이 권세에 의지한 장군은 14년의 종군 생애에 매년 20여 개 성의 도살을 진행했으니 그의 칼 아래에 어찌 1만 구의 해골뿐이랴!

| 중국사 연표 |

**73년** 반초班超가 우전에 이르니 우전이 투항, 서역과 한나라가 65년 동안 단절되었다가 이로부터 다시 통합되었다.

# 034

## 모습을 드러낸 억센 풀

곤경에 처한 천하 쟁탈자의 가장 큰 기대는 자신의 추종자들이 억센 풀이기를 바라는 것이다. 추종자는 정권 쟁탈자가 역경에 처할 때 더욱더 굳센 반석처럼, 억센 풀포기처럼 행동해야 한다.

무릇 사회에 변이 생길 때면 흔히 형세를 제대로 파악하고 기회를 포착하는 한패의 영웅 호걸이 출현한다. 그러나 이런 인물들은 그 사업에 대해 비상한 집착을 보여야 진정 성공할 수 있다. 한나라 광무제 유수의 창업 시 추종자이며 왕향후王鄕侯 · 부파후富波侯 ·

### 질풍에 억센 풀이 모습을 드러내다

왕패는 유수를 따라 곤양의 싸움에 참가하고 후에 고향에 돌아가 휴양했다. 유수가 사예교위로 영천을 지나는데 왕패는 유수를 따라가려고 부친에게 말씀을 드렸다. 그의 부친은 이렇게 말했다. "나는 이미 늙어 군대의 일을 감당할 수 없으니 네가 가거라!" 이에 왕패는 유수를 따라 낙양에 이르렀다. 후에 유수가 대사마가 되니 왕패는 공조령사로 유수를 따라 하북을 개척했다. 당초에 왕패를 따라 나선 사람이 수십 명이었는데 하북에 이르니 전부 흩어졌다. 유수는 왕패에게 말했다. "당초에 영천에서 온 사람들은 전부 떠나가고 그대 홀로 남았으니 참으로 질풍에 굳센 풀이 모습을 드러냈네!" 이 그림은 청나라 말기, 민국 초기 《마태화보》에 실려 있다.

회릉후淮陵侯로 책봉된 동시에 홀로 북부 흉노를 20여 년간 막아 낸 상곡 태수 왕패王覇가 바로 이런 사람이다.

### 목숨을 내건 추종자

일찍이 유수가 큰 관을 쓰고 몸에 붉은 저고리를 입고 군사를 일으켜 왕망을 반대할 때 왕패는 이미 스스로 군영에 찾아가 투신, 곤양昆陽 보위전에 참가한 후 바로 고향에 돌아갔다. 유수가 경시 황제의 파견을 받고 낙양성을 정돈할 때 왕패는 부친의 동의를 거친 후 재차 유수에게 투신했다. 유수가 대사마 신분으로 하북 지역에서 홀로 국면을 개척할 때 왕패는 공조령사功曹令史의 명의로 그 뒤를 따라 앞길을 예측할 수 없는 조趙 · 위魏 지역에 이르렀다. 그때 유수가 영천 일대에서 모집해 온 부하들은 전부 떠나갔다. 유수는 감개무량해 왕패에게 말했다. "영천 일대에서 나를 따라온 사람들은 모두 떠나갔지만 그대만은 남았네. 그대 힘을 내세! 굳센 풀은 질풍에 모습을 드러내는 법이네!"

유수는 계현에 가서 현지의 군 · 현 관원들을 모집할 때 참주僭主 왕랑의 심한 압제와 타격을 받았다.

●●● 역사문화백과 ●●●

[남북두신]

고대 사람들은 오래전부터 이미 북두성의 천문학적 의미를 알고 있었다. 사마천의 《사기》에 바로 그 내용이 있다. 남두南斗는 28수 중 두수斗宿로서 북두의 위치에 대해 상대적으로 부르는 이름이다. 《사기》의 기록으로부터 민간 신앙에서 차지하는 남북두의 중요한 위치를 알 수 있다. 동한 이후 초기의 도교는 남두가 생을 표시하고, 북두가 죽음을 표시한다고 선양하며 더 한층 남북두南北斗를 신격화했다.

《후한서後漢書·왕패전王霸傳》  출전

8~220

동한

**장군과 질경이**

동한 명장 마무馬武는 군사를 거느리고 가파른 산길을 걷고 있었다. 이때는 한창 무더위라 여러 날 행군하며 물도 제대로 마시지 못한 병사와 말들은 소변에 피가 섞여 흘러 그 통증을 참기 어려웠다. 어느 날 마무의 마부는 갑자기 한 전마의 오줌에 피가 없어짐을 보고 매우 기괴해 세심히 관찰한 결과 이 말이 연이어 며칠 동안 길가의 잎이 너른 풀을 뜯어 먹었음을 발견했다. 그는 그 풀을 뜯어다가 솥에 넣고 달여 그 탕을 마셨더니 이틀 만에 자기의 소변에도 피가 사라졌다. 마부는 너무나 기뻐 즉시 장군에게 보고했다. 이로써 질경이와 그 약용 가치가 널리 전해졌다. 이 그림은 청나라 각본 《신각비평동한연의》에 실려 있다.

유수는 날카롭게 맞서 왕패에 명해 계현 시장에 가서 군사를 모집하게 했다. 왕패는 저잣거리에서 소시민들의 조소를 받고 모욕을 참으며 돌아왔다. 이때 왕랑의 추격병이 뒤쫓아 왔다. 유수와 그 수하 막료들은 물결이 거센 호타하 강변에 막혀 버렸다. 속리가 보고하는 말이 강물이 아직 얼지 않았고 배도 보이지 않아 강을 건널 수 없다는 것이었다. 부하들이 모두 낭황해

**대대로 전해 내려오는 진품 무사율관**

율관은 고대 음율 제도의 표준기다. 이 동한 시대 초기 기구는 저명한 진품으로 청동 주조 제품이다. 고대 규정에 따르면 무릇 나라를 세운 자는 도량형을 바로잡는 차원에서 음률을 바로잡아야 한다. 이 율관은 고대 문헌 중 동률의 유일한 현존 물증으로서 지극히 진귀하다. 이는 고대 악률학·계량학의 연구에 중요한 가치를 띤다.

어찌할 바를 모르는데 유수는 다시 왕패를 파견해 살펴보라고 했다. 강물에 작은 얼음덩이만 떠다니는 걸 보고 이대로 보고한다면 여러 사람이 더욱 놀랄 것이라 짐작한 왕패는 아예 거짓말을 했다. "강물이 이미 다 얼었습니다." 이에 유수 일행은 강물을 향해 걸음을 다그쳤다.

그런데 그 사이 큰 얼음덩이들이 한데 이어지며 진짜로 얼어붙어 수레가 겨우 건너갈 수 있었다. 유수 일행이 금방 다 건너가자 또 얼음덩이들이 흩어졌다. 유수는 다 알아차리고 왕패에게 말했다. "일행을 안정시켜 평안히 강을 건너게 한 것은 전부 그대의 공로일세!" 1년간 악전고투한 결과 유수는 마침내 왕랑을 격파했다. 왕패는 한단성에서부터

**●●● 역사문화백과 ●●●**

**[한나라 시대 수렵]**

한나라 시대는 위로 황제에서부터 아래로 고관 귀족에 이르기까지 대부분 사냥을 좋아했다. 어떤 사람은 말을 달리며 활을 날려 수렵하고 어떤 사람은 사냥개를 이용했다. 수렵 시 화살에 비단실을 매어 조류가 살을 맞은 후 도망치지 못하게 했는데, 이런 방법을 가리켜 익사弋射라 불렀다.

도망친 참주 왕랑을 쫓아가 죽여 마침내 자신이 계성 薊城에서 받은 모욕을 씻었고, 이 공로로 왕향후로 책봉되었다.

## 패전하는 군사를 구원하지 않는 추종자

한번은 유수가 친히 주건周建을 정벌해 군사를 초현譙縣에 주둔시키고 왕패와 마무馬武를 수혜垂惠에 보내어 주건을 공략하게 했다. 주건의 동맹자 소무蘇茂가 4000명 정병을 거느리고 지원하러 와서 먼저 기병으로 마무의 군량을 탈취했다. 마무가 군영에서 나가 저항하는데 주건이 수혜성에서부터 달려 나와 마무를 협공했다. 마무는 왕패를 믿다가 주·소 양군의 협공에 패전하고 말았다. 마무의 부대가 퇴각할 때 왕패의 영채를 지나갔는데 마무는 큰 소리로 구원을 청했다. 왕패는 말했다. "적군의 기세가 한창 성한 터에 우리가 출격한다면 함께 패전을 하게 되네. 자네 그대로 버티는 수밖에 없네!' 왕패의 수하 장수들은 모두 패전한 군사를 구원하자고 했으나 왕패는 이렇게 해석했다. "소무의 군사는 정예부대이므로 우리 군사들

이 이미 겁을 먹고 있네. 마무와 우리가 서로 협조하면서 양군이 모두 필사적으로 싸우지 않는다면 반드시 패전하게 되네. 지금 한사코 버티다가 일단 적군이 늦춰지는 기미가 보이면 그제야 출전할 수가 있네." 격전은 상당히 오래 지속되었다.

왕패 군중의 노윤路潤 등 수십 명 용사들은 상투를 다 잘라 버려 필사의 결심을 표시하면서 출전했다. 왕패는 아군의 사기가 이제 상승함을 알아채고 즉시 적군의 배후를 질풍같이 들이쳤다. 주·소 양군은 앞뒤로 적을 마주치자 진영이 흩어지며 뿔뿔이 도주했다. 왕패는 그제야 마무와 함께 각자의 영채로 돌아갔다. 주·소 양군은 흩어진 부대를 집결해서 다시 도전했다. 왕패는 이를 악물고 계속 출전하지 않았다. 소무는 궁노수를 시켜 왕패의 군중에 화살을 마구 쏘게 했다. 화살이 왕패 좌석 앞의 술잔을 맞혀 깨뜨렸건만 왕패는 여전히 끄떡도 하지 않았다. 그날 밤 주·소 양군은 물러날 수밖에 없었다. 이때 주건의 조카 주송周誦이 마음이 변해 성을 차지하고 문을 열어주지 않아 주·소 양군은 타지를 전전할 수밖에 없었다. 주송은 왕패의 군영 앞에 찾아와 성을 바치고 투항했다.

왕패의 문재나 무재는 모두 일류 수준이 못되지만 그는 철석같이 굳은 신념에 의해, 그리고 군사에 대한 깊은 이해에 의해 어느 전쟁터에 가든 모두 승전할 수가 있었다. 후에 그는 변경을 20여 년이나 지키면서 흉노·오환과 100여 차례나 싸웠지만 한 번의 실수도 하지 않아 북부 변경을 무사히 지켰다. 왕패는 '질풍'에 끄떡도 하지 않는 '억센 풀'이 되기에 손색이 없다.

### 최초의 도시 지도 – 영성 지도
내몽골 호린게르和林格爾 현 동한 묘에서 출토된 도시 지도 벽화 중 '영성 시중寧城市中'은 토성으로 둘러싼 정방형으로 영성과 외지 간 교역 시장이자 영성 중심의 상업구이다. 시장과 주민이 격리된 건축 분포는 중국 고대 도시 구조 특징을 최초로 반영한 진귀한 자료이다.

중국을 말한다

# 035

《후한서後漢書·주우전朱祐傳》
《후한서後漢書·경순전耿純傳》
《후한서後漢書·이충전李忠傳》
《후한서後漢書·조기전銚期傳》
출전

## 공신 중의 순후한 장자

말 위에 앉아 천하를 얻었으되 말 위에 앉아 천하를 다스리지는 못한다는 말은 봉건 사회의 진리이다. 그렇다면 중흥 영주 유수의 진영에 온건한 색채를 띤 몇몇 공신이 있었음은 이상한 일이 아니다.

천하를 탈취하는 과정에서 제위 쟁탈자의 수하에 오한·경감과 같이 피에 굶주린 맹장들만 있었다면 '한나라를 그리워하던 민심'은 아마 유수에게 돌아서지 않았을 것이다. 사실 유수의 공신 중에는 인정仁政을 베풀고 민심을 잘 어루만지는 훌륭한 관리가 적지 않았다.

### 노비를 해방하다

노비 문제는 서한 중후기에 남겨진 중요한 사회 문제의 하나로서 한 애제와 왕망 시대에 모두 해결하지 못했다. 26년, 즉 유수가 즉위한 이듬해부터 38년까지 선후 9차 조서를 내려 노비를 해방했다. 조서는 백성이었으나 팔려서 노비가 된 경우 부모를 따르려 하는 자는 자유로 돌아갈 수 있다고 규정했다. 또 노비가 사람을 활로 상하게 하면 사형에 처한다는 법률을 취소했다. 노비 해방은 전국에 걸쳐 적용되며 명에 대항해 노비를 해방하지 않는 자는 "약인법略人法으로 다스린다"고 했다. 유수의 노비 해방, 노비 학대 금지 정책은 많은 노비를 서민으로 회복시켜 사회 질서를 안정시키고 경제를 발전시켰다. 그림은 한나라 때 돌에 새겨진, 화장함과 등잔을 받든 노비다.

## 순후한 장자 조기

조기銚期는 신장이 8척도 넘고 용모가 엄숙하고 위엄이 있으며, 예법을 지키고 효도와 의리를 중히 여기는 사람이었다. 유수는 영천 협읍潁川陜邑을 순시하면서 만난 조기를 적조연賊曹椽으로 임명해 함께 계현으로 북상했다. 유수는 조기가 군사를 거느리는 재능이 있음을 발견하고 독자적으로 책임지고 성읍을 공략하게 했다. 왕랑이 패퇴된 후 조기는 호아 대장군으로 책봉되었다. 유수는 제위에 오른 후 조기를 안성후安成侯로 봉하고 위군魏郡 태수로 임명했다. 위군 수부 엽성의 도적 방어 관원 이웅李熊의 동생 이륙李陸은 성문을 열어 성 밖의 청독青犢 농민군을 몰래 맞아들이려고

### 전공이 혁혁한 경순

경순(?~37)은 자가 백산伯山이고 동한의 개국 공신이다. 건무 6년(30)에 경순은 동광후東光侯로 책봉되었는데 스스로 봉국에 가겠다고 요구했다. 그는 봉국에 간 후 백성의 어려움을 보살펴 백성의 깊은 사랑을 받았다. 이 그림은 청나라 말기 《역대명신상해》에 실려 있다.

8~220
동한

했다. 누군가 이 소식을 조기에게 보고했는데 소식이
세 번, 다섯 번 보고되어서야 조기는 이웅을 불러다
상황을 물었다. 이웅은 확실히 그런 일이 있다고 인정
하면서 모친과 함께 이 죽을죄를 받겠다고 했다. 조기
는 말했다. "만약 관리 노릇이 도적보다 내키지 않는
다면 돌아가서 모친을 모시고 이륙에게 의지해도 되
네." 이에 즉시 관원을 파견해 이웅을 호송해 성에서
내보냈다. 이웅은 이륙을 찾은 후 그를 데리고 업성
서문에 찾아와 자수했다. 이륙은 감동하기도 하고 부
끄럽기도 해 바로 성 밑에서 자살했다. 조기는 예의를
다해 이륙을 장사지내고 이웅의 원직을 회복시켜 주
었다. 백성들은 모두 조기의 위엄과 성의에 탄복했다.
조기는 군사를 거느리는 대장이 된 후 신의를 중히 여
기고 공략한 성읍에 대해 노략질하지 않았다. 조정에

서 조기는 군주의 일을 근심해 광무제가 말을 타고 사
냥하며 노는 것마저 미움을 사면서까지 간했다. 죽은
후 '충후忠侯' 시호를 받았다.

## 유장儒將 주우

주우朱祐는 남양 완성 사람으로 용릉 유劉씨가 외
가여서 평소에 유연·유수와 매우 친했다. 유수는 북
으로 순행할 때 역시 그를 호군으로 등용했다. 한나라
군사가 여구黎丘, 지금의 호북성 의성宜城 서북쪽에서
진풍秦豊을 포위 공격할 때 광무제는 어사중승 이유李
由를 파견해 황제의 옥새를 찍은 조서를 가지고 투항
을 권유하게 했다. 진풍이 귀순하지 않음은 물론, 겸
손하지 못한 말을 퍼붓자 광무제는 낙양으로 돌아가
며 주우에게 공격을 주관하게 했다. 이듬해 봄에 진풍
은 더 버티지 못하고 노모와 처자 9명을 거느리고 군
영 앞에 찾아와 투항했다. 주우는 진풍을 죄수 호송차
로 낙양에 보냈다. 진풍은 결국 처형당했지만 오한은
주우가 조서대로 처리하지 않고 사사로이 진풍의 투
항을 받았다고 탄핵했다. 그러나 광무제는 주우의 죄
를 묻지 않았다. 주우는 위인이 질박하고 솔직하며 유
학을 좋아해, 출정할 때 늘 투항을 받고 성읍의 공략
을 목표로 할 뿐 적을 많이 죽이는 것을 목표로 하지

### 질운이 감히 법대로 하다

어느 날 광무제는 사람들을 거느리고 낙양 교외에 가서 하루 동안
사냥을 하고 저녁이 늦어서야 돌아왔다. 황제의 수레가 상동문上東
門에 이르니 성문은 오래전에 이미 닫혔다. 시종이 성문을 관리하
는 관리에게 문을 열라고 소리치니 질운郵惲은 거절했다. 광무제는
친히 성 밑에 와서 질운에게 문을 열라고 했다. 뜻밖에 질운은 이
렇게 말했다. "밤이어서 똑똑히 볼 수 없으므로 마음대로 문을 열
수 없나이다." 이튿날 광무제는 질운을 불러다 꾸짖으려는데 뜻밖
에 질운의 상주문이 이미 올라와 있었다. "폐하께서 멀고먼 산림에
가서 사냥을 하시면서 낮에도 부족해 밤이 늦어서야 돌아오시니 이
렇게 지속되면 국가 대사는 어찌하시렵니까?" 광무제는 질운에게
상으로 1100필의 말을 내렸다. 이 그림은 장거정의 《제감도설帝鑑圖
說》에 실려 있다.

않았다. 동시에 백성을 노략질하지 못하게 부하들을 단속해 불만을 자아내기까지 했다. 이러한 개국 공신은 매우 드물 것이다.

## 백성을 친근하게 대하는 순리 이충

이충李忠의 본적은 동래 황현東萊黃縣으로 부친은 고밀高密에서 중위中尉를 지냈다. 그 덕에 이충도 관아의 낭관이 되었다. 이충은 왕망 시대에 신도군의 도위로 임명되었고, 경시 시대에 또 도위관을 담임하여 유수를 따라 하북 지역을 순행했다. 왕랑이 장수를 파견해 신도를 공격하자 마총馬寵 등은 성문을 열고 투항하여, 신도 태수 종광宗廣과 이충의 노모 처자를 체포하고 이충의 투항을 권유했다. 이때 마총의 동생이 이충의 수하 교위였는데 이충은 그를 주살했다. 여러 장수들은 크게 놀라 노모와 처자가 적의 손에 있는데 적의 동생을 경솔히 죽였으니 좀 지나치다고 했다. 그러나 이충은 이렇게 말했다. "내가 만약 적을 방종한다면 그건 바로 불충이네." 광무제는 이충의 행위를 몹시 칭찬하면서 즉시 임광을 파견해 신도를 공격하게 했다. 다행히 경시의 군사가 신도를 공략해 이충의 가족은 무사했다. 건무 6년(30)에 이충은 단양丹陽 태수로 부임, 학교를 꾸리고, 백성에게 예의를 가르치며, 봄가을로 향리에서 연회를 베풀며 유가 경전을 아는 사람을 관리로 등용했다. 3년 후 경내에 개간지가 늘고 외래 유민 5만여 명을 수용해 전국에서 치적이 가장 좋은 군이 되었다. 이런 개국 공신은 태평성세의 친민 순리循吏에 더욱 가까운바, 역시 드문 예다.

## 백성에게 사랑을 남겨 준 경순

경순耿純은 거록巨鹿 송자宋子, 지금의 하북성 조현趙縣동남쪽 사람이나. 그의 부친은 경시 황세에 두항, 제남濟南 태수로 임명되었다. 이질은 경순의 재능을 높이 평가했으므로 조趙 · 위魏 지역에 개척차 보냈다. 경순은 한단에서 유수를 만나 마필과 비단을 바쳐 친절을 표시했다. 유수가 계현에서부터 남으로 철수할 때 경순과 친족 동생 경혼耿欣 · 경숙耿宿 · 경식耿植 등은 친족 2000여 명을 거느리고 투신했다. 왕랑의 세력이 너무 커서 경순은 친족들이 변심할까 봐 고향의 가옥들을 전부 불살라 돌아오지 않을 결심을 표시했다. 유수의 군사는 사견取犬聚에서 적미 · 청독 등 10만 농민군과 조우했다. 경순 일족의 영채는 제일 앞에 있었다. 농민군이 공격을 하자 사상자가 적지 않게 났지만 경순은 동요하지 않았다. 경순은 2000명의 용사를 선발해 강궁을 들게 하고 몰래 적의 후방으로 돌아가서 맹공격해 농민군을 격퇴했다. 이튿날 유수는 경급耿伋을 포오蒲吾에 현장으로 파견, 경씨 일족을 전부 그곳에 머물도록 했다. 경순은 유수에게 자기는 속리의 자제로서 어느 한 군에 가서 속리로 있으면 좋겠다고 말했다.

이에 유수는 경순을 동군 태수로 임명했다. 당시 동군 경내는 아직 평정되지 못했는데 경순은 임직 수개월 내에 도적을 숙청했다. 경순이 동군에서 임직한 지 4년 만에 어느 현장縣長이 죄를 범했다. 이에 경순은 조사 후 조정에 보고하고, 병사를 보내 이 현장의 집을 포위했는데 상주문이 아직 되돌아오기도 전에 이 현장이 먼저 자살하고 말았다. 이 때문에 경순은 죄를 입어 파직되었다. 경순이 동군 수부를 지나는데 수천 명의 동군 백성들이 경순의 수레를 따라 울면서 "경군의 복직을 바라나이다"라고 빌었다. 광무제는 뭇 신하들에게 말했다. "경순은 젊을 때에 갑옷을 입고 장수로 싸웠는데 지금 한 군을 다스려 이렇듯 백성의 그리움을 자아내는구려!' 이 경 장군은 참으로 갑옷을 입은 순리와 마찬가지였다.

# 036

## 아첨 잘하는 공신

마무馬武와 출신이나 경력이 비슷한 공신은 결코 한둘이 아니지만 마무처럼 처신하는 사람은 유독 그 하나뿐이다.

광무제 운대 28장수 중에서 마무馬武는 녹림 출신으로 사서에 그를 "위인이 술을 좋아하고 입바르며 활달했다"고 썼다. 후세 사람들은 모두 그를 호방하고 정직하며 입바른 사나이로 인정하지만 사실은 그렇지 않다. 마무가 작전에 용맹한 것은 사실로서 열후의 작위에 책봉될 만도 하다. 그러나 그 위인이나 품격에 대해서는 사실 이를 만한 데가 없다.

### 녹림 출신

마무는 남양군南陽郡 호양현湖陽縣 사람으로 청년 시절에 원수를 피해 강하군江夏郡으로 도망쳤다. 왕망 말년에 경릉竟陵 서양西陽 지방의 삼로三老가 봉기하자 마무는 찾아가서 봉기에 참가했고, 재빨리 녹림군 왕봉·왕광의 부하가 되었다.

녹림군이 녹림산에서 버티지 못해 외지로 흩어질 때 그는 왕봉·왕광·주유·장앙의 부대를 따랐는데 '신시병'이라 불렸다. 동시에 왕상王常, 성단成丹을 우두머리로 하는 '하강병下江兵'과 진목陳牧, 요담廖湛을 우두머리로 하는 '평림병平林兵'이 있었다. 곤양의

싸움에서 마무는 왕봉을 따라 역시 곤양성 안에 있었는데 싸움 후에 진위振威 장군으로 임명되었다. 경시 황제를 옹립할 때 남양의 토호와 하강병은 유연劉縯을 지지하고, 마무가 속한 신시병과 평림병은 모두 유현을 지지했다. 유연을 살해할 때 신시병의 여러 장수들은 평림병의 장수들보다 더 열성을 보였다. 후에 유수가 단신으로 하북에 가서 국면을 개척할 때 경시 황제의 수하 장수들은 황제 유현을 옹위해 장안에 입성, 일시에 적지 않은 장수들이 모두 왕으로 책봉되었다. 그러나 신시병의 원로 마무에게는 아무것도 돌아온 것이 없었다. 유수가 하북에서 국면을 타개할 때가 되어서야 마무는 상서령 사궁謝躬을 따라 한단성을 공략하면서 유수의 성과를 한몫 나눠 가지려 했다. 유수는 사·마 두 사람이 온 이유를 똑똑히 알고 이미 그들을 제거할 결심을 굳혔다.

**동한 술집 벽돌 그림**

사천성 팽주시彭州市에서 수집된 동한 시대 술집 모습 벽돌이다. 한나라 시대 탁문군은 사마상여와 정이 들어 함께 도망친 후 술을 팔아 생계를 유지했었다. 그림 중의 술집은 흙을 쌓아 대를 만들고 그 안에 술 단지 두 개를 놓았는데 탁문군이 술을 관리하던 정경을 재현하고 있다.

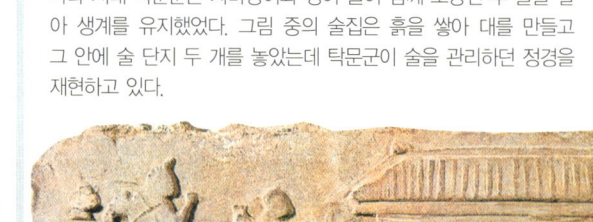

---

● ● ● 역사문화백과 ● ● ●

**[한나라 시대 악무 잡극]**

한나라 시대 정치 경제의 발전은 문화 예술의 발전 조건을 마련해 주었다. 악무 잡극은 한나라 시대 무용·음악·잡기 예술의 총칭이다. 무용에는 북춤·답부춤·긴소매춤·칠쟁반춤 등이 있다. 악기에는 타악기와 관현악기가 있다. 잡기에는 검과 공 다루기·주전자 다루기·물구나무서기 등이 있다. 무용과 음악과 잡기와 미술을 융합시켜 "예술 속에 기술이 있고 기술 속에 예술이 있는" 특색을 보여 준다.

《후한서後漢書·광무제기光武帝紀》
《후한서後漢書·마무전馬武傳》

출전

8~220

동한

**동한 시대 양조 벽돌 그림**
사천성 팽주에서 출토. 한 양조 작업소의 바쁜 정경을 묘사하고 있
다. 오른쪽 위의 주인은 일꾼들의 양조를 지휘하고 부엌 앞의 세 술
단지에 한창 술을 담고 있다. 왼쪽 위의 사람은 외바퀴차를 밀고 술
을 작업소 밖으로 내가고 있다. 왼쪽 아래 사람은 술을 한 단지 지
고 나가고 있다. 분포가 적당하고 균형이 잡혀 있다. 옅은 부조 기법
에 필요한 부분은 선으로 그렸는데 소박하고도 변화가 있어 당시
사회생활을 잘 표현한 작품이다.

### 형세가 변하니 재빨리 변절하다

한단을 공략하는 날 유수는 연회를 베풀어 뭇사람
을 접대하면서 연회석을 빌어 사궁·마무 두 사람을
주살하려 했다. 사궁은 눈치가 빨라 이미 연석에서 분
위기를 팽팽하게 만들었다. 지모가 출중한 유수는 즉
시 수단을 바꾸어 술을 마신 후 마무와 함께 취흥을
빌어 우총대에 올라 태연스레 마무에게 말했다. "나
는 어양·상곡으로부터 얻은 정예한 기병 부대를 장
군에게 맡겨 지휘하게 하려는데 어떤가요?" 유수는
아무런 내색도 하지 않았지만 마무가 듣기에는 어쨌

든 연회석의 분위기와는 너무나 판이했다. 이에 그는
대답했다. "저는 천성이 어리석고 겁이 많은 데다 작
전 능력도 없습니다." 마무의 말은 일부러 겸손한 체
했지만 결코 거절하는 뜻은 절대 없었다. 유수는 마무
가 말을 돌릴 여유를 주지 않고 바싹 들이댔다. "장군
은 군사를 거느린 기한이 길고 익숙하게 다스리니 어
찌 저의 수하의 속리들과 비교할 수 있겠습니까!" 말
이 아직 깊이 들어가기도 전에 유수는 이미 마무의
속셈을 알아챘고 마무는 유수의 부드러운 말 속에서
자신의 앞날이 매우 훌륭할지도 모른다는 생각이 들
었다.

유수의 기만술 때문에 사궁은 경각심을 잃었고 마
침내 머리가 달아났다. 마무는 사변 중 유수가 개별
적으로 자신에게 한 말을 생각하고, 주저 없이 자기
의 부하들을 이끌고 오한 기병의 저격을 피해 직접
유수가 있는 사견取射犬衆에 찾아가 투항했다. 유수
는 마무가 먼 길을 찾아 온 걸 보자 그 뜻을 알아차리
고 흔쾌히 그의 투신을 받아들였고, 이로써 마무는
광무제 유수의 개국 공신의 생애를 시작했다.

### 주연과 전쟁터

처음부터 유수는 마무에 대한 신임을 표시하기 위
해 마무를 자기의 신변에 두었다. 마무는 매우 영리해
유수가 연회를 베풀어 여러 장수들을 대접할 때면 항
상 앞장서서 술잔을 들고 축하해 주연의 분위기를 들

●●● **역사문화백과** ●●●

**[한나라 시대 투호]**
한나라 시대 투호投壺 방법은 춘추 전국 시대보다 크게 개선되
어 콩알을 담지 않고 화살이 튀어나오면 잡아 다시 투여하도록
허용해 익숙한 자는 최고 100여 회까지 연속 투여할 수 있었
다. 한나라 시대 연회에서는 흔히 투호의 승부로 술을 권했다.

끓게 했고 유수를 몹시 즐겁게 했다. 유수는 마무에게 자기의 부하들을 거느리고 업성에 가서 독자적으로 방어하게 했는데 마무는 머리를 조아리며 거절했다. 이에 유수는 더욱 만족스러워 마무에게 자기를 따라 출정하라 했다. 마무는 매번 출정에서 특히 용감히 싸워 유수의 환심을 샀다. 언젠가 유수가 농민군과 싸우다가 신수향愼水鄕에서 패전해 퇴각하게 되었는데 마무는 뒤에서 적의 추격을 막았다.

악전고투 끝에 마무는 아예 부하들을 거느리고 되돌아 적진 속으로 뛰어들어 마구 짓부수어 놓음으로써 적군이 유수를 뒤쫓지 못하게 했다. 또 언젠가 마무는 대장 경감耿弇을 따라 감숙 중부의 외효隗囂를 공격했는데 한나라 군사가 불리하게 되어 적병의 추격을 받게 되었다. 마무는 옛 기량을 다시 발휘해 한 갈래 정예 기병을 선발해 뒤를 끊으면서 친히 갑옷을 입고 기다란 극을 잡고 앞장서 외효 군사들 속으로 돌진해 적 수천 명을 죽였다. 외효 군사들은 부득이 추격을 중지할 수밖에 없었다. 유수군의 여러 장수들은 안전하게 오중吳中으로 퇴각했다.

### 재주도 뽐내고 의리도 팔다

마무는 또 자신이 힘써 작전하기만 해서는 부족하다고 여겨 다른 수단도 썼다.

이미 유후鄃侯로 책봉된 마무는 군사를 거느리고 곡양曲陽에 가서 흉노를 방비하게 되었다. 마음대로

●●● 역사문화백과 ●●●

**[묘혈 중의 '천인합일']**

한나라 시대 사람들은 천문 과학에 그들의 풍부한 상상력을 결부시켜 묘혈 속에 적지 않은 천문 그림을 남겼다. 황토 밑의 공간에 진실에 가까운 묘사로 천지 우주를 소통시켜, 당시 사람들의 '천인합일天人合一'의 관념을 형상적으로 반영했다.

양조 그림

군중의 관리를 죽인 죄로 광무제의 조서에 의해 마무는 군중에서 물러나 처자를 데리고 유현鄃縣에 돌아가 만년을 보내게 되었다. 교활한 마무는 아직 환향할 시기가 아니라고 여겨 곧바로 서울에 가서 광무제를 만나 두 손으로 장군 인감을 올리며 자신의 식읍을 500호 삭감해 달라고 청했다. 유수는 목숨을 내걸고 자신을 따른 이 추종자가 매우 사랑스럽게 느껴져 즉시 마음을 돌렸다. 그리고 견책을 받은 장군을 양허후楊虛侯로 고쳐 책봉한 후 아예 서울에서 조정의 부름을 기다리면서 시골의 작은 고장에 내려가지 말라고 했다.

그러나 어느 날 광무제는 연회석에서 공신들에게 이번 풍운을 만나지 않고 오직 자신의 재능에만 의거했더라면 각자 어느 관직까지 오를 수 있었겠는가 하고 물었다. 각 공신들이 대답한 후 마무의 차례가 되니 그는 이렇게 말했다. "신은 무예가 좀 있고, 또 용감성도 있어 군郡에서 도적을 잡는 위尉·독督 정도의 벼슬은 할 수 있사옵나이다." 유수는 웃으면서 말했다. "그대 자신이 도적이 안 되면 대단하겠네그려! 그건 그렇다 치고 그대는 정장亭長 정도는 감당할 것이네!" 이로써 이 추종자에 대한 광무제의 견해가 어떠했는가를 알 수 있다.

마무는 자신의 녹봉과 지위를 계속 확보하기 위해

중국을 말한다

한사코 유수에게 아첨했다. 그의 제일 익숙한 수단은 바로 주연에서 술기운을 빌려 남의 단점을 들춰내서는 사람들을 웃기고 이로써 유수의 환심을 사는 것이었다. 이것이 이른바 "입바르고 활달하다"는 것이었다. 유수도 일부러 그가 이렇게 하도록 종용했으므로 마무는 점점 더 방자해졌다. 후에 마원이 오계만五溪蠻을 정벌하다가 좌절당하고, 또 교지交趾 정벌 후 한 수레의 율무쌀을 실어가지고 온 일로 모함을 당하여 누명을 쓴 사건에서 마무는 바로 가장 비열한 모함자의 한 사람이었다. 그는 심지어 가짜 증명을 해 무고한 마원에 대한 유수의 징벌을 촉구하는 짓마저 서슴치 않았다.

### 고능률 정미 도구 – 디딜방아

한나라 시대 정미 도구는 새롭게 개진해 선진先秦 시대에 이미 존재한 절구 이외에 디딜방아, 연자방아, 물방아가 출현해 노동 강도를 점차 낮추고 정미 능률을 크게 높였다. 디딜방아는 한나라 시대에 이미 매우 보편적으로 쓰였다. 서한 말기의 철학가 환담은 디딜방아의 능률이 손절구보다 10배나 높다고 말했다. 이 사천 팽산에서 출토된 벽돌 그림은 완전하고도 세밀하게 디딜방아의 구조와 조작 정경을 묘사했다.

**700여 년이나 사용된 한나라 시대 황금 오수전**

서한 화폐는 진나라의 제도를 답습했다. 한 무제 때 오수전五銖錢을 주조해 전국에 유통시키고 낡은 화폐는 사용을 금했다. 황금을 상폐로 하고 그 단위는 근으로 했다. 동전은 2등 화폐로 민간 교역에 사용했다. 오수전은 중국 화폐 중 비교적 성공적인 주조 화폐로서 수나라 말년까지 700여 년이나 계속 사용되었다.

79년

한 장제章帝는 백호관白虎觀 회의를 소집해 5경의 동이同異함을 논의하게 했다. 반고班固에게 명해 《백호의주白虎議奏》, 즉 《백호통의白虎通義》를 편찬하게 했다.

# 037

## 백마에 실어온 경

고대 인도에서 기원한 불교는 세계 3대 종교의 하나다. 불가의 경전은 광대하고 심오해 망망대해와도 같다. 불교는 중국의 전통 문화에 엄청난 영향을 주었다. 백마에 경서를 실어 나른 전고는 불교의 중국 유입이라는 서막을 열었다.

### 명제의 꿈에 나타나는 부처

중국 역사상 불교의 전파에 대한 명확한 기록은 동한 시대다. 그러나 일부 학자들은 서한 무제武帝 때에 비단길이 번창해짐에 따라 이미 불교가 서역 각국에 전파되었다고 인정하고 있다.

당시 우전于闐, 귀자龜玆, 소륵疏勒 등 일부 서역 국가는 지금의 중국에 속해 있었다. 그러나 한나라 명제 이전의 불교 전파는 그 규모가 그다지 크지 못했다. 어느 날 저녁 명제는 꿈에 몸매가 웅장한 황금 인간이 머리에서 환한 빛을 사방에 뿌리는 모습을 보았다. 그는 매우 이상하게 생각해 이튿날 아침 조회 때 대신들에게 이 꿈이 대체 무엇을 의미하는가 물었다. 모두 맞히지 못하는데, 대신 부의傅毅가 나서서 말했다.

#### 백마에 경을 실어 오다

한 명제는 낭중郞中 채음과 진경을 천축에 사자로 파견했다. 채음 등은 후에 천축 고승 가엽마등과 축법란을 낙양에 데려오고, 또 불경 42장 및 석가모니의 입상을 가져왔다. 명제는 화공에게 부처의 초상을 그려 청량대淸凉臺와 현절릉顯節陵에 안치하고 경을 난대석실蘭臺石室에 소장하게 했다. 경을 백마에 실어 왔다 하여 명제는 낙양성 옹관 서쪽에 백마사를 지었다. 후에 가엽마등과 축법란은 모두 이 절에서 원적했다.

"제가 듣자니 서방 세계에 부처라 하는 신령이 있는데, 전신 상하가 모두 황금빛이며 신장은 6척으로 크고도 위무당당하다 하옵나이다. 폐하께서 꿈에 보신 사람은 아마도 이 부처일 것이옵나이다."

당시 중국 내에는 아직 절은커녕 불경의 가르침조차 알려진 바가 없었다. 한나라 명제는 꿈에 나타난 것이 부처임을 인정하고 사람을 파견해 불법을 추구하기로 결정했다. 65년 명제는 전문 사자 12명을 구성, 채음蔡愔과 진경秦景의 지도 아래 서방의 천축天竺에 가서 경서를 구하고 불법을 배우게 했다.

### 경서를 백마에 실어 중원에 들여오다

한나라 사자가 풍찬노숙하며 대월, 즉 지금의 아프가니스탄 일대에 이르렀을 때 마침 천축에서 오는 고승 가엽마등迦燁摩騰과 축법란竺法蘭을 만났다. 그들은 대량의 불경과 불상을 가지고 있었는데 채음과 진경은 이것이 바로 그들이 원하는 불법이라고 생각했다. 사자들의 열성적인 초청과 장시간의 권유를 거쳐

#### ●●● 역사문화백과 ●●●

**[루쉰과 한나라 화상석]**

한나라 화상석 묘는 서한 중기에서부터 동한 말기에 이르기까지 석조상으로 장식한 묘를 가리킨다. 그 내용은 생산, 생활, 축사逐邪, 신화, 천상天象 등으로 한나라 시대 정치, 경제, 문화를 연구하는 실물 재료가 된다. 루쉰魯迅은 한나라 시대 화상석 묘를 무척 중요시했다. 사망 2개월 전까지만 해도 그는 여전히 편지에서 "다리 기초의 석각도 수위가 내려간 다음 탁본을 뜨기 바란다"고 부탁했다.

《후한서後漢書·명제기明帝紀》 출전

**불교가 중국에 전해져 세워진 첫 사원 – 백마사 (아래 사진)**
백마사白馬寺는 지금의 낙양시 옛 성 동쪽 약 12km 되는 곳에 위치해, 북으로 망산, 남으로 낙하에 인접했다. 전각이 높이 솟고 보탑이 하늘을 찌르며 숲이 푸르러 엄숙하고 고요하다. 불교가 중국에 전파된 후 세운 첫 사원으로 '석원釋源'과 '조정祖庭'의 칭호를 가지고 있다. 기원 67년 즉 동한 시대 영평 10년 명제의 명령으로 백마사를 건축했다. 그 후부터 적지 않은 고승들이 이곳에서 경을 번역했다. 북위 시대 백마사는 낙양 1000개의 절 가운데서 가장 융성한 절이었고, 수·당 시대에 최고봉에 이르렀다. 후에 전란을 거치면서 성쇠를 거듭하다가 원·명 시대에 대규모로 보수해 지금 백마사의 규모를 갖추게 되었다.

**복의 기원과 신선 추구를 나타내는 도금 구리 우인**
동한 조각으로 섬서성 서안에서 출토되었다. 구리 우인羽人은 얼굴이 길고 코가 뾰족하며 광대뼈가 튀어나오고 귀가 특히 크며, 두 어깨에 날개가 자라고 손을 들어 미소짓는 모양을 하고 있다. 당시 봉건 귀족의 "날개가 돋아 신선이 사는 곳에 날아오르기를羽化登仙" 기원하는 사회 기풍을 반영하고 있다.

두 고승은 마침내 그들과 함께 중국에 와서 불법을 전파하는 데 동의했다. 그러나 불경과 불상이 워낙 무겁기 때문에 그들은 건장한 백마를 찾아 불상과 불경을 싣고 도읍 낙양으로 걸어왔다. 2년이란 시일이 걸려 영평 10년, 기원 67년에 그들은 번화한 낙양성에 이르렀다. 동한 조정은 이 일을 매우 중요시해 예의를 다해 지극하게 두 고승을 접대했고, 전문 외교를 담당하는 관아인 홍려사鴻臚寺에 이들의 숙소를 배정했다. 명제는 영을 내려 즉시 정원을 하나 지어 이 두 고승이 경서를 해독하게 했다. 그리고 불경을 싣고 중원에 온 백마와 두 고승이 제일 먼저 투숙한 홍려사를 기념하기 위해 새로 건축하는 정원을 백마사로 명명했다. 이로부터 후에 승려가 경서를 해독하는 곳을 사寺라 부르게 되었다.

불경의 전파 및 두 고승의 방문은 중국 불교 전파의 서막을 열었다. 불교는 당시 상류 사회에서 성행했고, 불경의 번역·정리 과정에서 중국 본토의 문화적 색채가 첨가되어 사람들에게 매우 빨리 전해졌다.

# 038

## 수리 전문가 왕경

황하는 중국 고대에 자주 범람해 많은 피해를 주었다. 동한 시대에 황하·변수의 제방이 터져 왕경王景은 명을 받고 수리사업을 시작했는데, 1년 후 매우 큰 효과를 보았다.

### 수로 건축

왕경은 어려서부터 여러 가지 책을 널리 읽었는데 특히 천문 지리 등 지식을 좋아했다. 그는 성격이 침착하고 행동이 대범했는데 사공복공부司空伏恭府에서 근무했다. 당시 준의거浚儀渠 수축에 적당한 사람이 없었는데 누군가 왕경이 이 분야에서 매우 재능이 있다고 천거했다. 이에 명제는 그와 왕오王吳가 함께 수로를 수축하도록 했다. 그들은 왕경의 언류법堰流法을 채용해 성공적으로 재난을 다스렸다. 이로부터 왕경의 수리 재능은 사람들의 주목을 받기 시작했다.

### 수재를 다스린 공적

서한 평제 때 황하·변수의 제방이 터졌는데 당시 제때에 수리하지 못했다. 동한이 건립된 후 본래는 많은 민간인을 징발해 황하·변수를 다스려 백성의 복을 마련하려 했다. 그러나 장기적인 전란으로 대규모 수리 공사를 실시할 만한 경비가 없었고, 또 의견이 맞지 않아 그만둘 수밖에 없었다. 명제가 즉위한 후 국가는 이미 일정한 축적이 있었고, 재해도 점점 더 심해져 백성의 원성이 높아졌기 때문에 명제는 수재를 다스리려고 결심했다. 왕경이 준의거浚儀渠를 매우 성공적으로 수축하자 명제는 왕경에게 임무를 맡기려 했다. 황하의 수리에 대한 왕경의 의견을 들은 후 명제는 황하를 다스리는 중임을 그에게 맡기기로 결정하고 대량의 돈과 비단 등을 하사한 뒤 《산해경山海經》, 《하거서河渠書》, 《우공도禹貢圖》 등 고대 치수 분야의 전문 서적을 주어 참고하게 했다.

영평 12년(69)에 동한 정부는 10만 인부를 징발해 수리사업에 착수했다. 왕경은 시간과 정력을 온통 조

**고대 강남의 최대 수리 공사 – 감호**

절강의 유명한 호수 감호鑑湖는 지금의 절강성 소흥시紹興市 서남쪽에 있는데 속담에 "감호 800리"라고 하니 감호의 광활함을 상상할 수 있다. 동한 영화 5년(140)에 당시 회계會稽 태수 마진馬臻이 관민을 동원해 제방을 쌓고 산음山陰, 회계 두 현의 36수원을 전부 가두어 거대한 저수지이자 호수, 즉 감호를 형성했다. 이 수리 공사는 소흥 일대에 800년간 홍수와 가뭄을 모르게 하고 9000여 경頃의 토지를 관개해 백성에 거대한 이익을 가져다 준 고대 강남의 최대 수리 공사이다.

중국을 말한다

《후한서後漢書·왕경전王景傳》 출호전

●●● 역사문화백과 ●●●

**[동한의 장원 경제]**

동한 경제의 한 가지 중요한 현상은 장원 경제의 발전이다. 전장田莊은 봉건 지주가 토지를 경영하는 주요한 생산 조직 형식이다. 장원 내의 농민과 장원 주인은 극히 강한 인신 관계를 가지고 있었다. 그리고 자체의 무장을 소유해 장원을 보위했다. 장원 지주는 농민의 생산을 독촉하고, 수리 사업을 실시하며, 새로운 기술과 경험을 보급할 수 있었다.

### 소에 의한 경작을 보급하다

선진先秦 이래 남방의 광대한 지역에서는 장기간 '화경 관수火耕灌水'의 경작 방식을 채용했다. 이는 일종의 원시적 경작 형태로 봄에 번지지 않게 불을 놓아 잡초를 태우고 물을 대어 토양을 적신 후 파종하는 것이다. 토양 보호를 실시하지 않아 반드시 휴경해야 하므로 생산력이 낮았다. 양한 시대 철기와 소에 의한 경작이 보급되면서 화경 관수 지역의 경작법도 변화가 발생하기 시작했다. 동한 초기의 순리 왕경은 여강군, 지금의 안휘성 여강에서 태수를 지낼 때 현지 사람들이 비옥한 토지를 두고 가련한 정도의 양곡밖에 수확하지 못함을 보고 사람들을 데리고 경작지를 개척하고, 백성에게 소 경작법을 가르쳐 현지의 경작 방식을 개선했다. 왕경의 인솔 아래 여강은 점차 생산 물품이 풍부한 지역이 되었고, 현지 백성은 왕경이 죽은 후 그의 사당과 비석을 세워 기념했다.

사 연구에 쏟아부었다. 재해 상황에 대해 상세하게 고찰하고 지형을 측량해 지도를 그린 후 반복적인 토론 연구를 거쳐 물을 다스리는 과학적인 방법을 만들었다.

그들은 형양滎陽에서부터 천승千乘 해상 입구에 이르기까지 1000여 리를 황하의 큰 물줄기로 확정하고 흐름을 막는 언덕을 파헤치고, 진흙을 소통시키고, 강 속의 암석을 제거하며, 10리마다 갑문을 하나씩 설치해 물의 흐름을 완화시키는 동시에 입거立渠를 수축해 강물이 새지 않게 했다. 1년여의 시간과 대량의 인력·물자를 들여 마침내 성공적으로 황하를 다스리고 변하를 분리시켜 그 후 800년간 황하의 하상이 고쳐지지 않게 함으로써, 양안兩岸의 농업 생산과 양곡 수송의 정상적인 운행 등을 위해 중대한 기여를 했다. 왕경이 고심해 절감했지만 100억을 헤아리는 비용이 소모되었다.

### 여강 태수로 청사에 이름을 남기다

한 장제 때 왕경은 여강廬江 태수를 지냈다. 현지 생산 조건이 낙후되어 백성은 여전히 소로 밭갈이를 할 줄 몰랐고, 토지는 비옥했지만 생산한 양곡은 딱할 정도로 적었다. 왕경은 부임한 후 사람들을 인솔해 폐기된 저수지를 수리하고, 경작지를 개척하고 소에 의한 경작법을 가르치며, 양잠법을 전수했다. 왕경의 인솔하에 여강은 점차 생산 물품이 풍부한 지역이 되었고 현지 백성들은 왕경이 죽은 후 그의 사당과 비석을 세우고 대대로 칭송했다.

**간결한 나무 달구지 모형**
한 마리의 황소는 윤곽만을 조각했고, 수레도 간단하게 조각해 맞추었다. 조각 기술이 비교적 거칠어 농민들의 소박함과 어울린다. 조각 기법으로 보아 장인이나 농민의 여가에 생활을 장식하기 위한 소품으로 추정된다. 청해성 서녕西寧에서 출토되었으며, 현재 청해성 문물 고고학연구소에 소장되어 있다.

# 039

## 두 왕의 모반 사건

고대의 군주들은 신화와 백성에 대해 늘 시름을 놓지 못해 자주 감시했다. 주나라 여왕勵王이 위무衛巫를 파견해 시민을 감시한 일부터 한나라 명제가 대신을 가혹하게 시찰한 일에 이르기까지 이는 이미 전통으로 된 듯하다. 이해하기 어려운 일은, 한나라 황제는 모두 자기 자식을 편애했다는 것이다.

### 너그러운 부왕과 옹졸한 아들

중흥 영주 광무제 유수는 계책을 잘 쓰고 늘 기만술로 적을 상대했지만 공신들에 대해서는 관대했다. 그런데 그의 아들 명제 유장은 천성이 편협해 항상 정탐을 보내 신하들의 비밀을 캔 후 수시로 이를 폭로해 자신의 똑똑함을 과시했다. 이에 따라 공경 대신 내지 황자 황손들의 재난도 많아졌고, 후에는 상서와 같은 가까운 내신內臣들도 늘 물매질을 당했다. 약숭葯崇이라는 한 낭관이 늘 명제의 분풀이 대상이 되어 곤장을 맞았다. 어느 날 약숭은 참다 못해 황제의 옥좌 밑에 숨어들었다. 명제는 소리를 질렀다. "이 낭관 자식아, 나오지 못해!" 약숭은《예기》에 나오는 말을 했다. "'천자는 장중하고 제후는 단정

**벌거숭이 남성 구리 등잔**
이 벌거숭이 남성 구리 등잔은 예전 상주商周 청동 기물의 신비하고 장중한 품격을 소박하고 사랑스럽고 생동하며 자유로운 사람의 생활에 접근시켰다. 이는 당시 수준높은 조각 및 청동 제련 주조 기술을 보여 주는 것으로, 실용적이고도 아름다워 한나라 청동 등잔 중 진품이다.

하도다.' 신은 천자가 친히 낭관을 때린다는 말을 들어보지 못했나이다." 명제는 그제야 약숭을 놓아 주었다.

### 유형의 자살 사건

명제의 눈길은 점차 황족들에게 옮겨졌다. 궁중에는 억울한 옥살이가 연이어 일어났다.

관상을 보는 자가 광릉왕廣陵王 유형劉荊이 자기에게 한 말을 고발했다. "내 얼굴은 선제先帝와 매우 비슷하다. 선제께서는 30세에 천하를 얻으셨는데 나도 이젠 30살이니 군사를 일으켜 천하를 쟁탈할 만하단 말일세!' 이 일을 알게 된 유형은 몹시 두려워 조옥詔獄에 찾아가 자수했다. 명제는 유형에 대해 상당히 은총을 베풀어 이 일을 매질로 추궁하지 못하게 했다. 그리고 영을 내려 유형이 봉읍 내의 관리나 백성을 관리하지 못하게 하고, 봉읍에서 바치는 조세만을 거두게 하며, 또 광릉국 재상과 중위에게 그를 단속하라 했다. 그런데 유형은 또 무당을 불러다 집에서 제사를 지내며 주문을 외웠다. 명제는 또 장수 교위를 파견해 이 일을 조사하게 했다. 사건을 결론 내릴 때 번숙樊儵은 유형을 처형하자고 했다. 명제는 뭇사람 앞에서 화를 내며 말했다. "그대들은 유형이 짐의 친동생인 줄을 알면서도 그를 죽이려 하니 만약 나의 아들이라면 감히 그러겠는가!" 번숙은 대답

《후한서後漢書·광릉왕유형전廣陵王劉荊傳》   출전

8 ~ 220

동한

### 동 주조업

동한 시대 동 주조업은 여전히 발전했다. 당시 동 주조업은 전국에 널렸는데 광한廣漢·촉군蜀郡·주제朱提 등이 유명한 지역이었다. 제품은 난로·거울 등 생활용품 위주였다. 일부 제품에는 '주제 제조', '당랑堂狼(지금의 운남성 동천東川) 제조', '청령青蛉(지금의 대요大姚) 제조' 등 명문으로 산지를 밝혔다. 무늬로는 짝 지은 물고기·양·세발솥 등 도안이나 길상과 부귀를 축복하는 말들이 주조되어 있다.

했다. "천하는 고조의 천하일 뿐 폐하의 천하가 아니옵나이다. 바로 그가 폐하의 친동생이고 폐하께서 그를 몹시 사랑하시기 때문에 청하는 것일 뿐 만약 폐하의 아들이라면 신은 말씀드리지도 않고 먼저 처형했을 것이옵나이다." 명제는 탄식하는 한편 그의 말이 일리 있다고 했다. 대신들은 그들의 대화가 대체 무슨 뜻인지를 알아듣지 못했고, 꽃 피는 봄철이 되어 유형이 자살했다는 소식이 전해졌을 뿐이다.

유형은 전과자로서 광무제가 죽고 명제가 즉위했

### 돈황 석굴보다 더 오래된 불교 조각상

공망산孔望山 마애磨崖 조각상은 강소성 연운항시連雲港市 남쪽에 위치해 있고, 높이 970cm이다. 산에는 산의 형태에 의해 조각한 대소 108개의 사람 조각상이 있는데 그 내용은 불교 이야기로서 모두 동한 시대 작품이다. 그 조각 연대는 유명한 돈황 석굴보다 더 일러서 중국 최초의 마애 조각상이라 할 수 있다.

을 때 익명의 편지를 원 태자 유강劉疆에게 보내 그가 폐위된 일에 대한 불만을 토로하고 봉읍에서 군사를 일으켜 천하를 쟁탈하라고 부추겼다. 유강은 이 편지와 사람을 다시 명제에게 보냈다. 명제는 이 일을 비밀로 하고 그저 유형을 황궁에서 내보내 하남현河南縣에 거주하게 했다. 이번에 유형은 고질병이 심해져 자신이 군사를 거느리고 형과 천하를 쟁탈하려 하다가 나중에는 자살했으니, 어쨌든 그 자신이 일을 저지른 것이다.

### '후예가 해를 쏘는' 화상석

높다란 부상扶桑 나무에 까마귀 한 마리가 앉아 있고 사람이 활을 당겨 쏘고 있다. 여기에서 까마귀는 해를 상징한다. 전설에 의하면 상고 시대 10개의 태양이 높다란 부상 나무에 서식하고 있었는데 금 까마귀가 번갈아 업고 인간세상을 순행했다. 한 태양이 돌아올 때면 다른 한 태양이 나가며 어긴 적이 없었다. 그러나 요堯나라 임금이 즉위한 후 무슨 연고인지 10개의 태양이 더는 혼자 순행하려 하지 않고 동시에 하늘에 나타났다. 뜨거운 햇빛에 강물이 마르고 초목이 죽고 백성들이 기아와 갈증에 시달려 죽기를 기다리고 있었다. 이런 위급한 시각에 요나라 임금은 영을 내려 명사수 후예后羿가 단숨에 아홉 개의 해를 쏘아 떨어뜨리게 했다. 이리하여 하늘에는 하나의 태양만이 남게 되었다. 이 전설은 상고 시대 사람들의 자연을 정복하려는 결심과 의지를 반영하고 있다.

●●● 역사문화백과 ●●●

#### [참위의 학문]

참위讖緯의 학문이란 예언과 영험이라는 특징을 경학에 배합시킨 신학神學 혼합체다. 서한 말기에 참위 미신이 유행하기 시작해 동한 시대에 더욱 성행했다. 광무제 유수는 도참을 굳게 믿어 도참에 의해 군사를 일으켰고, 도참에 의해 제위에 올랐으며, 도참에 의해 인재를 등용했다.

이해하기 어려운 일은 유형이 명제의 친동생인데 어찌하여 공공연히 태자를 부추겨 반란하게 했는가 하는 점이다. 유강이 사건을 보고하지 않았다면 어떻게 되었을 것인가? 문헌에 유형이 무력을 좋아한다거나 어느 대장과 결탁했다는 기록이 없는데 그는 무엇 때문에 "군사를 일으킨다"고 떠들었는가?

## 유영의 모반 사건

광릉왕의 시체가 채 식기도 전에 초왕楚王 유영劉英의 모반 사건이 발생했다.

유영은 아주 경건한 사람이었다. 수년 전에 명제가 친히 천축국에서 불교를 들이려 할 때 유영은 황족 중 가장 먼저 이를 신봉한 사람이었다. 유영은 도사에게 금 거북과 옥 학을 제작하고 길상을 상징하는 문자를 새기게 했다. 연광燕廣이라는 남자가 유영이 어양에

### 동한의 도금 구리 술 그릇
동한 건무 21년(45)에 제작된 문물로 전체에 도금되어 있고, 장식이 화려하고 원통형 덮개는 위로 불룩하게 솟았으며, 발은 서 있는 곰의 형상이다. 받침판도 역시 발이 셋인데 모두 곰 모양을 조각했고, 곰의 몸에 홍, 녹 보석을 상감해 눈부시게 빛난다. 받침판에 글이 새겨져 있다.

### 최초의 발 물레 – 방직 광경이 새겨진 동한의 화상석
고대의 물레는 구조에 따라 손 물레와 발 물레로 구분한다. 손 물레의 그림은 한나라 시대 출토 유물에서 여러 번 발견되었다. 이는 손 물레가 한나라 시대에 이미 널리 보급되었음을 설명한다. 발 물레는 손 물레를 토대로 발전된 것으로, 최초의 그림은 바로 강소성 사홍현泗洪縣에서 출토된 이 동한 화상석이다. 발로 물레를 돌리면 두 손으로 실을 자을 수 있어 작업 능률이 크게 높아진다.

서 온 왕평王平·안충顔忠과 함께 사사로이 길상 물품을 제작하며 모반하려 한다고 고발했다. 관아에서 이를 조사한 후 보고했다. "유영이 대역무도하니 처형하도록 허락하시옵소서." 명제는 역시 차마 혈육을 징벌할 수 없어 그저 유영의 왕 작위를 폐하고 단양군丹陽郡 경현涇縣에 유배하며, 현지 500호의 조세를 생활비로 하사하고 그의 모친과 아들의 생활 대우는 그대로 한다고 선포했다. 유영은 경현에 도착하자 바로 자살했다. 명제는 조서를 내려 제후의 예의로 유영을 안장하고 고발자 연광을 절간후折奸侯로 봉했다. 명제는 또 영을 내려 이 사건에 연루된 자들을 추궁했다. 그중에는 친척, 제후, 지방 호걸, 심지어는 이 사건을 심리한 적이 있는 관리들마저 있어 처형 유배된 자와 옥에 갇힌 자 역시 수천 명이나 되었다.

이 사건도 의문점이 수두룩하다. 유영은 비록 명제의 배다른 형제이긴 하지만 "군사를 일으킨다."는 말을 한 적이 없으며, 제작한 금 거북이나 옥 학은 길상 물품에 불과하다. 조정의 심의도, 본인의 변명도 거치지 않고 그저 명제의 '은택'에 의해서 소문을 내지 않기로 하니 실제 이 사건은 이미 '대역무도한' 것으로 결론이 난 것이다.

| 세계사 연표 |

**88년** 쿠샨이 사자를 파견해 한나라 공주를 청했다. 거절당하자 2년 후 군사를 파견해 한나라를 공격했다.

# 040

《후한서後漢書·반초전班超傳》  출전

## 붓을 버리고 종군한 반초

반초班超는 부개자傅介子와 장건張騫의 후예다. "흉노의 오른팔을 자르고", "서역을 통하여" 중국 북방 사회를 안정시키고 민족 융합을 강화했다.

### 서리書吏의 생애

반초는 부풍扶風 안릉 사람이며 그의 맏형은 바로 《한서漢書》의 저자인 반고班固다. 반고는 명성이 매우 높아서 한나라 명제에 의해 영평 5년(62) 난대령사蘭臺令史가 되고, 반초도 모친을 모시고 그 뒤를 따라 낙양에 이르렀다. 가정이 빈곤한 반초는 늘 관아에 문서를 베껴 주는 수입을 생활에 보탰다. 어느 날 반초는 책을 베끼다 화가 나서 붓을 던지며 말했다. "대장부가 당년의 부개자나 장건처럼 서역에 가서 공을 세우고 후작으로 책봉되는 영광을 지녀야지 어찌 온종일 필묵으로 세월을 보낸단 말이냐!" 반초는 사람을 불러 관상을 보았는데 관상쟁이는 이렇게 말했다. "선생은 지금은 서생이지만 앞으로는 만리 밖에서 후작으로 책봉될 것이외다." 반초가 이유를 물으니 관상쟁이는 또 말했다. "그대는 제비의 턱에 범의 뒷목을 가져 제비처럼 날고 범처럼 고기를 먹을 터이니 이는 바로 만리 밖에서 열후에 책봉되는 상이외다!"

명제는 우연히 반고에게 그 동생에 관해 물었고, 반초도 난대령사의 일을 보게 했다. 얼마 안 되어 반초는 무슨 잘못을 범했는지 면직되어 집으로 돌아갔다. 반초는 직무는 잃었지만 명성은 이미 알려졌다. 영평 14년(72)에 국척 두고竇固는 흉노를 정벌하며 반초를 대리 사마로 징용했는데, 이때부터 반초가 변경에서 공을 세울 길이 열렸다.

### 이름을 날리다

반초는 싸움에 나가 공을 세웠다. 두고는 그의 재능을 인정해 그를 곽순郭恂과 함께 서역 각국 사자로 파견해 그들이 흉노에게서 이탈하도록 설득하게 했다.

반초는 곽순과 함께 36명의 수하를 거느리고 선선鄯善에 도착했다. 선선왕은 반초 일행을 매우 잘 접대했는데 어느 날 갑자기 태만해졌다. 반초는 흉노의 사자가 왔음을 짐작하고 알아본 결과 과연 그러했다. 이에 그는 36명의 수하들과 대책을 의논했다. 그날 밤 달이 없고 바람이 심하게 불었는데 반초는 수하를 거느리고 흉노 사자의 거주지에 찾아가 10명을 장막 뒤에 매복시키고 다른 수하들과 정면으로 공격했다. 반초는 순풍에 불을 지르고는 커다란 장막에 뛰어들어 세 사람을 죽였다. 수하들도 장막 안의 흉노 사자와 위병 30여 명을 죽였다.

이튿날 반초는 흉노 사자의 수급을 들고 선선왕을 찾아갔다. 반초의 권유하에 선선왕은 귀순을 결심하고 아들을 한나라에 인질로 보냈다. 첫 싸움에서 승전을 올린 후 두고는 반초의 공로를 조정에 보고했다. 명제는 정식으로 반초를 군중 사마로 임명하고 서역 각국을 연락하게 했다.

**반초 초상**

반초는 자가 중승仲升이고 동한 부풍 안릉女陵, 지금의 섬서성 함양 동북쪽 사람으로 저명한 사관 반표班彪의 아들이고 반고의 동생이다. 73년에 명제의 명을 받들어 두고를 따라 흉노로 출격했다. 반초는 서역에 출사해 흉노 세력을 숙청하고, 우전·소륵·사차·대월지·귀자·온숙 등의 나라를 항복시키고 서역 도호로 임명되었으며, 50여 국을 한나라에 귀순시켰다. 95년에 정원후로 책봉되어 "이역에서 공을 세우려는" 자신의 숙원을 실현했다. 102년에 사망했다.

8~220

동한

반초는 선선에서 세운 명성에 의해 쉽게 우전왕于
闐王을 설득한 후 소륵疏勒에 이르렀다. 당시 소륵 왕
은 이미 흉노에 의지하는 귀자왕龜玆王에게 피살되고
귀자 사람 두제兜題가 소륵왕으로 있었다. 반초는 수
하의 전려田慮를 보내어 투항을 권유했다. 전려는 아
무런 경계도 없는 두제를 생포했다. 반초는 문무 대신
을 모아 이미 죽은 소륵왕의 형의 아들 충忠을 왕으로
옹립했다. 이에 소륵국 사람들은 크게 기뻐했다.

## 서역을 보살피다

이듬해에 한나라 명제가 죽었는데 언기국焉耆國은
국상을 틈타 서역 교위 진목陳睦을 공격 살해했다. 귀
자 고묵姑墨도 군사를 풀어 소륵을 공격했다. 반초는
반탁성盤橐城을 고수, 소륵왕성의 충과 호응하면서 1
년 남짓 지탱했다. 그러나 조정은 도호 진목이 전사했

### 문방사보의 하나 – 먹
먹은 중국 특유의 필기 재료로, 처음에는
분말 상태의 먹을 사용했다. 늦어도 서한
초부터 먹을 과립 모양으로 만들어 사용
시 벼루에 놓고 벼루 덮개로 눌러 부셔서
사용했다. 나중에는 먹을 덩이 모양으로
만들어 직접 벼루에 갈아 썼다. 이 잣송
이 모양의 먹은 칠흑같이 검은데 지하에
1800년 동안 매장되어 있었지만 금방 형
틀에서 찍어낸 듯하다. 당시의 극상품으
로 추정된다.

●●● 역사문화백과 ●●●

### [이역에서 온 진귀한 원단 – 불태워 씻는 천]
불태워 씻는 천이란 바로 석면포石棉布를 가리킨다. 동한 중기
에 서아시아 지역에서 중국에 전파되었다. 일설에 서주西周 목
왕이 서부 정벌 시에 이미 이런 천을 얻었다 한다. 불에 대어
더러운 물건을 제거하므로 이렇게 불렀다. 그 제조 원료는 섬
유 상태의 규산염 광물인데 색채가 결백하고 광택이 나며 탄
성이 강하고 산·알칼리·불에 잘 견딘다. 동한 시대의 귀족만
이 이런 이역의 진귀한 천으로 만든 옷을 입을 수 있었다.

### 반초가 붓을 버리고 종군하다
반초는 가정이 빈곤해 관아에 문서를 베껴 주면서 생계를 유지했
다. 어느 하루 그는 붓을 탁상에 팽개치며 말했다. "대장부로서 따
로 큰일을 못할 바에야 장건처럼 변경에 가서 국가를 위해 공을 세
워야지! 어찌 편안히 앉아 평생 붓대만 움직이겠는가?" 명제는 용
사를 모집했는데 반초는 가사마로 임명되었다. 두고는 그에게 군사
를 거느리고 이오伊吾를 공격하게 했는데 포해蒲海 옆에서 호연왕呼
衍王과 싸워 승리를 거두어 두고의 중용을 받았다. 이 그림은 청나
라 말기, 민국 초기《마태화보》에 실려 있다.

기에 반초가 홀로 지탱하지 못할까 봐 귀환을 명했다.
반초가 소륵국을 떠나자 소륵의 도위 여감黎弇은 자
살하고, 우전에 이르니 우전의 왕공 관리들이 울면서
말했다. "한나라 사자는 우리의 부모와 같아 떠나면
안 되나이다!" 그들은 반초가 탄 말의 다리를 붙잡고
놓아 주지 않았다. 반초는 크게 감동되어 조서의 명도
돌보지 않고 말머리를 돌려 다시 소륵으로 돌아갔다.
소륵은 반초가 떠나자 다시금 귀자에 투항하고 동시
에 위두국尉頭國과 연합했다. 반초는 반란자를 체포하
고 위두국을 공격, 600여 명을 죽였다. 이에 소륵은 새
롭게 안정되었다.

반초는 내친김에 소륵, 강거康居, 우전, 구미拘彌 4
국 병력 도합 1만 군사를 인솔해 고묵국의 석성石城을

**범의 굴에 들어가지 않고서야 어찌 범 새끼를 얻겠는가!**
두고는 반초에게 36명을 거느리고 서역에 출사하게 했다. 반초는
수하 사람들에게 말했다. "우리는 오늘 밤에 흉노 사자를 습격해야
한다. 위험하지만 범의 굴에 들어가지 않고서야 어찌 범 새끼를 얻
겠는가!" 이 그림은 명나라 각본 《전한지전》에 실려 있다.

공격, 승리를 거두었다. 빈초는 사자를 파견해 조정의
군사 원조를 청했다. 조정은 가사마 서간徐干에게
1000명의 군사를 거느리고 지원하게 했다. 반초는 또
한 번 승전한 후 재차 상서해 오손烏孫의 제국을 안무
하겠다고 청구했다. 한 장제는 정식으로 반초를 장병
장사로 임명하고 서간을 군사마로 임명했다. 몇 달이
지나 조정은 또 화공和恭 등을 파견, 800명의 군사를
거느리고 지원하게 했다. 반초는 끝내 강거를 격파하
고 서역 남부 통로를 개통했다. 이후 반초는 사차莎車,
귀자, 고묵, 온숙溫宿 몇 나라를 항복시키고 총령蔥嶺

**아름답고 절묘한 옥벽**
옥의 주변이 중간의 구멍보다 몇 배나 클 경우 이를 벽璧이라 부른
다. 귀족들은 조정 모임, 제사, 장례 시 모두 벽을 사용했다. 사진은
동한 시대의 아름답고 정밀한 옥벽이다.

이서의 월지月氏 원정군을 격파해 월지가 해마다 조
공하게 했다.
    화제和帝 영원 6년(94)에 반초는 전력으로 언기국으로
진격, 언기왕 광廣과 위리왕尉犁王 범氾을 죽이고 수급을
낙양에 보내어 투항을 알렸다. 이로부터 서역의 대소 50
여 국은 한나라 왕조에 귀속되었다. 화제는 조서를 내려
반초를 정원후定遠侯, 식읍 1000호로 책봉했다.
    영원 12년(100)에 반초는 나이 70세가 넘었고 서역
에서 31년을 보냈다. 아들 반용班勇은 이미 성인이 되
었으나 아직 중원을 구경도 못했다. 나이가 들어 고향
생각이 난 반초는 중원 귀환을 청했다. 이듬해에 반초
는 온 가족을 거느리고 낙양에 돌아와 사성 교위로 임
명되었다. 그러나 얼마 안 되어 병이 위중해 같은 해 9
월에 향년 71세로 사망했다.

**동한 외교가이자 군사가인 반초**
반초(32~102)는 동한의 저명한 외교가이자 군사가다. 반초는 붓을
비리고 종군하여 무수한 적을 죽이고 큰 공을 세웠다.

| 중국사 연표 |

89년

반초가 귀자 등 8국 군사를 출동시켜 언기焉耆·위리尉犁 두 국왕을
죽였다. 이에 서역 55국이 모두 한나라의 속국이 되었다.

# 041

## 천하의 어머니 마 황후

동한 시대의 황제는 대부분 어릴 때 즉위해 외척의
권력 독점으로 부패를 초래했다. 그러나 동한 조정
에서 오직 한 황태후만이 외척을 등용하지 않고 도
리어 외척의 참정 의사를 금했으니 그녀가 바로 유
명한 마 황후다.

### 조숙한 마 황후

마원馬援은 동한 시
대의 저명한 장군으로,
광무제 유수를 도와 천
하를 평정한 전공이 탁
월하나 죽은 후 남의 모
함을 받아 고아와 외로
운 모친을 남겨 두었다. 그의 아들 객경客卿은 어려서
부터 총명하고 지혜로웠으나 부친이 죽은 후 얼마 안
되어 요절했다. 마원의 모친은 이중의 타격으로 비통
을 못 이겨 병석에 누워 온종일 정신이 없었다. 이에
가계가 쇠락하여 마원의 작은딸, 훗날의 마 황후는 어
려서부터 가계의 중임을 떠맡았다. 비록 열 살밖에 안
되었지만 이미 크고 작은 집안일을 독자적으로 감당
했으며, 특히 기특한 일은 다른 집과 내왕할 때 어른이
나 마찬가지로 침착히 응대한 점이었다. 친척과 이웃
은 상황을 모르다가 이렇게 큰 가족이 열 살밖에 안 되
는 소녀에게 지탱함을 알자 놀라움을
금하지 못했다.

마 황후의 사촌 오빠 마엄馬嚴
은 마씨 일족의 처지에 몹시 근
심하여 조정에 상소해 마씨 세
자매 중 후비 선발을 청했다. 이
에 마 황후가 입궁했는데 그때
나이 겨우 13세였다. 마 황후는

#### 익살스러운 비현 송가림의 노래하는 용
1963년 사천성 비현 송가림宋家林 동한
묘에서 출토되었다. 인물의 표정으로 보
면 이 예인은 입이 비뚤어지고 혀로 입
술을 빨면서 자태가 익살스럽고도 누
추한데다가 복부가 툭 불거지고 궁둥
이를 뒤로 내민 자태가 더욱더 특유한
예술적 효과를 강화하고 있다.

입궁 후 음 황후를 정성
을 다해 시중들었고, 주
위 사람들에 대해 예의
를 다해 얼마 안 되어
총애를 받았다.

### 후궁의 첫자리를
차지하다

한나라 명제가 즉위한 후 귀인貴人으로 상승했으나
자녀가 없었기에 명제는 그녀에게 궁중 가賈씨의 아들,
즉 훗날의 장제를 부양하게 했다. 품성과 재능이 몹시
출중해 60년에 명제 유장劉莊이 황후로 책봉했다. 중국
고대 사회에 "여자는 재능이 없음이 바로 덕이다"라는
말이 있지만 마 황후는 도리어 《역경易經》을 암송하고
《춘추春秋》,《초사楚辭》등 전통적인 유가 경전을 숙독
하는 외에 동중서의 문장에 대해서 특히 정통했다. 후
에 그녀는 《현종기거주顯宗起居注》를 짓기도 했다.

#### 동한 '인축 포도무늬 채색 융단' 조각
한나라 시대 동서방 문화 교류가 빈번했다. 니아尼雅 유적지에서 출
토된 동한 시대 인축 포도무늬 융단과 귀갑 꽃잎 융단은 모두 두드
러진 꽃을 평직무늬로 짰는데, 고대 동서양 방직 기술의 교류를 반
영하고 있다.

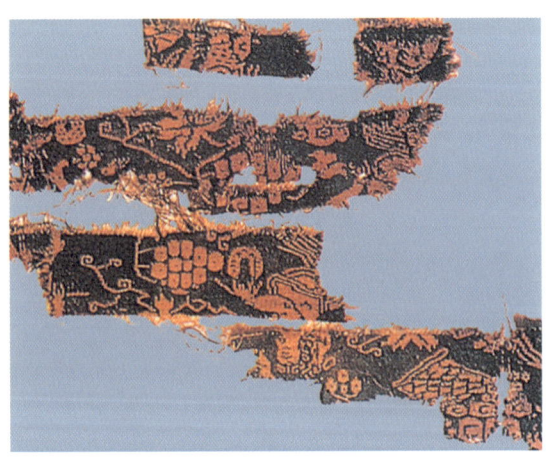

《후한서後漢書 · 마황후기馬皇后紀》 출전

8 ~ 220

동한

## 천하의 어머니 마 황후

동한 시대 황제는 대부분 유년에 즉위해 황태후의 지지 아래 외척이 권력을 독점해 동한 조정의 부패를 초래했다. 그러나 동한 왕조에 오직 한 창대후만이 외척을 종용하지 않고 도리어 외척의 정치 참여 의사를 금했으니 그녀가 바로 유명한 마馬 황후다. 마 황후는 명장 마원의 딸로 13세에 입궁했다. 그 품성 재능이 몹시 출중해 60년에 명제에 의해 황후로 책봉되었다. 마 황후는 천성이 관후하고, 인자하고, 겸손하고, 검박하며, 유락을 좋아하지 않았다. 그녀는 비록 천하의 어머니라는 귀한 자리에 있었지만 붙임성이 좋았고, 평소에 포목 옷을 입었으며, 치마를 입더라도 호화로운 장식을 하지 않았다. 마 황후는 역사를 계율로 삼아 외척의 참정을 금했다. 그녀는 역사상 외척이 총애를 믿고 횡행한 실례를 들어가면서 외척은 겸손하고 자신을 단속해야 하며 정사에 참여해서는 안 된다고 지적했다. 이 그림은 청나라 초병정焦秉貞의 《어진 황후이야기歷朝賢后古事冊》에 실려 있다.

마 황후는 천성이 관후하고, 인자하고, 겸손하고, 검박하며 유락을 좋아하지 않았다. 그는 비록 천하의 어머니라는 귀한 자리에 있지만 붙임성이 좋았으며, 평소에 포목 옷을 입었고, 치마를 입더라도 호화로운 장식을 하지 않았다. 이에 후궁의 비빈들은 몹시 탄복

했다. 명제가 궁을 떠나 놀며 즐길 때도 마 황후는 몸이 불편함을 이유로 사양하면서 따라가지 않았다. 이런 일이 여러 번 반복되니 명제도 그의 품성을 이해해 더는 초청하지 않고 출궁 때마다 재인들만 좌우에서 모시게 했다. 당시 왕공 대신들은 모두 이상하게 여겼는데, 명제는 우리 집의 여주인은 놀기를 좋아하지 않아 억지로 불러와야 재미 없다고 설명했다.

## 겸손하고 검박하며 외척을 엄하게 방비하다

명제가 죽은 후 장제章帝가 즉위해 마 황후는 황태후로 존봉되었다. 동한 시대에 외척을 책봉하는 관례가 있었는데, 주로 일부 대신들이 황제에 아첨해 자신의 정치 밑천을 얻기 위한 것이었다. 장제가 즉위한

●●● 역사문화백과 ●●●

[여름철 유행 복장 – 선의]

선의襌衣는 일종의 두루마기식 복장으로 여름철에 입는 홑옷이다. 춘추 전국 시대에 출현, 진·한 시대에 유행했다. 주요 특징은 안감을 대지 않고 원단이 가볍고 소매가 넓은 것이다. 남녀 모두 입을 수 있는데 평상복과 정장으로 두루 입을 수 있었다. 남방의 일부 지역에서는 선의를 '접襍'이라고도 했다.

한나라 두헌·경병이 북흉노를 크게 격파, 20여만 명이 항복했다. 장성을 지나 3000리 이북의 연연산燕然山에 이르러 비석에 공적을 기록했다.

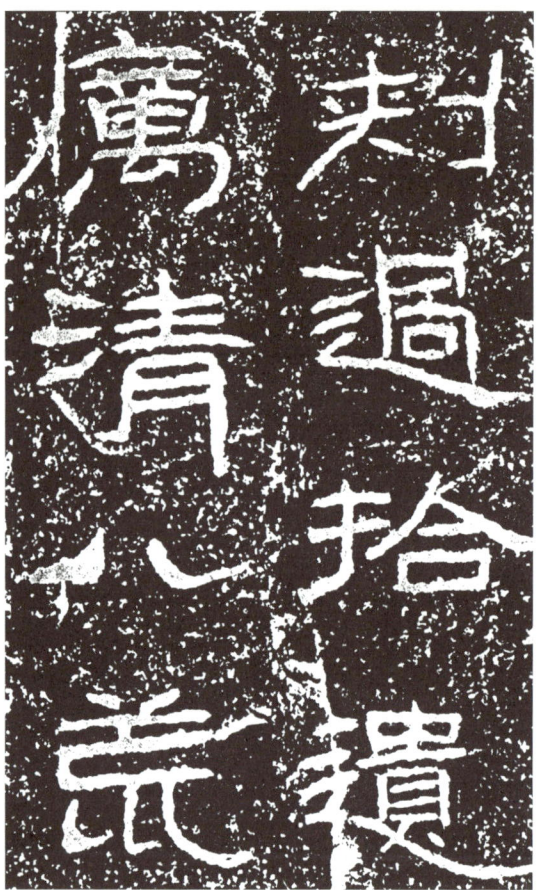

### 예서 중의 초서 석문송

석문송石門頌의 정식 명칭은 《고사예교위건위양군송》인데 동한 건화 2년(148)에 새겨진 한나라 시대의 유명한 대형 예서 마애 석각이다. 비문은 왕승王升이 편찬했고 양맹문楊孟文이 석문의 길을 수축한 일을 기록했다. 비문은 예서로 22행이며 필법이 가늘고 힘차며 자유롭고 기묘해 예부터 '예서 중의 초서'라 불렸다.

이듬해 천하에 큰 가뭄이 들었다. 일부 대신들은 조정에 상서해 가뭄이 드는 원인은 외척을 책봉하지 않았기 때문이라면서 황태후의 두 동생을 열후로 봉할 것을 청하면서 이 역시 관례가 있다고 인정했다. 그러나 마 황후는 응낙하지 않으면서, 역사상 외척이 총애를 믿고 횡행한 실례를 들며 외척은 응당 겸손하고 자신을 단속해야지 조정에 참여하면 안 된다고 했다. 동시에 공개적으로 상서한 대신들이 외척의 책봉을 요구

하는 것은 태후에게 아첨해 정치상 이득을 얻으려는 것이라고 꾸짖었다. 태후는 천하의 모친으로 조정에서 모범을 보여야지, 어찌 친족의 자제를 정사에 참여케 해 조정의 권한을 독점하게 한단 말인가? 이렇게 결국 응낙하지 않았다. 그 후 천하가 무사하니 장제는 세 외삼촌을 열후로 봉했다. 마 황후는 이 일을 안 후, 사람이란 물러설 줄을 알아야 한다고 하면서 사치한 생각을 그만두고 자신의 힘든 마음을 알아주기를 기대했다. 마료馬廖 등은 부득이 벼슬만 받아들이고 정사에는 참여하지 않았다.

동한 왕조에서 황제는 대부분 나이가 어리고 무지해 젊은 황태후가 외척을 이용해 조정을 장악했다. 오직 마 황후만이 역사를 계율로 삼아 외척의 참정을 금했다. 그의 재능과 학문과 견식은 확실히 일반적인 여자들과 비교할 바 아니었다.

### 날아오르려는 붉은 거위

한나라 시대 문물로 높이 17.5cm다. 1969년 하남성 제원현 지지성 사간구泗澗溝 한나라 묘에서 출토되었다. 한나라 시대 조각은 인물의 내용이 풍부하고 소재가 광범위함은 물론, 형체가 비교적 작은 가금류마저 그 조형의 미적 감각을 매우 중요시했다. 이 도기 거위는 날개를 퍼덕이고 꼬리를 쳐들고 목을 앞으로 내미는 자태로 날기 전의 움직임을 부각시켜 한나라 시대 사람들의 심미적 취미를 표현했다.

# 042

《후한서後漢書·경공전耿恭傳》 출전

## 성을 홀로 고수한 경공

경공耿恭이 첫 번째 성을 지킬 때 수비 군사는 수백 명, 적군 기병은 2만 명이었고, 두 번째 성을 지킬 때 모집한 지원군이 2000명, 구원한 패잔병 26명, 중원에 살아 돌아온 자는 겨우 13명이다.

반초가 소륵에서 세력을 개척할 때 주장 두고寶固와 부마도위 경병耿秉은 돈황에서 출발해 차사車師로 원정했다. 경병은 위험을 무릅쓰고 차사에 잠입해 차사 전·후왕이 귀순하게 했다. 두고는 차사에 새롭게 서역도호부를 설치, 진목陳睦을 도호로 임명하고, 동시에 무기戊己 교위를 설치, 경공을 무戊 교위로 해 차사 후왕의 금포성金蒲城에 두고, 관총關寵을 기己 교위로 해 차사 전왕의 유중성柳中城에 두며, 두 곳의 병력을 각각 수백 명으로 했다.

### 처음으로 금포성을 지키다

이듬해 봄, 북흉노 좌록리왕左鹿蠡王은 2만 기병을 거느리고 차사를 습격했다. 경공은 사마에게 300명의 군사를 거느리고 지원하게 했지만 전군이 전멸하고, 차사왕 안득安得이 피살되었으며, 흉노 기병이 금포성 밑에 다달았다. 경공은 부하에게 독약을 살촉에 바른 후 흉노 병사들에게 말하게 했다. "우리 한나라의

### 한나라 주둔군 사화부인 – '정절국'의 증명

이 사화부인司禾府印은 신강 민풍현民豊縣 니아尼雅 유적지에서 출토되었다. 이곳은 고대 정절국의 경계였다. 정절국은 서한 시대 본래 하나의 독립국가였다. 그 지역이 교통 요로여서 동방 대국 선선과 서방 대국 우전의 쟁탈전 끝에 차례로 선선과 우전에 병합되어 그 산하 주·현으로 되었다. 이 사화부인은 한나라 시대 둔전 관리의 인감으로 한나라 시대에도 '정절국精絶國'에 군사를 주둔시켜 둔전을 실시했음을 증명하고 있다

기는 신의 도움을 입었나봐, 진짜 무서워!"라며 모두 물러갔다.

후차사에 소륵성疏勒城이 있었는데 성 옆 골짜기에 물이 있었다. 흉노 군사는 골짜기의 물을 막아 성으로 흘러드는 물길을 끊었다. 한나라 병사들이 우물을 팠는데 깊이 열다섯 장에 이르러도 물이 나오지 않았다. 병사들은 갈증이 나서 말똥의 즙을 짜서 목을 축였다. 경공은 친히 우물을 팠는데 과연 샘이 솟구쳤고 병사들이 만세를 불렀다. 경공은 병사들에게 명해 샘물을 공중으로 흩뿌려 흉노 군사들에게 보이게 했다. 흉노 장군은 무슨 영문인지도 모른 채 진짜 신의 도움을 입

### 동한 내몽골 묘의 악무 잡극 그림

한나라 시대 잡극은 각종 민간 기예를 종합하고 고금의 각 민족과 각 지역의 종목을 망라한 것이다. 한나라 잡극은 방대하며 기예가 고명하고 '여악女樂'이 확대되었다. 호린게르 동한 묘의 벽화 〈악무 잡극〉은 사실주의 수법으로 당시 풍속을 표현했다. 그 진귀함은 당시 한족과 흉노, 오환, 선비 등 소수민족이 빈번히 교제하는 지역의 사회생활을 반영한 데 있다.

화살은 몹시 신기하니 살에 맞으면 상처가 매우 특별하렸다!" 흉노 병사 중 화살에 맞은 자들은 과연 모두 물집이 생기고 물이 흘렸다. 이에 서로 "한나라의 병

8 ~ 220

동한

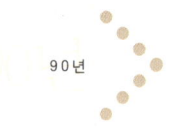

**90년**

| 중국사 연표 |

북흉노 선우가 사신을 한나라에 보내 신하로 자칭했다. 남흉노 선우
가 북흉노를 습격, 북흉노 선우가 부상을 입고 도망쳤다.

은 줄로 여겨 다시금 군사를 거느리고 퇴각했다.

## 다시 금포성을 지키다

그해 11월에 언기焉耆와 귀자龜玆는 연합 공격으로 서역 도호 진목을 살해하고 관총을 유중성에서 포위했다. 당시 한나라 명제가 붕어하고 구원병이 오지 않아 차사도 부득이 투항해 북흉노와 함께 금포성을 공격했다. 경공은 병사들을 격려하며 수개월 동안 지켰다. 군량이 떨어지니 활과 갑옷의 가죽을 삶아 먹었다. 병사들은 다 죽고 수십 명이 남았을 뿐이었다. 흉노는 사자를 보내어 경공을 백옥왕白屋王으로 봉하고 여자들을 한나라 군사의 아내로 주겠다고 하며 투항을 권유했다. 경공은 사자를 속여 목을 베고 그 시체를 불에 태웠다. 흉노 선우는 군사를 풀어 맹공격했으나 여전히 공략할 수 없었다.

관총은 글을 올려 구원을 청했다. 즉위한 장제는 경병을 주천酒泉에 주둔시키고 주천 태수 단팽段彭과 왕몽王蒙, 황보원皇甫援에게 지원하라 명했다. 각로 군사는 유중성에서 만나 교하交河 일대에서 북흉노를 대패시켰다. 당시 관총은 이미 죽었는데 왕몽 등은 회군하려 했다. 경공의 부장 범강范羌이 군중에 있었는데 기어코 가서 금포성의 경공을 구원하겠다고 했다. 여러 장수들이 감히 전진하지 못하니 2000 군사를 나눠 주면서 범강에게 오솔길로 가서 경공을 모시게 했

**요령성 동한 묘 벽화 축수 승선 그림**

요령성 요양遼陽 묘실 벽화는 주로 묘 주인의 생전 생활 정경을 묘사했는데 연회 그림, 관리 그림, 누각 그림, 악무 잡극 그림 등이 있다. 구상이 상당히 독특하고 벽화 전체가 하나의 구도를 이루는 동시에 각 부분이 또 독립적으로 그림을 이루며, 다양한 내용이 조화되고 변화가 풍부한 예술 효과를 보여주고 있다. 또 몰골 화법을 채용해 색채가 비교적 풍부하고 복잡한 동시에 대상의 요철凹凸 감각을 의식적으로 표현했다. 말의 달리는 자태만 보아도 작자가 이미 장식성 묘사에 만족하지 않고 대상물의 순간적 동작을 추구했음을 알 수 있다.

다. 이때 마침 큰 눈보라가 몰아쳐 2000 군사는 겨우 금포성 밑에 이르렀다. 범강은 성안을 향해 소리쳤다. "나는 범강이다. 한나라 경 교위를 모시러 왔다!" 그러자 성 위에서 만세 소리가 높이 울리더니 즉시 성문을 열고 맞아들여 서로 부여잡고 통곡했다. 이튿날 한나라 군사가 중원으로 향했는데 흉노가 자꾸 습격하는 바람에 싸우는 한편 퇴각하는 수밖에 없었다. 경공과 함께 성을 지키던 부하는 도합 26명이었는데 가는 길에 또 여러 사람이 죽어 옥문관에 도착하니 겨우 13명밖에 남지 않았다. 돈황 주둔군 중랑장 정중鄭衆이 경공 일행에게 목욕을 하고 옷을 갈아입게 한 후 친히 글을 올려 경공의 공로를 보고했다. 경공은 낙양에 돌아간 후 기도위로 승진했다.

동한 왕조는 서역 도호 및 무기 교위를 취소했다. 서역 개척은 잠시 좌절되어 20여 년 후 반초를 기다리게 되었다.

●●● 역사문화백과 ●●●

**[한나라 석각 대표작 중 하나 - 계모궐]**

계모궐啓母闕은 지금의 하남성 숭산 남쪽 기슭에 위치, 동한 시대에 건축했다. 궐에 명문이 새겨 있는데 조각 내용이 풍부하고 다채로워 역사 이야기, 병거와 기병의 사냥, 유희 잡극 등으로 당시 사회 정경 및 풍속 유락을 반영했다. 태실궐太室闕과 소실궐小室闕을 합쳐 '중악中岳 한나라 삼궐'이라 칭하며, 모두 전국 문물 보호 건물에 속한다.

중국을 말한다

# 043

《후한서後漢書·장형전張衡傳》 출전

## 다재다능한 장형

세계 각국 역사에 모두 이런 현상이 있는 듯하다. 즉 한 사람의 문화적 천재는 흔히 당시 존재하는 각 분야의 최고 성과를 거의 다 겸비했다는 점이다. 장형張衡은 바로 이런 유형의 천재다.

### 재예가 넘치는 저서

장형은 자가 평자平子이고 남양南陽 서악西鄂, 지금의 하남성 석교진石橋鎭 사람이다. 그의 집안은 현지의 대성大姓이었다. 그는 어려서부터 창작을 잘했다. 서경 장안에 가서 유람하고, 또 낙양 태학에서 유학해 유가 오경을 통달했다. 그는 오래전부터 출중한 재능으로 소문이 났지만 조금도 교만한 비릇이 없이 담백하고 평온하며 남들과 그다지 교제하지 않았다. 한나라 화제 영화 연간에 그는 효렴에 뽑혔고 삼공 아문에서도 찾아왔지만 그는 모두 사양했다.

#### 장형

장형은 동한의 저명한 과학자다. 그는 혼천 학설을 내놓고, 일월성신을 표시하는 혼천의와 지진 방위를 측정하는 지동의를 제작했다. 저서로 《혼천의도주渾天儀圖注》와 《영헌靈憲》 등이 있다.

당시 천하는 태평 무사한 편이었고 왕공 귀족의 생활은 사치하고 호화로웠다. 장형은 이에 상당히 불만을 품고 반고가 지은 《양도부兩都賦》의 풍격을 좇아 《이경부二京賦》를 지어 이런 사치한 기풍을 비판했다. 한부漢賦는 일종의 화려한 문자를 늘어놓는 문체로서 규모가 방대했다. 장형이 꾸준히 구상하며 근 10년이 걸려서야 완성한 《이경부》는 지금도 전해져 낭송되고 있다. 그는 또 《사현부思賢賦》, 《남도부南都賦》, 《귀

#### 장형의 묘

장형의 묘는 하남성 남양南陽 이북 25km 지점의 석교진 남쪽 소석교촌에 있다. 묘지는 주변이 평탄하고 중간이 약간 높은 대지에 자리를 잡았다. 묘지 북쪽으로 약 250m 지점에 평자 독서대가 있고, 동쪽은 노남, 즉 노산魯山~남양 구간 도로다. 고대 이하洱河의 옛 물줄기가 그 북쪽을 지나고 악성사鄂城寺 탑이 그 동쪽에 솟아 있다. 유관 사료의 기록에 의하면 한나라 시대의 능원은 건축이 웅대하고 신도 양쪽에 옹중翁仲 석수石獸 사당이 있었다 한다.

| 중국사 연표 |

96년    한나라 호강護羌 교위 관우貫友가 강족 군사를 격파, 미당迷唐이 멀리 이주했다. 한나라가 군사를 일으켜 소당燒當 강족을 공격했으나 패했다.

전부歸田賦》 등 시부도 창작했다. 그는 태사령을 지냈고 《동관한기東觀漢記》의 편찬에도 참여했으며, 사마천과 반고의 사서 중에 잘못된 곳도 10여 곳이나 지적할 만한 수준의 사학자다.

## 천문학계의 세계적 거두

장형의 최대 공헌은 천문 역법 분야인데, 《영헌靈憲》, 《산망론算罔論》 등 관련 저서가 있다. 그가 편찬한 《혼의도설渾儀圖說》은 혼천설渾天說을 천명했다. 혼천이란 마치 하나의 달걀과 같은데, 하늘은 탄환처럼 둥글고 땅은 계란의 노른자위처럼 중간에 위치하며, 하늘은 크고 땅은 작고, 천지는 모두 기에 떠받들려 있고 기는 땅을 싣고 떠 있다고 그는 주장했다. 혼천설은 장기간 중국 우주 구조 학설로 매우 큰 영향을 끼쳤다. 장형은 천문학상 이론 학자임은 물론, 더욱이 위대한 실천 학자이다. 그는 태사령으로 있는 기간에 후풍지동의候風地動儀를 발명 제작했다. 이 지동의는 구리로 된 술잔 모양으로 중간이 비어 있고, 덮개가 위로 불거지고, 복부 중심에 기둥, 즉 지진 흔들이가 하나 세워져 있다. 도주 사방에는 여덟 방향을 가리키는 장치가 있는데 바깥의 여덟 마리 용과 이어져 있다. 용의 입에는 구리 알이 하나씩 물려 있는데, 용 입 아래쪽에는 여덟 마리의 두꺼비가 입을 벌리고 마주 올려다보고 있다. 지진이 날 때면 기둥의 치우침으로 압력을 받으면서 그에 상응한 방향의 용의 입이 열리고

### [장형의 《양경부兩京賦》]

장형의 《양경부》는 반고의 《양도부》를 모방해 《서경부》와 《동경부》로 구분되어 있다. 허구 공자의 입을 빌려 서경의 사치하고 호화로움을 묘사하고, 안거 선생의 입을 빌어 동경의 소박하고 검박함을 묘사해 당시 조정의 황음무치함을 풍자했다. 이 밖에 또 당시 경제 상황, 민속을 묘사했는데 필치가 소탈하고 아름다우며 체제가 방대하고 과장 수법을 썼으며, 심지어 반고의 《양도부》를 뛰어넘는다.

구리 알이 두꺼비의 입에 떨어진다. 이로써 지진의 방향을 알 수 있다. 후풍지동의는 한 순제 양가 원년(132)에 제작했는데 세계 최초의 지동의다. 이 밖에 장형은 또 혼천의渾天儀, 즉 지금의 천구의를 개선 제작해 실내에서 항성의 위치를 관찰했다.

## 천재를 용납하지 못한 혼탁한 세상

장형은 명예를 탐내지 않았다. 매번 벼슬할 때마다 오래도록 승진하지 못했고 일찍이 두 번 태사령을 지냈다. 그러나 후에 그가 시중이라는 내직을 맡아 황제의 신변에서 고문으로 있게 되자 환관들의 근심을 불러일으켜, 참언 중상에 의한 배척을 받아 서울

**세계 최초의 지진 측정기 – 지동의**
동한 양가 원년(132)에 저명한 천문학자 장형은 세계 첫 지진 방위 측정기인 지동의地動儀를 발명했다. 장형의 지동의는 유럽에서 만든 유사한 지동의보다 1700여 년이나 앞섰다. 그러나 장형의 지동의 실물은 오래전에 이미 실전되고 그림의 지동의는 후세 사람 왕진탁王振鐸이 《후한서後漢書》의 기록 및 기타 역사 자료에 근거해 복원한 모형이다.

중국을 말한다

| 세계사 연표 |

**96년**

로마 황제 도미티아누스가 죽고 플라비아누스 왕조가 막을 내렸다.
원로 네르바가 황제로 즉위, 안토니우스 왕조가 시작되었다.

**중국 초기의 불교 소상**
사람은 살았을 때 불상을 모시지만 죽어서도 불상을 묘도 밖의 문에 조각했다. 비록 37cm 높이밖에 안 되지만 그 문물의 가치는 짐작할 수 없는 정도이다. 이는 중국 초기 불교 소상의 하나로 조형이 질박하고 선이 유창해 마치 한 폭의 수묵화와 같다.

을 떠나 하간왕河間王의 재상으로 있었다. 장형은 임직 기간에 힘써 일을 잘 처리해 본래 국정이 혼란하고 토호가 득세하던 하간국을 "위 아래로 질서가 잡힌" 나라로 정비했다.

그러나 3년 후 장형은 여전히 나이 많음을 이유로

글을 올려 사직하고 떠나갈 수밖에 없었다. 한 순제 영화 4년(139)에 이 다재다능한 장형은 상서라는 직책에 머물다가 세상을 떴는데, 향년 62세였다.

**중국적 형태의 누각**
녹색 유약 도기 누각은 동한 중·후기 묘실에서 출토되었다. 동한 시대 부장물에는 늘 높이가 3, 4층에 달하는 이런 정방형 누각이 보이는데, 이는 중국 누각의 독특한 형태를 나타낸다. 남북조 시대에 많이 지어진 목탑은 바로 이를 토대로 발전한 것이다.

●●● **역사문화백과** ●●●

**[한나라 시대의 교육 – 유학儒學]**
유학은 당시 공립과 사립학교의 흥성한 모습을 반영한다. 동한 시대 중앙 태학과 지방 관학이 많이 세워짐에 따라 공부하려는 사람들이 크게 늘어났다. 일부 지방의 유명한 유학자들은 가정에서 학생을 받아 가르쳤는데 노魯 지역의 신공申公은 "평생 집문을 나서지 않았고" "멀리서부터 찾아와 수업하는 제자가 1000여 명에 달했다".

# 044

## 공희의 가내 전통 학문

공희孔僖는 비록 공자의 직계 장손은 아니지만 공씨의 가학家學을 계승·발전시켰다. 그 재능과 학식은 한 장제의 상당한 평가를 받았고, 장제는 그가 문인으로 손색이 없다고 말했다.

공희는 자가 중화仲和이고 노魯 지역, 즉 지금의 산동성 곡부曲阜 사람이다. 곡부 공씨 하면 사람들은 우선 공자를 연상하게 된다. 공희의 증조부 공자건孔子建은 서안 후기에 장안에서 유학해 저명한 학자 최전崔篆과 동창이 되었다. 최전은 왕망 시대에 군수라는 고관을 지냈는데 공자건도 역시 2000석 높은 벼슬을 맡을 수 있었지만 왕망을 위해 힘쓰고 싶지 않아 고향에 돌아가 은거했다. 그의 집은 공안국孔安國으로부터 《고문상서》, 《모시》 등 유가 경전이 대대로 전해 내려와 집안의 학문이 깊었다.

### 동창의 무고

일이 공교롭게 되어 공희는 낙양 태학에서 공부할 때 최전의 손자 최인崔駰과 동창이 되었

다. 어느 날 그들은 함께 《좌씨춘추》를 연구 열독하면서 오왕 부차가 월나라를 격파하고 오왕 합려의 패주 대업을 계승해 좋은 시작을 보이다가 나중에는 오히려 월나라에 패해 자살하는 좋지 못한 결말을 읽게 되었다. 공희는 책을 덮으며 탄식했다. "참으로 범을 잘못 그려 개가 되었구나!" 최인도 동감을 표시하고 나서 덧붙여 말했다. "한나라 무제도 역시 마찬가지이다. 처음에는 문제·경제의 검박한 유풍을 이어 받고, 웅대한 책략으로 현명한 자를 천거하고, 태학을

### 이국에서 온 그리스어 화폐

이 고대 화폐는 섬서성 부풍에서 출토되었다. 한 면은 약간 우묵한데 옅은 부조 기법으로 뱀 무늬를 조각했다. 주위에 동그랗게 자모가 있는데 그리스 화폐 '드라크메' 위에 새긴 명문이다. 이는 그리스와 로마 시대에 서아시아 각국이 사용한 화폐로서 중국 한나라 시대에 서역으로부터 중국으로 전파된 것으로 추정된다. 현재 섬서성 박물관에 소장되어 있다.

#### ●●● 역사문화백과 ●●●

[한나라의 저금통 박만]

박만撲滿은 한나라 시대 화폐를 저금하는 도기로 지금의 저금통에 해당한다. 꼭대기에 작은 구멍이 있어 화폐를 넣게 되어 있는데 출구는 없다. 박만에는 '하루에 천만이 든다', '부귀' 등 아름다운 염원을 대표하는 문자가 새겨져 있다.

### 양고기 산적의 역사

고고학 전문가들이 산동성 남부 임기시臨沂市 내 오리보촌五里堡村에서 발굴한 동한 말년 묘에서 양쪽에 산적이 꿰어져 있는 화상석을 발견했다. 이 두 폭의 그림에서 보이는 인물은 호족으로서 그들이 굽는 산적은 쇠고기·양고기 산적으로 밝혀졌다. 이 두 폭의 화상석은 동한 시대 민간 음식 풍속을 반영한다. 그림에는 모두 산적 형상이 있고 모두 왼손에 산적을 들고 세발솥에서 굽고 있다. 그리고 모두 두 가닥으로 된 전용 공구를 화로에 놓고 구우면서 부채질을 하는데 이는 지금 신강의 산적 구이와 비슷하다.

《후한서後漢書·공희전孔僖傳》  출전

8~220

동한

### 단정하고 힘차고 수려한 을영 비석

을영乙瑛 비석의 본래 이름은 '한노상을영청치공묘백석졸리비'이다. 동한 영흥 2년(154) 6월 산동 곡부 공묘 대성전 동쪽 곁채에 세웠다. 내용은 노魯 재상 을영이 상주해 비준을 거친 후 공자의 사당에 100석 졸리卒史를 설치한 사적이다. 비문은 예서체로 썼는데 단정하고 힘차고 수려하며, 조직이 엄밀하고 필법이 극히 법도가 있고, 좌우가 규격이 맞고 굵기가 통일되고 간격 구조가 모두 충분히 강구되어 전폭이 수려하고 소탈하다. 특히 제비꼬리 자태는 몹시 아름다워 한자 예서체 규범이 성숙되는 시대의 대표작 중 하나다.

세우고 흉노를 쳐부쉈다. 그러나 후에는 무당의 이야기를 믿고, 신선 방술을 좋아하고, 연속 30년간 병사를 부림으로써 국고를 텅 비워 나중에는 백성과 이익을 다투어 서한을 쇠약하게 했다." 공희는 또 말했다. "비슷한 사례는 사서에서 적지 않게 볼 수 있다."

그들에게 양욱梁郁이라는 동창이 있는데 두 사람

의 논의를 듣더니 이상한 어조로 말했다. "그대들 말대로라면 한나라 무제도 개가 되겠네그려?" 공·최 두 사람은 이 갑작스런 물음에 말문이 막혔다. 그들은 속으로 생각했다. "범을 잘못 그려 개가 되었다"는 말은 시작은 좋지만 결과는 이상적이 아님을 비유하는 말인데 우리가 어디에서 무제를 개라고 욕했는가? 잠깐 침묵한 그들은 양욱에게 아무런 말도 하지 않았다. 양욱은 그들이 아랑곳하지 않음을 보고 속으로 고깝게 생각해 몰래 글을 써서 공·최 두 사람이 "선제先帝를 비방하고 당세를 풍자했다"고 무고했다.

### 회색 도기 탈곡장

죽음을 삶과 마찬가지로 본 한나라 시대 사람들은 그 부장품도 완전히 세속의 현실 생활을 모방했다. 이 요구에 의해 각종 도기 제품이 생산되었다. 서한 중기 이후 장례 풍속이 변화함에 따라 사람들은 일상생활의 장면을 한층 여실히 옮겼다. 모종 주택은 대문, 창고, 문, 거실, 주방, 변소, 돼지우리 등으로 구성되었다. 이는 회색 도기 탈곡장 모양의 부장품이다.

●●● 역사문화백과 ●●●

[저명한 장편 서사시 〈공작새는 동남으로 날아가네〉]

동한 악부 민가 중 가장 저명한 장편 서사시다. 모두 353행으로 사랑하는 부부 초중경焦仲卿과 유란지劉蘭芝의 봉건 예교禮教의 박해에 의한 비극을 서술, 혼인의 행복을 추구하는 청년 남녀의 아름다운 염원을 표현했다. 표현 형식이 풍부하고 다채로워 광범위하게 전해지는데, 악부시 중 대표작이라 할 수 있다.

태학의 관원은 보고를 받은 후 즉시 죄인을 체포해 옥에 가두었다. 공희는 이 소식을 듣자 이는 양욱의 무고이고 자신도 연루될 것임을 짐작하고 붓을 휘둘러 옥리가 그를 체포하러 오기 전에 소송장을 썼다. 공희는 투옥되었지만 소송장 역시 한 장제에 보고되었다. 한 장제는 속으로 뻔히 알 수 있었다. 학생들이 독서하면서 의논하는 건 본래 죄라고 말할 수 없는 일이고 양욱의 밀고는 완전히 억지였다. 공희의 소송장을 읽은 장제는 오히려 그의 재능이 마음이 들어 공·최 두 사람을 석방하고, 또 공희를 난대령사로 임명했다.

## 문인으로 손색 없는 성인의 후예

원화 2년(85) 봄, 한나라 장제는 뭇 신하를 거느리고 노魯 지역을 순시하면서 공자와 공자의 72제자를 제사 지냈다. 제사 시 '6대 주악' (주 천자가 가장 중대한 제사나 축전에서 연주한 악무, 황제 시대의 《운문大雲門》, 요 시대의 《함지咸池》, 순 시대의 《대소大韶》, 우 시대의 《대하大夏》, 탕 시대의 《대호大護》, 주나라의 《대무大武》를 아우름)을 연주하고, 20세 이상의 공자 자손을 접견하며, 유학자에 명해 뭇사람 앞에서 《논어》를 강의하게 하고 장제 자신은 제자의 신분으로 강의를 들었다. 이러한 공자 제사와 존숭 활동은 공자가 태어난 곳에 있는 가문인 공씨

가족에게는 커다란 영광이었다. 공희는 사관으로서 연회를 차려 장제에 답례했다. 연회에서 장제는 공희에게 물었다. "짐이 뭇 신하를 거느리고 여기에 와서 성인을 뵈오니 그대 이런 조상이 있음을 영광으로 여기는가?" 공희는 이렇게 대답했다. "존경하는 폐하, 폐하께서는 이곳에서 선사를 존숭하고 예의로 대해 성덕을 빛내는 것인데 신이 어찌 감히 자신의 영광으로 치부하겠나이까." 장제는 기뻐하며 말했다. "공 성인의 후예가 아니라면 어찌 이처럼 대의를 깊이 아는 말을 하겠는가." 그는 문인으로 손색이 없다고 공희를 칭찬했다. 장제는 그 자리에서 공자의 직계 장손 공손孔損을 포성후褒成侯로 봉하고, 많은 돈과 비단을 공씨 일족에게 두루 하사했으며, 공희를 낭중으로 임명해 조정의 동관東觀에서 서적을 교열하게 했다.

**사실적 모습의 초차**
초차軺車란 간편하고 작은 마차이다. 감숙성 무위武威 뇌대雷臺에서 출토된 이 유물은, 묘 주인이 생전에 타던 초차의 모형이다. 수레 채는 휘고 가름대가 있고, 수레 위에 양산이 있으며, 수레의 양측에 본래 붉은 천으로 기를 장식했다. 이는 묘 주인의 사회 지위를 나타낸다. 감숙성 박물관에 소장되어 있다.

## 수백 명의 제자

공희는 후에 섬서성의 임진현臨晉縣에서 현령을 지내다가 40세를 일기로 재임 중 죽었다. 열 살 남짓의 두 아들은 부친의 뜻을 받들어 공희를 섬서성의 화음華陰에 안장하고 그곳에 정착했다. 공희 자손의 본적은 변했지만 그들은 공씨의 가학家學을 계승해 현지

### 가장 큰 '옥피사'

옥으로 만들어 사기를 피하는 '옥피사玉避邪'는 자고로 재해를 피하고, 이익을 창조하며, 길하게 보호하는 기능을 한다 해서 묘의 주요한 보배로 삼았다. 이 동한 시대 옥피사는 높이가 18.5cm, 길이가 18cm로 지금까지 발견한 것 중 가장 큰 '옥피사'다.

에서 학생을 받아 강의했는데, 평생 벼슬을 하지 않았고 제자가 수백 명에 달했다.

102년

| 중국사 연표 |
반초班超가 연로해 낙양에 귀환했으나, 얼마 후 죽었다. 임상任尙을 서역 도호로 대체했다.

# 045

## 무신론자 왕충

동한 시대에 통치계급의 선동 아래 참위 미신이 유행했다. 백성을 우롱하는 이런 봉건 미신을 폭로하기 위해 동한 시대 저명한 사상가 왕충王充은 절세의 명작 《논형論衡》을 썼다.

중국을 말한다

## 온갖 학문을 꿰뚫다

왕충(27~약 100)은 회계會稽 상우上虞 사람이다. 그는 천성이 총명한 데다 부지런히 배웠고, 어려서부터 점잖고 내성적이며 남과 교제하기 싫어했다. 15세 때 왕충은 서울 낙양에 가서 공부했다. 그의 스승은 바로 저명한 사학자 반표班彪였다. 집이 빈한해 책을 살 수 없었으므로 왕충은 늘 헌 책을 파는 노점에서 책을 읽었다. 그는 기억력이 비상해 한 번 본 글은 거의 잊지 않았다. 왕충은 근면한 노력과 불타는 정신으로 이후 성장을 위한 견실한 토대를 쌓았다.

학업을 마치고 고향에 돌아온 왕충은 상우현의 자그마한 관리로 있었는데 얼마 안 되어 회계군 태수의 속리가 되었다. 왕충은 하층 백성의 처지를 동정해 자신의 노력으로 백성의 생활과 처지를 개선하려 했다. 왕충은 당시 사회의 폐단에 대해 수많은 건의를 제출하고 《정무政務》라는 책을 써서 집권자의 주의를 환기시키려 했다. 그러나 왕충의 이상은 파멸되었다. 그의 건의는 받아들여지지 않았고, 조정은 아직도 어둡고 관리의 행위는 부패했다. 왕충은 분노해 사직했다.

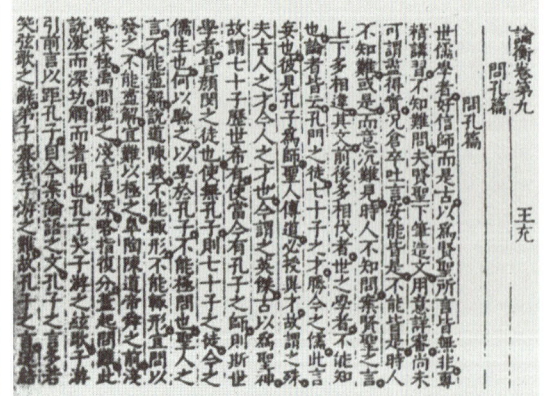

## 문을 닫고 마음을 눅여 쓴 《논형》

왕충은 비록 집안이 가난해서 아무런 재산도 없었지만 결코 그 때문에 이상을 지키려는 신념이 흔들리지는 않았다. 동한 시대는 참위 미신이 성행했다. 이는 집권자의 제창과 밀접한 관련이 있다. 왕망은 한나라 정권을 찬탈하고 자신이 순조롭게 제위에 오르기 위해 수하 사람들을 시켜 "안한공 망이 황제가 됨을 알린다", "책에 이르기를 왕망은 진짜 천자이다" 등 대중을 속이는 예언을 제조했다. 유수는 군사를 일으킬 때 역시 수하 사람을 시켜 〈적복부〉를 만들어 왕권은 신이 주었다는 말로 자신의 등극에 합법적인 외투를 걸쳐 주었다.

유수는 등극한 후 참위에 대해 더욱 숭배하면서 참위 미신을 의심하거나 반대하는 사람을 공격했다. 무신론자 환담이 바로 참위를 맹렬히 배격하여 유수에게 좌천되었던 것이다. 참위를 합법화하기 위해 유수는 죽기 전에 영을 내려 도참 학설을 천하에 유행하게 했다. 집권자의 주도하에 참위 미신은 '내학內學'으로 불려 책시策試에 열거되고, 백성을 우롱하며, 동한 왕조 통치를 강화하는 사상의 올가미가 되었다.

왕충은 참위 미신의 망언을 폭로하기 위해 일체의 교제를 끊고 집에 들어앉아 연구하면서 피땀을 들여 마침내 《논형》을 완성했다. 이는 굉장한 우레마냥 학술계에 여명의 서광을 비춰 주었다. 《논형》은 유물론적 사상 철학이 가득 찬 저서로 도합 85편, 20여 만 자이다. 왕충은 유물론적 철학 사상을 선양하는 소박한 자연관으로 기氣는 만물의 근원이며, 인간과 만물은 구별이 없으므로 직위의 높낮이와 출신의 귀천으로 한 사람의 재덕을 평가할 수 없다고 지적했다. 그는

《후한서後漢書·왕충전王充傳》  출전

8~220

동한

'천인 감응'과 참위 미신 등 망언에 대한 비판을 통해 사람과 신이 모두 망한다는 과학적인 사상을 발표했다. 그는 사람은 육체가 사망한 후 정신도 더는 존재하지 않으므로 근본적으로 귀신이란 있을 수 없다고 주장했다.

세속을 놀라게 하는 왕충의 논설은 당시 거대한 진동을 일으켰다. 그러나 본인은 조금도 개의치 않고 여전히 고생 속에서 낙을 누리며 만년에《양성서養性書》16편을 써서 양생의 도를 담론했다. 왕충의 일생은 담담하고 자연스러운 일생으로 공명을 추구하지 않았지만 그의《논형》은 영원히 그의 이름과 함께 청사에 남아 귀중한 문화적 자산이 되어 주고 있다.

**왕충과《논형》(위 사진과 왼쪽 페이지 사진)**
왕충은 자가 중임仲任이고 중국 고대의 위대한 유물론 철학자다. 그는 18세 때 서울 낙양에서 태학을 다니며 저명한 학자 반표를 스승으로 모셨다. 왕충은 뭇 서적을 두루 읽고 기억력이 비상해 제자백가를 통달했다. 그는 빈곤한 생활 속에서도 뜻을 버리지 않고 홀로 고요히 생활하면서 전력으로 저술에 종사해《기속譏俗》,《정무》,《논형》을 저술했다. 동한 시대에 지배적 지위를 전한 유가 학설은 신비주의 색채를 띠어 참위 학설과 뒤섞였다. 그 집대성 경전은 황제가 친히 정한《백호통의》다. 왕충은《논형》을 써서 이런 유술 및 신비주의 색채를 띤 참위설을 비판했다. 그의 말을 빌린다면 이것으로 시비와 진위를 분별해 미혹된 자의 심령을 구원하려는 것이다. 왕충의 30여 년의 심혈이 깃든《논형》은 바로 이런 비판의 진실한 반영이다. 왕충의 저서는 지금까지《논형》85편만 전해진다. 후세 사람은《논형》을 고대 불후의 유물론적 철학 문헌이자, "백가의 학설을 꿰뚫은" 고대 소백과사전이라 불렀다.

●●● 역사문화백과 ●●●

[한나라 화상석의 진품 효당산 석사]
효당산 석사는 동한 시대에 건축된 묘사墓祠다. 지금의 산동성 장청長淸 효당산孝堂山 꼭대기에 위치해 있다. 석사는 너비가 414cm, 길이가 250cm, 높이가 264cm인 단일 처마 현산정 2간 주택 구조로서 내부에 36조의 정밀한 석각 그림이 있다. 그 조각이 독특하고 천문지리, 신선, 과수, 군대, 수렵 등 내용이 풍부해 한나라 시대 화상석 중 진품이다.

**사천성 성도成都 영풍永豊 동한 묘에서 출토된 거울을 든 여자 도기 용**

# 046

## 연연산에 공적을 새긴 두헌

두헌竇憲은 건달이다. 그는 두씨가 쇠락한 후 벼락출세를 했으나 여전히 예전처럼 불법을 행했다. 다시 액운에 부딪치자 대외 전쟁에 다행히 성공해 청사에 이름을 남겼다.

### 두씨의 부흥

두헌은 개국 공신 두융竇融의 장손 두훈竇勛의 아들이다. 두융은 만년에 이미 권세를 잃었고, 그 자손이 또 대부분 본분을 지키지 않아 명제는 늘 기회를 타 두씨의 관작을 삭감했다. 두융이 죽은 후 명제는 두씨 자제가 스스로 단속하지 않는다는 이유로 두씨댁을 감시하게 했고, 나중에 두헌의 조부 두목竇穆이 관리를 회뢰하자 아예 두목, 두훈 부자를 함께 투옥하고 옥중에서 처형했다.

두헌 형제는 어려서부터 부친을 여의어 하루하루를 보내기조차 어려웠다.

건초 2년(77)에 새로운 황제 한나라 장제가 귀비를 선택할 때 두훈의 아내는 동해공왕의 딸 비양 공주였는데, 공신 후대

### 현존 최초의 묘지 명문

하남성 남양시 한화관에 소장된 허아구許阿瞿 묘지 화상석은 극히 진귀하다. 그 위에는 아름다운 도안은 물론, 묘 주인의 이름과 확실한 연대 등 문자도 있다. 이는 중국에서 발견한 최초의 묘지 명문으로 국보로 지정되었다. 이 묘지 화상석은 70cm · 112cm이다. 왼쪽은 명문인데 예서체이고 매 행 23자씩 6행에 136자, 그 내용은 묘 주인은 이름이 허아구, 동한 건녕 3년 3월 18일 겨우 5세에 불행히 요절했다는 것이다. 이 돌의 오른쪽에 조각된 그림은 상하 두 부분으로 나뉘어졌는데 윗부분은 한 아동이 방석 위에 꿇어 앉아 있는데 옆에 명문 '허아구' 석 자가 있다. 허아구 앞에 세 아동이 있는데 나무새를 들기도 하고 나무수레를 끌며 놀기도 한다. 아랫부분은 악무 장면인데 검을 휘두르기도 하고 공을 굴리기도 하고, 북을 밟고 소매를 저으며 춤을 추기도 하고, 거문고를 타고 피리를 불며 반주를 하기도 한다.

**동한 역사학자 반고**

동한 역사학자 반고班固는 자가 맹견孟堅이고 부풍扶風 안릉安陵, 지금의 섬서성 함양 동북쪽 사람이다. 소년 시절에 여러 가지 책을 두루 읽고 그 부친 반표의 유지를 계승해 전한사를 편찬했다. 사사로이 국사를 고쳤다는 고발에 의해 투옥되었다. 그 동생 반초가 글을 올려 적극 변호해 석방되었다. 후에 난대령사가 되어 비사를 교정, 20여 년의 노력을 거쳐 첫 기전체 당대사인 《한사漢史》 100여 편을 편찬했다. 장제 때 현무문 사마로 있으며 《백호통의白虎通義》를 편찬했다. 저서로 《반란대집班蘭臺集》 등이 있다.

### ●●● 역사문화백과 ●●●

#### [동한 토호 지주의 장원]

장원은 동한 토호 지주가 소유한 농지 또는 주택을 가리킨다. 장원 내부는 하나의 완전한 소규모 사회를 이루어 호화로운 정원과 누각과 농·임·축·어업과 각종 수공업, 심지어 양곡 등의 생산물 매매 등 간단한 상업 활동도 있어 매우 강한 자급자족 성격을 띠고 있다. 자기의 재산을 지키기 위해 장원 주인은 장원에서 병사를 훈련하고 보루를 고치거나 짓기도 한다.

《후한서後漢書 · 두헌전竇憲傳》 출전

와 공주가 낳은 여자애는 바로 선발 대상에 속했다. 그러므로 두헌의 여동생도 선발되어 입궁해 귀인으로 책봉되었고, 3개월 후 황후로 책봉되었다. 두헌 형제는 일약 승천해 누구나 부러워하는 황가 외척이 되었다. 두헌은 먼저 낭관이 되었다가 시중 호분 중랑장이 되고, 동생 두독竇篤은 황문 시랑이 되었다. 형제 두 사람의 총애와 부귀는 점점 더 커졌다.

## 횡행과 연금

두씨 형제는 가문이 몰락하게 된 교훈을 잊고 불법을 행했고, 심지어 심수沁水 공주의 장원을 헐값에 공갈을 쳐 사들였다. 후에 누군가 고발해 장제가 두헌을 불러다 호되게 훈계하자 황후가 대신 사죄했기 때문에 마무리되었다. 장제는 두헌의 죄를 추궁하지는 않았지만 더는 중요한 자리에 앉히지도 않았다.

몇 해 지나 한나라 장제가 죽고 화제和帝 유조劉肇가 즉위하자 두 황후는 황태후가 되었고, 두헌 형제는 다시 중요한 직책을 맡게 되었다. 두헌은 시중의 신분으로 "내부 기밀을 관계하고 어명을 선포했고", 두독은 호분 중랑장으로 형제가 요직을 차지했다. 다행히 전 태후 등표鄧彪가 태부를 담임하고, 둔기 교위 환욱桓郁이 황제의 스승을 맡았기에 조정은 그런 대로 평온함을 유지할 수 있었다. 그러나 강렬한 복수 심리와 권세욕으로 두헌은 몹시 흉악하고도 위험한 행위를 했다.

두헌은 자객을 파견해 옛날에 명을 받고 옥중에서 두훈을 고문했던 한우韓紆의 수급을 베어다 두훈의 묘에 제사를 지냈다. 도향후都鄉侯 유창劉暢은 장제의 장례에 참가하는 길에 등씨를 통해 두 태후와 관계를 맺었는데, 두헌은 유창이 득세할까 봐 자객을 파견해 유창을 암살하고 그 죄를 유창의 동생 이후利侯 유강劉剛에게 씌웠다. 일이 발각된 후 두 태후는 몹시 화를 내며 두헌을 내궁에 연금했다.

**동한 시대 호·한 전쟁 벽돌 그림**
하남성 신야현新野縣 번집樊集에서 출토했다. 옆으로 놓인 장방형 벽돌인데 테두리에 능형 무늬 도안이 있다. 왼쪽은 높이 솟은 산봉우리이고 산꼭대기에 두 사람이 있다. 하나는 꿇어앉았는데 전쟁 지휘자인 듯하다. 하나는 무사로서 기다란 창을 잡고 가부좌로 앉아 있다. 오른쪽의 사람은 발로 활을 디디고 힘껏 벌리고 있다. 전마는 골짜기에서 질주하고 산비탈에 한 무리 호병들이 한껏 활시위를 당기며 집중 사격을 하고 있다. 산 앞의 한나라 기병부대는 적진에 뛰어들며 호병을 추격하고 있다. 이는 호·한 전쟁의 치열하고 산혹한 장면을 그대로 반영한다.

## 호랑이가 되느냐 쥐새끼가 되느냐

두헌은 일단 두 사건을 분명히 조사하는 날이면 자신은 목이 달아나리라 근심해 죄를 쓴 채로 북방을 위협하는 북흉노를 정벌하겠다고 했다. 두 태후는 두헌을 거기 장군으로, 집금오 경병耿秉을 부장으로 임명하고 북군 5교와 변강 12군 기병, 강羌·호胡족 병사들로 원정군을 조직했다. 오래전에 귀순한 남흉노 각 선우도 모두 기병을 거느리고 함께 출정했다.

한나라 군사는 세력이 넓고 커서, 두헌의 주력과 여러 장수는 각각 계록채鷄鹿塞, 만이곡滿夷谷, 고양새梱陽塞로부터 출발해 탁사산涿邪山에서 만나 북흉노와

●●● 역사문화백과 ●●●

**[민족 융합을 촉진한 남흉노]**
흉노는 한나라의 맹렬한 공격과 내부 권력 쟁탈전으로 동한 건무 24년(48)에 호한사 선우가 수하 무리를 거느리고 동한 왕조에 귀순, 이로써 흉노는 남흉노와 북흉노로 분열되었다. 동한 정부는 흉노 중랑장을 설치해 감시 보호하고 매년 귀순한 남흉노에 일정한 식량과 비단 등 물자를 제공했다. 남흉노도 동한 정부에 협조해 함께 북흉노의 침입에 저항했다. 이는 매우 큰 정도로 민족 간의 융합을 촉진했다.

8 ~ 220

동한

| 중국사 연표 |

106년

한나라 화제가 죽고 소자 융隆이 태자로 옹립된 후 즉위했다. 그가 바로 상제殤帝다. 등 태후가 조정에 군림하고, 상제가 얼마 안 되어 죽었다. 청하왕淸河王의 아들 호祜가 안제安帝로 즉위했다.

| ●●● 동한 중대 과학기술 일람표 ●●● | | |
|---|---|---|
| 천문 역법 | 동한 초기 | 부안 가규가 전인의 쌍환혼의를 토대로 황도환을 증가해 황도혼의를 형성했다. |
| | 동한 원화2년(85) | 편흔 이범이 창제한 《사분력》을 시행했다. 세성 기년법을 폐지하고 간지 기년법을 실시했다. |
| | 동한 중기 | 장형이 서한의 토대 위에서 혼상혼천의를 개선했다. |
| 수리화數理化 | 영평 2년(59) 시작 | 왕충이 《논형》에서 지남침을 최초로 묘사하고 정전기와 자석의 흡인 현상을 기술했다. |
| | 1세기 후반 | 《구장산술》이 형성되었다. |
| | 양가 원년(132) | 장형이 지진을 측정하는 지동의를 발명했다. |
| | 동한 후기 | 위백양이 《주역참동계》를 저술, 세계 최초 연단 저서. |
| 의약학 | 동한 초기 | 부옹 저 《침구진맥법》 |
| | 동한 말기 | 장중경 저 《상한잡병론》 |
| | 동한 말기 | 화타 세계 최초 마취제 '마비산'과 '오금희' 창제. |
| 제지술 | 동한 초기 | 채륜이 제지술을 개선했다. |
| 기계 | 동한 초기 | 두시가 수력을 이용해 풀무질을 하는 수배를 발명했다. |

접전하기로 했다. 두헌은 부장 염반閣盤, 경기耿夔, 경담耿譚 등을 파견해 남흉노 각부의 정예 기병 1만여 명을 거느리고 북흉노와 계락산稽落山 아래에서 결전했다. 북흉노는 대패해 흩어지고 선우는 도망쳤다. 한나라 장수들은 북흉노를 사거비식해私渠比鞮海까지 추격, 북흉노 왕 이하 장군 관리 1만 3000여 명의 목을 베었다. 북흉노 81부 각 왕은 무리를 거느리고 제각각 군영 앞에 와서 투항하니, 도합 20여만 명에 달했다.

두헌과 경병은 흉노 경내의 명산 연연산燕然山, 지

### 동한 녹색 유약 오리 우리

하남성 영보靈寶현 장만張彎 3호 묘에서 출토, 현재 일본 교토 국립 박물관에 소장되어 있다. 우리 안에 6마리의 어미 오리와 테두리 위에 6마리의 새끼 오리가 있다. 새끼 오리는 모두 날개를 퍼덕이며 위를 바라보고 어미 오리는 새끼 오리를 바라보거나 머리를 못 속에 박거나 뒤를 돌아보며 부리로 쪼고 있는데 그 모습이 살아 있는 듯하다. 우리 설계는 미관과 실용적인 공기 유통을 고루 고려, 당시 가금 사육업의 발전을 표명한다.

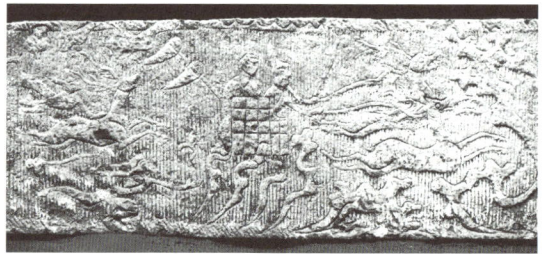

### 사슴 수레를 새긴 동한의 화상석 - 신선 사상의 형상화

조각한 석회암의 한 면에 사슴 수레가 신선으로 승천하는 그림이 있다. 중국 고대 신화의 사슴은 신성한 동물 중 하나다. 특히 500세 이후 털색이 희게 변한 사슴은 신선이 타고다닌다 했다. 당시 사람들은 신령을 숭상하고 승천해 신선이 되기를 갈구했다. 상고 신화의 토대 위에서 한나라 시대 민간 예술가들은 묘실의 장식 과정에 사슴 수레, 선학, 용, 우인, 하백 등 승천의 실체를 창조해 승천 사상을 더욱 형상화했다.

금의 몽골 항아이산杭愛山에 올랐다. 두헌은 화를 피하기 위해 출정을 청했는데, 뜻밖에 엄청난 공훈을 세우자 이곳에 비석을 세워 한나라의 위덕을 선양하는 동시에 자신의 이름도 백세에 날리려고 종군한 대문학가 반고에게 비명을 쓰라 하여 연연산에 비석을 세우고 공적을 남겼다.

두헌은 보통 귀족 자제에 지나지 않아 군사 재능이 없지만 어쨌든 이런 공훈을 세웠으니 이것이 바로 옛 사람들이 말하는 "쓰이면 호랑이가 되고 쓰이지 않으면 쥐새끼가 된다"는 뜻이리라!

# 047

《후한서後漢書·등즐전鄧騭傳》 출전

## 공을 세운 자객

강족光族 사람들은 성분이 복잡하고 부족이 나뉘어 있으며, 또 대부분 소수 강족 토호의 인솔 아래 흩어져 살았다. 이것은 자객에게 기회를 주는 것이다.

동한 왕조 중·후기에 주요한 위협은 흉노가 아니라 동쪽의 오환烏桓, 선비鮮卑와 서쪽의 강족이었다. 특히 강족은 성분이 복잡하고 당시 서북 각지에 분산되어 하서河西 양주涼州 일대에서부터 감숙 중부, 한중漢中, 사천 중부, 심지어 장안 북쪽의 관중 여러 군까지 진입해 활동했다. 조정은 이에 대응하기 어려워 호강 교위를 별도로 설치, 각 강족 부족에 대한 정벌을 맡게 했다.

### 중원을 교란하는 강족

안제 때 강족 사람들의 침입·교란이 가장 격렬했다. 당시 국척 거기 장군 등즐鄧騭과 정서 교위征西校尉 임상任尙은 어림군과 각 군 병사 도합 5만 군사를 거느리고 장안 서쪽의 한양군漢陽郡, 즉 천수군天水郡에 주둔해 강족의 관중 침입을 방지했다. 임상은 당년 두헌을 도와 장기간 북흉노와 작전하고 반초를 대체해 서역 교위를 맡은 후 동한 국력이 쇠약해져 서역을

상실하고 강족과 대치하게 되었다.

처음에 한나라 군사는 작전에 실패해 기현冀縣, 평양현平襄縣에서 강족에게 져서 1만 명에 달하는 군사를 잃었다. 등즐은 임상을 본영에 남겨 각로 군사의 작전 지령을 책임지게 하고 자신은 먼저 도성으로 돌아갔다. 한 시대에 강족은 황하 북안으로 대거 침입해 조趙·위魏·중산中山 일대에 직접 도달, 심지어 하내군河內郡, 하동군河東郡에도 침입해 백성들이 몹시 두려워했다. 임상은 어쩔 수 없이 직접 싸움에 나서 상당上黨 양두산羊頭山에서 한 차례 격전을 거쳐 승전하고서야 황하 양쪽 기슭 백성의 생활을 정상으로 회복시켰다.

### 공을 세운 자객

강족에 대한 작전에서 아무런 진전이 없자 한양군과 사천 중부의 일부 지방관은 암살이라는 방법으로 일부 강족 토호에 대응했다. 임상이 정해성丁奚城과 북부 2군에서 두 번 출격해 강족을 격파하자, 강족 세력이 처음으로 약세를 보이기 시작했고 그 부대도 다소 분산되었다. 그는 이 기회를 틀어쥐고 투항한 강인 유귀楡鬼를 파견해 강족 토호 두계공杜季貢을 암살하게 했다. 이에 유귀는 파강후破光侯로 책봉되었다. 성공한 후 임상은 또 효공강效功光으로 하여금 세력이 가장 큰 강왕 영창零昌을 암살하게 했다. 이에 강족은

**먹고 마시는 기풍이 형성되었다**

대략 한나라 시대부터 설 기간에 먹고 마시는 기풍이 이미 형성되었다. 한나라 규정에 따르면, 매년 설이 되면 신하들은 모두 황제 앞에 나와 인사를 올려야 했는데 이를 정조正朝라 했다. 이날 황제는 연회를 크게 베풀어 신하들을 대접, 군신은 즐겁게 마시며 명절을 보냈다. 이는 동한 묘실 벽화 중의 군신 연회 장면이다.

**난간에 앉아 있는 사람**

길이 11㎝, 높이 11㎝, 너비 7.3㎝이다. 1979년 하남성 제원시濟源市 신장辛庄 벽돌공장에서 출토되었다. 난간은 장방형인데 끝과 밑부분에 모두 정방형의 구멍이 있고 네 벽으로 난간을 이루었다. 한 인물이 끝에 앉아 왼다리를 오른다리 위에 놓고 노는 모양을 하고 있다. 한나라 도기 장인들은 일상생활 중 흔히 보는 요리사, 무사, 춤추고 노래하는 사람들의 모습은 물론 흔히 볼 수 없는 생산 생활 장면도 조형으로 표현하고 있다. 이 도기 용은 사람들이 난간에 앉아 쉬거나 우물가에서 노는 정경을 포착한 것이다.

곤경에 처했다. 임상은 기도위 마현馬賢과 함께 공격하여 강족 사람들은 5000명이 죽고 낭막은 도망쳤다. 이 싸움으로 수만 명의 하서 강족 사람은 수령을 잃어 부득이 한인 장군 등준鄧遵의 영채 앞에 찾아와 투항했다. 이윽고 등준도 임상을 본받아 강인 조하雕何에게 낭막을 암살하게 했다. 이로써 십수 년에 걸친 강족의 난이 끝났다. 군비로 국고는 거의 비었고, 전쟁이 벌어진 군현의 백성은 죽고 상한 자가 부지기수였다. 등준은 태후의 사촌 동생이므로 무양후無陽侯, 식

●●● 역사문화백과 ●●●

**[오대산의 가장 오래된 사원 – 현통사]**

동한 시대에 건립된 불교 사원이다. 지금의 산서성 오대산 회진산西城五台山懷鎭 북쪽에 위치한다. 원래 이름은 대부령취사大孚靈鷲寺인데 명나라 태조가 재건할 때 '대현통사大顯通寺'라 명명했다. 오대산의 가장 오랜 사원이므로 '조사祖寺'라 부르기도 한다. 총면적이 8만㎡, 각종 건축이 400여 채, 그중 소문난 건물은 현존하는 두 채의 구리 탑으로 높이가 8m이며 주조 공예가 정교하다.

●●● 역사문화백과 ●●●

**[점차 역사 무대에서 물러난 북흉노]**

남흉노가 귀순한 후 북흉노는 힘이 크게 쇠약해졌고 그나마 동한 정부와 남흉노에게 강한 타격을 받았다. 그리고 10여 만 명이 새로 궐기한 선비에 의해 안팎으로 곤경에 처한 북흉노 부족은 일부는 투항하거나 서부로 이주하고, 일부는 천산 남북에 계속 남아 있었다. 이후부터 점점 역사에서 사라졌다.

읍 3000호에 책봉되었다. 그러나 임상은 등준과 공을 다투다가 누군가 그가 1000만을 횡령했다고 고발해 체포 투옥된 후 낙양에 압송되어 사형을 당하고 가산을 몰수당했다. 그 자객 조하는 강왕에 책봉되었다.

**'예서 중에 전서가 있는' 〈개통 포사도 석각〉 탁본**

이 돌은 〈촉군 개통 포사도 석각君開通襃斜道石刻〉이라고도 하며 속칭 〈대개통大開通〉 또는 〈개도비開道碑〉라고 하는데 섬서성 한중시漢中市 포성진襃城鎭 북쪽 고석문古石門 이남의 절벽에 새겨 있다. 명문의 기록에 의하면 동한 영평 6년(63)에 한중 태수 거록 축군은 조서를 받들고 광한廣漢 촉蜀 파군巴郡의 죄수 2690명을 접수, 포사襃斜 잔도를 개통했다. 영평 9년 4월에 낙성된 이 거대한 공사는 3년 남짓 걸렸다. 명문의 글자는 네모지고 고풍이 넘치는데 필치가 자유롭다. 자연 암석의 형상에 따라 글자 크기와 필획의 장단이 모두 다르므로 자연스럽고 소박하며 힘 있는 초기 예서의 여러 특징을 지녔다. 그러므로 강유위는 이를 '예서 중의 전서'라고 평했다.

# 048

《후한서後漢書·채륜전蔡倫傳》 출전

## 종이를 발명한 채륜

제지술이 발명되기 전에 사람들은 글자를 대쪽이나 비단에 썼다. 동한의 환관 채륜蔡倫이 발명한 제지술은 당시는 물론 후세에 이르기까지 매우 큰 영향을 끼쳤다. 제지술과 지남침·화약·인쇄술은 중국의 4대 발명으로 꼽힌다.

채륜(?~121)은 동한 계양桂陽, 지금의 호남성 침주郴州 사람이다. 그는 출신이 빈한해 매우 어려서 입궁해, 태감이 되어 한 화제를 시중들었다. 채륜은 총명하고 글을 알며, 또 근신하고 배우기를 즐겼다. 평소에 그는 틈만 있으면 방에 틀어박혀 책을 읽고 생각에 잠겼다. 한 화제가 즉위한 후 채륜은 중상시中常侍로 진급하여, 궁정 내외를 출입하며, 평소에는 황제를 시중들고 문서를 책임지고 황제의 명령을 전달했다. 당시 허다한 지방관이 종종 환관과 결탁했는데 채륜은 원칙을 지키며 함부로 남과 내왕하지 않았다. 그러므로 한나라 화제는 그를 더욱 신임했다. 채륜은 감히 화제의 잘못을 지적하므로 화제는 그를 중용했고 조정의 대사에 참여하게 했다.

채륜은 부지런히 연구하고 발명하는 사람으로 화제 영원 9년(97)에 상방령尙方令으로 진급, 황제의 수공 작업소를 책임졌다. 이 작업소는 황제의 사설 작업소로, 수로 황가를 위해 봉사했다. 채륜은 작업소를 감독·관리하는 과정에 늘 장인들과 함께 기계 기술을 연구했다. 그러므로 그가 감독해 제조한 각종 군사 기계와 보검은 정밀하고 날카로워 천하 사람들의 찬탄을 자아냈다.

### 동한의 채륜

서한 시대에 이미 종이가 출현했는데 동한의 채륜에 이르러 제지술을 개혁했다. 그는 종이의 원료를 확대해 삼 이외에 나무껍질·천 조각·낡은 고기그물로 종이를 제조하고 공정을 개선해 제지 기술을 현저히 발전시켰다.

### 채륜의 묘

그의 묘는 섬서성 양현洋縣 용정포가龍亭鋪街 남쪽에 위치해 있다. 명 만력 31년(1603)에 재건했다.

중국을 말한다

## 천하에 이름난 채후지

동한 이전에 사람들은 보통 죽간과 비단을 문자 기록 도구로 삼았다. 매우 긴 상주문은 수많은 죽간에 써야 하므로 읽기 불편하고 휴대하기도 힘들었다. 비단을 사용하면 쓰기는 편리하지만 값이 매우 비싸서 보통 사람은 도저히 그 비용을 감당할 수 없었다. 채륜은 독서를 매우 즐겼으므로 서간의 각종 불편함에

### 제지업의 시조 채륜 및 그의 제지술

제지술의 개량자는 동한 화제 때 중상시 채륜이다. 채륜은 계양 사람으로 동한 환관이다. 명제 때 입궁해 장제 때 소황문이 되었고 화제 때 중상시가 되었다. 영원 9년(97)에 어용 기물을 주관하는 상방령이 되었다. 그는 제지 기술을 개선해 품질을 크게 제고했다. 영원 17년(105)에 채륜은 제조한 종이를 화제에게 바쳤다. 제지술은 중국은 물론 세계 문명의 진보에 거대한 공헌을 했다. 그러나 동한·삼국 시대에 종이는 결코 보편적으로 사용되지 못했고, 사람들의 서사 재료는 여전히 죽간과 비단 위주였다. 진晉나라에 이르러 제지술은 장강 유역에 전파되었다. 그곳의 풍부한 제지 원료로 사람들은 비교적 좋은 종이를 생산했는데 이때 비로소 종이는 널리 보급되었다. 진나라 때에 초서抄書·장서藏書가 성행했는데, 이는 바로 종이 덕택이다. 채륜은 그 후 제지업의 시조가 되었다.

대해 깊이 느꼈다. 어떻게 하면 가볍고 가격이 저렴한 기록 도구를 제조할 것인가는 채륜의 꿈인데, 그 꿈을 이루기 위해 그는 옛 자료를 많이 읽었다. 어느 날 채륜은 궁녀들이 잠사로 각종 방직물을 제조하는 것을 보았는데 그 제조 공정에서 갑자기 영감이 떠올랐다. 그는 즉시 돌아가 장인들과 함께 연구한 후 나무껍질·삼 끄트러기·헌 천 조각·고기 그물 등을 혼합해 짓찧고 볕에 말렸다. 여러 차례 반복적인 실험과 연구를 거쳐 채륜은 끝내 원료가 흔하여 가격이 저렴하고 실용적인 종이를 제조했다.

동한 화제 원흥 원년(105)에 채륜은 종이를 발명한 과정을 상세히 기록하여, 자신이 제조한 첫 장의 종이와 함께 화제에게 바쳤다. 화제는 친히 실험한 후 몹시 만족스러워 채륜을 후하게 포상한 동시에 천하에

제지 방법을 반포했다. 채륜의 제지술은 널리 전파되어 폭넓은 환영을 받았다. 채륜의 공헌을 찬송하기 위해 당시 사람들은 이런 종이를 '채후지蔡侯紙'라 불렀다. 채륜의 명성은 점점 높아졌다.

## 궁정에서 죽다

채륜은 등 태후가 정권을 쥐고 있을 때 여전히 중용되었고 용정후龍亭侯로 책봉되었다. 당시 각종 전적을 정리하고 교정을 보는 일을 채륜이 책임지고 관리했다. 등 태후가 죽은 후 한나라 안제가 즉위하자 채륜은 냉대를 받기 시작했다.

두 황후 때 본인이 생육生育하지 못하므로 생육하는 비빈들, 특히 황제의 은총을 받는 송宋 귀인을 두 황후는 몹시 질투했다. 그녀는 비밀리에 채륜에게 명해 아양을 떨면서 황제를 미혹시킨다는 죄명으로 송 귀인을 무고하게 했다. 이에 송 귀인은 분노와 원한을 품고 목을 매어 자살했다. 채륜 역시 평민으로 강등되어 쫓겨났다가 그 후 등 태후 때 다시 궁정에 소환되었다.

송 귀인의 손자인 안제는 즉위한 후 당시의 책임자

### 원안袁安 비문

동한 영원 4년(92)에 새긴 것으로 하남성 언사시偃師市에서 출토되었다. 청석에 새겼는데 비석의 상하 부분은 떨어져 나가고 중간에 동그란 구멍이 나 있다. 비문은 소전체이며 서체가 중후하고 웅장하다. 1923년에 낙양에서 출토된 원창袁敞 비문과 비교하면 한 사람의 손에서 나온 듯하다. 중국 초기 비문 중 드물게 보이는 소전체다.

를 추궁해 채륜에까지 이르렀다. 당시 채륜의 지위는 매우 높았다. 그러므로 안제는 그로 하여금 정위廷尉에게 찾아가 심사를 받게 했다. 채륜은 여러 세대의 황제와 태후를 섬겼고 지위나 명망이 높았으므로 정위에게 가서 죄를 인정하라고 함은 더없는 치욕이었다. 어쨌든 죽음은 피할 길 없었으므로 그는 목욕하고 옷을 갈아입은 후 독약을 마시고 자살했다. 일대의 발명가는 이렇게 황실 암투의 희생물이 되고 말았다.

### 고품질의 한탄파 종이

1974년 1월 8일 감숙성 무위군 백수향 교아촌武威郡柏樹鄉橋兒村 농민이 한탄파漢灘坡에서 수리 건설을 하던 중 동한 묘를 발견, 출토된 나무 달구지 모형에 글자가 쓰인 고대 종이가 붙어 있었다. 종이는 이미 여러 조각으로 부서졌는데 비교적 분명한 글자는 '청패靑貝' 등이다. 원료는 삼 등속인데 종이의 두께는 0.07mm, 표면이 평활하고 육안으로 섬유질이 매우 적게 보여 그 품질이 상당히 높다. 이로부터 동한 시대 제지업이 이미 상당히 높은 수준에 이르렀음을 알 수 있다.

●●● 역사문화백과 ●●●

### [한나라 여성이 쓰던 단선團扇]

원형의 부채로 대부분의 여성이 사용했다. 그 형상이 명월처럼 둥그렇기에 즐겁게 모이는 의미가 있다 해서 '합환 부채'라고도 한다. 보통 대가지를 골격으로 흰 비단을 씌워 만들므로 '환선紈扇' 또는 '나선羅扇'이라고도 한다. 당나라 사람 왕건王建이 《조소령調笑令》에서 "둥근 부채야, 둥근 부채야, 미인이 찾아와 얼굴을 가렸네"라는 유명한 구절을 썼기에 후세 사람들은 또 '병면幷面' '편면便面' '장면障面'이란 애칭을 붙이기도 한다.

118년

| 중국사 연표 |

월수越嶲의 대우종大牛種 봉리封離가 한나라를 반대하니 영창永昌·익
주益州·촉군蜀郡의 소수민족 등이 이에 호응했다.

# 049

## 허신과 《설문해자》

서한 시대에 유가 학설은 유아독존의 숭고한 지위
를 취득, 유생들은 유가 경전을 자신의 필수 학문으
로 삼았고 연구가 끊이지 않았다. 그러나 한나라 무
제 이후 금문 경학과 고문 경학 간의 논쟁이 시작됐
다. 동한 시대에 허신許愼은 고문 경학파의 학술 영
역을 확대하는 동시에 완전하고 계통적인 중국의
첫 자전 《설문해자說文解字》를 완성했다.

### 학술 논쟁과 허신의 분발

허신(약 58~약147)은
자가 숙중叔重이고 여
남汝南 소릉召陵, 지금
의 하남성 언성郾城 사
람으로 동한 시대 저명
한 경학자이자 문자학
자이다. 그는 금문과 고
문 논쟁의 배경 아래 이 대
작을 완성했는데, 금문과
고문의 논쟁이란 어떤 것
인가?

진나라 시대에 진시황은
사상 통제를 강화하기 위
해 분서갱유를 실시, 고대
의 유가 경전, 제자백가와
기타 역사 서적을 소각하
고 고대의 전례로 당시의
시책을 비난하는 많은 유
생들을 죽였다. 이리하여
고대의 유가 경전은 전부
소실되었다. 서한 시대에 일부 늙은 유생들은 기억에
의해 유가 경서를 구술해 제자들에게 당시 통용되는
예서체로 기록하게 했다. 그것이 후세에 전해졌는데

#### 《설문》 계통도 (위 그림)

허신의 《설문해자》는 한자학의 첫 저서로서 한자학은 점차 하나의
분야를 이루어 후대 연구자들이 끊임없이 나왔다. 그중 가장 저명
한 저서로는 남당 서개徐鍇의 《설문해자 계전》, 청조 단옥재의 《설
문해자주》, 계복의 《설문해자 의증》, 왕균의 《설문구독》, 《설문석례》,
주준성의 《설문 통훈 정성》 등이다. 그중 후 4자를 '설문 4대가'라
부른다. 그림은 계복이 설계한 《설문》 계통도로, 그중 허신, 서현,
서개 등이 포함되어 있다.

이는 당시 사람들의 언
어로 된 것이기 때문에
금문今文 경학經學이라
부른다. 이런 경전을 연
구하는 전문가를 금문
경학자라 부른다. 훗날
무제 말년에 사람들은
공자의 낡은 저택에서
한나라 이전의 《상서》,
《예기》, 《논어》, 《효경》
등 수십 편을 발견했다. 또
서한 말기에 조정이 유향劉
向·유흠劉歆 부자에 명해 민
간에서 선진先秦 시대에 남
겨져 전하는 서적을 수집하
게 했다. 이렇게 발견된 6국
문자로 쓴 경서를 고문古文
경학經學이라 부른다. 고문
경학을 연구하는 학자를 고
문 경학자라 한다. 이 두 학
파는 유가 경전 저작의 판본,
문자 서사, 독음과 경전 의미
해석 등 분야에서 서로 크게
의견이 갈렸다. 서한 시대의 금문·고문 분쟁은 한나
라 시대 학술 사상계의 중요한 논쟁이다. 당시 허신은
간결하고 질박한 고문 경학에 조예가 깊어 당시 사람
들은 "오경에 한해서는 허숙중과 쌍벽을 이룰 자가
없다."고 말했다. 그는 유학의 정수를 올바로 이해하
려면 반드시 경학 저서의 매체, 즉 문자에 대해 철저
히 이해해야 한다고 인정했다. 그러므로 그는 고문 경
학의 학술 영역 및 범위를 확대하는 동시에 이 논쟁을
마무리짓기 위해 집에 들어 앉아 《설문해자說文解字》
를 지었다.

119년

《후한서後漢書·허신전許愼傳》  출전

**허신의 묘**

허신의 묘는 하남성 언성에 위치해 있다. 묘 앞에는 청나라 강희 광서 연간의 비문 석각이 있다 지금은 허신 능원으로 확장했다. 광서 25년에 동아東阿의 주세周世가 묘지에 찾아와 성묘하면서 성 동북쪽에 땅 3무畝를 사서 허남각사許南閣祠를 건축했다. 내부에 "태위남각제주휘허신자숙중위패"를 설치, 위에 "오경에 관해 쌍벽을 이룰 자가 없다"는 편액을 걸었다. 현재 언성현 허신 기념관이 되었다.

## 비범한 한문 경전

100년부터 121년까지 21년의 간고한 노력을 거쳐 중국 역사상 최초이자 영향력이 가장 큰 자전이 탄생했다. '문文' 이란 고대에는 독자적인 상형자象形字와 지사자指事字를 가리키는데 모두 기본적으로 사물의 본래 형상을 드러낼 수 있기 때문이다. '자字' 란 '문' 에서 연장되어 파생된 형체 부수와 성음 부수로 결합된 형성자形聲字와 회의자會意字를 가리킨다. 본서는 모든 한자의 근원에 대해 해석했으므로 '설문해자' 라 이름을 붙인 것이다. 그렇다면 이 저서의 뛰어난 점은 무엇인가?

우선 허신은 한자의 기본 구조로부터 출발해 540개 부수를 만들고 본서에 수록된 9353개 글자를 각각 그 부수에 귀속시켰다. 그는 한자가 형체에 의해 그 의미를 표현하는 특징에 근거해 모든 한자를 상세히 분석하고 정리, 귀납해 540개 부수를 만들었다. 무릇 부수 기 같은 문자는 그것들 사이에 필연직으로 관계가 있

다. 이런 분류법은 매우 과학적이며 한자 창제의 의도에 어긋남이 없다. 그는 또 부수를 몇 가지 큰 유형으로 나누고 비슷한 부수는 함께 묶었다. 그런 다음 순서 없이 어지럽게 전해지던 체계를 계통적으로 부수의 계열에 귀속시켰다.

이리하여 부수와 부수, 글자와 글자 사이에 의미가 연결되어 독자들이 더욱 깊이있고 체계적으로 글자의 깊은 뜻을 이해하고 찾아보기에 편리하게 했다. 이는 허신의 뛰어난 착상이다.

둘째, 그는 글자 창제법의 차원에서 문자를 '상형' '지사指事' '회의會意' '형성形聲' '전주轉注' '가차假借' 등 6종 유형으로 구분했다. 이것이 바로 '6서' 의 설로서 이로써 문자의 원뜻을 추리하는 동시에 해석하

### 중국 첫 자전 – 《설문해자》

《설문해자》는 《설문》이라 줄여 부르는데 동한 허신이 안제 건광 원년(121년)에 완성, 중국에서 처음으로 글자 형태를 분석하고 글자 기원을 고증한 자전으로 중국 고대 자전의 토대를 만들었다. 원서는 14편, 목록 1편이다. 정문은 소전체를 위주로 9253자를 수록, 그 외 고문, 주문 등 이체중문 1163자, 해설 13만 3441자를 포함한다. 본서는 누차 수정을 거쳤는데 지금 판본은 서현의 교정을 거친 것이다.

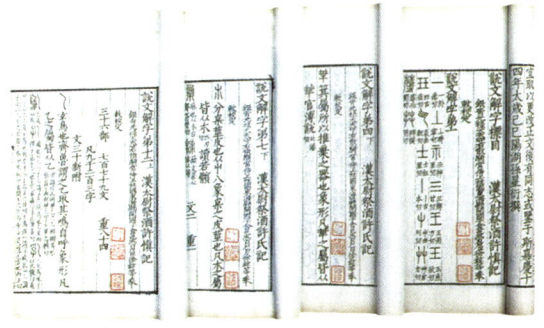

●●● **역사문화백과** ●●●

**[동한 표준 도량형기 대사농곡]**

대사농곡大司農斛은 동한 건무 11년(35)에 만들었다. 청동으로 주조, 원통형이며 밑에 대칭되는 두 자루가 달려 사용하기 편리하게 되었다. 높이 24.4cm, 구경 34.5cm, 용량 1만 9600㎖이며, 위에 글씨를 새겨 제조 날짜를 밝혔다.

8～220

동한

| 중국사 연표 |

119년   한나라가 조서를 내려 정부貞婦 문려門閭를 표창했다. 이로부터 후세
제왕이 영을 내려 정절 패방牌坊을 하사하게 되었다.

는 것이다. 후세 사람들이 이 육서를 한 과목의 전
문 학문으로 삼아 연구했으니 그 영향의 심원함을
알 수 있다.

끝으로 이 책은 한자의 모양·소리·뜻 3개 분야에
서 매개 글자에 대해 깊이 분석하고 형태에서 의미로,
소리에서 의미로 접근했다. 이렇게 근원을 추구해 문
자의 본래 의미를 깊이 추구하는 방법은 후세에 이르
러 각별한 존중을 받았다. 이런 의미에서 말하면 허신
은 또한 훈고학의 시조이기도 하다.

## 심원한 영향

《설문해자》는 세상에 나온 즉시 사람들의 주목을
받았고 많은 학자가 경서를 해석할 때 흔히 《설문해
자》를 인용했다. 후세에 이르러서는 그의 영향이 점
점 커져 본서에 대한 교정 주석 연구 저서가 끊임없이
출현했다. 당나라 시대에 정부는 《설문해자》를 과거
시험의 필수 시험 과목으로 규
정했다. 북송 초년에 서현徐鉉
은 조서를 받들고 《설문해자》
를 교정, 원서를 새롭게 정리
수정했다. 청나라 시대에 관련
연구 저서와 학자는 더욱 많아
졌다. 그중 대학자 단옥재段玉
裁와 주준성朱駿聲이 가장 저

**질박한 붉은 도기 어미닭**
우리는 늘 질박이란 단어로 예술 품격을 형용하지만 이 '붉은 도기
어미닭'에서 그 참 의미가 증명되고 있다.

명하다. 익히 알려져 있다시피 지금에 이르기까지 사
람들은 중국 문자에 대해 깊이 이해하려면 여전히
《설문해자》부터 고증해야 한다. 이 점은 중국 문자학,
심지어 중국 문화의 발전에 허신과 그 《설문해자》가
얼마나 중요한 영향을 끼쳤는가를 더욱 뚜렷이 증명
하고 있다.

**권력을 상징하는 도끼수레**
도끼수레는 감숙성 무위武威 뇌대雷臺
에서 출토되었다. 수레의 채는 휘었고
가름대가 있으며, 한 사람이 앉아 있
는데 기다란 도끼를 세워 놓았다. 수
레 밑에 구멍을 뚫어 마름모꼴 격자를
만들었다. 도끼수레는 안내 차량으로
서 주인의 권력 지위를 상징한다. 감
숙성 박물관에 소장되어 있다.

## 050

《후한서後漢書·조세숙처전曹世叔妻傳》 출전

### 여학자 반소

반소班昭의 부친 반표班彪와 오빠 반고班固는 모두 동한 시대 저명한 사학자이자 문학가이다. 양호한 가정의 영향으로 반소는 사학과 문학 분야에서 모두 특출한 성과를 이룩해 세상 사람들에 의해 그 남편의 성을 따른 "조대가曹大家"라 불렸다.

### 《한서》를 보충 완성하다

반소(약 49~약 120)는 동한 부풍扶風 안릉安陵, 지금의 섬서성 함양 동북쪽 사람으로 중국의 첫 여성 학자다. 그는 학자 집안에서 태어나 어려서부터 좋은 가정 교육을 받았다. 부친 반표는 당시 유명한 학자로 평생 저술에 힘썼는데, 특히 역사 서적에 큰 취미를 가지고 늘 사마천의 《사기史記》를 되풀이하여 읽으면서 몹시 탄복했다. 한가할 때 반표는 《사기》를 교재로 자녀를 가르쳤다. 그러나 《사기》는 결코 서한 시대의 모든 역사를 완성하지는 못했다. 그러므로 많은 사람이 《사기》의 속편을 썼다. 반표는 자신이 《사기》의 속편을 쓰기로 결정했다. 각종 자료를 참조한 후 그는 마침내 《사기 후전》 65편을 써냈다. 반고의 《한서漢書》는 바로 부친의 《사기 후전》을 토대로 완성한 것이다. 애석하게 반고는 외척 두헌에 연루되어 자살했다. 그가 죽을 때 《한서》를 탈고 못하여 여전히 8표와 《천문지天文志》를 완성하지 못했다. 이에 화제는 반소에게 명해 《한서》를 보충 완성하게 했다. 부친과 오빠의 염원을 실현하기 위해 반소는 밤낮으로 부형의 원고를 정리하고 대량의 사료를 참조하면서 동관 장서각에서 다른 사학자 마속馬續과 함께 《한서》를 완성했다. 그러므로 《한서》에는 반씨 일가의 심혈이 결집되어 있다고 말할

### 출중한 재녀 반소

동한 역사학자 반소는 자가 혜희惠姬이고 부풍 안릉 사람이다. 문학과 역사에 모두 능통하고 학식이 출중하므로 늘 궁중에 불려가 황후 및 여러 비빈들에게 강의했다. 그 남편이 조수曹壽, 자는 세숙이므로 반소를 '조씨 대가'라 부르기도 한다. 저서로는 《동정부東征賦》《여계》 등이 있다. 이 그림은 청나라 김고량金古良의 《무쌍보無雙譜》에 실려 있다.

#### ●●● 역사문화백과 ●●●

[반고의 《2도부》]

《2도부》는 《서도부》와 《동도부》로 나뉘며 서도는 장안을, 동도는 낙양을 가리킨다. 《서도부》는 주로 장안성의 물산이 풍부하고 지세가 험함을 찬양했다. 《동도부》는 낙양의 번화함을 묘사하고, 동한 정부의 정치를 찬송하며, 동도의 검박한 기풍으로 서도의 사치와 낭비를 비판했다. 전편은 기세가 웅대하고 조리가 분명하고 설득력이 강하며 공덕을 칭송하는 품격을 구현했다.

수 있다. 《한서》는 후세에 매우 크고 깊은 영향을 끼쳤고, 《사기》, 《후한서》, 《삼국지》와 함께 전4사前四史 고대 전4서로 불린다.

### 황실의 각별한 은총을 입다

반소는 박학하고 다재다능하며 행동거지가 대범하고 예의가 발랐다. 특히 그의 비천하지도 오만하지도 않은 태도는 화제의 높은 평가를 받았다. 화제는 황후와 비빈들에게 반소를 따라 유가 경전과 천문 지리 등 지식을 배우도록 했다. 그녀의 품성과 재질은 후궁의 존경을 받았고 '조대가'로 높이 받들렸다. '가家'는 당시 '고姑'와 같은 음이었는데 이는 역사상 전혀 유례가 없는 일로, 반소의 인기도 이 때문에 크게 높아졌다. 등 태후는 집정한 후 반소를 스승이라 하며 신임했고, 결단할 수 없는 어려운 정사政事들을 꼭 반소에게 물어 가르침을 받았다.

동한 시대 즉위한 황제는 대부분 나이가 어리고 무지해 늘 황태후가 집정했다. 황태후는 보통 외척이나 환관밖에 신임하지 않았다. 화제가 죽은 후 등 태후는 조정을 장악하기 위해 장자를 폐하고 소자를 옹립했으며, 그의 오빠 등즐을 임명해 조정을 보좌하게 했다. 당시 등즐은 모친의 초상 때문에 고향에 돌아가 상복을 입으려 했는데 등 태후는 조정이 불안해질까 봐 등즐의 요구를 허락하지 않으려 했다. 그녀는 반소에게 문의했다. 반소는 자신의 관점을 근거 있게 분석하여 피력하면서 태후를 설득했다. 당시 반소는 이 정도로 영향력이 있었다.

### 《여계》를 편찬해 여성의 규범을 재정

반소는 14세에 같은 군의 조세숙曹世叔에게 시집을 갔는데, 남편이 일찍 죽어 홀로 자녀를 부양했다. 자

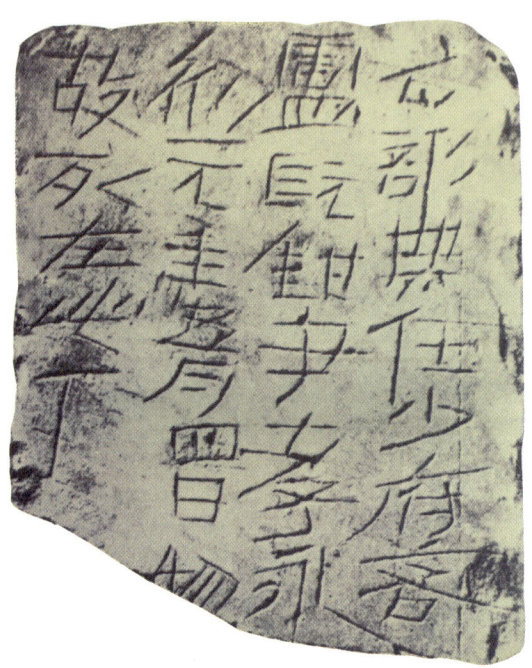

**동한 민간 서예가의 걸작 – 죄수 묘 벽돌 예서**
1964년에 하남성 언사偃師에서 500여 묘를 발굴, 대량의 벽돌 명문이 출토되었다. 이는 모두 동한 시대 이곳에서 복역한 죄수들의 묘지이다. 그러므로 이런 명문은 대부분이 노역에 봉사하는 죄수들이 죽은 후의 부장물 명세다. 그 문자는 민간 서예가 또는 장인들이 칼로 아무렇게나 새긴 것으로 추정된다. 그 필획은 임의로 종횡무진하여 예서체의 해서화 시초라고 말할 수 있다.

녀들에게 예를 준수하고 개인의 과실로 가문의 체면을 깎지 않게 하려고 그녀는 역대 훌륭한 부녀의 행위를 두루 살피고 자신의 생각을 더하여 《여계女誡》7편을 저술, 이를 교재로 딸들이 베껴 쓰면서 숙독하게 했다. 《여계》는 여자의 예의 규범으로 봉건 가부장제를 수호했고 여성의 자유와 발랄한 생명력을 억눌렀다. 그러나 당시에는 여성 행동의 모범으로 전해지게 되었다.

반소는 남존여비의 사회 환경에서 성장, 그 사상이 봉건 예의범절의 속박에서 벗어나지 못했다. 하지만 고금에 통달한 그의 학식과 사학 분야의 공적은 여전히 역사에 길이 남을 것이다.

# 051

《후한서後漢書·등즐전鄧騭傳》 출전

## 공신의 자손

중흥 공신 등우鄧禹가 죽은 후 그의 열후로 책봉된 세 아들은 모두 이렇다 할 사적이 없었다. 그가 기대하지 않던 셋째아들 등훈鄧訓은 오히려 자기의 품성과 재능으로 속되지 않은 공적을 세웠다. 특히 등훈은 호강 교위의 신분으로 하서河西에서 노수盧水의 호족과 소월지小月氏의 호족, 소당종燒當種 강족의 모순을 해결하는 과

## 온화한 외척 등즐

공적을 세운 외척으로서 암흑 세력이 모함하여 큰 사건이 이미 결론내려졌으니 억울함을 하소연할 길이 없었다. 그러나 역사에 남아야 할 것은 그래도 계속 남을 것이다.

정에서 은혜와 신용을 근본으로 호족과 강족의 옹호를 받았다. 그리고 동시에 난을 일으킨 소당종 강족 미당迷唐 부족을 격파해 동한에 대한 서부 강족의 압력을 한동안 제압했다. 후에 화제和帝가 등훈의 딸 등수鄧綏를 황후로 책봉하자 등훈의 다섯 아들 등즐登騭·등경鄧京·등회鄧悝·등홍鄧弘·등창鄧閶은 모두 외척 주요 인물이 되었다.

## 치적이 훌륭한 대장군

홍원 원년(105)에 화제가 죽고 상제殤帝가 뒤이어 즉위했다. 이듬해에 등 태후는 등즐을 거기 장군·의동삼사儀同三司(삼공이 모두 각자의 '司'가 있다 하여 삼공과 같은 지위라는 뜻으로 이런 칭호를 줌. 이 칭호는 등즐부터 시작됨)로 임명했다. 그해 8월에 상제가 요절, 등 태후와 등즐은 청하왕淸河王 유경劉慶의 아들 유호劉祜를 황제로 책립하니, 그가 바로 한 안제安帝다. 안제 영초 원년(107)에 본래 조정의 신하들이 등 태후의 유호 책립에 동의하지 않고 병약한 황제의 맏아들 유승劉勝을 책립하려 했다. 사공 주장周章이 이 기회를 틈타 등씨 형제와 환관 정중鄭衆·채륜을 주살하고 등 태후를 폐위하고 유호를 먼 변강 지역에 왕으로 내몬 뒤 따로 평원왕 유승을 옹립하려 했다. 그해 10월에 음모가 드러나자 주장은 자살했다.

이듬해 등즐과 정서 교위 임상은 한양漢陽, 지금의 감숙성 감곡甘谷 동쪽에 가서 강족과 싸워 대패했다. 등 태후는 등즐을 조정에 불러들여 대장군으로 국정을 도맡게 했다. 이 기간에 각지에 기근이 들어 백성의 난이 빈번하고 변강의 강족도 빈번히 침입했다. 등

### 유일하게 잔존하는 한나라 시대 쌍궐 – 심부군궐

심부군궐沈府君闕은 사천성 거현渠縣에 위치한 유일한 쌍궐형 한궐漢闕이다. 대체로 동한 연광延光 연간(122~125)에 자궐子闕은 이미 훼손되었다. 동궐東闕 내측에 청룡 부조가 있고 서궐西闕에 백호 부조가 있다. 궐 표면에 외바퀴차·농상 무역·수렵·토끼·소·양·말 및 과수·수초 등 각종 생활상이 조각되어 있다. 서궐 명문은 '한신풍령교지지위심부군신도' 라 새겼는데 한나라 예서 중의 진품이다.

연초에 고구려·예맥·마한이 한나라 현토군을 포위 공격했다. 부여
가 한나라 주·군 병마를 5차례 도와 이를 격파했다.

중국을 말한다

#### 뛰어난 여성 정치가 등 태후

등수鄧綏는 동한 화제 유조劉肇의 황후 등 태후로 칭하며 '황후의
으뜸'이라는 영예를 지니고 있다. 유경이 죽을 때 그녀는 겨우 25
세로 사실상의 여황제가 되었다. 등수는 공신 귀족 가문 출신으로
그의 조부는 등우다. 등 태후는 집정해 천하를 다스림에 있어 두씨
의 실패에서 일부 경험을 섭취, 외척과 환관을 병용해 형식상 외척
에 치우치지 않았다. "인자만이 고위에 있을 수 있다"는 맹자 학설
을 숭상하고 고대 현명한 군주의 정치 경험을 거울 삼아 옛 전적을
제작하되 조정에서 모방하지 않았다. 일을 결단함에 있어 대권은
자신이 장악하고 명령도 반드시 자신이 직접 내려 군정 대권이 외
척 집단이나 권신의 손아귀에 들어가지 않도록 했다. 등 태후는 정
치상 비교적 명석하고 위인이 검박해 내궁의 비용을 삭감하고, 군
국의 공물을 감소하며, 진기한 금은 등 물품은 일률로 조공하지 못
하게 했다. 등 태후는 뛰어난 여성 정치가다. 이 그림은 청나라 초
병정焦秉貞의 《역대현후고사책》에 실려 있다.

즐은 등 태후의 지지 아래 황실의 정원과 군국郡國의
공전을 빈민에게 경작하게 하고, 조서를 내려 경기·
하내河內·하동河東 일대에서 수리사업을 했으며, 심
지어 조서를 내려 궁내의 지출도 절감했다. 등씨 형제
도 자신 및 가족을 억제하고 검박을 숭상했고 천하의
저명한 현인 하희何熙·태풍祋諷·양침羊浸·이합李郃
·도돈陶敦을 초청해 조정 관원으로 임명, 명사 양진

楊震·주총朱寵·진선陳禪 등을 대
장군 막부에 불러들였다. 등씨 형
제는 전대前代 외척의 변고를 감
안해 늘 현명하고 유능한 자에게
자리를 넘겨주려 했다. 등씨의 모
친 신야군新野君이 죽었을 때 등씨
형제는 전부 퇴직하고 고향에 돌
아가 상복을 입었다. 상이 끝난 후
또 권력을 반환하고 신분만을 확
보해 환향했으며, 다만 조정에 대
사가 있을 때에만 조회에 나가 공
경들과 함께 의정하도록 허락해
달라고 청했다. 수년 사이 등즐의
세 동생이 차례로 병사했다.

### 시정받지 못한 억울한 사건

건광 원년(121)에 등 태후가 병사했다. 안제의 유모
왕성王聖과 환관 이윤李閏은 계교를 꾸며 궁중에서 태
후의 처벌을 받은 적이 있는 궁인들을 연합해, 안제
앞에서 등즐의 여러 동생을 무고했다. 나이 어린 안제
가 총명해 황제로 책립했는데, 안제가 장성한 후 행동
거지가 도덕규범에 부합하지 않는 점이 많아 태후가
퍽 실망했다. 등 태후는 일찍이 제북왕濟北王과 하간
왕河間王의 아들들을 입조시켰다. 그중 하간왕 유개劉
開의 아들 유익劉翼이 용모와 몸가짐이 매우 아름다워
등 태후는 그를 평원왕平原王 유득劉得의 양자로 삼아
서울에 거주하게 했다. 안제의 유모 왕성은 본래 등
태후가 오래도록 안제를 친정하지 못하게 하여 불만
이었다. 이때 태후가 안제를 폐위하고 따로 황제를 책
립하려는 것이라고 더욱 의심했다. 왕성은 태후가 죽
은 틈을 타서 환관 이윤·강경江京과 함께 태후와 동
생 회·홍·창 세 사람이 상서에게 폐립 유관 의식과

방법을 물은 적이 있다고 무고했다. 안제는 크게 노해 즉시 회·홍·창 세 사람의 아들 서평후西平侯 등광종 鄧廣宗·엽후葉侯 등광덕鄧廣德·서화후西華侯 등충鄧 忠·양안후陽安侯 등진鄧珍·도향후 등덕보鄧德甫를 서민으로 만들었다. 등즐은 그 일에 참여하지 않아 '특진特進' 칭호만을 제하고 봉지에 송환하고 그의 종족 중 벼슬한 자는 전부 파직하고 환향하게 하고 가산을 몰수했다. 이어 등광종·등충 두 사람이 자살하고, 등즐과 그 아들 등봉鄧鳳도 단식해 죽었다. 동시에 고관으로 있는 등즐의 사촌 동생 하남윤 등표鄧豹·도료장군 등준鄧遵·장작 대신 등창鄧暢은 모두 핍박에 못 이겨 자살했다. 양자로 평원왕이 된 유익은 도향후로 강등되어 하간에 송환되자 두문불출하며 목숨을 부지했다.

대사농 주총은 등즐 일가의 운명을 개탄하며 윗옷을 벗어던지고 관을 들고 조정에 나가 안제에게 상서했다. 그는 태후는 주문왕의 모친 태사太姒와 같은 훌륭한 국모이고, 등씨 형제는 충효가 겸비하여 일심으로 국사를 위해 고생했으며, 공로를 이룩한 후 스스로 물러났으니 이런 국척은 역대에 없었다고 말했다. 현재 등씨에 대해 궁인들이 모함하지만 이는 증거가 없고, 심문도 없이 이런 참화를 당하는 데다 일가 일곱 명이 자살해 백성들이 모두 괴로워하므로 그들의 유족에게 장례를 잘 치르게 해 그 망령을 제사해야 한다고 했다. 주총은 상서한 후 정위의 조옥에 찾아가 자

수했다. 당시 집정 대신 진충陳忠은 주총을 탄핵했다. 그 결과 주총도 면직되어 환향했다. 그러나 백성들은 등씨를 위해 억울함을 호소했다. 안제도 좀 타당치 못함을 느껴 등즐 형제의 봉읍 소재 주·군 지방관에 명해 사망자의 관을 낙양성 북쪽의 북망산 아래 옮겨다 안장하게 하고 그들의 사촌 동생들이 서울에 거주하도록 허용했다. 환관 강경·이윤은 모두 열후로 봉하고 왕성 모녀는 조정 내외에서 더욱 불법 부패 행위를 거리낌 없이 했다.

주총은 등즐이 발탁한 선비로서 그의 상서문 중 등즐과 등씨 형제에 대한 평가는 과장된 점이 있지만 기본적으로 공정했다. 그러나 이렇게 비교적 온화하고 정직하며 10여 년이나 집정 기간에 사리를 돌보지 않고 국가를 "천하가 다시 태평하고 세월이 풍족한" 상태로 잠시 회복시킨 등씨 가족은 결국 정치 분쟁 속에서 억울한 운명을 벗어나지 못했다. 이것이 바로 동한 정치의 피치 못할 특징이다.

**평민이 사용한 붉은 도기 사발과 숟가락**
한나라 민간 생활필수품 중 철·술·소금 등 이익이 큰 세숫업 상품은 모두 국가가 통제했다. 이익이 적은 허다한 민간 생활필수품은 민간에서 자체 제작했다. 예를 들면 일상 식사용 붉은 도기 식기·주방 용구 등은 대부분 민간 상인이 제작하고 평민이 사용했다.

●●● 역사문화백과

[외척이 권력을 독점하다]
동한 중기 이후 황제는 대부분 나이가 어려 젊은 황태후가 조정에서 집권하고 외척이 권력을 독점했다. 전형적인 실례로는 화제 때 두 태후인데, 그 동생 두헌과 그 가족이 조정을 독단했고, 안제 때 등 태후 동생 등즐이 대권을 독점했으며, 환제 때 양 태후가 집권할 때 양기가 권력을 독점했다. 이런 국면은 동한 멸망 때까지 줄곧 이어졌다.

8~220

동한

# 052

## 관서의 공자 양진

청렴한 관리가 되면 조정 외척이나 궁중 환관 같은 더러운 소인들의 미움을 받기 마련이다. 비록 서한·동한이 모두 오직 유학만을 존중하는 정책을 실시했지만 관서의 '공자'는 액운을 벗어나지 못했다.

양진楊震은 자가 백기伯起이고 저명한 홍농弘農 대족 양씨 가문 출신이다. 홍농 양씨는 오강 강변에서 항우를 죽여 적천후赤泉侯로 책봉된 양희楊喜의 후손이다. 명문 대족의 후손은 연령에 따라 군·현에서 관리로 일할 수 있지만 양진은 누차 사양해 50세가 되어서야 출사했다.

양진이 각종 유가 경전을 숙독하고 특히 《상서》에 정통하므로 선비들은 그를 "관서의 공자 양백기"라 불렀다. 이에 양진은 명성이 매우 드높았다. 대장군 등즐은 그 소문을 듣고 그를 속리로 뽑고, 수재로 천거해 네 번이나 형주 자사와 동래 태수를 지내게 했다.

### 청백한 관리

양진이 군郡에 부임하는 도중 창읍현昌邑縣, 지금의 산동성 거야巨野 남쪽을 지나는데 창읍 현령 왕밀王密이 양진의 천거를 받은 적이 있어 밤중에 찾아와 품에서 황금 열 근을 꺼내며 사례했다. "밤이 캄캄하니 아는 사람이 없습니다." 양진은 말했다. "하늘이 알고 신이 알고 내가 알고 그대가 아는데 어찌 아는 사람이 없다 하는가!" 양진이 거절하자 왕밀은 부끄러워하며 떠나갔다.

### 외척의 미움을 사다

영녕 원년(120)에 양진은 처음으로 입조해 사도의 직무에 취임했다. 이듬해에 등 태후가 죽고 한 안제가 친정했다. 이 틈을 타서 궁중의 유모 왕성과 환관이 결탁해 악행을 저질러 정치는 어둡고 혼란해졌다. 연광 2년(123)에 양진은 태위였는데 황제의 외삼촌 경보耿寶가 중상시 이윤李閏의 형을 속리로 등용해 달라고 부탁했다. 양진이 수긍하지 않으니 경보가 친히 찾아와 이 상시를 황제가 중용한다고 말했다. 양진은 말했다. "만약 조정에서 삼공의 부서에 그를 등용시키려면 반드시 상서성의 문서가 있어야 하외다." 이에 경보는 크게 노해 떠나갔다. 염현閻顯은 황후의 오빠인데 그 역시 양진에게 자기의 친척과 친우를 천거했으나 양진은 듣지 않았다. 이에 두 외척의 가족은 모두 양진을 몹시 미워했다.

### 환관의 미움을 사다

안제는 유모 왕성에게 커다란 집을 지어 주려 했다. 환관 번풍樊豊과 시중 주광周廣·사운謝惲은 서로 결탁해 이득을 취했다. 이 자들은 더욱 통이 커서, 국고의 재물로 주택·전원·사원을 크게 지었다. 양진은

**청렴한 관리 양진**
양진(?~124)은 자가 백기고, 홍농 화음華陰 사람이다. 관직이 태부·태상에 이르렀다. 양진은 역사상 청렴한 관리로 유명했다. 이 그림은 청나라 말기 《역대명신상해》에 실려 있다.

《후한서後漢書 · 양진전楊震傳》 출전

8 ~ 220

동한

**동한의 교역 시장**
이 동한의 벽돌 그림에 묘사된 것은 저잣거리 장면이다. 좌우 양쪽의 인물들은 모두 기기에서 교역하고 중간의 세 덩이 물물교환을 하고 있다. 그림의 좌우 위쪽에 각각 '북시문' '남시문' 이라 새겨 있다. 이는 동한의 시장이 질서정연하고 발달했음을 반영하고 있다.

다시 황제에게 글을 올려 정사를 바로 잡을 것과 소인 단속을 요구했다. 안제가 화를 냄은 물론, 번풍 · 주광 · 사운이 더욱 그를 눈엣가시처럼 미워하게 되었다. 당시 하간 사람 조등趙騰이 상서해 의정한 죄로 투옥되어 고문을 받고 있었는데 양진이 글을 올려 이를 말렸다. 그러나 안제는 조등을 처형했다. 연광 3년 봄에 안제는 내산에 제사를 지냈는데, 번풍 등은 황제의 명의를 빌려 자신의 저택을 크게 지었다. 양진은 번풍 등이 조서를 위조한 사실을 조사했다. 번풍 등은 양진이 조등의 처형에 대해 불만을 품고 있으며, 또 이

**한나라 7층 도기 창고**
공방을 거느린 도기 창고로, 상하 두 부분으로 구성되었다. 기초 위의 1층은 복도에 원형 절구와 둥근 기둥모양의 숫돌이 있고, V형의 사다리가 있다. 2층 복도의 벽에 5개의 네모 구멍이 있어 5간을 대표한다. 3층의 처마부터 점차 크기가 줄어든다. 제일 위층은 사아정四阿頂이다.

미 무너진 등즐이 천거한 사람이어서 늘 원한을 품고 있다고 무고했다. 안제는 사자를 파견해 양진의 태위 인수를 몰수했다. 이에 양진은 두문불출했다.

## 박해가 그치지 않다

번풍 등은 그래도 안심이 되지 않아 경보에게 양진이 죄를 뉘우치지 않고 마음에 원망을 품고 있으니 조서를 내려 고향으로 내려가도록 해야 한다고 상주하게 했다. 양진은 낙양을 떠나기 전에 성 밖의 기양정幾陽亭에 이르러 뒤따르는 자제와 문하생들을 보고 말했다. "죽음은 선비의 본분에 속하는 일이다. 나는 폐하의 은택으로 높은 자리에 앉았으되 간신들이 하는 나쁜 일을 보고 분노했으나 이를 제거할 방법이 없고, 정사를 파괴하는 행위를 보고 금할 능력이 없으니 무슨 면목으로 푸른 하늘을 대한단 말인가! 내가 죽은 후 난잡한 재목으로 관을 하고 엷은 옷으로 몸을 가리면 충족하도다. 가족의 묘지에 묻지 말고 제사도 지내지 말지어다." 말을 마치고는 독을 마시고 자살하니, 그때 나이 70세였다. 홍농 태수 이량移良은 번풍의 지시를 받아 양진의 관을 막고 노천에 방치하게 했고, 양진의 아들에게 처벌로 경내 우편 배달을 하게 했다. 이에 길 가는 사람이 모두 눈물을 흘렸다.

1년 남짓 후 안제가 죽고 순제가 즉위하자 번풍 · 주광 등의 죄악이 드러났다. 양진의 문하생 우방虞放 등이 황궁 앞에 가서 양진 사건의 재심을 요구해서야 그 억울함이 시정되었다.

| 중국사 연표 |

125년

**125년** 중상시中常侍 손정孫程 등이 이윤李閏을 핍박해 폐위한 태자 유보劉保를 순제順帝로 옹립하게 했다. 염현閻顯 형제가 투옥되어 죽었다.

# 053

## 연쇄 정변

한 무리의 환관과 두 유모와 두 외척 가족이 무능한 동한 왕조를 멋대로 주물러 심연으로 밀어 넣었다.

한나라 안제安帝 유호劉祜는 황제의 보좌에 앉았지만 대권은 자기와 상관이 없는 등 태후가 장악했다. 그는 14년간 꼭두각시로 있다가 등 태후가 죽고 나서야 친정을 했다. 안제는 모친 경희耿姬를 '감릉 대귀인'으로 추존했다. 안제는 조정의 일에서 자기의 외삼촌 경보를 중용하고 궁내에서는 유모 왕성과 환관 강경江京, 번풍 등을 총애하고 신임했다. 그러나 또 금군의 지휘권을 황후의 몇몇 동생에게 넘겨주었다. 이로써 안제 신변의 두 외척 가문과 한 무리의 변화무쌍한 환관들이 궁중에서 쉴 새 없이 풍랑을 일으켜 음모와 다툼이 꼬리에 꼬리를 물었다.

### 두 유모와 한 무리의 환관

왕성, 강경이 궁중에서 위세를 부리자 곧 안제가 세운 태자의 유모 왕남王男, 주방 감독 병길邴吉 등과 시비가 일어났다. 왕성은 안제의 앞에서 한바탕 참언을 올려 왕남, 병길을 살해했다. 태자는 유모가 그리워 늘 탄식하며 상심했다. 강경, 번풍은 후에 태자가 즉위하면 자기들에게 불리할까 봐 황후를 부추겨 함께 안제 앞에서 태자와 그 속리들을 비난해 안제로 하여금 태자를 폐위할 생각을 품게 했다. 조정의 적지 않

---

**●●● 역사문화백과 ●●●**

**[문창의 장식물 – 포수]**

포수鋪首는 한나라 사람들이 대문 또는 창문에 상감하거나 조각하는 일종 장식물이다. 길상과 여의함을 표시하기 위해 흔히 금은이나 동·철로 거북·뱀·호랑이 등 형상을 만들었는데 심지어 옥으로 제작하기도 했다. 이렇게 하면 문을 여닫기도 편리하거니와 보기에도 아름다웠다. 일반적으로 그 위에 문고리를 덧붙인다.

---

은 대신들이 도리를 따지며 반대했으나 대장군 신분의 경보는 안제의 취지에 따라 태자의 폐위에 동의했다. 결국 태자 유보劉保는 제음왕濟陰王으로 폐위되고 잠시 덕양전 서쪽 사랑채에 머물게 되었다.

반 년이 지난 후 안제는 순행 도중에 병사했다. 어가를 따르던 염 황후와 오빠 염현閻顯과 환관 강경, 번풍은 의논한 끝에 대행 황제가 붕어하고 금방 폐위한 태자가 아직 궁중에 있으니 일단 조정 대신들이 폐위한 태자를 옹립하면 자기네 모두 액운을 만난다고 인정했다. 이에 발상發喪을 하지 않고 밤낮 길을 재촉하여 낙양에 돌아와서야 발상하고 즉시 염 황후를 태후로 존봉해 집정하게 했다. 염 태후와 염현은 아직 갓난아기인 한 장제의 손자 북후향北侯鄕 유의劉懿를 안제의 양자로 지정, 며칠 후 바로 황제로 즉위시켰다. 안제의 친아들 폐위 태자 유보는 부황의 제위를 계승하지 못함은 물론, 부친의 영전에 가서 울 권리마저 박탈당했다. 유보는 슬프고 상심해 음식을 먹으려 하지 않았는데 이때 그는 겨우 열 살로 조정 대신들은 모두 그를 무척 동정했다.

### 두 외척 가족의 말로

염현 형제의 권력은 빠르게 상승했으나 경보가 아직 대장군의 위치에 있자 그들은 곧 사람들을 사주해 경보를 모함하게 했다. 경보가 왕성 모녀와 중상시 번풍, 시중 주광周廣, 호분 중랑장 사운 등과 결탁해 위세를 부리며 대역무도하다는 것이었다.

그 결과 번·주·사 등은 옥중에서 죽고, 왕성 모녀는 안문관에 유배되고, 경보 등은 환향하다가 중도에서 자살했다. 염씨 형제는 마침내 서울과 황궁의 경비

《후한서後漢書 · 손정전孫程傳》
《후한서後漢書 · 안제기安帝紀》
출전

병력을 장악했다.

그러나 어린 황제 유의가 앓아누웠는데 병세가 갈수록 악화되어 살 것 같지 않았다. 이때 궁중의 다른 환관 무리가 또 활동하기 시작했다. 중상시 손정孫程은 장흥거長興渠와 내통해 강경과 염현을 제거하고 폐위한 태자 유보를 다시 옹립하려 했다. 이 밖에 원 태자 부중의 창고 주관 환관 왕강王康, 장락궁 선식 주관 환관 왕국王國도 모두 손정과 함께 음모를 꾸몄다. 한편 염씨 형제도 밀모를 꾸미며 새로운 어린 황제를 물색하려 했다.

어린 황제가 죽자 염 황후와 염씨 형제는 발상하지 않고 먼저 여러 어린 왕자들을 궁전에 불러들여 선발하려 했다. 동시에 일부 금위군을 궁중에 불러들이고 궁문을 굳게 닫아 만일의 사태에 대비했다.

손정, 왕강, 왕국 등도 비밀리에 10여 명의 환관과 함께 궁중에서 옷섶을 베어 맹세하고 도성 부근에 큰 지진이 난 기회를 틈타 남궁의 숭덕전에 집합해 장대문에 돌입했다. 장대문 안은 바로 황궁으로 대장군이 내조를 주최하는 곳이다. 당시 고위 환관 강경·유안·이윤李閏·진달陳達은 금문 앞에 앉아 있었다. 손정·왕강은 밤빛을 타서 돌연 달려들어 강경·유안·진달의 목을 베고 서울에서 제일 높은 권위의 소유자

●●● 역사문화백과 ●●●

[한나라 시대의 주방]

한나라 시대에 일반적으로 '주厨'라고 부르던 당시 주방은 보통 주택의 동쪽에 위치하므로 '동주東厨'라고도 했다. 한나라의 주방, 특히 귀족 주택의 주방은 면적이 매우 커서 아주 많은 주방 용구를 설치하고 식량을 저장할 수 있었다. 통풍을 확보하기 위해 주방의 지붕은 대부분 맞배지붕으로 했다. 주방의 여러 설비도 당시 계급 차이를 반영했다. 귀족이거나 관원의 주방은 조형이 정밀하고 사치스러운 반면 보통 주민의 주방은 간결하며, 심지어 노천에 있거나 거실에 설치하기도 했다.

이윤만을 남겨 두었다. 손정은 칼로 이윤을 겨누며 말했다. "지금 즉시 제음왕을 황제로 옹립하라. 다른 마음을 품으면 안 돼!" 이윤은 물론 응낙했다. 그 자리에서 곧장 금문 내 서쪽 낭하에서 유보를 청해 내어 황제로 옹립했다. 이때 유보는 거우 11세였는데, 그가 바로 한나라 순제順帝다. 손정은 즉시 사람을 파견해 조정 대신들을 남궁에 불러 황제를 알현하게 하고 자신은 금중에 앉아 금군을 불러 남궁과 북궁의 여러 대문을 지키게 했다.

이때 북궁에 있던 염현은 밖으로 나올 수가 없었다. 염현의 동생 염경은 일부 군사를 거느리고 성덕전에 이르렀는데 손정이 파견한 상서에게 체포되었다. 다른 한 갈래 사자들은 북궁에 돌입해 황제의 옥새를 빼앗았다. 순제는 그제야 남궁 가덕전에 정좌해 조서를 반포하고 염현 형제를 체포·투옥해 처형했다. 염 태후는 이궁에 몰아내어 안정을 시켰다. 정변을 발동해 순제를 옹립한 손정 등 10명의 환관은 모두 열후에 책봉되었다.

이로써 동한 왕조는 환관이 정사를 주물러 어지럽히는 진흙구덩이에 빠졌다.

### 기이한 오련 항아리
이런 항아리는 여러 개의 작은 항아리를 한데 연결시켜 구운 것인데 흙으로 빚은 회색 도기로서 특이하고 드물다. 이런 항아리는 광서 복건 일내에서 출토되었다.

126년

반용班勇이 여러 나라 군사를 동원해 흉노를 물리쳤다. 돈황 태수 장 랑이 공을 탐내어 먼저 언기焉耆를 공격해 항복시켰다. 반용은 후에 투옥되었다.

## 054

# 다시 서역을 소통시킨 반용

반용班勇은 서역의 일에 참여한 20년간 실수가 없었지만 서역을 평정하는 마지막 성의 전투에서 공로를 탐내는 관리를 만나 비참한 결말을 보았다.

### 옥문관을 봉하다

반초班超는 영원 14년(102)에 낙양으로 돌아갔다. 그 후임은 성격이 급하고 가혹한 임상任尙이었는데 서역을 조종하던 반초의 방식을 전부 뒤집으니, 몇 년 안 되어 서역은 또 혼란 국면에 빠졌다. 안제는 영초 원년(107)에 반초의 둘째 아들 반용을 군軍 사마로 임명해 그의 형 반웅班雄과 함께 돈황을 나서서, 귀자龜玆로부터 귀환하는 서역 도호 단희段禧, 그리고 본래 이오려伊吾廬와 유중柳中에서 둔전을 실시하던 군사들을 영접하게 했다. 이와 동시에 조정은 서역 도호를 없앴다. 이에 서역과 중원은 단절되었다.

원초 원년(119)에 돈황 태수 조종曹宗은 장사長史 삭반索班을 파견해 군사 1000여 명을 거느리고 이오伊吾

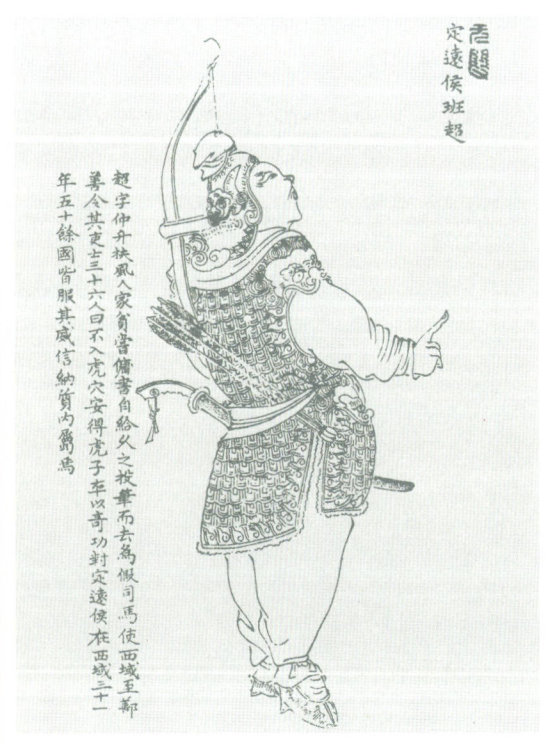

에 주둔하게 했다. 차사車師 전부왕과 선선왕은 모두 군영에 찾아와 귀순했다. 몇 달 후 북흉노와 차사 후부는 삭반을 죽이고 차사 전왕을 몰아내고 서역 북부 통로를 통제했다. 조종은 삭반의 복수를 위해 조정에 5000 군사의 출병을 요청했다. 조정 관원들은 대부분 옥문관玉門關을 폐쇄하고 서역을 포기하자고 주장했다. 유독 어려서부터 서역에서 생활한 적이 있는 반용만은 이렇게 말했다. "조종은 군사를 청하지만 단순히 삭반의 원수를 갚으려는 것이고 대체 어찌 흉노를 공격해야 하는지 모르고 있다. 지금 경솔히 출병하고 후속 병력이 없다면 이는 적에게 약점을 보일 뿐이다. 지금은 반드시 돈황의 군사 둔전을 회복하고 재차 서역 부교위副校尉를 설치한 연후에 서역 장사長史로 하여금 500명의 군사를 거느리고 누란樓蘭에 주둔하게 해야 한다. 이러한 군사 분포를 개척하지 않는다면 흉노가 수중에 장악한 서역 세력을 이용해 하서河西 지역까지 침입 교란할 것이다."

조정은 돈황의 군사 둔전을 회복하고 서역 부교위를 설치해 돈황에 주재하게 했지만 누란의 군사 주둔에는 동의하지 않았다. 결국 흉노가 여러 차례 침입해 하서의 4군은 모두 큰 피해를 입었다.

### 반초가 서역을 소통시키다

왕망 시대에 서역 도호 이숭李崇의 군대는 언기국에 의해 소멸되고 서역과 중원의 관계는 단절되었다. 동한 명제 때 대흉노 전쟁의 승리로 인해 서역 북쪽 통로의 각국을 재차 통제했다. 서역과의 관계를 회복하고 서역에서 흉노 세력을 타격하기 위해 반초를 파견해 서역에 출사하게 했다. 반초는 극히 어려운 상황에서 흉노에 예속된 고묵을 공격했고, 사차·월지 등의 나라도 한나라에 귀순하게 했다. 장제 건공 5년에 반초를 장병 장사로 진급시키고, 1000여 명의 한나라 군사를 파견해 그를 원조하게 했다. 반초는 서역의 한나라 친선 국가들을 연합해 기타 반란 불복 세력을 정벌, 서역 50여 국이 모두 조공하고 귀순하게 했다. 이 그림은 《무쌍보》에 실려 있다.

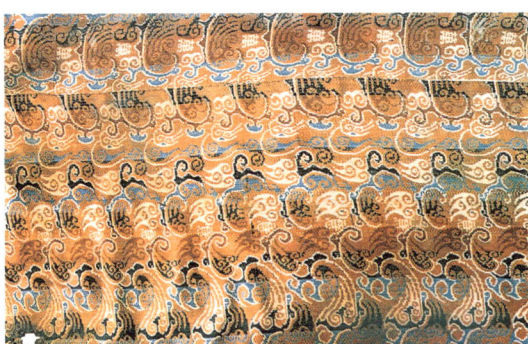

### '오성출 동방' 비단 토시

신강 민풍현民豊縣에서 희귀한 비단 토시가 출토되었다. 비단 위에 오색 실로 별·구름·신수神獸 도안과 "다섯 별이 동방에 솟으니 중국에 이롭다"는 문자를 수놓았다. 이 말은 5대 행성이 동방에 동시에 출현할 때 중원에 유리하다는 뜻이다. 이런 오행설은 선진 시대에 중원의 선민들이 하늘이 변화를 관찰하고 길흉을 점치는 과정에 형성된 것이다. 이는 중원의 사상 문화가 위魏·진晉 시대에 이미 변경 소수민족 지역에 스며들었음을 증명한다.

## 유중성에 주둔하고 두 차사를 평정하다

연광 2년(123)에 북흉노는 하서를 공격했다. 돈황 태수 장당張當은 서역의 형세를 분석한 후 만약 서역을 경영하지 않는다면 하서는 안정될 수 없다고 상서했다. 이리하여 조정은 반용을 서역의 장사로 임명해 유중성柳中城에 주둔하게 했다. 이듬해에 반용은 누란에 도착, 귀자왕 백영白英이 찾아와 귀순했다. 반용은 귀자의 군사 1만여 명을 징발해 차사 전부왕 정庭을

### 두무가 비호도를 수축하다

고대 비호구飛狐口는 지금의 하북성 내원현淶源縣 북부, 울현蔚縣 남부에 있는데 양쪽은 깎아지른 절벽이고 중간에 구불구불 100여 리 길이 뻗어 있다. 몹시 험순한 이 길은 고대에 하북 평원에서부터 북방 변경 군으로 통하는 교통 요지였다. 진나라 말기 유방과 항우가 싸울 때 유방의 모사 역이기는 유방에게 "비호구를 차단하라"고 권했는데 바로 이곳을 가리킨다. 동한 건무 13년(37)에 광무제 유수는 조서를 내려 왕패에게 형구를 벗긴 죄수 6000명을 두무에 맡겨 비호도飛狐道를 대거 수축하게 했다. 두무는 죄수들을 거느리고 돌을 깔고, 흙을 펴고, 건물과 벽을 대代로부터 평성平城에 이르는 300리 길을 수축, 비호구를 서부로 연장했다. 이 그림은 청나라 각본 《신각비평동한연의》에 실려 있다.

●●● 역사문화백과 ●●●

### [방어성 건축 - 오벽]

오벽塢壁은 처음에 대부분 변경에 설치해 흉노의 침입을 막았다. 내오와 외오 모두 출입구가 있고 병사를 파견해 지켰으며, 내오에는 주택이 있다. 오벽 위에는 봉화를 올려 정보를 전달하고 적정을 살필 수 있게 했다. 동한 시대 수많은 토호들은 자기의 경제 이익을 보호하기 위해 제각각 장원 주위에 오벽을 쌓았는데, 후에 점차 지방 할거 세력의 거점이 되었다.

공격했고, 북흉노의 이리왕伊蠡王을 격파해 차사 전부
의 군사 5000명을 수용했다.

연광 4년 가을에 반용은 하서 기병 6000명을 출동
시켜 선선 소륵疏勒의 병마와 함께 차사 후부왕 군취
軍就를 공격했고, 대승리를 거두고 8000여 명을 죽이
거나 포로로 잡고 말과 가축 5만여 마리를 노획했다.

영건 원년(126)에 반용은 또 군사를 거느리고 차사
경내에 진입, 새로운 각 부部 왕을 책립해 차사 6국을
평정했다. 겨울에는 재차 서역 각국의 병력을 모아 북
흉노 호연왕呼衍王을 공격해 호연왕은 도망치고 그 수
하 2만여 명이 투항했다. 또 흉노 선우의 사촌형을 생
포, 일부러 차사 후부왕 가특加特이 직접 그를 죽이게
하여 북흉노와 차사 후부의 원한이 맺히게 했다. 북흉
노 선우는 친히 1만여 기병을 거느리고 차사
후부를 공격했다. 반용은 가사마 조준曹俊
을 파견해 구원했다. 북선우는 도망치고
선우 수하 고관 골도후骨都侯를 죽였다.

이리하여 북흉노 호연왕은 부족을 거
느리고 고오하枯梧河 유역으로 이주했
다. 이로써 차사 경내에는 북흉노의 발
자취가 사라졌고 서역 각국 중 언기왕
원도元都만이 귀순하지 않았다.

영건 2년(127)에 반용은 상서하
여 언기왕 원맹元孟에 대한 정
벌을 청했다. 조정은 돈황 태수
장랑張朗에게 하서 군사
3000명을 거느리고 반용과
연합 작전을 하게 했다. 반용
은 서역 각국 군사 4만여 명을
징발하여 군사를 두 갈래로 나누
었다. 한 갈래는 반용이 거느리고 남
으로부터 출발하고, 한 갈래는 장랑이 거
느리고 북에서 출발해 언기에서 만나기로

했다. 장랑은 그 이전에 죽을죄를 지어 급히 공을 세
워 속죄하느라 먼저 작리관爵離關에 도착해 언기 군사
2000명을 참수했다. 원맹은 겁이 나서 바로 사자를 파
견해 장랑에게 투항을 청했다. 장랑은 반용을 통하지
않고 스스로 언기의 투항을 접수하고 뒤이어 바로 회
군했다. 원맹 역시 "두 손이 묶인" 형식으로 투항하는
것이 아니라 아들을 낙양에 보내어 공물을 바치게 했
을 뿐이다. 장랑은 이 승리로 앞서 범한 죽을죄를 면
했지만 반용은 오히려 기한 내에 언기에 도착하지 않
았다는 명의로 투옥되었다. 다행히 죄를 면하기는 했
지만 이로부터 집에 있으면서 일생을 보냈다.

동한 왕조와 서역의 관계는 반초 이후 이어졌다 끊
어졌다 하여 이를 '3통 3절'이라 부른다. 그러나 반용
이 서역 장사 신분으로 유중에 주둔하며 수 년
간 고생스럽게 경영하면서 서역이 더는 단
절되지 않아 그 공이 위대하다 하겠다.

그러나 사전에 죄를 범한 적이 있는 관
리가 어부지리하고, 영용한 개척자는 이유
없이 투옥되어 군사 기한을 어긴 죄명을
지고 집에서 평생을 보낸 이 사실은 바로
분별하기 쉽지 않은 서한과 동한 왕조의
공통점이리라.

### 리듬감이 풍부한 녹색 유약 아홉 갈래 도기 등잔

이 도기 등잔은 조형이 특수하고 구상이
교묘하다. 비교적 작은 등잔 원주 범
위 내에 아홉 갈래 S형 덩굴, 아홉 개의
삼각형 천공 잎 장식물, 아홉 개의 등
잔을 설치했지만, 설계상 3개의 서로
다른 높낮이에 삽입했으므로 전반적인 등
잔의 조형에 비교적 강한 리듬감과 운율 감각
을 준다. 꼭대기에 날개를 펼치고 날려는 길조는
길상의 뜻을 부여하며 사람들에게 불길이 쉬지 않고
위로 치솟는다는 무한한 상상을 안겨 준다.

# 055

《후한서後漢書·양기전梁冀傳》 출전

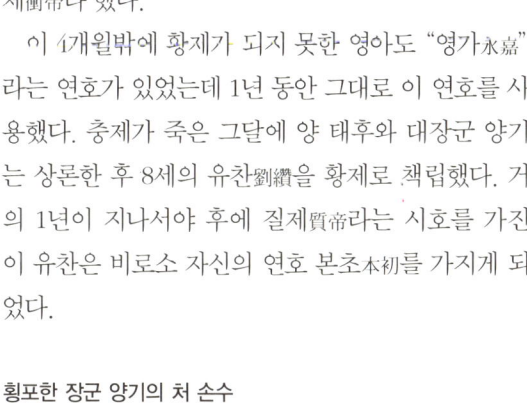

## 발호하는 장군

양기梁冀가 악행을 저지른 때는 동한 왕조의 가장 암흑기였으리라. 양기 부부의 행위에서 당시 향락 풍조를 엿볼 수 있다. 사치의 엄호 아래 어두운 죄악은 더 많아지기 마련이다.

## 중독된 황제

환관의 힘에 의해 황제의 보좌에 오른 한 순제는 30세까지 살고 죽었다. 두 살 되는 태자 유병劉炳이 즉위하고 양梁 태후가 집정했다. 그러나 이듬해 정월에 이 어린 황제마저 죽어 버려 어린 나이에 황제로 되었다가 어린 나이에 죽었다는 뜻으로 시호를 충제衝帝라 했다.

이 4개월밖에 황제가 되지 못한 영아도 "영가永嘉"라는 연호가 있었는데 1년 동안 그대로 이 연호를 사용했다. 충제가 죽은 그달에 양 태후와 대장군 양기는 상론한 후 8세의 유찬劉纘을 황제로 책립했다. 거의 1년이 지나서야 후에 질제質帝라는 시호를 가진 이 유찬은 비로소 자신의 연호 본초本初를 가지게 되었다.

이 8세의 어린 황제는 매우 총명하고 사리 분명했는데 당시 조정 대권을 독점하고 위세를 부리는 외척 양기의 일거일동을 일일이 지켜보았다. 바로 본초 원년(146) 6월의 어느 날 조회에서 질제는 우쭐거리는 양기를 향해 눈도 깜박이지 않고 똑바로 주시하면서 말했다. "이는 발호跋扈하는 장군이로다!" 발호한다는 말은 당시에는 패도를 강행한다는 뜻이었다. 뜻밖에 질제의 이 가벼운 한마디가 즉시 양기의 귀에 들어가 양기

### 횡포한 장군 양기의 처 손수

125년에 동한의 제7대 황제 순제가 즉위, 외척 양씨가 전권을 장악했다. 양 황후의 부친 양상梁商, 동생 양기는 차례로 대장군이 되었다. 양기는 몹시 교만하고 횡포해 황제를 전혀 안중에 두지 않았다. 충제가 죽은 후 양기는 황족 중 8세 되는 아이를 찾아 황제로 책립했다. 그가 바로 한나라 질제다. 질제는 나이가 어리지만 양기의 횡포한 짓을 보고만 있을 수 없어 조회 시 문무 백관의 앞에서 양기를 "진짜 발호하는 장군이로다"고 말했다. 양기는 몰래 독약을 넣어 질제를 죽이고, 또 황족 중 15세 되는 유지劉志를 황제로 책립했다. 그가 바로 환제다. 조정의 대권이 양기의 손에 들어가자 양기는 더욱 안하무인으로 횡포해졌다. 자기가 감상하며 즐기기 위해 그는 낙양 근교의 민가 토지를 강점해 개인 화원으로 만들었다. 양기는 또 수천 명의 양가집 자녀를 붙잡아다 노비로 삼았다. 양기는 근 20년간 대권을 쥐고 있었는데 후에 사람을 파견해 환제가 총애하는 양梁 귀인의 모친을 암살했다. 환제는 참을 수가 없어 비밀리에 선초 등 5명의 환관과 연계해 양기가 준비하지 못한 틈을 타서 1000여 명의 금군을 발동, 돌연 양기의 저택을 포위했다. 양기는 살기 어려울 줄 알고 독약을 먹고 자살했다. 환제는 양기의 가산을 몰수했는데 당시 전국 1년 조세의 절반에 상당했다. 이 그림의 인물은 양기의 처 손수다. 이 그림은 청나라 말기, 민국 초기 마태의 《마태화보》에 실려 있다

132년

| 중국사 연표 |

중정曾族 등이 봉기해 회계會稽를 공격하여, 구장句章·은·무 현 등의
현장을 죽였다. 장하章河가 양주揚州에서 봉기했다.

는 즉시 살인할 마음을 품었다. 그해 6월은 윤달이었
는데 양기는 사람을 파견해 칼국수에 독약을 넣은 후
질제에게 올렸다. 질제는 이 음식을 먹은 후 복부가
몹시 아파 정직한 태위 이고李固를 불러왔다. 이고는
어린 황제에게 무얼 먹었는가 물었다. 황제는 고통 속
에서도 말했다. "칼국수를 먹었는데 지금 배가 아프
니 물을 좀 마시면 살지도 모르겠네." 이때 양기가 옆
에서 지켜보면서 앞질러 말했다. "폐하께선 지금 토
할 것 같으니 물을 마시면 안 됩니다!' 양기의 말이 채
끝나기도 전에 어린 황제 유찬은 죽었다.

## 부부가 함께 악행을 저질렀다

이 발호하는 장군은 어떤 사람인가? 그는 바로 앞
에서 언급한 개인 원한을 풀기 위해 마원馬援을 모함
한 간사하고 아첨을 잘하는 신하 양송梁松의 종손從孫
양기다.

사서에서 양기의 형상에 대한 절묘한 묘사를 읽을
수 있다. "매의 어깨에 이리의 눈, 눈구멍이 우물처럼
꺼져 들어가고 말을 할 때 혀가 제대로 돌지 않아 분
명하지 못하며, 글자로 기록이나 하고 셈이나 세는 정
도다." 이같이 사람보다는 귀신에 더 가까운 상을 한

### 신선처럼 날 듯한 도금 우인

하남성 낙양에서 출토되었다. 우인羽人은 두 다리를 꿇고 앉았는데
두 귀가 특히 크고 잔등에 날개가 나 있고 전신을 도금했다. 우인
의 형상은 한나라 시대에 사회적으로 신선·무당의 요술에 대한 기
풍이 유행했음을 알 수 있다.

●●● 역사문화백과 ●●●

**[방한용 가죽옷]**

가죽옷은 방한용으로 한나라 시대에 매우 유행했다. 제작 재료
는 여우·승냥이·매·어린 양·개·양 등이다. 그중 여우 가죽이
비교적 진귀한데 특히 흰여우 가죽을 상품으로 여긴다. 여우
가죽 옷은 상류 사회의 신분과 지위의 상징이다. 양가죽 옷은
비교적 보편적이어서 대중적인 복장이 되었다.

작자가 외척이라는 이유로 자유롭게 복을 누리며 살
았다. 그는 술과 도박, 공차기, 사냥, 닭싸움과 경마를
좋아하는 난봉꾼이었다. 후에 조정에 발을 들여놓자
외척의 신분으로 황문 시랑으로부터 시중 호분, 중랑
장, 월기 교위, 보병 교위를 거쳐 서울의 치안 사령인
집금오가 되고, 순제 만년에 대장군이 되어 군정 대권
을 조종했다.

양기의 처는 손수孫壽라는 굉장한 미인이었는데,
귀족 사회의 패션을 이끄는 인물이었다. 그녀의 유행
관습은 눈썹을 가늘고 길게 아래로 늘어뜨리고, 방금
운 것처럼 눈 아래에 얇게 연지를 바르고, 뒷머리를
한쪽으로 늘어뜨리고, 몸을 지탱할 수 없는 듯 허리를
비틀며 걷고, 웃을 때 이가 아픈 듯이 입가를 실룩거
리는 것이었다. 손수는 천성이 질투가 심하고 사람을
곧잘 협박해 양기는 그를 총애하면서도 두려워했다.

### 극히 세밀하게 묘사한 녹색 유약 육박 용

육박은 중국 고대 놀이의 일종으로 구체적인 방법은 먼저 주사위를
던져 이기면 '물水'에 들어가 '물고기鱻'를 먹을 수 있는데 물고기
를 하나 먹을 때마다 두 점을 딴다. 나중에 점수가 높은 자가 이긴
다. 이 한나라 시대의 유약 도기 용은 놀이판 인물 형상이 모두 구
체적이고 묘사가 세밀해 살아 있는 듯하다.

부부 두 사람은 서로 계책을 내고 맞춰 주면서 도처에
서 남을 협박해 재물을 모았다.

양기는 무고한 자를 죽이며 악한 짓을 많이 해 사람
과 하늘이 모두 분노하는 지경에 이르렀다. 적지 않은
정직한 선비들이 글을 올려 그의 죄악을 폭로했는데
모두 그에게 박해받아 죽었다. 황제마저 그의 전횡이
불만스러워 마침내 환관 선초單超, 구원具瑗 등과 연
합해 상서성의 여러 상서와 사예 교위校尉의 병력을 움직

여 양기 일가를 체포했다.

양기는 결국 자살했으며, 조정의 무수한 관리가 여
기에 연루되었다. 도성 백성들은 격분에 들끓었는데
여러 날이 지나서야 평온을 회복했다.

양씨 집에서 재물 30억 전을 찾아내 국고에 넣었는
데, 천하 조세의 절반에 이르렀다. 이는 한 환제 연희
2년(159)의 일이다.

●●● **역사문화백과** ●●●

#### [난간이 달린 침대]

영櫺이란 창문이나 난간의 격자를 가리키는데 후세 사람들은
난간이 설치된 침대를 영상櫺床이라 불렀다. 이런 침대는 장식
이 화려하고 정밀하지만 품과 재료가 많이 들어 가격이 비싸
다. 그러므로 동한 시대에 귀족이 소비했다.

# 056

## 태워 이고

외척과 환관은 황권에 기생하는 두 개의 악성 종양으로서 이들은 차례로 정권을 독점하며 암흑과 부패를 초래했다. 충신 이고李固는 의를 위해 후회없이 나서서 외척 양기와 치열한 투쟁을 벌였으나 나중에 참혹하게 살해되었다.

## 권세 귀족의 폐해를 지적하다

이고(94~147년)는 한중漢中 남정南鄭, 지금의 섬서성 한중 사람으로 용모가 특히 위엄 있게 생겼다. 어려서부터 독서를 즐기고 늘 천 리 길을 마다않고 스승을 찾아 학문을 배웠다. 그는 전적을 숙독하고 여러 가지 도서를 널리 읽고 명사 호걸들을 사귀기 좋아했다. 많은 명사가 모두 그 명성을 듣고 찾아왔다.

한나라 순제 때 자연재해가 끊기지 않았는데 당시 참위 미신이 유행하는 풍토가 있었다. 그리고 권력이 외척과 환관에 의해 장악되어 많은 관료가 이 기회를 틈타서 자연재해를 외척 환관의 등용에 귀결시켰다. 당시 순제는 이고에게 명해, 자연재해의 원인을 해석하여 상서하라고 했다. 이고는 당시 황제의 유모와 환관이 결탁한 일에 비추어 응당 다른 저택을 건축해 유모를 잘 모셔야 하며 줄곧 궁전에 거주하게 해서는 안 된다고 지적했다. 실제로 이는 유모와 환관이 결탁해 조정을 좌지우지하는 기회를 없애버린 것이다.

그리고 귀족 자제나 중상시 자제에 대해 그들의 출신에 의한 관직은 주지 말아야 한다고 건의하면서 관도 공주館陶公主의 실례를 들었다. 이고의 상주서는 도리가 분명해 순제는 읽고난 뒤 이고의 방법대로 실시, 유모를 궁 밖으로 이주시켰다. 이고의 정직함은 외척 환관의 미움을 샀다. 그들은 거짓말을 꾸며 이고를 모함했고 이고는 옥에 갇혔다. 후에 다행히 외척 양상梁商, 대사농 황상黃尙 등이 나섰기에 비로소 그를 석방했다.

### 화타의 오금희 그림

오금희는 도인導引 범주에 속하는데 후세에 남송宋 범엽范曄이 《후한서화타전後漢書華佗傳》에 의해 만들었다. 이 책에는 화타의 말을 인용했다. "나에게 하나의 기술이 있는데 그 이름은 오금희라 한다. 첫째는 범, 둘째는 사슴, 셋째는 곰, 넷째는 원숭이, 다섯째는 새다. 병도 치료하고 발걸음을 가볍게 한다." 명나라 정덕 말년(1565)에 무武 장원壯元 나홍선羅洪先이 편찬한 《선전仙傳 49방》에 오금희 관련 최초의 그림이 있다.

중국을 말한다

| 세계사 연표 |

**135년** 유대인의 봉기가 실패했다. 로마는 팔레스타인에서 엄혹한 정책을 실시, 많은 유대인이 핍박에 의해 해외에서 떠돌았다.

《후한서後漢書 · 이고전李固傳》 출전

8~220

동한

**태위 이고**

이고는 자가 자견으로, 한중 남정 사람이다. 외척 환관의 권력 독점에 관한 폐해를 상서해 의랑이 되었다. 영화(136~141) 연간에 형주 자사, 태산 태수를, 뒤이어 대장사匠 대사농을 지냈다. 충제가 즉위한 후 태위를 담임, 상서 일을 맡아 보았다. 충제가 죽은 후 그는 청하왕淸河王을 옹립하자고 주장했고, 양기가 수긍하지 않아 따로 질제를 책립했다. 얼마 안 되어 양기는 질제를 독살하고 이오후驪吾侯를 책립하려 했다. 이고는 다시금 굳세게 청하왕 옹립을 주장하여 양기의 미움을 받아 면직되었다. 후에 끝내 양기의 모함으로 피살되었다. 이 그림은 청나라 말기의 《역대명신상해》에 실려 있다.

## 고을을 안정시키고 백성을 사랑하다

당시 천하가 안정되지 못했는데 특히 형주荊州는 도적이 연이어 일어나 동한 정권을 위협했다. 조정은 이고를 형주 자사刺史로 파견해 도적을 진압하게 했다. 이고는 부임한 후 결코 이전의 관리들처럼 과격한 수단을 쓰지 않고 먼저 관리들을 파견해 상황을 조사했다. 도적의 두령 하밀夏密은 성실한 양민이었는데 관부가 백성을 못살게 굴어 분노해 일어난 것이었다. 사실의 진상을 밝힌 후 이고는 우선 그들의 이전 범죄 경력을 사면하고, 편지를 써서 조정에 귀순하라고 권

### ●●● 역사문화백과 ●●●

**[동한 시대의 건축]**

동한 시대 건축 기술은 점점 더 성숙해 이미 7층 높이의 건물을 지을 수 있었다. 건물을 더 견고하게 하기 위해 매 층의 높이를 다르게 설정. 1층은 제일 높게 하고 기타 층은 위로 올라가면서 점차 낮추었다. 건축 시설도 점점 아름다워졌는데 아래에 배수관을 설치, 어떤 건물에는 난간과 베란다를 설치했다.

유했다. 하밀은 영을 내려 도적 무리를 해산하고 친히 관부에 자수했다. 얼마 안 되어 형주 경내는 바로 평정되었다.

이고의 새임 기간에 남양 태수南陽太守 고사高賜가 부패하고 법을 어겨 백성이 신고했다. 당시 조정의 실권자는 외척 양기였다. 고사는 회유 수단으로 이고와 사귀고 매우 밀접히 내왕했다. 이고는 고사의 범죄 사실을 확인한 후 사람을 파견하여 체포해 재판에 넘겼다. 고사는 밤을 도와 사람을 파견해 서울 낙양에 가서 양기에게 구원을 청하게 했다. 양기는 이고가 본래부터 강직해 자신의 명령에 따르도록 하기 어려움을 알고 그를 태산에 태수로 전보시켰다. 당시 태산 경내에도 도적이 도처에 널렸는데 양기는 매우 음험하게도 도적의 손을 빌려 이고를 없애려는 심보였다. 그러나 이고는 그 은택과 의리가 천하에 알려져 부임한 지 1년도 안 되어 경내는 매우 안정되었다.

### ●●● 역사문화백과 ●●●

**[한나라 시대의 바지]**

한나라 시대의 바지는 다리가 없는 바지와 다리가 이어진 바지 등 두 가지가 있다. 서한 중기 이전에는 주로 다리가 없는 바지를 입었다. 한나라 시대 사람들의 옷은 모두 무릎을 덮으므로 바지를 입지 않아도 역시 몸을 가릴 수 있었다. 서한 중기 이후 다리가 이어진 바지가 생겼다. 바지의 재질은 좋고 나쁜 구분이 있었는데 귀족 자제는 늘 비단으로 만든 바지를 입어 이를 '환과執絝'라 불렀다. 사자성어인 '환과 자제執絝子弟'는 여기서 나온 말이다. 보통 백성은 포목 바지를 입을 수밖에 없었다.

| 중국사 연표 |

141년    양상梁商이 죽은 후 아들 양기梁冀가 대장군이 되고, 양기의 동생 불의
         不疑가 하남윤河南尹이 되었다.

**해학적이고 생동감 있는 노래하는 도기 용**

한나라 시대 민간에 설창說唱 공연이 극히 성행했다. 이 도기 용은 윗옷을 벗고 배를 드러내고 맨발에 바지만 입고 왼팔에 북을 끼고 오른손으로 북채를 휘두르면서 북을 치며 설창 공연을 하고 있다. 그 표정이 해학적이고 동작이 과장되어 생생한 민간 분위기와 지방 특색을 보여 주는 우수한 조각 작품이다.

장에 의해 나이가 8세밖에 안 되는 질제를 책립했다. 질제는 나이가 어려도 몹시 총명해 양기의 유아독존과 횡포한 행위를 곱지 않게 보았다. 조정에서 정사를 토론할 때 양기가 또 멋대로 나서 뭇사람의 의론을 무시하자 질제는 양기를 "발호하는 장군"이라고 꼬집었다.

양기는 질제가 앞으로 자신에게 불리하게 할까 봐 사람을 파견해 칼국수에 독약을 넣어 질제를 독살했다. 이고는 이것이 필

## 한실을 강직하게 보위하고 아첨하지 않다

순제가 죽은 후 양 태후가 집정하자 양기는 더욱 거리낌없이 횡행했다. 충제衝帝가 즉위한 후 이고를 태위로 임명해 양기와 공동으로 조정 정사를 주도하게 했다. 이고는 공적인 입장에서 일을 처리하므로 늘 양기와 의견 충돌이 생겼고, 양기의 눈엣가시가 되었다.

충제는 즉위한 이듬해에 바로 병사했고, 양기의 주

시 양기의 짓임을 알고 질제의 사망 원인을 추궁해야 한다고 주장했다. 양기는 이고가 두렵고 일이 폭로될까 봐 그가 모반을 꾀한다고 무고해 이고를 죽였다. 이고의 나이 54세 때였다.

양기가 하도 탐욕스럽고 횡포하고 잔인해 백성들은 "양씨를 멸족하고 몰아내자"고 저주했다. 그의 두 여동생이 죽자 양기는 의지할 세력을 잃었다. 환제는 환관에 의해 양씨 집단을 소멸시켰다.

중국을 말한다

# 057

《후한서後漢書 · 교현전橋玄傳》 출전

## 아들을 버린 교 태위

교현橋玄의 행동은 오늘날에는 인정하기 어렵지만 세상의 기풍이 저속하고 관리의 치적을 볼 수 없던 그 시대에는 인심을 감동시키는 일이었다.

교현은 동한 말년의 명성이 매우 높은 인물이다. 그의 언행은 '혹리酷吏'의 색채가 매우 짙지만 합리적이고 합법적이어서 사람들이 긍정했고 명성이 높아져 나중에 직위가 삼공에 이르렀다.

### 양창 사건을 힘써 처리하다

교현은 젊을 때 현에서 공조功曹를 지냈다. 당시의 예주 자사豫州刺史 주경周景이 교현 소재 양국梁國을 시찰했다. 교현은 나서서 절하며 문안을 올리는 기회에 인근 현 진국陳國 재상 양창羊昌이 범한 많은 죄를 진술하면서, 자신을 진국 순시 종사로 임명하면 양창의 죄행을 똑똑히 조사하겠다고 청했다. 주경은 이 젊은이를 매우 탐탁하게 여겨 그대로 임명했다.

교현은 바로 양창 수하의 속리들을 전부 체포하고 양창의 독직 상황을 호되게 캐물었다. 그런데 양창과 대장군 양기가 친구일 줄이야. 주경은 양기의 뜻대로 교현을 주 아문에 소환했다. 교현은 공문을 되돌려보내고는 양창을 더욱 호되게 조사했다. 양창은 죄수 호송차에 실려 도성으로 압송되었다. 이때부터 교현의 이름은 소문이 났다.

### 아들을 버리고 법을 집행하다

한나라 영제靈帝 시대에 교현은 이미 사공 사도와 같은 최고 관직을 지냈다. 그는 정치 상황을 보고 몇 번이나 사직을 신청했는데 황제는 그를 태위의 직으로 임명했다. 그때 교현은 이미 70세로 병 때문에 태중대부의 직함민 걸고 집에서 병을 지료하고 있다.

교현의 작은아들은 겨우 10세였다.

하루는 아이가 문밖에서 놀고 있는 틈을 타서 몽둥이를 든 세 사나이가 아이를 납치했다. 이들은 교현의 작은아들을 끌고 저택 지붕 위에 올라간 후 돈과 아이를 맞바꾸자고 했다. 사예 교위 양구陽求가 친히 하남윤과 하남령을 데리고 집을 단단히 포위했다. 양구는 교현의 아들이 상할까 봐 감히 폭도를 공격하지 못했다. 교현은 두 눈을 부릅뜨고 큰 소리로 "내가 어찌 아들의 생명을 위해 나라를 해치는 이런 도적을 허용한단 말이냐!" 하고 말하면서 군사들을 재촉해 공격하게 했다. 군사들은 지붕으로 공격해 올라갔고 교현의 아들도 격투 중 피살되었다. 교현은 황제 앞에서 자신의 과실을 인정하면서, 금전에 의한 인질 교환을 금해 달라고 청했다. 황제는 그의 청에 따라 조서를 내렸다. 본래 안제 때부터 관리의 집법이 엄하지 못해 서울에는 늘 인질 납치 사건이 발생했다. 그러나 교현 사건 이후부터 도성 일대에서 인질 납치 사건이 더는 없었다.

**순진한 새끼 사랑**

엎드려 혀를 내밀어 송아지를 핥아 주는 암소의 순진함을 보면 어머니의 보호와 사랑을 이해할 수 있다.

8 ~ 220

동한

# 058

## 명사 곽태

만약 속세에 대한 관심을 제외하고 가르침에 유형을 가리지 않는다는 흉금을 포기한다면 명사 곽태郭泰도 존재하지 않는다.

### 진정한 명사

곽태는 비범한 명사였다. 그는 출신이 빈한하고 자랑할 만한 밑천이 없으며 출사할 생각도 없지만 그렇다고 천박하게 고결한 자태만을 드러내지는 않았다. 그는 일생 동안 벼슬을 하지 않았지만 정직한 관원들과 내왕했고 혼탁한 세상에 대해 품은 불만과 애증이 강렬하고 태도가 선명하지만 일부러 고상한 자태를 짓거나 과격한 논의를 표방하지는 않았다.

당시 범방范滂이라는 극단적이고 급진적인 명사가 있었는데 사람들이 그에게 곽태가 어떤 사람이냐고 묻자, 그는 탄복하며 말했다. "은거하면서도 부모님을 어기지 않으며, 지조를 지키면서도 속세와 단절되지 않고, 천자는 신하로 쓰지 못하고, 제후는 친구로 사귀지 못하지요. 다른 것에 대해서는 알지 못합니다." 그 뜻은 곽태는 벼슬을 하지 않고 은거하면서도 부모님은 그대로 공양하고, 행위가 고상하지만 세상 사람들과 자연스레 교제하며, 황제는 그를 자기의 신하로 쓰지 못하고, 제후와 같은 귀족들도 그와 교제할 수가 없다는 것이다. 이런 것은 모두 진정한 명사가 갖춰야 할 품성이다.

당시 선비 출신의 고관 진번陳蕃과 대장군 두무竇武가 동시에 환관들에게 살해되고 가족이 전부 어려움에 빠졌다. 그런데 선비들은 누구도 나서서 감히 말을 하지 못했지만 유독 곽태만은 홀로 교외에서 대성통곡했다. 곽태가 도성을 떠나 고향에 돌아갈 때 고위급 선비들이 황하 강변에 나가 그를 바래다 주었는데 수레가 수천 대였다. 곽태는 오래전부터 벼슬길에 나서 당시 하남윤에 재직 중인 이응李膺과 한 배를 타고 떠나면서 벼슬을 할지 여부에 대해서는 추호도 개의치 않았다. 그러나 당시 명사들의 눈에 두 사람은 누구랄 것 없이 소탈하고 자유로워 마치 신선처럼 보였다.

### 유형을 가리지 않는 가르침

명사 곽태의 명성은 그 자신이 내세운 것이 아니라 그의 인격적 매력이 세인과 여론을 정복해 형성된 것이다. 당시 선비 계층에 대한 그의 최대의 공헌이라면 올바른 선비를 선발 천거하고, 가르침에 유형을 가리지 않은 것이다.

좌원左原이라 부르는 군학郡學의 한 학생이 잘못을 저질러 학적을 취소당했다. 곽태는 도중에 그와 만나 술을 사놓고 권하면서 그의 가슴에 맺힌 울분을 풀고 돌아가

**덕으로 만물을 인도하는 곽태**
곽태(128~169), 자는 임종林宗, 태원太原 개휴介休 사람, 동한 명사다. 동한 말년에 태학생의 수령으로 조정의 관원인 이응, 진번 등과 사귀었고 그 언행이 당시 사람들의 존중을 받았다. 곽태는 권력에 물든 세상의 어두움을 보고 관아의 부름에 응하지 않고 낙양에서 고향으로 돌아갔는데 사대부들이 제각각 황하 기슭까지 배웅, 수레가 수천 대에 달했다.

《후한서後漢書·곽태전郭泰傳》 출전

8~220

동한

### 희평석경熹平石經

한 영제靈帝 희평 4년(175)에 의랑, 채옹蔡邕 등은 6경 문자의 교정을 상서했다. 황제의 비준을 거쳐 채옹은 6경의 정본正本을 선정, 문자를 교정하고 친히 주사로 비석에 예서 경문을 정서한 후 장인에게 글자대로 새기게 했다. 이 공사는 9년에 걸쳐 46개의 비석을 새겼는데 글자 수는 도합 20만 자에 달했다. 이 석경이 희평 연간에 새겨지고 또 예서체만 있으므로 '한 석경' '희평석경' 또는 '일자석경'이라 부른다. 희평석경이 완성되자 당시 서울 낙양성 남쪽 태학문 밖에 세웠다. 비석은 모두 장방형이고 높이가 1장, 너비가 4자다. 비석 꼭대기는 기와로 덮었고 비석 밑에는 밑판을 받쳤다. 비석은 모두 앞뒤 두 면에 다 글자를 새기고 경문은 오른쪽에서 왼쪽으로, 위에서 아래로 썼다. 최고 통치자가 비준하고 규모가 전례 없이 거대한 이 문화 공사는 당시 커다란 반향을 일으켰다. 《후한서·채옹전》: "비석이 세워지니 구경하는 자와 베껴쓰는 자가 몰려들어 하루에 오는 수레가 1000대에 달해 거리와 골목을 꽉 채웠다." 이로써 그 성황을 짐작할 수 있다. 수차례 동란을 거쳐 원 비석은 이미 사라졌다. 송나라 이래 이따금씩 비석 조각이 출토되었는데 현재 도합 8000여 자가 남아 있다. 글자체가 바르고 구조가 엄밀한데 이는 당시 통행되던 표준적인 글자체다.

게 했다. 당시 어떤 사람들은 곽태를 악인과 내왕한다고 질책했다. 곽태는 이렇게 말했다. "잘못을 저지른 사람은 교화해야 하며, 그렇지 않고 그를 핍박한다면 난이 생긴다."

후에 좌원은 여전히 울분을 참지 못해 한 무리 사람을 거느리고 군학에 찾아와서 학생들에게 보복하려 했다. 마침 그날 곽태도 군학에 있었는데 좌원은 그를 보자 미안한 감이 들어 그만두고 돌아가 버렸다.

모용茅容이라는 40세가량의 농부가 있었는데 야외에서 농사를 짓다가 비를 만나 나무 밑에서 비를 피했다. 다른 사람들은 이리저리 눕거나 기댔지만 모용만은 똑바로 앉아 있었다. 이를 본 곽태는 이상히 여겨 그와 한담을 나누었고 그날 밤 모용의 집에서 묵었다. 이튿날 이른 아침, 모용이 닭을 잡고 음식을 만드는 것을 본 곽태는 자기를 대접하려는 줄 알았다. 닭고기 탕이 익은 다음에 보니 모용은 모친에게 받쳐 들고 대접하는 것이었다. 그와 곽태는 여전히 밥에 채소로 끼니를 때웠다. 곽태는 일어나 모용에게 절을 하며 말했다. "그대는 참으로 현인이로다!" 그는 모용에게 글을

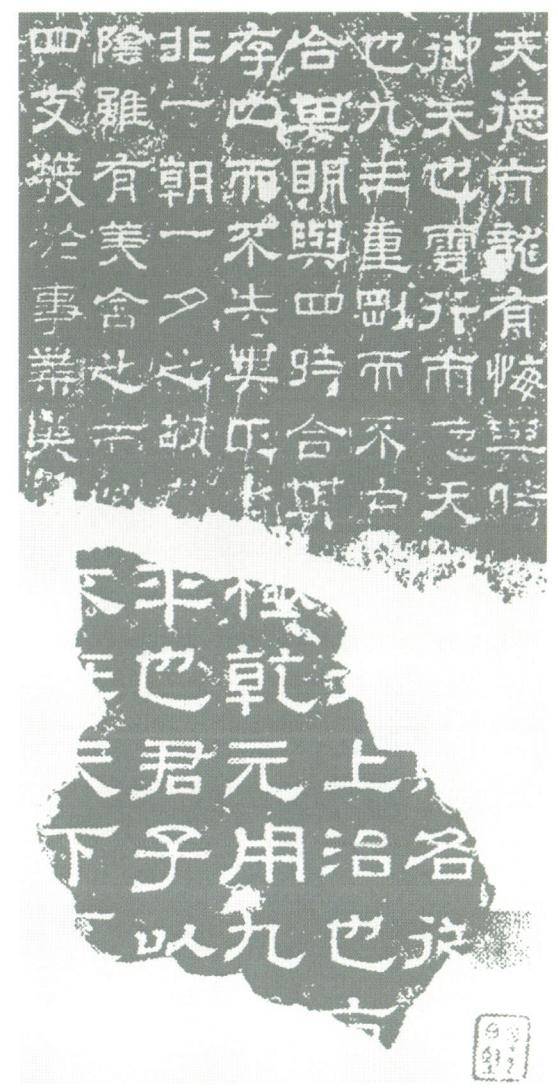

●●● 역사문화백과 ●●●

### [한나라 시대의 나막신]

한나라 시대에는 비가 오면 나막신을 신었는데 목극木屐이라 불렀다. 신바닥에 받침이 두 개 있는데 주로 진날에 미끄러지지 않고 진흙이 발에 묻지 않게 한다. 한나라 환제 때 목극의 유행은 비온 날의 사용 범위를 초과해 일부 여자들은 시집을 갈 때에도 목극을 신었다. 형상은 네모진 것과 둥근 것이 있는데, 남자는 네모진 것을 신고 여자는 둥근 것을 신었다. 고급 목극은 또 비단으로 윗면을 대기도 했다.

## 동물의 가족 사랑

동한 시대에 도기 인형 제조업이 흥성했다. 이 시대의 도기 인형은 그 제재가 광범위하고 고상한 운치를 추구했다. 회색 도기 중 숫오리와 암오리는 새끼 오리를 거느리고 치졸한 가운데 솔직함을 나타내, 동물의 가족 사랑에 빗대어 인간 마음속의 행복에 대한 갈망을 표현했다.

이 음험해 고향 사람들은 모두 그를 두려워했다. 곽태의 노모가 세상을 떴을 때 가숙도 와서 조문했다. 마침 거록巨鹿의 명사 손위직孫威直도 조언하러 왔다가 현인이라는 곽태가 어찌 가숙과 같은 악인의 조문을 받아들이는가 하며 대문에 들어서지도 않고 떠나가 버렸다. 곽태는 쫓아 나가며 설명했다. "가숙은 확실히 흉악한 사람이었죠. 그러나 그가 이미 회개를 자신하는 이상 우리는 그가 잘못을 바로잡지 못하게 할 수 없지요!" 가숙은 이 말을 들은 후 진정 뉘우쳐 마침내 선량한 사람이 되었고, 고향 사람들이 위험하고 어려운 일에 봉착하면 선뜻 나서서 돕기도 하여 고을 사람들이 모두 칭송했다.

곽태의 가르침과 깨우침과 천거를 받은 사람은 부지기수인데 거의 모든 사람이 명망가가 되었다. 그중에는 문지기, 백정, 술집종업원, 심부름꾼, 병사들이 수두룩해 그야말로 "가르침에 유형을 가리지 않았다". 그러므로 곽태가 죽은 후 그의 비문을 쓴 유명한 명사 채백개蔡伯喈는 이렇게 말했다. "나는 비문을 많이 썼는데 어느 누구나 품성에 일부 부족한 점이 있었지만 유독 곽태만은 비문의 말에 견주어 조금도 부끄러운 점이 없다!"

---

열심히 배우라고 했다. 모용은 훗날 매우 덕행 있는 사람이 되었다.

맹민孟敏이라는 사람이 멜대에 항아리를 메고 가다가 땅에 넘어졌다. 하지만 그는 고개도 돌리지 않고 그대로 일어나서 길을 갔다. 옆에서 이 정경을 본 곽태가 어찌된 영문인지 묻자, 맹민은 이렇게 말했다. "항아리는 이미 깨졌으니 돌아본들 무슨 소용 있겠습니까?" 이 사람이 사리를 분명히 안다고 느낀 곽태는 그에게 외지에 유학하라고 극구 권했고, 10년 후 맹민은 유명한 선비가 되어 삼공 관아에서 모두 그를 모셔 가려고 했다. 그러나 맹민은 어디에도 가지 않았다.

가숙賈淑이라는 곽태의 동향 사람이 있었다. 위인

### 가장 오래된 천문 계기 – 동규표

1965년 강소성 의정儀征 석비촌石碑村의 한 동한 나무 관묘에서 동규표銅圭表가 출토되었다. 규표는 고대 중국의 중요한 천문 계기로 '규'와 '표'의 두 부분을 배합하여 정오의 해 그림자를 잰다. '규'는 남북 방향으로 반듯이 놓고 표는 규의 남단에 수직으로 세운다. 정오에 표의 그림자가 규에 비친 길이에 의해 동짓날·하짓날과 24절기를 판단한다. 이 규표는 특이하게 규와 표를 하나로 만들었다. 규척의 길이는 34.5cm, 너비 2.8cm, 두께 1.4cm이고 표는 높이 19.2cm, 너비 2.2cm, 두께 1.3cm이다. 표는 규의 끝에 수직으로 서 있는데 축으로 연결시켜 열고 닫을 수 있다. 규의 정면에 장방형의 홈이 있어 열고 닫을 때 표를 그 속에 넣을 수 있다. 이 동규표는 중국 최초의 천문 계기다.

# 059

《후한서後漢書 · 진번전陳蕃傳》
《후한서後漢書 · 두무전竇武傳》

출전

## 승명문 습격

외척과 환관은 권력 쟁탈에서 불리해지면 흔히 조정 대신들과 손을 잡는다. 승명문承明門 전투로 실패한 측은 참혹한 실패로 사회적 믿음을 잃었으며, 이로써 제2차 당파 배척의 화를 초래했다.

동한 말년의 정치 무대에서 세 갈래 세력이 끊임없이 싸웠으니 이는 바로 환관과 외척과 조정 대신이다. 이들의 끊임 없는 싸움으로 인해 동한 왕조는 점차 원기를 상실했고 이는 멸망으로 이어졌다. 건녕 원년(168)에 한나라 영제靈帝가 제위를 계승하자 낙양 궁전에서 한 차례 피비린내 나는 '승명문 사변'이 발생했다. 한쪽은 왕보王甫 · 조절曹節을 우두머리로 하는 환관 세력이고, 다른쪽은 국척 두무竇武와 대신들의 우두머리 태부 진번陳蕃이다.

### 또 하나의 유모

한나라 환제는 죽을 때 겨우 36세, 아직 태자도 책립하지 않아 두 태후가 집정했다. 그녀는 국구 두무와 의논하여 겨우 12세 되는 해독정후 유굉劉宏을 황제로 책립했다. 당시 환제가 금세 죽고 새로운 군주가 등극하지 않아 내조의 여러 상서들은 어느 진영에든 줄을 잘못 설까 봐 모두 병을 핑계 대고 조회에 나오지 않았다. 당시 태위 진번은 조정 대신의 우두머리로 문서를 보내 그들을 질책하면서 조정에 나와 일을 보도록 했다. 이에 두 태후는 매우 감격해 진번을 고양향후로 책봉했으나 진번이 책봉을 받지 않아 태부로 고쳐 임명하여, 두무와 함께 조정을 주도하게 했다. 두 진영은 힘을 합쳐 대세를 유지하는 한편 또 명사 이응李膺, 두밀杜密, 윤훈尹勳, 유유劉瑜 등을 관리로 발탁해 조정에 참여하게 함으로써 선비들의 지지를 얻었다.

그러나 영제의 유모 조요趙嬈는 궁중의 일부 여상서와 중상시 조절, 왕보와 결탁해 두 태후에 아첨하는 동시에 암암리에 관직을 팔아먹는 짓을 했다. 두무와

진번 두 사람은 이를 확인하고 상서령 윤훈과 함께 조절, 왕보 등 궁중의 나쁜 짓을 하는 환관을 죽이려고 모의했다. 그러나 두무와 진번 두 사람의 환관 숙청 계획은 두 태후의 지지를 받기는커녕 각종 방해를 받았다. 동시에 두무와 진번 두 사람은 지모와 임기응변이 부족해 주범이 아닌 중상시 관패管霸와 소강蘇康을 경

**동한 중·말기 회색 도기 변소 돼지우리**
도기 평면은 장방형이고 우리 양쪽에 지면보다 그다지 높지 않은 언덕이 있고, 양쪽에 장방형 변소가 있어 돼지우리와 통한다. 기타 양쪽은 높은 담이 막혀 있어 중간을 돼지의 활동 사육 장소로 만들었다. 하남성 심양시沁陽市에서 출토되었다.

●●● 역사문화백과 ●●●

### [환관이 권력을 독점하다]

외척과 환관이 교대로 권력을 독점하는 것은 동한 중·후기의 전형적인 특징이다. 나이 어린 황제가 외척 세력을 약화시키고 권력을 탈취하려면 신변의 환관을 믿는 수밖에 없었다. 환관은 외척을 공멸하는 정변에 참여하면서 세력이 급격히 늘어나 새로운 독재자가 되었다. 예를 들면 선초單超 등 5명의 환관은 황제와 협조해 외척 양기를 없앤 후 모두 같은 날 열후에 책봉된 뒤 외척과 마찬가지로 멋대로 굴며 백성을 못살게 굴었다. 그들은 내부에서부터 동한 정권의 와해를 촉진했다.

8 ~ 220

동한

솔히 죽여 잠자는 호랑이를 놀라게 하는 격으로 왕보, 조절의 경각심을 일깨웠다. 이어 두무와 진번은 또 태후의 집정을 위해 조정 문서를 관장하는 장락 상서 정삽鄭颯을 경솔히 체포했다. 두무는 정삽을 고문해 왕보, 조절과 연루된 일부 진술을 받았는데 태후에게 상주해 태후의 동의를 받은 후 왕·조 세력을 주살하려 했다.

## 환관의 반격에 당한 두무와 진번

두무는 본래 대장군으로 밤낮 궁중에서 자리를 지켜야 했는데 하루는 휴가를 보내느라고 출궁해 저택

### 동한 시대 음식 생활
이 인형은 높이 솟은 주방 모자를 쓰고, 얼굴에 미소를 띠고, 소매를 걷고 한바탕 솜씨를 보이려는 모양을 하고 있다. 그의 앞 도마에는 두 마리의 커다란 물고기가 놓여 있다. 그는 바로 이것들을 맛있는 요리로 만들려는 참이다.

에 돌아갔다. 그날 밤 문서를 관장하는 부하가 두무의 출궁 상황을 장락궁 오관사 주우朱瑀에게 알렸다. 주우는 즉시 궁중에 달려와 두무가 작성한 상주문 원고를 뜯어 장락궁 상선이 언급된 내용을 훔쳐보았다. 그러고는 즉시 장락궁으로 돌아가 동료 17명과 함께 두무를 죽이자고 피를 마시며 맹세했다. 조절과 왕보는 이 소식을 듣고 즉시 영제를 출면黜免하도록 핍박해 궁문을 봉쇄하고, 옥에 가서 옥관을 죽이고 정삽을 석방해 장락궁에 돌아온 후, 두 태후를 구금하고 황제의 옥새를 빼앗았다. 그런 다음 정삽을 파견해 두무를 체포하게 했다. 두무는 형세가 불리해지자 보병영步兵營에 도망쳐 보병 교위로 있는 조카 두소竇昭와 함께 체포하러 오는 사자를 사살하고 북군 5000명을 거느리고 북궁 밖의 도정에 주둔했다.

궁 밖의 진번은 소식을 듣고 부중의 속리 80인을 거느리고 승명문으로 돌격해 궁문 앞에서 왕보와 대치했다. 진번은 검을 뽑아 들고 왕보를 크게 나무랐다. 왕보는 수하 사람이 많은지라 진번을 붙잡아 북사옥北寺獄에 가두었다. 환관들은 진번이 옥에 갇히자 제각각 달려들어 그를 걷어차며 말했다. "죽은 귀신 같은 놈! 네가 이제 다시 우리 인원을 줄이고 우리 봉급을 줄이는가 보자!" 그들은 그날로 진번을 옥중에서 살해했다.

왕보는 한창 두무가 인솔하는 보병영 때문에 근심했다. 마침 장성 밖의 흉노에게 사자로 갔던 중랑장 장환張奐이 돌아와 보고하러 입궁하자, 왕보 등은 그럴듯하게 속여 두무를 진압하게 했다. 이튿날 이른 아침 왕보는 1000명의 금군과 장환의 북군 5영 군사를 거느리고 두무와 대진했다. 왕보의 병마는 보병영보다 훨씬 많았다. 왕보는 우선 부하에게 높은 소리로 투항을 권고하게 했다. 보병영의 군사들은 본래 관병의 관리를 받던 터라 제각각 투항했다. 정오가 채 되지 않아 두무 수하에는 이미 병사가 남아 있지 않았

다. 삼촌과 조카 두 사람은 말을 타고 도망칠 수밖에 없었다. 중도에서 도망칠 수 없게 되자 두무와 두소는 칼을 뽑아 자결했다.

승명문 전투에서 환관 측은 절대적인 승리를 거두었다. 이리하여 두씨 일가 중 벼슬하는 자는 전부 처단당하고 조정 대신 중 시중 유유, 둔기 교위 풍술도 멸족되었다. 호분 중랑장 유숙劉淑, 전상서 위랑魏朗은 두무와 내왕이 있어 핍박에 못 이겨 자살했다. 두태후마저 내궁에서 쫓겨나 남궁에 안치되고 두무의 나머지 가족은 모두 일남日南에 유배되었다. 두무·진번이 천거한 공경과 그 문하생은 모두 피 직되고 재등용이 금지되었다.

환관 조절은 장락長樂 위위衛尉를 맡아 육양후育陽侯에 봉해지고, 왕보는 중상시 황문령을 맡았다. 주요 공로자 주우, 공보共普, 장량張亮 등 6명은 열후에 책봉되고 기타 11명은 관내후關內侯로 책봉되었다. 장환은 본래 열후로 책봉되어야 마땅했지만 그는 자기가 속아서 이 사변에 말려들었음을 깨닫고 단호히 받아들이지 않았다.

이로써 동한 왕조는 마음씨가 매우 악랄한 소인들이 장악해 정직한 사람들은 설 자리가 없어졌다. 2년 후 조절이 도발한 '구당鉤黨' 사건, 즉 '제2차 당고의 화黨錮之禍'가 발생했다.

●●● 역사문화백과 ●●●

[9조 옛 도읍 낙양]

선진先秦 시대에는 낙읍이라 불렸고 조위曹魏 시대에는 낙양이라 불렸는데, '구조고도九朝故都(9왕조를 거친 옛 도읍)'으로 불리기도 한다. 동주·동한·조위·서진·원위·수·무주·후량·후당 아홉 왕조가 이곳에 도읍했다. 이는 중국 역사상 도읍 기간이 가장 긴 도시로서 930년에 달한다. 하남성 서부 이락 분지에 위치, 사면에 산이 둘러싸이고 경치가 수려하며, 기후가 알맞고 물산이 풍부하며, 정치·경제·문화가 상당히 발달한 도시이다. 지금도 낙양의 용문석굴, 모란은 여전히 명성이 높다.

### 사천성 동한 애묘 중 나체 석각

사천성은 한나라 시대 이미 장강 유역에서 봉건 경제가 발전한 '천부지국天府之國'을 형성했다. 이곳은 애묘장崖墓葬이 성행했다. 바로 절벽 밑에 무덤처럼 동굴을 뚫고 사망자를 그곳에 안장한다. 이런 애묘는 묘문 내외에서부터 석관 네 벽에 이르기까지 인물 이야기 또는 사망자 생전 생활 정경이 새겨 있다. 석질이 연하고 풍화되기 쉬우므로 이런 조각들은 대부분 대체적인 윤곽만 남아 있다. 그러나 그 무늬의 장식 가치가 떨어지는 것은 아니다. 팽산彭山은 사천성 한나라 시대 애묘가 많이 분포된 지역이다. 많은 애묘 석각 중 홍사석에 조각된 '비희도秘戲圖'는 속칭 '천하제일문'이라 불린다. 이 장방형 부조 석각은 1942년 강구채자江口寨子 한나라 애묘에서 출토되었다. 길이는 201cm, 높이 31cm이다. 화면은 두 나체 남녀의 성애 그림이다. 남녀는 함께 무릎 위에 앉아 서로 안고 입을 맞춘다. 남자는 관을 쓰고 오른손을 여자의 어깨에 얹으며 가슴을 만지는데 엄지와 검지 사이로 유두가 노출되었다. 여자는 수건을 쓰고 왼손으로 남자의 잔등을 지나 오른쪽 어깨에 이르고 오른손으로 남자의 왼손을 마주 잡고 입을 맞춘다. 얼핏 보면 인물의 조형이 간단하고 고풍스럽고 도법이 거친 것 같지만 자세히 보면 거친 가운데 세심한 데가 있고 인물이 생생하다. 그 동적 감각이 매우 강렬하고 동작 조형이 정확하며 순간적인 감정이 드러나 있다. 이는 모든 한나라 시대 석각 중 사천의 한 절경으로 세계적으로도 기묘한 작품이다. 이 석각은 회화와 조각 예술을 일체화하고, 형상적이고도 생생하게 1800~1900년 전 동한 시대에 이미 중국에 포옹하고 키스하는 정경을 묘사한 예술품이 있었음을 알려 준다. 이 국보는 현재 남경 박물관에 소장되어 있다.

# 060

## 천하를 청소하려는 큰 뜻

진번陳蕃(?~168)은 자가 중거仲擧이고 본적은 여남汝南 평여平輿, 즉 지금의 하남성 평여현이다. 그의 조부는 군 태수를 지냈고 그의 부친도 벼슬을 했다. 부친과 조부는 소년 진번에게 큰 기대를 품었다. 정원에 그를 위해 방 하나를 짓고 방 앞에 정원을 따로 설치하여 혼자 거처하면서 학문을 깊이 닦게 했다. 진번도 기대에 어긋남 없이 종일 독서에만 몰두해 정원에 잡초가 얼마만큼 높이 자랐는지, 떨어진 나뭇잎이 정원의 오솔길을 덮었는지 여부를 전혀 몰랐다. 서재에는 항상 여기저기 숱한 책이 쌓여 있었다.

어느 날 부친의 친구 설근薛勤이 그를 보러 와서 물었다. "선배가 너를 보러 오는 줄 알면서도 왜 청소를 해놓고 맞이하지 않느냐?" 진번은 생각나는 대로 한마디 했다. "대장부는

### 강포를 두려워하지 않은 진번

어려서부터 "천하를 청소하려는" 큰 뜻을 품은 청관, 그의 벼슬길은 확실히 청렴하고 공정했다. 대권을 장악하고 어두운 정치와 결투하려는 담략이 있었지만 실책으로 말미암아 더러운 진흙탕에 빠져 죽고 말았다.

천하를 청소해야지 어찌 방 하나만을 청소하겠습니까!" 설근은 나이 15세밖에 안 되는 진번이 이렇듯 "천하를 청소하려는" 큰 뜻을 품었을 줄은 생각지도 못한지라 그를 기이한 인재라고 칭찬하지 않을 수 없었다.

## 허위를 부리는 자를 판결하다

진번은 자라면서 원근에 그 품행이 소문이 나, 천거를 받아 자그마한 수행 관리가 되었으나 장관과의 의견이 맞지 않아 관직을 버리고 집에 돌아왔다. 그래도 사람들은 그가 정직하고 청렴한 사람이기에 여러 차례 조정에 천거했다. 진번은 계속 출사하지 않다가 태위 이고가 상주해 천거해서야 출사했고, 얼마 안 되어 군수가 되었다.

군수의 직으로 있으면서 그는 군내의 고결한 선비 주구周璆를 천거했다. 주구는 진번처럼 출사를 원치 않는 사람으로서 전임 군수도 여러 차례 관아에서 일하도록 청했지만 주구는 계속 응하지 않았다. 그러나 진번이 찾아가서 청하

### 고결한 선비 서치

서치徐穉(97~168)는 자가 유자孺子이고 예장 남창 사람이다. 그는 9세에 《춘추春秋》와 《공양전公羊傳》을 암송했다. 15세에 부친의 명에 따라 저산에 가서 저명한 학자 당단唐檀을 스승으로 모시고 장기적으로 은거, 연구 생활을 시작했다. 후에 항상 예로 현능한 선비를 대하는 상서 진번이 건화 원년(147)에 예장 태수로 부임했는데, 관아의 대문에 들어서기도 전에 50세가 넘은 서치를 먼저 방문했다. 그는 또 서치를 위해 집에 침대 하나를 갖추어 서치가 오면 내려놓고 가면 걸어두었다. 왕발의 문구는 바로 이 전고를 응용한 것이다. 이 그림은 청나라 말기의 《역대명신상해》에 실려 있다.

《후한서後漢書·서치전徐稚傳》
《후한서後漢書·진번전陳蕃傳》

**서치가 거울을 닦다 (청나라 임웅任熊 그림)**

서치徐稺는 환제 때 환관의 권력 독점에 불만을 품고 여러 차례 초빙했으나 출사하지 않아 사람들은 '남주南州의 고사高士'라 불렀다. 서치는 의리를 극히 중하게 여겼다. 그는 일찍 강하工夏의 황공黃公 신변에서 일한 적이 있는데 후에 황공이 죽자 조문하러 떠났다. 그런데 가정이 빈한한 그는 노자가 부족해 거울을 닦는 기구를 지니고 길기에서 남의 거울을 닦아 주는 것으로 노자를 보태면서 끝내 강하에 도착해 울며 황공을 제사 지냈다.

자 주구는 응했고 서로 벗이 되었으며, 각종 사무를 열심히 했다. 진번은 전처럼 그의 이름을 부르지 않고 자를 불렀다. 그리고 나무 침대를 하나 준비해 두었다가 주구가 오면 앉거나 누워 쉬게 하고 주구가 관아를 떠나면 들보에 걸어 놓았다. 진번이 이처럼 주구를 존중하는데 어찌 감동하지 않겠는가?

군내 관원들이 여러 차례 진번에게 조선趙宣을 천거했으나 진번은 조선의 죄를 판결했다. 조선은 부모가 사망한 후 부모를 위해 동굴이 달린 큰 묘를 짓고 그 동굴을 봉하지 않은 채 그 속에서 부모를 20여 년간 지켰다. 관원들은 모두 조선을 '대단한 효자'라 하면서 천거했던 것이다. 진번은 이 '대단한 효자'를 찾

아가 보았다. 그와 이야기를 나누던 중 집에 자식이 몇이며 몇 살인가 물었다. 그러자 조선이 다섯 아이를 상을 치르는 기간에 낳았음을 알게 되었다. 당시 규정에 따르면 양친이 연이어 사망하면 거상 기간은 6년인데 그 동안에는 처자와 동거하지 못하게 되어 있다. 그러나 조선은 20여 년간 거상했으니 우선 기한을 초과한 자체가 예에 걸맞지 않아 두말없는 허위 행위에 속한다. 하물며 정상적인 거상 기간에 자식을 다섯이나 낳았으니 이는 더욱 예를 위반한 것이다. 진번은 법에 의해 허위를 부린 죄로 조선을 유죄 판결했다. 이로써 진번의 소년 시절 "천하를 청소한다"는 뜻을 단면적으로 알 수 있다.

**후대를 위해 복을 마련하는 동한의 수공품**

이 장식품은 과학 문화가 발달한 지금 보아도 어엿한 명품이다. 이것이 동한 수공품이라 한다면 더욱이 경탄을 금할 수 없다. 이 장식물에도 "후대에 복을 마련하리"라는 글이 새겨 있어 대대로 전해지고 대대로 축복하니 이것이 바로 훌륭한 전통이다.

●●● **역사문화백과** ●●●

**[건축 채색 그림]**

동한 시대에는 각종 건축물 또는 주택의 벽에 사람·화초·조류·신령·괴수 등 각종 그림을 그렸는데 당시 상층 사회는 자랑하기 위해 많은 비용도 아끼지 않고 방이나 거실을 장식했다. 동시에 그림 내용은 아름다운 축복을 위주로 하고 대부분 붉은색으로 상서로운 분위기를 농후하게 했다. 이런 그림들은 건축의 미감을 증강하고 일정 정도 주인의 취미를 반영하는 동시에 당시의 정치, 문화와 사회 풍속을 충분히 보여주고 있다.

## 환관과의 투쟁

진번은 치적이 특출해 관직이 태위에 이르렀다. 당시 환관이 권력을 독점해 늘 당파를 묶는다는 죄명을 씌워 일부 명망 있는 조정 관원을 투옥해 고문하거나 심지어 살해하기까지 했다. 그 외에 또 그들의 친척, 학생, 속리마저 등용을 금했다. 환제가 죽은 후 새로운 황제가 아직 즉위하지 않아 많은 조정 대신이 화를 피해 조회에 나오지 않고 집에 앉아 형세의 변화를 관망했다. 진번은 그런 대신들에게 서신을 보내 국사를 돌보지 않고 환관의 권력 독점에 겁을 먹으니 "의가 부족한 형편에 어찌 인을 실현하리오!"라고 질책했다. 여러 대신은 진번의 서한을 읽고 황공스러워 즉시 조회에 나와 국사를 처리했다.

얼마 안 되어 사예 교위 이응李膺이 죄를 범한 환관 장양張讓의 동생을 주살한 까닭에 옥에 갇혀 고문을 받고 처형당하게 되었다. 사건은 태위부의 재심을 거쳤는데 태위 진번은 즉시, 이응 같은 충신을 처형한다면 이는 조정의 오점이며 이응 같은 충신은 그의 10대 자손까지 모두 무죄로 사면해도 응당하다고 상주했다. 영제는 진번의 이와 같은 격렬한 언사에 겁을 먹었고, 또 기타 관원들이 힘을 합쳐 구원했기에 부득이 그의 죄를 사면했다. 이응은 일체 직무를 해임당하고 고향으로 돌아갔다.

진번은 이응을 구원하는 사건에서 이런 방법으로는 천하의 억울한 사건을 다 정리할 수 없으며, 반드시 악한 짓을 하면서 결탁한 환관들을 없애야 정치를 깨끗하게 하여 천하의 안정을 꾀할 수 있음을 깨닫게 되었다. 이리하여 대장군 두무와 연락해 조절, 장양 등 환관 세력을 없애려고 몰래 계획했다. 그러나 부주의로 계획이 새어나가 환관들이 먼저 손을 써 습격했다. 당시 70세였던 진번은 갑자기 들이닥친 태감과 병사들 앞에서 얼굴색도 변하지 않고 손에 검을 잡고 분연히 싸웠다. 태감은 병력 우세로 진번을 체포하여 투옥하고 옥중에서 그를 살해했다.

### 동한 말년의 도기 창고

도기 창고는 2층이 한데 이어졌는데 꼭대기의 두 창문은 해체 가능하다. 아래에 발이 넷이다. 1층 대문 앞에 장방형의 편평한 대가 있고 삼면에 난간이 둘러 있다. 계단으로 2층에 오를 수 있다. 2층 정면 중앙에 문을 냈는데 그 모양은 1층과 비슷하다. 꼭대기 천장에 창문을 두 개 냈는데 마치 작은 방 같고, 네 벽에 구멍 형식으로 창을 냈다. 이렇게 하면 햇빛이나 비를 가릴 수도 있고 통풍에도 편리해 과학적이고도 실용적이다. 손잡이가 달린 계단은 지금과 별반 차이가 없다. 계단 아래 허공에 독립한 팔각형 받침대, 기둥 위에 아치형, 기둥 아래 유정乳丁 모양 기둥 기초 등 건축 시설은 모두 건축사상 극히 드물고 중요한 발견이다. 1963년 하남성 신밀新密 후사곽後士郭 2호 묘에서 출토되었다.

중국을 말한다

190

## 진번의 침대에 앉은 서 유자

당나라 초년 4걸 중 한 명인 저명한 문학가 왕발王勃은 《등왕각서문滕王閣序文》에서 "진기하고 아름다운 보물이 많이 나는데 용의 빛발이 높은 언덕의 폐허를 비추누나. 사람은 준걸이요, 땅은 영검한데 서 유자는 진번의 침대에 앉았어라"라는 유명한 구절을 남겼다. 진번은 일찍이 예장豫章 태수로 있었는데 예장군은 지금의 강서성 전 성이고 수부는 남창南昌이다. 예장에는 주구 같은 고결한 선비 서치徐稺가 있었는데 자가 유자孺子이다.

서치 역시 여러 차례 천거를 거절했고 진번이 관아 임직을 청했으나 사절했다. 그러나 진번이 예를 극진히 갖춰 현명하고 능력 있는 선비들을 대한다는 소문

을 오래전에 들은지라 한번 찾아가 만나 보았다. 진번은 서치가 단호히 출사를 거부하자 강권하지 않고 이전에 주구를 대하던 것처럼 나무 침대를 하나 내어 서치가 찾아오면 함께 앉아 이야기를 나누고 서치가 떠나면 침대를 들보에 걸어 두었다.

그러나 서치는 태수와 같은 고관도 마다하고 죽을 때까지 출사하지 않았다. 왕발은 서 유자가 진번의 관사에서 함께 마주 앉아 이야기를 나눈 옛 일만으로도 예장에 인재가 수두룩함을 설명한 것이다.

### 표정이 풍부한 거문고 악사 (위 사진)

이 거문고 악사 도기 용은 극히 생동감 있다. 안면 표정이 어찌나 풍부한지 보자마자 이미 상상의 경지에 들어섰음을 알 수 있다. 이 시각 그는 이미 모든 번뇌를 잊고 심지어 자신이 누군지도 잊어 눈앞에 아무것도 보이지 않을 수도, 반대로 눈앞의 경계에 구름바다·폭포·높은 신·조원 등이 나타났을 수도 있을 것이나.

| 중국사 연표 |

162년 162년

한나라 중랑장 황보규는 위엄으로 강족 10여만 명을 항복시켰다. 그러나 황보규 자신은 환관의 미움을 사서 투옥되었다.

# 061

## 나태한 늙은 관료

호광胡廣은 일생 동안 결코 별다른 나쁜 일을 한 적이 없으며, 또 여섯 황제 밑에서 네 번이나 삼공의 자리에 앉았다.

### 승진을 거듭한 호광

호광은 자가 백시伯始이고 남군南郡 화용華容, 지금의 호북성 감리監利 사람이다. 전하는 바에 의하면, 그의 6세 선조는 서한 말년에 "맑고 지조가 있는" 인물이었고 그의 부친은 교지交阯에서 교위를 지냈다고 한다. 어찌된 영문인지 호광은 소년 시절에 가정이 빈한해 일찍이 품팔이를 했다.

그러나 그는 관리 집안 출신인지라 성인이 된 후 바로 동년배들과 함께 군에서 잡일을 하는 작은 관리로 있었다. 언젠가 연말이 다가올 때 군에서 조정에 보고할 효렴孝廉 인선을 배정하게 되었다. 태수 법웅法雄의 아들 법진法眞은 때마침 고향으로 부친을 뵈러 왔는데 사람을 보는 눈이 밝아 호광을 효렴으로 천거했다. 군에서 천거한 효렴은 상례대로 도성에 가서 면접하고 상주문을 올려야 한다. 호광이 쓴 상주문은 안제에 의해 '천하 제일'로 판정되었고, 한 달도 못 되어 그는 상서성의 낭관이 되었다. 호광은 벼슬길에 오른 몇년 사이에 다섯 차례나 승진해 상서복야로 진급했는데 이는 매우 놀라운 속도였다.

### 아무 내색도 하지 않고 황후를 선사하다

한나라 순제는 황후를 책립하려 했지만 동시에 네

#### 한나라 시대 쇠 가위

쇠 가위는 길이가 약 45cm이다. 1958~1959년 하남성 공의鞏義 철생구鐵生溝 제철 유적지에서 출토되었다. 출토된 일부 철기에 '하삼河三' 두 글자가 새겨져 있으므로 이곳이 당시 하남군河南郡 관영 제3제철 작업소임을 알 수 있다. 출토된 철기에 대한 검사를 통해 보면 보습, 삽 등을 위주로 하는 소량의 생산 도구는 나뭇가지 모양의 결정이 매우 굵은 백주철이다. 그 외에 쇠 가위를 대표로 하는 대다수 생활 기물은 생철 유화 처리 공정을 거쳐 가소성 견인성이 모두 크게 높아졌다. 이는 중국은 물론 세계 제철 발전사상 중요한 의의를 가진다.

●●● 역사문화백과 ●●●

**[고관의 특권]**

가족이 대대로 고관을 지낸 가문의 자제는 그 선조의 공적에 의해 조정에서 특권을 누리며 고위직에 있으면서 더없이 편안히 지냈다. 그들은 위진 남북조 시대에 흥했다. 이에 당시 "하품에는 고위 가문이 없고 상품에는 비천한 가문이 없다"는 말이 있었다.

#### 도가의 표지 - 태극도

음양에 관한 물고기 모양의 태극도는 중국 전통 문화 중 매우 중요한 철학 사상인 음양 학설을 반영하고 있다. 이른바 음 속에 양이 있고 양 속에 음이 있으며, 음과 양은 서로 대립하면서도 서로 의존한다는 것이다. 이 그림은 고증에 의하면 동한 연단가이자 기공학자인 위백양魏伯陽의 《주역참동계周易參同契》에서 비롯되었다 한다. 후에 이 그림은 중국 도교의 상징이 되었다.

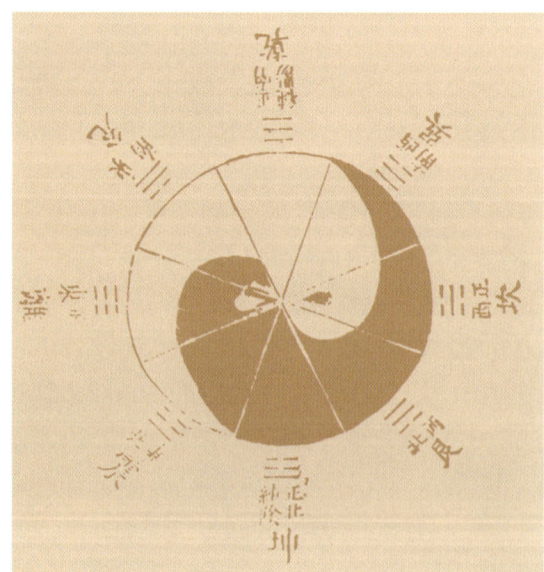

중국을 말한다

161년

| 세계사 연표 |
로마 황제 안토니우스 비오가 죽고 마르쿠스 아우렐리우스가 제위를
계승했다. 또 의제義弟 루키우스 베루스를 동조 황제로 세웠다.

《후한서後漢書 · 호광전胡廣傳》  출전

귀인을 총애해 누구를 황후로 맞아야 할지 망설였다. 조회 시 누군가 추첨에 의한 해결책을 내놓았다. 호광과 상서 동료들은 상소문을 써 반대하면서 황후 책립은 대사이며 예전부터 추첨으로 해결한 적이 없으므로, 네 귀인 중 용모 덕행이 가장 훌륭한 양가집 따님을 황후로 책립해야 한다고 주장했다. 이런 설은 듣기에는 당연한 도리 같지만 사실 네 귀인 중 외척 세가 양상梁商의 딸만이 '양가집 따님' 이었다. 호광의 상주문은 자연히 양씨 가문을 몹시 흡족하게 했다. 양귀인이 책립된 후 양상은 시중 둔기 교위에서 특진해 집금오로 승진하고 이듬해에 대장군으로 승진해 조정 권력을 장악하게 되었다.

호광은 상서성에서 10여 년을 지냈다. 그런데 누군가 호광이 상서성에서 10여 년 고생했는데 지방에 내려가 국가를 위해 기강과 풍속을 정돈하면서 영재를 선발해야 한다고 글을 올렸다. 이에 호광은 제음濟陰 태수로 임명되었다가 관원 천거가 부실해 다른 직위로 이

### 동한 구리 주조업

동한 시대 구리 주조업은 지속적으로 발전했다. 관아는 많은 중요 동광 구역에 동 제련소 또는 주조 작업소를 설치, 황가용 또는 관아용 구리제품을 주조했다. 지주 상인이 경영하는 동 제련업도 매우 많았다. 당시 동 주조업은 전국에 널려 있었는데 가장 유명한 지역은 광한廣漢, 촉군蜀郡, 주제朱提 등지다.

### 동왕공과 서왕모가 새겨진 화상석

이 화상석은 섬서성 수덕현綏德縣 동한 묘에서 출토되었다. 중간의 정자 모양의 건축에 동왕공東王公과 서왕모西王母가 앉아 있으며 정자 왼쪽에 범·산양·괴수가, 오른쪽에 옥토끼·준마·응룡·비조가 새겨 있다.

동, 얼마 안 되어 다시 사도로 승진했다. 한나라 질제 본초 원년(146)에 황제의 외삼촌 양기를 "함부로 날뛰는 상군" 이라 부른 이 어린 황제가 독살된 후 호광은 또 태위로 승진, 명신 이고를 대체해 양기와 함께 상서 일을 함께 처리했다.

## 일체는 대장군의 의지대로

이고의 면직은 호광과 관계된다. 이고는 사도 이합李郃의 아들로 그 명성이 천하에 날렸다. 양상도 매우 예의바르게 그를 대했고 일찍이 그를 종사 중랑으로 등용했다. 후에 이고는 자사 대사농을 역임, 나중에 직위가 태위에 이르러 양기와 함께 상서 일을 처리했다. 당초에 양기가 질제를 책립할 때 이고는 나이 들고 덕이 있는 청하왕 유산劉蒜을 제의했다. 그리고 질제가 음식 중독으로 죽을 때 이고의 품에서 죽었다. 질제가 죽은 후 새로운 군주의 책립을 논의하니 이고와 사도 호광胡廣·사공 조계趙戒는 재차 유산의 책립

●●● 역사문화백과 ●●●

### [한나라 황후와 비빈의 거실 – 초방]

산초山椒와 흙을 섞어 방안의 벽을 발라서 생긴 이름이다. 이런 방은 보온과 향기 외에도 아들이 많고 복이 많다는 의미를 내포하고 있어 아름다운 염원을 대표한다. 후세 사람은 존칭으로 황후나 비빈의 거실을 초방椒房이라 불렀다.

| 중국사 연표 |

163년  계저의 이연체隴이 반란하고 무릉武陵의 소수민족이 재차 반란했다.
환관이 이를 풍곤馮緄의 죄로 모함했다.

을 주장했다. 그러나 양기는 당장 자기의 여동생과 결혼할 여오후蠡吾侯 유지劉志를 책립하려 하여 쌍방은 합의를 보지 못했다. 이튿날 조회에서 양기가 기세등등하게 호령하니 호광 등은 놀라서 숨도 크게 쉬지 못하며 어물어물했다. "모두 대장군의 명에 따르리다." 오직 이고, 두교杜喬만이 굽히지 않아 화가 난 양기는 큰소리로 소리쳤다. "조회 끝!" 양기는 양 태후에게 말해 이고의 직무를 파면하게 하고 유지를 황제로 책립하니, 그가 바로 말세의 황제로 유명한 한 환제다. 호광은 환제의 옹립에 공이 있어 육양안락향후育陽安樂鄕侯로 책봉되었다.

## 조정에서 독재한 호광

그 후 호광은 계속 나이가 많다는 이유로 퇴직을 신청했지만, 계속 고위직에 임명되었다. 먼저 사공으로 퇴직을 신청, 특진으로 태상경에 임명된 후에 또 태위로 승진했다. 일식이 생겼을 때 파직, 후에 태상경으로 복직, 다시 태위로 임명, 양기 실각 후 궁전을 잘 보위하지 못했다는 이유로 작위 삭탈, 즉시 또 태중대부·태상경으로 임명, 나중에 또 태위로 귀환했다. 환제가 죽고 영제가 즉위한 후 호광은 태부 진번, 대장군 두무와 함께 상서 일을 함께 처리했다. 얼마 안 되어 호광은 또 병으로 사직서를 제출했다. 마침 진번과 두무 외척가가 연합해 환관을 주살하려다 실패해 피살되었다. 호광은 진번의 태부 직위까지 떠맡아, 혼자서 상서 일을 총괄했다. 후에 제2차 당파 배척(영제 건녕 2년, 169년에 발생함)의 화가 발생해 이응李膺, 두밀杜密, 범방范滂 이하 100여 명이 피살되었다. 이 밖에 '사형, 좌천, 파직, 재등용 금지'를 당한 자가 6, 700명에 달해 정직한 선비는 거의 전부 숙청되었다.

당시 사람들은 당파 수령을 "천하 본보기 이원례(응)" "천하의 훌륭한 보좌관 두주보(밀)" "천하의 준

**가치가 극히 높은 침구 인형**
이 인형은 장중경 묘사 기념지 의성사醫聖祠 내의 진귀한 문물이다. 조형이 질박하고 온몸에 줄줄이 침을 놓는 위치가 표시되어 동한 이전의 의학 발전 수준을 구현하고 있는바, 극히 높은 학술적 가치가 있다.

수 왕숙무(창)"라 부르며 먼저 피살된 진번을 "강압을 두려워하지 않는 진중거"라고 떠받들었다. 그런데 호광은 국가 최고 직위인 삼공과 삼대에서 30년간 자리를 지키고 6명의 황제 안·순·충·질·환·영제를 섬기며 4차례나 삼공 고위직을 지냈다.

다만 그는 전장典章에 익숙하고 세상물정에 환하며 일에 부딪치면 바람 따라 돛을 달며, 준칙이니 기개니 하는 건 도무지 말할 여지도 없을 뿐이었다. 그러므로 당시 사람들은 그에게 "만사를 상관치 않는 백시요, 천하의 중용인 소공이라" 말했는데 이는 참으로 적절한 표현이다.

162년

로마 황제 마르코 아우렐리우스가 의제 베루스를 근동에 보내어 파르티아를 침공했다. 로마의 제2차 동방 전쟁이 재발했다.

# 062

《후한서後漢書·이응전李膺傳》  출전

## 목숨걸고 법을 집행한 이응

법의 집행은 그 어느 사회라도 모두 정상적인 일이다. 만약 법의 집행을 위해 몸을 바칠 준비를 해야 한다면 그것은 정상이라 볼 수 없는 일이다.

이응李膺은 명사로서 후에 환관을 반대하는 당파 수령으로 투옥되어 잔혹한 고문을 받다가 죽었다. 더구나 그 자신은 공정하게 법을 집행하는 관원이었고, 바로 엄격히 법을 집행하는 과정에서 환관들과 원수가 되었던 것이다.

이응은 효렴 출신으로 우선 명신 호광의 징모에 의해 사도부의 직무를 맡았고, 치적이 좋아 청주靑州 자사로 임명되었다. 그는 어양漁陽, 운중雲中 등 군에서 오환 강족을 방비했는데 그 명성이 널리 변경 지역에 퍼졌다.

후에 이응은 천자 발밑의 하남윤이 되었다. 이때 양원군羊元群이라는 자가 북해군의 임기를 마치고 돌아왔는데 불법 독직 행위로 명성이 자자했다. 심지어 군관아 화장실의 난간을 뜯어 고향집으로 가져가기까지 했다. 이응은 이 탐관의 죄를 다스릴 때 상주했는데, 양원군이 환관에 뇌물을 바치는 바람에 자신이 도리어 해직되고 황가皇家 공장에 호송되어 힘든 일에 종사했다. 이응은 복직된 후 서울 지역을 감찰하는 사예 교위를 맡았다. 당시 고위 환관

### '팔준八俊'의 첫 사람 이응

이응(110~169)은 자가 원례이고 영천潁川 양성襄城, 지금의 하남성 양성 사람이다. 그의 일생은 바로 환관과 투쟁한 일생이었다. 연희 9년(166)에 그는 환관과 사통하는 장성張成을 체포 처형, 이는 당고의 화를 초래하는 직접적인 도화선이 되었고, 그 자신도 투옥되었다. 영제가 즉위한 후 두무가 정사를 보좌하면서 그를 장락소부로 임명했다. 수개월 후 두무가 환관에 피살되고 당고의 화가 재발, 이응도 투옥되어 고문을 받아 죽었다. 이 그림은 청나라 말기 《역대명신상해》에 실려 있다.

장양의 동생 장삭張朔이 야왕野王, 지금의 하남성 심양에서 현령으로 있었는데, 부정부패한 데다 난폭하고 무도해 심지어 임신부마저 처형했다. 그는 이응이 부임한다는 소식을 듣고 서울로 도망쳐 장양의 다른 동생의 집에서 큰 기둥 속에 숨어 있었다. 이응은 실정을 살핀 후 속리와 군졸들을 거느리고 기둥을 부수고 장삭을 체포해 낙양의 큰 옥에 가두고 심문 후 처단했다.

장양은 황제 앞에서 울면서 고소했다. 황제가 어찌 사전에 보고하지 않고 범인을 처형했느냐고 하며 이응을 책문하니 이응은 이렇게 대답했다. "신을 5일만 더 부임하게 하여 악한 짓을 하는 자들을 다 없앤 다음 다시 폐하 면전에서 엄벌을 받게 하옵소서. 이는 신의 유일한 염원이옵나이다." 이에 황제도 할 말이 없어 장양에게 말했다. "이는 그대의 동생이 죄를 지었기 때문이니 사예 교위를 탓할 수가 없네!" 이로써 궁중의 환관들은 휴가 때마저 감히 황궁을 나서지 못했다. 황제가 이상해 그 까닭을 물으니 환관들은 울면서 말했다. "이 교위가 무섭나이다!"

이응은 이렇듯 엄격히 법을 집행하여, 환관들과 풀 수 없는 원수를 맺게 되었다. 나중에 이응은 제2차 당고의 화를 입은 첫 희생자가 되었다.

●●● 역사문화백과 ●●●

### [동한의 자기 - 청자기]

청자기는 철의 함유량이 약 30%인 점토로 빚어 만든 후 청록색 유약을 칠하고 산화환원 중 구워서 만든다. 모양이 다양하고 흡수성이 약하다. 그 색깔이 청록색으로 반짝이므로 역대로 표색縹色·천봉취색千峰翠色·애색艾色·매자청梅子靑·분청粉靑·두청豆靑 등으로 불린다. 청자기는 자기 발전사상 주도적 지위를 차지하며, 후세의 구요甌窯·안양요安陽窯·월요越窯 등은 모두 청자기 계통에 속한다.

## 063

## 사형에 직면한 범방

동한 말년에 환관이 정권을 독점해 조정은 암흑과 부패로 얼룩졌다. 당시의 명사 범방范滂은 제2차 당고의 화를 입어 옥에서 의롭게 죽었다.

### 간신을 제거하다

범방(137~169)은 여남汝南 정강征羌, 지금의 하남성 언성偃城 동남쪽 사람이다. 그는 이미 소년 시절에 명예와 지조를 중시했고, 겸손하고 돈후해 효렴 광록 사행에 천거되었다. 당시 기주는 기근이 들었는데 기주 태수는 구제 조치를 취해 이재민을 보살피기는 고사하고 도리어 불법 독직했다. 그래서 백성은 생업에 종사하지 못하고 도적이 도처에서 일어나 시국이 몹시 불안했다. 조정은 범방을 청조사淸詔使로 임명해 하북에 나아가 도적을 평정하게 했다. 범방은 강직하고 엄격하다고 소문이 났다. 그가 아직 입성하기도 전에 기주 태수는 범방이 온다는 말을 듣자 관인을 내버리고 도주했다.

범방은 악인을 원수처럼 미워하고 환관이 나라를 다스리는 것을 매우 한스럽게 여겼다. 그는 태수 황경黃瓊의 수하에서 임직하는 기간에 백성을 못살게 굴고 나쁜 짓을 마음대로 하는 토호 20여 명을 검거했다. 상서는 범방이 이런 자들과 개인적 원한이 있다고 의심해 문책했다. 이에 범방은 떳떳이 대답했다. "소인이 검거한 이런 사람들은 모두 나라와 백성을 해치

**새와 물고기 무늬 대야**
옛 사람들은 생활 실용 기물에 대해서도 그 조형과 장식에 치중했다. 이 대야는 정교하며 아름답다. 실용 기물의 정밀함은 당시 사회 경제의 발전을 설명해 준다.

는 자들로서 시간이 너무 긴박해 몇 명만 검거했습니다. 미처 심사하지 못한 자들이 아직도 매우 많습니다. 소인이 일일이 조사 확인한 후에 더 검거하려 합니다. 하물며 농부는 김을 매는 데 있어 풀뿌리를 뽑아야 곡식이 자라게 할 수 있지 않습니까. 관리가 정사를 처리함에 있어 악하고 간사한 무리를 제거해야 왕도를 밝게 할 수 있습니다. 소인의 말이 틀리거나 사실에 부합하지 않는다면 달갑게 징벌을 받으려 합니다. 그렇지 않으면 소인은 스스로 견해와 원칙을 고수하면서 절대 타협하지 않겠습니다."

### 현능한 인재 천거로 모함을 당하다

태수 종자宗資는 범방의 이야기를 들은 후 그를 초빙해 자기의 공조功曹로 임명하고 정사에 참여하게 했다. 범방은 임직 기간에 기강을 어지럽히거나 행위가 바르지 않은 자는 모두 직무를 해제하고 등용하지 않았다. 범방의 생질 이송李頌은 학식도 없고 재능도 없었는데 역시 공자의 후손이었다. 당시 중상시 당형唐衡이 친히 이송을 종자에 천거하자 종자는 체면에 못 이겨 그를 관리로 임용했다.

이 일을 안 범방은 몹시 성을 내며 자신의 심경을 나타내기 위해 짐짓 드러누워 병이 났다고 거짓말을 했다. 종자는 범방이 불만스러워하자 친히 찾아가 사죄하자니 도무지 체면이 서지 않는 것 같아 수하의 서리 주령朱零을 시켜 해명하면서 범방에게 이 일을 응

중국을 말한다

《후한서後漢書·범방전范滂傳》 출전

8~220

동한

낙하도록 요구했다. 범방을 잘 알고 있는 주령은 가서 권유한다 해도 그가 동의하지 않을 것이고, 잘못하면 도리어 욕설을 들을 것임을 알고 있었으므로 찾아가지 못했다. 종자는 몹시 화가 나 주령을 매질했다. 주령은 이렇게 말했다. "범방은 청정한 사람으로 그가 제일 불복하는 일이 바로 이렇게 명실이 부합하지 않고 관계로써 벼슬하는 사람이므로 오늘 저를 때려죽인다 해도 갈 수가 없습니다." 종자는 달리는 방법이 없어 결국 이송의 임용을 취소하는 수밖에 없었다.

동한 시대 외척 환관이 조정 권력을 독점해 조정은 거의 붕괴 상태에 이르렀고, 일부 지주 관료와 태학생은 조정을 걱정하여 환관 졸개들을 맹렬히 질책했다. 그들의 행위는 환관 집단의 원한을 샀다. 환관 집단의 선동 아래 두 차례 '당파'를 박해하는 대규모 옥사가 발생, 역사상 이를 '당고의 화'라고 부른다.

범방에게 등용되지 못한 일부 사람들은 '당고黨錮'의 기회를 틈타 당파를 묶고 조정을 비방한다고 범방을 모함했다. 범방은 투옥된 후 각종 형벌을 받았으나 조금도 두려워하지 않고 엄연한 정기로 중상시 왕보王甫의 문책에 대답했다. 이로써 그는 이응, 진번 등과 마찬가지로 존경을 받았다. 그가 파직되어 환향하는 날 그를 배웅하고 영접하는 사람이 수천 명에 이르러 그의 명성을 충분히 보여 주었다.

## 의를 위해 옥에서 분연히 죽다

건녕 2년(169)에 환관은 또 당파를 크게 주살했다. 범방도 주살 명단에 올랐다. 독우 오도吳導는 범방을 존경했는데 범방을 주살하라는 명령을 가지고 도착한 후 차마 이를 실행하지 못하고 홀로 관아의 여관에 들어앉아 눈물을 흘렸다. 범방은 이 말을 들은 후 스스로 옥에 찾아가 자수했다. 현령 곽읍郭揖은 범방을 본 후 크게 놀라 바삐 자기의 관인을 걸어 놓고 범방

의 손목을 잡아끌며 빨리 함께 도망치자고 권하는 한편, 헛되이 죽어서는 안 된다고 권유했다. 범방은 식구와 친구들을 연루시키지 않으려고 오직 자기가 재난을 감당해야 화근을 면할 수 있다고 생각했다.

범방은 사형을 당할 때 모친께 부탁하며 말했다. "동생이 매우 효성스러워 어머님을 그에게 맡겼으니 매우 안심이 됩니다. 어머님께서는 천수를 다하실 수 있습니다. 저는 아버님을 따라 황천으로 가렵니다. 살고 죽은 것은 다 정해진 바가 있으니 너무 괴로워하지 마십시오." 모친은 이렇게 대답했다. "네가 오늘 이응李膺, 두밀杜密 같은 사람들과 함께 죽으니 또 무슨 유감이 있겠느냐? 좋은 명성도 가지고 천수도 누리겠다면, 그 두 가지를 겸비할 수는 없는 법이다!" 후세에 소식蘇軾의 모친은 이 단락을 읽은 후 무척 감격했다 한다.

범방은 또 자기의 아들과 고별하며 말했다. "나는 네가 나쁜 사람이 되게 하고 싶다. 그러나 좋지 못한 일은 하면 안 된다. 나는 네가 착한 일을 하게 하고 싶다. 그런데 내가 나쁜 일을 하지 않았건만 이런 끝장을 보니 어떻게 너를 가르친단 말이냐?" 당시 범방과 결별하던 주위 사람들은 이 말을 듣고 모두 몹시 괴로워했다.

범방은 죽을 때 겨우 33세였다. 그 후 오래지 않아 대규모의 황건 봉기가 일어나, 동한 정권은 폭풍우 속에서 점차 와해되었다.

### ●●● 역사문화백과 ●●●

#### [호상은 침대가 아니다]

호상胡床은 사실 의자의 일종으로 접을 수 있어 '접의자' '접침대' '밧줄 침대'라고도 한다. 동한 시대 북아프리카 혹은 서아시아 지역에서부터 중원에 전파되었다 하여 호상이라 불렸다. 이런 의자는 편안하고 간편해 흔히 실외에서 사용되었다. 동한 후기에 매우 유행해 사람들의 보편적인 환영을 받았다.

| 중국사 연표 |

166년

사예 교위 이응李膺이 아들을 시켜 살인한 술사術士 장성張成을 나포 주살했다. 이에 무고로 두밀杜密 등 200여 명이 동시에 투옥되었다.

# 064

## 인가만 보면 투숙한 장검

### 인가만 보면 투숙한 장검

평민 백성은 가장 사랑스럽지만 그들은 많은 복잡한 일을 모른다. 그들은 태연스레 약한 자에게 두 손을 내밀지만, 그들 자신은 어찌하여 약한 자가 되었단 말인가?

동한 말년의 사대부 계층은 부패한 암흑 세력과 대립되는 정치 세력이다. 이런 사대부는 출사한 관원과 재야 선비, 특히 인원수가 3만 명에 달하는 태학생을 포괄하는데, 이들은 재야 선비 중의 뼈대를 이룬다. 이 사대부 가운데에서는 인물을 평가하고 병폐를 지적하는 일종의 '논평' 활동이 성행해 여론을 좌우하는 기풍이 생겨났다. 그들의 화살은 가장 죄악이 많은 환관을 직접 겨누었으므로 환관들의 잔혹한 진압을 받아 두 차례나 '당고의 화'를 초래했다. 첫 번째는 환제 때 발생, 이응李膺·두밀杜密 등 200명의 당인이 체포되고 진번陳蕃이 파직되었으며, 당인黨人들이 평생 등용을 금지 당했다. 두 번째는 두무竇武, 진번이 '승명문 사변'에서 피살됨으로써 초래되었다. 환관들이 당인을 대거 체포 살해했는데 이응, 두밀, 범방范滂 등 100여 명이 처형당했다.

당인 장검張儉은 사대부들이 표방하는 '팔급八及'의 한 사람으로 환관의 추적 체포에 직면했다. 그는 도망치는 도중 너무 피로해 사람이 사는 집만 보면 투숙했기에 "인가만 보면 투숙하다"라는 말이 생겼다.

### 한나라 시대 주택 (아래 사진과 왼쪽 그림)

생활수준, 등급 제도 등 조건의 제한으로 한나라 시대 주택은 풍부하고 다채로운 특색을 보여 주고 있다. 한나라 시대 주택은 엄격한 등급 제도가 있어 열후 공경과 1만 호 이상 식읍을 가진 주택은 '제第' 또는 '택宅'이라 부른다. 그 대문은 직접 큰길을 향해 열리고, 열고 닫는 출입 제한을 받지 않는다. 이런 주택은 보통 전후당이 있고 중간선에 전후당과 대문, 앞뒤 여러 개의 정원이 있어 대문으로 마차가 지나갈 수 있다. 대문의 정면 앞채는 '전당前堂'이다. 전당은 주요 건물로서 높고 크며, 동서 계단이 있고 한 갈래 옆벽이 있어 후원과 격리되며, 옆벽에 중문을 내어 이를 '중각中閣'이라 부른다. 중각을 지나면 바로 '후당'에 진입한다. 후당에 계단과 '헌軒'이 있고 간혹 누각이 있는 경우도 있다. 나중에 뒷문이 있는데 이를 '후각後閣'이라 부른다. 중간선 좌우에 벽이 있고 벽 안에 낭하를 한 바퀴 설치, 이를 '양무兩廡'라 하는데 후당과 문무門廡를 연결시켜 여러 겹의 건축 군을 이룬다. 이 밖에 또 주방, 창고, 마굿간과 노비 숙소 등이 있는데 보통 규모가 매우 크다. 한나라 시대 도시 하층 주민은 골목으로 거주지가 제한된다. 그 집을 사舍라 부르는데 방 2개짜리 집으로 그 평면은 보통 직사각형 또는 정사각형이며, 대부분 목조 구조에 벽은 흙으로 다진다.

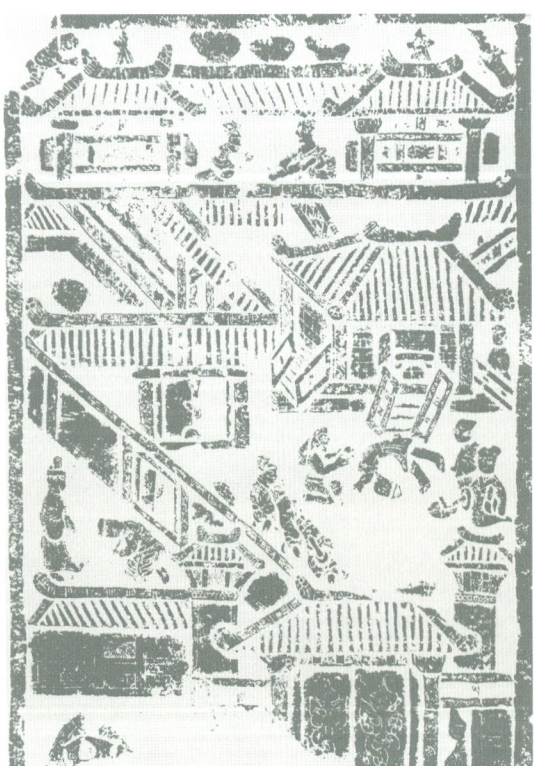

《후한서後漢書·장검전張儉傳》  출전

**2000여 년 전 잡기 공연의 묘사**
이는 동한의 공 다루기와 북치기 벽돌 그림으로 2000여 년 전의 잡기 출연을 묘사, 세 가지 기술을 동시에 표현해 눈부실 정도이다. 여기에서 제일 경탄스러운 점은 몇 개의 '공'인데 거의 날아 나올 듯, 참지 못하는 관중은 손을 내밀어 받아 칠 정도다.

당시 사람들은 모두 당인의 품행을 우러러보았기에 장검이 오기만 하면 모두 문을 활짝 열고 접대했다. 장검이 나중에 어양군을 지나 변경을 넘어갈 때 장검을 접대한 인가는 모두 환관의 박해를 받아 수십 명이나 피살되었다. 그가 경과한 군·현은 모두 형편없이 파괴되었다.

## 누가 진정 강직하고 정직한가

옛 사람들의 도덕 준칙으로 말하면, 강직하고 정직한 사나이는 결코 개인의 안위를 위해 타인에게 피해를 주지 않는다. 하물며 자신을 숭배하는 사람임에야!

**●●● 역사문화백과 ●●●**

**[환관의 권력 독점으로 초래된 당고의 화]**
동한 환제 후기에 환관이 권력을 독점해 조정이 부패해졌다. 이응, 진번을 우두머리로 하는 태학생과 지주, 선비들은 집권자를 공격해 그들의 원한을 자아냈다. 166년에 이응 등은 무고되어 투옥, 후에 석방되었지만 평생 등용을 금지당했다. 이것이 제1차 당고의 화黨錮之禍이다. 169년에 환관 집단은 또 명사 이응, 범방 등 100여 명을 투옥 살해하고 6, 700명을 등용 금지했다. 이에 연루된 태학생이 1000여 명에 달하는데 이를 제2차 당고의 화라 한다.

태중대부 이응은 난에 직면해 "일에 부딪치면 난을 피하지 않고 죄를 받으면 처형을 피하지 않는다"라고 말하며 도망을 거부하고 옥중에서 죽었다. 범방이 체포되기 전에 명을 받고 잡으러 온 오도吳導는 조서를 손에 받들고 침대에 엎드려 통곡했다. 현령은 이 일을 안 후 범방과 함께 도망치려 했다. 그러나 범방은 말했다. "어찌 나의 죄 때문에 그대를 연루시키고 나의 노모를 연루시키리오!" 그는 집에 돌아가 노모에게 분명히 작별 인사를 드린 후 태연스레 자수했다. 장검은 물론 명성이 있지만 정직한 선비 중의 2류 인물에 그칠 뿐이다. 오히려 그가 "인가만 보면 투숙할" 때 그를 접대한 사람들이 진정 강직하고 정직한 사나이들이다.

**동한 시대 생산과 풍속을 반영하는 《사민월령》**
《사민월령四民月令》은 동한의 저명한 정론가 최식이 편찬했다. 최식은 자가 자진子眞이고 탁군涿郡 안평安平, 지금의 하북성 안평 사람이다. 본서는 동한 낙양 일대의 농업 생산 상황을 기술한 것이다. '사민'은 사농공상을 가리키고 '월령'은 《예기월령》편을 따른 것이다. 정월부터 시작, 1년 12개월의 계절에 따른 민속 활동, 예를 들면 농경 재배, 종족 혼인 등을 기재했다. 단순한 민속 활동에 대한 객관적인 묘사가 아니라 각 업종의 1년 생산 행사를 기술하고 의식주행을 종합, 생산 활동과 풍속 습관을 결합시켰으며, 저자의 정치 이상을 관통시켰다. 원서는 송·원나라 시대에 사라지고 지금은 편찬본이 남아 있다. 사진은 《흠정수시통고欽定授時通考》 중 《사민월령》을 인용한 부분이다.

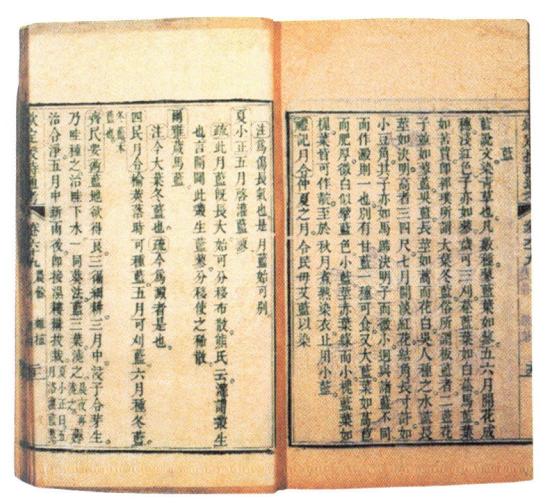

# 065

## 유학이 동으로 흐르다

공자가 죽은 후의 유학은 너무나 많은 정치적 영향을 받았다. 그러나 광무제의 정치 중흥에 따라 유학도 정상적인 발전의 길로 들어섰다. 대 유학자 마융馬融 · 정현鄭玄의 출현은 바로 동한 유학의 발전을 설명한다.

진나라가 망하자 한나라가 진나라의 제도를 계승했다. 하지만 통치계급의 상층은 도가의 학설을 통치의 기본 전거로 삼았다. 그러나 각 유파의 선비가 적용할 수 있는 '6경'이 출현하고, 각종 박사들이 회복되어, 유학은 또 한 차례 정상적으로 발전하는 듯했다. 그러나 유생 출신의 정론가 동중서가 '현능하고 방정한 학자'로 천거될 때 책문策問에 대한 그의 대답은 한 무제의 통일 정치 요구에 영합했다. 그는 사람을 근본으로 하는 공자의 학설을 억지로 '천인감응天人感應'의 신비주의로 이끌어 갔다. 이로써 서한 시대에 '분서갱유'와 형식은 다르지만 본질은 마찬가지인 '백가폐지, 유술독존'의 국면이 출현, 그 영향은 비할 데 없이 컸다. 왕망 시대에 유생 유흠劉歆과 경전을 익숙히 아는 왕망은 서로 장단을 맞추면서 일부러 유가 경전의 일부 어구를 써 가면서 "고대를 빌려 체제를 개변하는" 정치적 목적을 실현했다. 동한 시대에 이르러 중흥의 군주 유수 본인이 참위에 깊이 빠졌지만 저도 모르는 사이 유학 자체는 교란을 적게 받으며 평온하게 발전했다. 당시의 유생과 경학자들은 사도의 법을 엄하게 준수해 생도를 가르치는 동시에 경전의 뜻을 깊이 연구 · 해석했다.

이리하여 저명한 경사들이 제각각 출현해 한 세대의 성황을 이루었다.

### 박식한 대 유학자

동한의 대 유학자 마융은 우부풍右扶風 무릉茂陵, 즉 지금의 섬서성 흥평興平 동북쪽 사람이다. 그는 유명한 스승을 따라 배우며 각종 경전에 통달했다. 안제 영초 2년(108)에 대장군 등즐의 모집에 응해 동관의 교서낭중으로 일하다가 등 태후와 등씨 형제의 뜻을

#### 학자 정현
정현은 자가 강성이고 북해 고밀 사람이다. 일찍이 스승을 모셨고 노식의 소개로 마융을 스승으로 섬겼다. 마융은 평소에 항상 자태가 고매해 정현은 그 문하에 3년이나 있으면서도 만나보지 못했다. 마융은 그저 고족제자들이 정현에게 전수하게 했다. 한번은 계산과 관련된 활동에서 정현은 능숙한 계산 능력으로 마융과 비교적 많이 접촉할 기회를 찾아 어려운 문제를 전부 물어보았다. 정현이 하직하고 고향으로 돌아갈 때 마융은 탄식하며 문하생들에게 말했다. "정생이 이제 가면 나의 도는 동으로 흐르도다!" 정현이 외지에서 10여 년 유학하고 고향에 돌아오니 학도가 삽시에 수백, 수천 명에 달했다. 정현은 벼슬에 마음이 없어 조정과 지방의 징발을 항상 피했다. 그는 《주역》· 《상서》· 《모시》· 《주례》· 《의례》· 《예기》· 《논어》· 《효경》· 《상서대전》 등에 100만여 자의 주해를 달았다. 201년에 정현은 원성元城에서 사망했으니, 향년 74세다.

중국을 말한다

《후한서後漢書·정현전鄭玄傳》
《후한서後漢書·마융전馬融傳》

출전

## 유가 경학이 성행하기 시작했다

한나라 시대 유가 지위가 확정됨에 따라 유가 경학이 성행하기 시작해, 유가 경전의 학습은 벼슬의 필수 조건이었다. 그림은 1968년 산동성 제성諸城 전량대前凉臺에서 출토된 동한의 부조. 그림에서 경학을 배우는 사람들이 죽간을 받쳐 들고 경서에 대한 강의를 듣고 있다.

은 장막을 걸어 놓았고 앞에는 학생, 뒤에는 여성 악사들을 한 줄 세웠다. 마융의 이런 행동은 아마 그 뒤 위·진나라 시대의 청담 기풍의 전례를 열어놓은 듯하다. 한편 마융은 그 독특한 학식과 재능으로 《효경》·《주역》·《시경》·《상서》·《논어》·《노자》·《이소》·《회남자》·《열녀전》 등 유학 경전에 일일이 주해를 달았다.

그런데 마융은 등씨의 배척과 압제를 받은 후 더는 권세를 누리지 못했다. 마융은 양기를 대신해 이고를 박해하는 상주문을 기초했고, 또 양기를 도와주는 《대장군서제송大將軍西第頌》을 지어 정직한 인사들의 손가락질을 받았다. 그렇지만 마융은 88세에 임종할 때 유언으로 검소한 장례를 부탁했다.

거슬러 동관에 박힌 채 10년을 승진하지 못하게 되자 사직하고 고향으로 돌아갔다. 후에 마융은 또 응모해 벼슬했으나 환제 때 또 외척 양기의 미움을 사서 탐관오리로 모함을 받아 머리를 깎이는 형벌을 받고 삭방군朔方郡으로 이주했다. 그는 자살하려 했으나 성공하지 못하고 후에 또 사면을 받아 동관에 돌아와 저술했다. 그 후 오래지 않아 다시 사직했다.

마융은 학식이 높고 박식해 당시 명망이 매우 높았다. 그의 문하에서 배운 학생은 수천 명에 달하는데 평소에는 대부분 고족제자高足弟子가 초학자들에게 강의했다. 당시 명사인 탁군涿郡 노식盧植·북해北海 정현鄭玄은 모두 그의 학생이었다. 그는 거문고를 잘 타고 피리 불기를 좋아하며 성격이 활달해 유학의 번거로운 예절에 구애되지 않았다. 집과 복장이 모두 호화스러울뿐더러 강의할 때에도 붉

### 연석 주악 벽돌 그림

동한 시대. 하남성 신야新野에서 출토. 정방형 벽돌로 그림 중 장막 아래 세 악기樂伎가 땅에 무릎을 꿇고 앉아 있는데 왼쪽의 남기男伎는 피리를 불고, 두 여기는 머리를 쪽지고 짧은 저고리에 긴 치마를 입고 허리를 가늘게 동여맸다. 중간의 여기女伎는 슬瑟을 타고 오른쪽의 여기는 거문고를 타고 있다. 여기 앞에는 술 한 잔과 귀걸이 세 개가 놓여 있다.

| 중국사 연표 |

**168년**

진번이 두무에게 중상시 조절·왕보를 죽이라 권했으나 실패해 주살
당하고 공경公卿 이하 외직으로 좌천, 두무가 천거한 자와 문하생, 옛
관리들은 모두 파직되고 등용을 금지당했다.

## 정생이 학문을 배운 후 유학은 동으로 흐르다

정현鄭玄은 자가 강성康成이고 북해北海 고밀高密,
지금의 산동성 고밀 서남쪽 사람이다. 그는 벼슬을 좋
아하지 않고 학문에만 깊이 취했다. 그는 태학에서 공
부하는 동안 《경씨역》·《공양춘추》·《삼통력》·《구장
산술》을 통달하고, 또 《주관》·《예기》·《좌씨춘추》·
《한시》·《고문상서》를 배워 금문경학(주로 서한 시대 경
사들의 구두로 전한 학문)과, 고문경학(주로 공자 고택의 벽
에 소장된 경전)을 겸비해 통달하며, 또 천문·역학·산
법을 통달한 유학자가 되었다. 정현은 관동 지역 경사
의 학문은 이미 다 파악했다고 생각하고 관서 지역에
가서 학문을 넓히려 했다. 이에 장안에 들어가 노식의
소개로 마융의 문하에서 공부했다.

당시 마융의 문하생은 400여 명이었는데 직접 마융
의 강의를 들을 수 있는 학생은 50여 명뿐이었다. 정
현은 마융의 문하에 3년 동안 있었으나 마융의 얼굴
도 보지 못하고 선배 동창을 통해 배운 것을 전수받을
뿐이었다. 그래도 정현은 조금도 게을리하지 않고 밤
낮 공부했다.

어느 날 마융과 고족제자들이 함께 참위서를 연구
했는데 정현이 산술에 능하다는 말을 듣고 그를 위층
으로 불렀다. 정현은 이 기회에 경학에서 쌓은 의문들
을 일일이 제출해 가르침을 받았다. 모든 의문을 해결
하자 그는 즉시 하직하고 고향으로 돌아갔다. 마융은
감동하는 바가 있어 탄식하며 제자들에게 말했다.
"정생이 이제 가면 나의 도는 동으로 흐르도다!" 자신

**사랑스러운 옥 조각 돼지**
돼지는 비록 식탁에서 제일 자주 보는 진미이지만 사람들은 늘 그
나태성을 말하기 좋아하며, 조각을 하더라도 그 본성을 잊지 못한
다. 이 옥 돼지는 주둥이를 앞발 위에 놓고 배를 땅에 붙인 것이 매
우 편안한 모양이다.

의 학식을 진정 깊이 배운 자는 바로 정현임을 마융은
알고 있었던 것이다.

마융은 고문경학에 정통했다. 정현은 이를 배워 동
으로 돌아간 후 글을 지어 금문경학 대사 하휴何休가
지은 《공양묵수》·《좌씨고황》·《곡량폐질》 등의 서적
을 반박했다. 하휴는 경탄해 말했다. "강성은 나의 집
에 들어와 나의 창을 들어 나를 찌르는구나!' 정현도
자신이 장악한 금고문 두 파의 학식으로 여러 경전을
두루 해석했다. 또 일찍이 당파 배척을 받았으므로 관
동 유지들의 존경을 받았다. 정현은 건안 5년(200)까
지 살았는데 향년 74세였다. 장례에 참석한 관원 학생
은 1000여 명에 달했다. 그 역시 스승 마융과 마찬가
지로 임종 시 간소한 장례를 유언으로 남겼는데, 이는
모두 공자의 영향을 받았기 때문이리라.

### ●●● 역사문화백과 ●●●

**[동한의 부패한 조정을 타격한 강족]**
강족羌族은 청장 고원에서 활동한 유목민족으로 한나라 초에
흉노에 의지하다가 경제景帝 때 내지로 이주, 한족과 섞여 살
면서 점차 융합하여, 수리 시설을 건설하고 농업 생산에 종사
하기 시작했다. 동한 말년에 조정이 부패해 심한 착취와 압박
에 견딜 수 없어 반항했다. 그중 대규모의 반항이 3차, 전후 5,
60년을 지속하다 모두 실패했지만 동한 왕조에 심한 타격을
주었다.

### ●●● 역사문화백과 ●●●

**[한나라 시대 설맞이 활동]**
한나라 무제 때 역법을 편찬, 구력의 정월 1일을 한 해의 시작,
즉 '세수歲首'로 정했다. 송구영신을 표시하기 위해 매년 이날
이면 전국적으로 각종 축하 의식을 거행, 조정 백관들은 대형
조회를 거행하고 황제는 직접 각급 관리의 축하를 받았다.

중국을 말한다

# 066

《후한서後漢書 · 단경전段熲傳》　출전

## 유명한 악인 단경

전쟁에서 용감함은 단경段熲의 악한 일면에 불과하다. 이익과 녹을 위해 환관들에게 아첨하는 사람은 많지만 악한 자를 도와 악한 짓을 행해 환관의 대리인이 된 사람은 단경 하나밖에 없었다.

단경은 자가 기명紀明으로 동한 말년에 강족을 평정한 3대 명장 중 한 명으로 황보규皇甫規(위명威明), 장환張奐(연명然明)과 함께 '양주삼명凉州三明'으로 불린다. 그는 전쟁의 공훈으로는 맹장이지만 개인의 품성은 매우 저급한 사람이다.

### 전쟁에서는 피에 굶주린 맹장

단경은 동부에서 선비鮮卑를 응징하는 한 차례 전쟁에서 두각을 나타냈다. 그는 요동 속국 도위로서 부하를 거느리고 변경에 나아가 침범하는 선비를 공격했다. 그는 자신의 군사가 강하다 믿어 도리어 적이 도망쳐 공을 세울 기회를 잃을까 봐 근심했다. 그래서 그는 부대를 거느리고 진군하는 도중에 남몰래 사람을 조정의 사자로 가장시켜 회군을 명하는 가짜 조서를 군중에 가져오게 했다. 그는 공공연히 명령을 내려 퇴군하고서 도중에 매복했다. 선비는 단경이 진짜로 명을 받들어 퇴군하는 줄 알고 변경을 넘어 추격했다.

이 기회를 틈타 단경은 전 병력을 동원해 국경을 넘어온 선비 군사를 모조리 죽여 버렸다.

또 한번은 서부 강족이 장액張掖을 공격해 요새 거록오巨鹿塢를 공략, 승전한 기세를 빌려 단경의 주둔지를 대거 공격했다. 단경은 접전 중 아예 말에서 내려 정오까지 싸웠다. 단경은 지닌 칼이 다 부러지고 화살마저 다 썼으며, 강족 사람들 또한 기신맥신해 더는 싸울 수 없어 군사를 이끌고 물러갔다.

#### 동한 시대 염전

사천성 성도成都 양자산揚子山 1호 묘에서 출토된 벽돌 그림이다. 길이 40.8cm, 높이 46.7cm로 염전의 전경을 표현, 한나라 시대 정염井鹽 생산을 묘사한 그림이다. 아래 왼쪽에 큰 우물이 하나 있고 우물 위에 틀을 설치, 활차로 소금물을 길어 올리고 있다. 팔을 드러낸 염공들이 높이 솟은 틀 위에서 분주히 작업하며 통으로 길어 올린 소금물을 수송한다. 부엌에 있는 사람이 아궁이에 장작을 집어넣고 염장 뒷면의 땔나무 산으로부터 두 사람이 장작을 메다 쌓고 있다. 줄지어 있는 소금 솥에서 소금물을 졸여 소금으로 만들고 있다. 산 속에는 많은 동물들이 출몰하고 있다. 이 그림은 2000년 전의 정염 생산 정경을 재현하는 동시에 산림의 정경을 묘사했다. 산에는 산양·범·온갖 새가 가득해 생기가 넘치는데 한 사람이 활을 당기며 꿇어앉아 달리는 사슴을 쏘고 있다. 오른쪽 위 그림은 청나라 각본 《사천염법지》 2권, 〈염정도鹽井圖〉에 실려 있다.

168년 1680년

**자태가 용맹한 녹색 유약 개**

한나라 시대 제작한 동물 모양 중 말을 제외하고 인류와 가장 친근한 것이 바로 개다. 이 시대 작품은 대부분 목에 고리를 건 집 지키는 개다. 네 다리로 버티고 서서 이빨을 드러내고 으르렁거리는 용맹한 자태는 마치 한나라의 흥성을 상징하는 듯하다.

그러나 단경은 지칠 줄도 모르고 또 말에 올라 추격했다. 낮에 밤을 이어 쉬지 않고 싸우면서 배가 고프면 생고기를 베어 먹고 갈증이 나면 눈을 먹으면서 꼬박 40일이나 꼬리를 잡고 놓지 않으며, 2000리나 떨어

**동한 시대 나무판 주작 그림**

봉황鳳凰은 용은 중화민족의 토템이다. 여성의 아름답고 온화함을 상징하는 봉황은 현조玄鳥·주작朱雀·봉황 3개 형상의 변화를 거쳐 명·청 시대에 이르러서야 대체로 확정되어 중국 고대 심리를 표현하는 예술로 승화되었다. 감숙성 무위武威에서 출토된 나무판 주작 그림은 동한 시대의 문물이다.

진 황하 상류의 적석산積石山에 이르렀다.

사서에 의하면 그는 180번 싸워 3만 8600여 명을 사살, 군비 40억 전을 소모했다. 그러나 같은 전장에서 강족에 대항한 명장 황보규와 장환은 전혀 반대였다. 그들은 강족이 패하기는 해도 전부 없앨 수는 없으므로 항복을 도모해야 오랜 안정을 도모할 수 있다고 인정했다. 특히 단경과 지위가 대등한 장환은 그 두령을 죽이고 나머지는 모두 위로하고 용납했다. 그러므로 단경은 장환을 몹시 미워했다.

후에 장환이 남의 모함을 받았을 때 그는 사예 교위의 신분으로 장환을 박해했고 장환이 애걸해서야 그만두었다.

## 이익과 녹을 위해 환관 무리에 투신하다

단경은 환관 무리에 의지해 고관 후록을 확보함은 물론, 늘 중용되기까지 했다. 영제 가평 원년(172)에 두태후가 죽자 누군가 황궁의 주작문朱雀門에 고시를 붙여 왕보王甫, 조절曹節 두 사람이 두태후를 죽였다고 했다. 환관은 단경에게 대신 조사하게 했다. 단경은 사람을 사방으로 파견해 조사하면서 1000여 명의 태학생을 체포했다. 위군魏郡 사람 이고李暠는 사예 교위로 임명된 후 기회를 타서 자기의 원수 소겸蘇謙을 죽였다. 소겸의 아들 소불위蘇不韋는 복수하려고 이고의 첩과 아들을 죽였다.

그리고 이고 부친의 무덤을 파헤쳐 사망자의 두개골을 시장에 내던졌다. 그 결과 이고는 놀라고 분하여

#### ●●● 역사문화백과 ●●●

**[양한 시대의 잡기 – 희극 수레]**

출연자는 수레 위에서 각종 위험 동작을 하여 관중을 흡인하는데, 볼거리로 매우 가치가 높았다. 희극 수레 기능을 가진 걸출한 출연자는 흔히 황제의 은총을 받아 입조해 종종 벼슬을 했다.

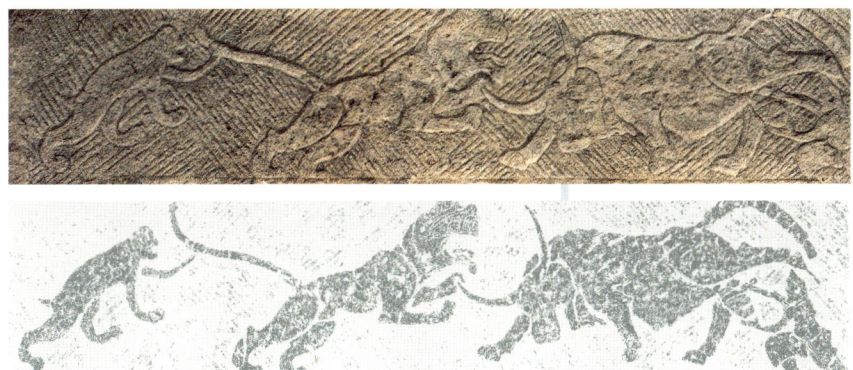

**횡포한 소를 거세하는 장면**
이 동한 화강석에서 한 원숭이가 범의 꼬리를 잡고 있는데, 범은 입을 벌리고 솟구치며 소를 덮치려 한다. 소는 뿔로 막고 있는데 소의 뒤에 한 사람이 손에 예리한 칼을 들고 소의 생식기를 거세하려 한다. 참으로 가슴을 졸이게 하는 장면이다.

피를 토하며 죽었다. 소불위는 대사령을 만나 공공연히 고향에 돌아가 부친을 안장했다. 이고와 친구인 단경은 소불위를 자기의 수하로 모집했는데 소불위는 겁이 나서 응하지 않았다. 단경은 크게 노해 수하의 장현張賢을 파견해 소불위를 죽이게 했다. 그는 사전에 독주를 장현의 집에 보내면서 장현의 부친에게 말했다. "장현이 가서 소불위를 죽이지 못하겠다면 그대가 먼저 이 독주를 마시게!" 장현은 소불위의 온 가족 60명을 전부 죽일 수밖에 없었다.

### 피의 빚이 너무 많아 천벌을 면하기 어렵다

발해왕 유회劉悝는 영도廮陶로 좌천되어 가면서 환

**다양한 품격을 보여 주는 동한 시대 예서**
동한의 서예는 비상하는 시대로서 특히 예서는 다양한 품격을 보여 주었다. 어떤 것은 거칠고 어떤 것은 준수하고 어떤 것은 우아하고 어떤 것은 몇 가지 품격을 겸비하고 있다. 이는 매우 유명한 《조전비曹全碑》인데 원비석은 지금 섬서성 서안 비림에 보존되어 있다. 오른쪽 삐침의 연장 부분은 얼마나 훌륭한가. 그러므로 사람들은 이를 가리켜 '기러기 꼬리'(제비꼬리라고도 함)라 부른다.

관 왕보를 거쳐 발해왕으로 회복시켜 달라고 사정하며 일이 성사되면 사례로 50만 전을 주겠다고 약속했다. 뜻밖에 환제는 죽기 전에 조서를 내려 유회의 발해왕 작위를 회복시켜 주었다. 유회는 이것이 왕보의 공로가 아님을 알고 사례금을 주지 않았다. 중상시 정삽鄭颯 등도 유회와 꽤 자주 내왕했다. 왕보는 이를 탐지한 후 사예 교위 단경을 시켜 먼저 정삽을 북사옥北寺獄에 가두게 한 후 상서령을 시켜 정삽이 유회를 황제로 옹립하려 밀모했다고 무고하게 했다. 일이 커지자 유회는 핍박에 못 이겨 자살하고 처자 가족 100여 명이 모두 옥에서 죽었다. 왕보 등 12명은 오히려 열후로 책봉되었다. 양구陽球는 왕보, 조절의 횡행과 단경의 행위가 극히 불만스러웠다. 과연 단경이 태위로 승진한 후 양구가 사예 교위를 승계했는데 부임하는 날 마침 경조윤 양표楊彪가 보고하기를 왕보가 최근에 수하를 시켜 공적 재물을 횡령해 7000만 전의 이익을 보았다고 했다. 양구는 이 천재일우의 기회를 놓치지 않고 즉시 입궁해 왕보, 단경과 기타 환관의 각종 악행을 상주했다. 그 결과 조정은 영을 내려 왕보와 양자 왕맹王萌을 낙양의 옥에 가두고 양구에게 심문하게 했다. 왕씨 부자는 옥에서 곤장에 맞아 죽고 단경은 집에서 독약을 먹고 자결했다. 이는 바로 "악한 짓을 많이 하면 기필코 자멸한다"는 속담과 맞아떨어진 것이다.

169년

| 중국사 연표 |

환관 조절은 관원이 "당파를 묶는다"고 풍자, 이응·두밀 등 100여 명을 체포 주살해 제2차 당고의 화를 일으켰다.

## 067

## 명장의 풍모

군인이라면 정사에 참여해서는 안 되지만 군인으로서 나라의 흥망에 관심이 없어서도 안 된다.

중국을 말한다

황보규皇甫規는 군인 가정 출신이다. 그가 처음 군사 행동에 참가해 세상에 알려진 때는 40세의 중년이었다.

### 곡절 많은 벼슬길

영화 6년(141)에 서부의 강족이 장안 주변의 경기 지역을 침범하고 안정군安定郡을 포위 공격했다. 조정은 정서 장군 마현馬賢을 파견해 경기 지역에서 대항하게 했으나 아무런 효과도 없었다. 황보규는 바로 안정군 조나현朝那縣 사람으로 그때까지만 해도 평범한 백성이었다. 마현이 군사 소양이라곤 도무지 없어 패전하리라 짐작한 그는 전쟁 국면에 대한 자신의 견해를 서술해 상서했다. 마현은 과연 실패했다. 군 태수는 그를 군 공조功曹로 임명하니, 800명의 갑사들을 거느리고 본군에 침입하는 강족을 대응하게 했다. 일부 침범한 적을 사살하자 강족은 본군에서 물러났다. 군 태수는 황보규를 상계연上計椽으로 등용했다. 황보

규는 조정에 상서해 출정을 청원했지만 조정은 아랑곳하지 않았다. 황보규는 군에 의해 '현량 방정'으로 천거되어 대책對策을 올릴 때 대장군 양기를 화나게 해 낭중박에 되지 못했다. 황보규는 아예 병을 핑계로 환향했다. 그런데 주 관아의 고관이 양기의 의지를 받들어 박해하는 바람에 거의 죽을 뻔했다. 그는 집에서 학생을 가르치면서 평범하게 14년을 보냈다. 양기가 주살된 후에야 그는 태산泰山 태수로 등용되었다.

### 양주에서 공을 세움

다시 2년이 지나 강족 사람들이 관중의 여러 군을 대거 침범해 조정이 흔들렸다. 삼공이 다함께 황보규를 중랑장으로 천거, 이에 관서 지역의 부대를 지휘해 강족을 정벌했다. 첫 전투에서 전승해 적 800명을 섬멸했다. 동부 강족의 각 부족은 접전 중 황보규에게 탄복, 투항하러 온 자가 10여 만 명에 달했다. 이듬해

### 문무 겸비 황보규

동한의 명장 황보규는 간사한 무리를 타격하고 환관을 미워하며, 현능한 인재를 천거했다. 그가 가르친 제자는 모두 정직하고 청렴한 선비로 천하에 이름을 날렸다. 양주凉州 삼명三明으로 불리는 황보규와 장환과 단경은 모두 군공으로 명성을 날렸지만 황보규는 여기에 경서를 연구해 유학자로도 이름이 높다.

●●● 역사문화백과 ●●●

**[한나라 시대 군사 문서 – 노포]**

한나라 시대 일종 군사 문서는 봉하지 않아 노포露布라 불렀는데 노판露版·노판露板이라고도 불렀다. 일반적으로 대신이 상서할 때 자신의 솔직함을 표시하기 위해 사용한다. 일부 격문·첩보·긴급 문서는 신속한 전파를 필요로 하거나 바로 공개될 소식인 경우 이런 형식을 취했는데, 후에 대중에게 선고하는 격문을 가리키기도 했다.

《후한서後漢書 · 황보규전皇甫規傳》  출전

동한

8~220

**정신과 형체가 겸비된 곰과 범의 싸움**
좁은 백색 옥에 부조와 새김 무늬 조각의 형식을 결부해 곰과 범의 격렬한 결투 장면을 생동감 있게 표현했다. 구도가 엄밀하고 조화로우며 조각이 정밀한 한나라 시대 예술품이다.

에 황보규는 대군을 인솔해 감숙으로 진군했다. 그러나 도로가 강족의 각 부족에 점령되어 통과할 수 없었다. 대군은 체류 중에 역병이 발생되어 병사들이 3분의 1이나 죽었다. 황보규는 친히 군영을 찾아다니며 사병을 위문, 일시 군세가 크게 떨쳤다. 앞을 막아섰던 강족의 여러 부족은 황보규의 군세가 왕성함을 보자 제각각 투항, 관중에서 양주涼州로 통하는 길은 다시 열리게 되었다.

황보규는 또 양주에서 감숙 서부에 이르는 여러 지

**동한 시대에 설 기간에 먹고 마시는 풍습이 형성**
대략 한나라 시대부터 설 기간에 먹고 마시는 풍습이 이미 형성되었다. 《한관의》와 《후한서 예의지》 등에 따르면 한나라 규정에 의해 매년 설이 되면 신하들은 모두 황제에게 인사를 올렸는데 이를 정조正朝라 했고, 황제는 연회를 크게 베풀어 신하들을 대접, 군신은 즐겁게 마시며 명절을 보냈다. 그 후 위진 남북조 시대를 거쳐 당나라에 이르기까지 설날의 하례와 연회는 규정된 제도가 되었다.

방의 관리를 정돈, 면직하거나 처형해 현지 강족의 반한反漢 정서를 크게 변화시켰다.

## 고상한 명장의 풍모

황보규는 군공을 세워 명성을 날렸지만 천거를 받든 탄핵을 받은 사심이 없었고 환관들과 사귀려 하지 않아 많은 원수를 만들었으므로, 마침내 황가 공장에 호송되어 힘든 노동에 종사했다. 삼공과 태학생 장봉張鳳 등 300명이 공신 황보규의 석방을 요구, 비로소 고향에 돌아가 쉬게 되었다.

후에 북방의 흉노 · 선비를 방비하기 위해 황보규와 장환張奐은 번갈아 도료 장군 또는 사흉노 중랑장으로 임명되었다. '당고의 화'가 일어났을 때 황보규의 마음은 당인들과 서로 통했지만 자신은 무장으로서 그 일에 참여할 수 없으므로 상서해 말했다. "신은 일찍이 장환을 천거했는데, 이는 신이 당인에 의지하는 것이고, 신이 노역에 봉사할 때 태학생 장봉 등이 상서해 신을 변호했은즉, 이는 당인이 신에 의지하는 것이므로 신은 징벌을 받아 마땅하나이다." 조정은 그에 의지해 변경을 지켜야 하므로 아랑곳하지 않았다. 그러나 당시 사람들은 모두 황보규의 고상함을 인정했다. 이는 확실히 명장의 풍모다. 황보규는 강족의 침범에 대항해 출사했고, 그 마지막 군직 역시 호강護羌 교위였다. 죽을 때 나이 71세였다.

●●● **역사문화백과** ●●●

**[유목 민족 선비]**
선비鮮卑는 오환烏桓 동부에 거주하는 유목 민족이다. 건무 30년(54)에 동한 왕조에 귀순하여 호환 교위의 감호를 받아들였고, 동한 정부의 뜻에 따라 북흉노와 싸웠다. 북흉노가 서쪽으로 이주한 후 선비는 기회를 타서 그 지방을 점령했다. 서쪽으로 이주하지 않은 10만여 북흉노는 선비에 의지하여 세력이 강대해지고 동한의 통치를 차츰 벗어나기 시작했다.

# 068

중국을 말한다

장환(103~181)은 자가 연명然明이고, 돈황敦煌 연천淵泉, 지금의 감숙 안서安西 사람이다. 어려서부터 "대장부는 이 세상에 살면 나라를 위해 변경에서 공을 세워야 한다"는 웅대한 뜻을 품었다. 그는 글도 읽고 무예도 익혀 성년이 된 후 진짜로 변경을 수비하고 여러 번 전공을 세운 명장이 됨은 물론, "한 지역의 장관으로 만민에 복을 베푸는" 우수한 행정 장관이 되었다.

## 열 번의 인수

장환張奐은 52세에 사흉노 중랑장에 오르고 26년 사이에 두 번이나 당파로 배척당하고서도 동한 후기의 저명한 '양주 삼명' 장군 중 한 명이 되었다. 그러나 임종 시 유언은 "시체를 관에 넣고 수건을 덮는 것" 뿐이었다.

## 강족을 복종시킨 청렴함

장환의 벼슬길은 결코 순탄하지 못했다. 청·장년 시절 대장군 막부에서 작은 관리로 있었고, 후에 천거를 거쳐 심사에서 1등이 되었지만 기껏해야 의랑이었다. 52세가 되어서야 안정군安定郡 관아의 도위가 되었다. 안정군의 관할 범위는 지금의 감숙성 평량平凉·회령會寧·경천涇川, 영하 자치구의 중녕中寧·중위中衛·고원固原 등 현·시에 해당한다. 수부는 임경臨涇, 지금의 감숙성 진원현鎭原縣의 동남쪽에 있었다. 이 일대는 흉노와 강족이 늘 출몰하는 지역으로 전쟁이 잦았다. 장환이 부임하자마자 안정군 북쪽에 있던 남흉노의 수령은 때맞춰 7000여 군사를 거느리고 안정군 변경의 작은 마을 미직美稷을 침범했다. 미직의

##### ●●● 역사문화백과 ●●●

### [군중 장병이 입는 습襲]

'부袄'라고도 불렸는데 일종의 방한 두루마기식 짧은 외투다. 속에 솜을 두지 않는 겹옷으로 왼쪽으로 두르며 길이는 엉덩이 또는 무릎에까지 이르는데 대부분 군중 장병들이 입는다.

수비군은 겨우 200여 명인 데다 이 일대에서 유목하는 동부 강족 사람들도 장환의 재능을 모르는지라 남흉노를 맞아들이려 준비했다. 장환은 흉노의 침범 소식을 듣자 바로 무기를 들고 저항하려 했다. 그러나 절대다수 장병들은 모두 한나라 군사는 기필코 패한다며 머리를 조아리고 철

**눈 속에 누운 원안**

원안袁安(?~92)은 자가 소공邵公이고, 여남汝南 여양汝陽 사람이다. 어느 해 겨울 큰 눈이 내렸다. 낙양의 지방 장관이 백성의 고통을 알아보느라 돌아다니는데 백성들이 모두 눈을 쓸고 문을 나서서 쌀을 구걸하고 있었다. 그러나 원안의 집 앞에 이르니 눈이 쌓인 채로 조금도 움직이지 않아 집에 들어갈 수가 없었다. 이웃에 물어보니 며칠째 원안이 출입을 하지 않았으니 아마 얼어 죽었을 거라는 것이었다. 장관은 너무 급해 사람을 시켜 눈을 쓸게 하고 들어가 보니, 주인은 침대에 쓰러져 있는데 아직 숨이 붙어 있었다. 왜 나가서 식량을 구해 목숨을 건지지 않느냐고 물으니 원안이 대답했다. "며칠 동안 큰 눈이 내려 사람들이 모두 굶고 있는데 이런 때 어찌 남을 괴롭히겠는가?" 후에 도연명은 〈빈한한 선비를 읊음〉에서 탄식했다. "쌓인 눈 속에 갇힌 원안, 망연해라 아무 방법도 없으니." 이 그림은 청나라 말기 《역대명신상해》에 실려 있다.

| 세계사 연표 |

169년

로마 공통 통치 황제 베루스가 마르코만니를 정벌하고 회군하는 도중에 졸사했다. 마르코 아우렐리우스가 유일한 통치자가 되었다.

《후한서後漢書 · 장환전張奐傳》  출전

**동한 벽돌 그림 – 사냥과 농사**

사천성 성도成都 양자산揚子山 2호 묘에서 출토. 여름 수확 계절의 전야를 묘사했다. 상하 두 부분으로 나뉘어 있다. 아래 부분은 농토의 수확 정경인데 두 사람은 낫을 휘둘러 벼를 베고, 세 사람은 뒤에서 벼를 줍고 단을 묶고, 한 사람은 음식 그릇을 메고 밭으로 밥을 나르는 동시에 벼를 메어 가는데 사실적으로 농촌 수확 정경을 재현했다. 윗부분은 앙어장 옆인데 논에 연꽃도 있고, 물고기도 있으며 강변의 나무 밑에서 두 사람이 하늘을 쳐다보며 활을 당겨 화살에 끈을 매는데 나래를 퍼덕이는 들오리의 동태가 정확하고도 생동감 있다. 작품은 화면이 완전하고 정취가 아름다워 부조 벽돌 그림 중 걸출한 대표작이다.

수를 요구했다. 장환은 단호히 물러서기를 거부하며 장병들을 거느리고 장성에 나아가 장성에 의지해 지키는 한편, 따로 장령 왕위王衛를 파견해 한나라 대군이 바로 도착하니 함께 흉노와 싸우자고 거짓말을 하면서 한나라 배반의 해로운 점을 설명하게 했다. 동시에 장환은 방법을 대어 남흉노와 동부 강족의 연락을 차단했다. 동부 강족 두령은 역사를 회고하고 득실을 따지고 나서 한나라 군사를 도와 흉노에 저항하겠다고 결정했다. 장환은 일부 여자를 선발해 강족 두령과 화친했다. 장환은 동부 강족과 연합해 흉노를 공격, 연속 승전했다.

동부 강족 두령은 장환의 용감성과 지휘 재능을 인정, 이미 어느 정도 탄복했다. 화친에 답례하기 위해 동부 강족 두령은 장환에게 말두 필의 말과 적지 않은

황금 예물을 보내왔다. 장환은 받은 후 부하에게 명해 일일이 등록하고 이튿날 동부 강족 두령을 만나 예물을 전부 돌려보냈다. 강족 두령은 장환이 그들의 예물을 돌려보냄을 보고 마음속으로 이 청렴한 관리에 대해 몹시 탄복했다. 장환의 이런 정결한 정신은 변경의 각 민족에 널리 전파되어 역사상 이를 '위화대행威化大行'이라 일컫는다.

## 9군을 평안하게 한 장수

장환이 미직에서 남흉노를 성공적으로 무찌른 후 조정은 그를 사흉노 중랑장으로 임명했다. 이는 은 관인과 녹색 인수를 거는 2000석의 장수다.

7000여 군마를 손실 본 흉노는 기회를 틈타 보복하려고 오환을 연락해 변경에 대거 침범했다. 이들은 도처에서 살인 약탈해 삽시간에 봉화가 곳곳에서 타올랐다. 동한의 장병들은 당황하고 두려워, 적지 않은 장병들은 심지어 도망칠 궁리까지 했다. 흉노 · 오환의 변경 침범 소식이 끊임없이 장막에 전해올 때 장환은 한창 제자들에게 유가 경전을 강의하

**동한 시대 피리를 부는 붉은 도기 용**

●●● **역사문화백과** ●●●

**[유목 민족 오환]**

오환烏桓은 동북 지역의 유목 민족이다. 동한 초기에 쉬지 않고 동한 변경을 교란했다. 남흉노가 귀순함에 따라 오환도 신하로 귀순했다. 동한 정부는 오환 교위를 설치, 매년 의류와 식량을 보내 주었다. 장기적인 교제 중 오환 사람들은 점차 한족과 융합했다. 그들은 한나라를 도와 흉노와 선비의 침입 교란을 막아 주었는데 사실상 동한 정부의 용병이 되었다.

고 있었는데 소식을 듣고도 태연자약하게 계속 해설했다. 여러 관원들도 진정하기 시작했다. 장환은 사자를 파견해 귀중한 예물을 가지고 오환에게 연락하면서 그들에게 흉노의 큰 두령 휴도각休屠各을 모살하게 했다. 오환 사람들은 재물을 탐내어 진짜로 휴도각을 암살했다. 흉노가 오환에 대해 아무런 경계심도 없는 기회를 타서 오환은 또 순조롭게 연이어 흉노 각 부락의 추장을 암살하자 흉노는 즉시 붕괴되었다.

장환은 일찍이 당파 배척으로 등용을 금지당했고 태수·대사농을 담임하기도 했다. 흉노·오환·선비는 장환이 더는 장군이 아님을 보고 제각각 동한 조정을 배반해 3, 4000명이나 5, 6000명의 기병을 파견하여 유幽·병幷·양凉 3주 9군의 변경을 침입 교란했다. 연희 9년에 강족 각 부락은 연맹을 결성, 변경에서 대대적으로 약탈했다. 조정은 장환을 호흉노 중랑장으로 임명하고 구경九卿의 신분으로 유·병·양 3주와 도료·오환 2영의 군사를 지휘 감독하는 동시에 자사

및 2000석 관원의 치적을 감찰할 권리를 부여해 일시 그 권력이 천하를 덮었다. 오래전에 이미 지모와 용맹을 겸비한 장환을 알고 있는 흉노·강족·오환은 제각각 투항해 그 인원이 20여 만에 달했다. 선비는 관외로 도망쳤다. 동한 후기에 장환이 변경 장수로 임명되기만 하면 3주 9군은 매우 태평했다.

## 군수의 직위에서

장환은 어려서부터 문무를 겸해 무위군武威郡 태수를 맡았을 때 비범한 행정 재능을 발휘했다. 무위군의 관할 범위는 지금의 감숙성 무위시 이동, 감숙성 황하 이서, 대동하와 대서하 유역에 해당한다. 수부는 무위였다. 경내에 여러 민족이 섞여 살아 관리하기가 힘들었지만 장환은 부세를 개혁해 여러 민족이 모두 공평하고 평균적인 대우를 받도록 보장함으로써 모두 무위군 정착을 원하게 했다.

무위에는 또 갓난아이를 죽이는 야만적인 풍속이 있었는데 무릇 2월, 5월에 출생한 갓난아이와 부모와 출생일이 같은 갓난아이는 모두 죽였다. 장환은 사람을 파견해 도처에서 선전하는 한편 사람들에게 갓난아이를 죽이는 것은 요괴와 유사한 금기임을 알렸다. 동시에 상벌 조문을 명확히 규정해 도처에 붙였다. 그리고 신속히 갓난아이를 죽인 부모를 징벌하고 갓난아이를 살린 부모에게 상을 내려 이런 야만적인 풍속을 금지했다.

무위군의 주민은 장환의 막대한 은혜에 사당을 세워 그를 제사 지냈다. 이는 고대에 '생사生祠'라 했는데 지방 장관에 대한 최대의 예우였다.

**텀블링 식의 청자기 오련 항아리**
서커스에서 보는 텀블링과 매우 흡사한 오련 항아리. 다섯 항아리는 고저가 서로 다르게 배치되고 주차가 분명한데 제작자의 목적이 사용을 위한 것인지 아니면 관상을 위한 것인지를 알 수가 없다.

# 069

《후한서後漢書 · 왕부전王符傳》  출전

## 《잠부론》의 저자 왕부

동한 왕조는 화제 · 안제 때부터 뇌물이 공공연히 만연되고 관리의 통치가 부패해졌다. 왕부王符는 사회 위기를 타파하기 위해 숨어 살며 글을 썼는데, 《잠부론潛夫論》으로 세상에 이름을 날렸다.

## 고결한 지조와 지향

왕부(약 85~162)는 동한 안정安定 임경臨涇, 지금의 감숙성 진원현 사람이다. 왕부는 현지에 친척이 아무도 없어서 남들의 업신여김을 받았다. 그러나 그는 어려서부터 부지런히 공부하고 고결한 지조를 양성하면서 타인의 평가에는 결코 개의치 않았다. 평소에는 마융 · 장형 등 당시 유명 인사들과 사귀었고 늘 한데 모여 경을 논의하고 학문을 연구했다.

동한 안제 · 순제 이후 벼슬하려면 집권자의 천거를 받아야 하므로 벼슬하려는 사람들은 모두 마음을 학문에 두지 않고 권세 있는 자들을 사귀기 급급해 했다. 왕부는 위인이 강직해 나쁜 무리들과 사귀려 하지 않았고 아첨을 제일 미워했다. 그는 비록 재능과 학식이 뛰어났지만 그 개성으로 인해 줄곧 승진하지 못했다.

## 세상의 불공평에 분개하는 《잠부론》

왕부는 당시 정사에 대해 몹시 불만스러워 조정에 대한 자신의 분노를 표현하기 위해 시정의 득실을 평론했다. 그는 은거해 30여 편의 평론을 썼는데 그 자신이 명리를 담담하게 여기므로 《잠부론》이라 명명했다.

왕부는 유가 학설을 근본으로, 도가의 사상을 보조로 하여 귀신의 존재를 승인하면서도 만물을 '기氣'에 귀속시켜 천지의 일체는 모두 '기'에서 왔다고 주장하면서 무당 · 점술 · 관상 · 해몽 등 미신 사상을 반대했다. 그는 이렇게 말했다. "한 사람이 이 세계를 더욱 많이 알고 더욱 총명해지려면 유일한 방법은 바로 쉬지 않고 독서하는 것이다. 배우지 않고 천하의 일을 아는 사람은 없다." 이로써 개인의 성장에 대한 학습의 중요성을 강조했다. 당시 시정의 각종 폐단에 대해 왕부는 이렇게 인정했다. "통치자는 반드시 인애로써, 즉 덕으로 천하를 다스리는 동시에 상업을 중요시하고, 농업을 홀시하는 기풍을 개선하고, 민역을 아끼며, 현명하고 유능한 자를 등용해야 한다. 이렇게 해야만 동한 왕조는 번영 창성해질 수 있다."

왕부의 논술은 매우 강한 설득력을 가지고 있었다. 그가 당시 《잠부론》을 쓴 최초의 목적은 결코 이름을 날리려는 것이 아니었지만 《잠부론》은 세상에 나오자마자 광범위한 호평을 받았고 그 본인도 이로써 한때 이름을 크게 날렸다.

8 ~ 220

동한

### 양이 길상을 표시하다

양羊자는 고문에서 '상祥'자와 통용되었다. 그러므로 양을 보면 사람들은 길함을 생각하게 되고, 양도 자연히 길상의 상징물이 되어 각종 장식물에서 자주 나타났다. 이 비단 속에서 양은 얼마나 즐거워하는가. 그러면 이 비단의 주인은 또 어떠하겠는가. 그것은 말로 형언할 수 없을 것이다.

### 필람이 수동 수차를 발명하다

양한 시대 "요역과 부세를 경감하는" 관대한 정책으로 말미암아 농업 생산은 지속적으로 발전하고, 농기구의 종류도 부단히 증가하고 품질도 크게 향상되었다. 대략 동한 시대에 필람畢嵐은 수동 수차(용골 수차라고도 함)를 발명했다. 그러나 선진적이지 못해 사용 범위는 그리 넓지 않았다. 후에 부단한 개선을 거쳐 수차는 중국 고대 농촌의 상용 관개 시설이 되었다.

## 백성의 옷 한 벌만 못한 2000석

《잠부론》은 당시 매우 큰 영향을 일으켰는 바 도료 장군 황보규는 재임 시 이미 왕부에 대해 소문을 들었었다. 그와 왕부는 모두 같은 군 출신이다. 그가 노년에 환향한 후 당시의 많은 명사들이 그를 문안했는데, 그중에는 뇌물로 회유하여 안문 태수 직위를 얻은 사람도 중한 예물을 가지고 찾아와 사귀려 했다. 그러나 황보규는 그를 문밖에 나가 마중하지 않음은 물론, 심지어 침대에서 일어나지도 않았다. 이 태수가 문에 들어선 후 황보규는 첫 마디에 "그대 임직하는 곳의 기러기는 살쪘는가?"라고 물었다. 이 태수는 창피해 매우 무안해 하며 떠나갔다.

**[남녀가 모두 입을 수 있는 겨울 옷 – 솜 두루마기]**
두루마기는 전국 시대부터 입기 시작해 서한 시대에 보급되었으며, 동한 시대에 조복으로 규정되었다. 이런 복장은 길이가 발목까지 내려오고 소매가 넓고 솜을 두껍게 넣는데 원료의 우열에 의하여 부드러운 솜을 넣은 '광포纊袍'와 모시를 넣은 '온포縕袍'로 구분했다.

얼마 안 되어 문지기가 황보규에게 왕부가 밖에서 뵙고자 한다고 알렸다. 이 말을 들은 황보규는 즉시 침대에서 일어나 두루마기 띠도 채 매지 않고 신도 제대로 신지 못한 채 급히 대문 밖으로 달려 나가 영접했고, 손에 손을 잡고 대문에 들어섰으며, 매우 유쾌하게 담론했다. 당시 사람들은 황보규의 전후 두 가지 태도에 감동하여 가요를 지어 황보규의 전후 태도를 묘사했다. "2000석은 텅 빈 이름뿐, 백성의 옷 한 벌만 못하더라." 그 뜻인즉, 태수와 같은 고관도 평민 선비보다 못하다는 것이다. 그들은 이로써 왕부의 명성을 찬양했다.

### 북방 민족의 농경 생활을 반영하는 벽화

이는 내몽골에서 발견한 벽화다. 이전의 벽화는 흔히 북방 유목 생활을 묘사했지만 내몽골 호린게르 동한 묘에서 출토된 이 벽화는 북방 민족의 농경 상황을 표현한다. 이는 중국 북방 소수민족의 농목 결합 생활을 연구하는 진귀한 역사 재료이다.

# 070

《후한서後漢書 · 조일전趙壹傳》  출전

## 권세에 아부하지 않은 조일

동한 시대 저명한 문학가인 조일趙壹은 재능을 믿고 자존심을 지켜, 집권 세족 토호들을 멸시하고 권세에 아부하지 않았다.

### 권세를 두려워하지 않다

조일은 한양漢陽 서현西縣, 지금의 감숙성 천수天水 남쪽 사람이다. 그는 몸매가 우람하고 용모가 영준하며 기이한 재주를 지녔는데, 특히 사부辭賦에 능했다. 그는 사람됨이 오만해 출신에 의거해 정치 지위를 취득한 권세 귀족을 제일 미워했다. 그러므로 적지 않은 사람들의 미움을 샀고 몇 번 투옥되어 죽을 뻔했는데, 친구들의 알선으로 겨우 목숨을 건졌다.

### 양척에게 부탁해 도성을 진동하다

광화 원년(178)에 조일은 상계리上計吏로 도성 낙양으로 갔다. 당시의 사도 원봉袁逢은 수백 명 상계리를 접대했다. 사람들은 모두 대청에 엎드려 절을 하며 감히 쳐다보지도 못했는데 유독 조일만은 그저 읍할 뿐 절을 하지 않았다. 원봉은 이 사람만이 두려워하지 않는 일이 이상해 수하를 시켜 "어찌 절을 하지 않는고?"라고 꾸지람하게 했다. 이에 조일은 맑은 목소리로 대답했다. "서한 때 역식기는 한왕 유방을 만나도 읍할 뿐이었는데 오늘 제가 만난 사람은 삼공에 불과하니 읍을 함이 어찌 이상할 것 있소이까." 원봉은 그가 재능과 학식이 있음을 보고 급히 대전에서 내려가 조일의 손목을 잡고 그를 상좌에 청하며 감숙 쪽의 정사를 물었다. 조일의 견해가 독특하고 건의가 타당해 원봉은 매우 탄복하며

#### 소 경작의 대규모 보급

농업 생산력의 중요한 표지인 소 경작은 중국에서 유구한 역사를 가지고 있다. 한나라 시대에 소 경작이 대규모로 보급되었다. 소 경작 기술은 중원 지역은 물론, 점차 장강 · 주강 유역으로 보급되었다. 이 시대의 소 경작은 보편적으로 두 마리의 소가 한 사람이 조종하는 보습을 끄는 방식이었다. 그림에 표시된 것은 1959년 산서성 평륙平陸 소 경작 그림과 1971년 섬서성 미지米脂에서 출토된 동한 소 경작 화상석이다. 이 두 폭의 소 경작 그림은 당시의 소 경작 상황을 나타낸다.

●●● **역사문화백과** ●●●

**[노복이 입는 천한 옷 – 구]**

구禂란 여름철 두루마기 식 복장으로 한나라 시대에는 천한 옷으로 간주되었다. 이런 복장은 주로 노동의 편의를 위해 제작, 소매가 비교적 좁고 곧은 통 모양으로 되었고 대부분 보통 근로자 또는 출신이 미천한 노복이 입었다. 물론 일부 상류 사회의 노복이 입은 복장은 아주 정밀하게 제작하기도 했는데 문벌의 높고 낮음을 나타내는 상징이 되었다.

열성적으로 그 자리에 있던 다른 관원에게 소개했다.

동한 시대에 한 사람이 이름을 날리려면 반드시 누군가가 천거해야 했다. 조일은 당시 양척羊陟만이 그의 염원을 실현시켜 줄 수 있다고 생각했다. 그러나 조일은 무명소졸이라 몇 차례 통보해도 양척은 만나 주지 않았다. 그러나 조일은 조금도 기죽지 않고 날마다 양척의 집에 찾아갔다. 나중에 양척은 방법이 없어 억지로 접대할 수밖에 없었다. 그러나 자신은 침대에서 일어나지도 않고 조일에 대해 매우 태만했다.

### 길상 문자로 정신적 소망을 표시하는 오랜 전통

자세히 살피지 않는다면 이 해어진 비단 조각에 용이나 길상 구름의 도안이 짜여 있다고 여길 것이다. 그러나 자세히 보면 "연년익수延年益壽" 네 글자가 반복적으로 나타남을 발견할 수 있다. 생활용품에 길상 언어로 정신적 소망을 표시함은 오랜 전통인데 이런 비단을 어르신께 드린다면 어찌 웃음꽃이 피지 않을 수 있겠는가?

조일은 문에 들어서자 곧장 대당大堂에 들어서서 일부러 놀라는 시늉을 하며 말했다. "소인은 오래전부터 양 대감의 대명을 들어왔는데 오늘 어찌 병석에서 일어나지 못하시는지요, 이건 참으로 기이한 운명입니다!' 연후에 그는 대성통곡했다. 아래에 서 있던 노복들은 곡소리를 듣고 큰일이 난 줄 알고 급히 양척의 방으로 뛰어들었다. 양척은 조일이 범상한 사람이 아님을 알고 급히 일어나 그를 접대했다.

이야기를 나누고 나서 그는 조일의 재능에 깊이 탄복했다. 양척과 원봉의 유력한 천거로 조일의 이름은 하룻밤 사이에 낙양에 퍼졌고, 낙양 성내 사대부들은 모두 그의 풍채를 한번 보고 싶어 했다.

조일은 돌아갈 때 황보규의 집 문을 지나면서 한번 뵈려 했지만 문지기가 통보해 주지 않아 그는 화를 내

### 투호 화상석

한나라 시대에 사람들이 연회를 거행할 때 투호 놀이가 유행했다. 이 역시 고대 연회석의 하나로 서주의 사례射禮에서 발전한 것이다. 춘추 시대에 이미 상층 사회에서 유행한 투호는 전국 시대에 민간을 휩쓸었다. 하남성 남양南陽 한화관에 투호 장면을 절묘하게 묘사한 화상석이 소장되어 있다. 그림 중간에 주전자 하나와 술잔 하나가 놓여 있다. 주전자 안에 화살이 두 개 들어 있고 잔 안에 숟가락이 있다. 주인과 손님 두 사람은 한창 화살을 들고 주전자에 던지고 있다. 주전자 안에 들어가면 이긴 것으로, 그렇지 않으면 진 것으로 하며 진 자는 벌주를 마시며 옆의 심판이 집행한다. 그림 왼쪽의 건장한 사나이는 이미 져서 술을 과하게 마셨는지 부축을 받으며 자리를 뜨고 있다. 중간의 두 사람이 양쪽에 꿇어앉아 한 손에 화살을 몇 대 들고 한 손에 화살 한 대를 잡고 주전자 아가리를 향해 정신을 가다듬고 던지려 한다. 이 투호 화상석은 한나라 시대 술 문화의 연구에 얻기 어려운 실물 자료를 제공한다.

### 동한 시대 벽돌 그림 정원

사천성 성도成都 양자산楊子山 2호 묘에서 출토되었다. 큰 정원은 회랑에 둘러싸여 있고 주인은 당상에서 연회를 베풀어 손님을 대접하고 있다. 정원은 긴 복도에 의해 전후 두 부분으로 나뉘고 정원 오른쪽에 주방·우물·부엌이 있고, 시렁에 음식과 주방 도구가 있다. 뒷부분에 궐 모양의 건물이 있는데 건물 앞에서 노복이 마당을 쓸고 있나. 그림은 대형 주택의 형식을 징확이 표현, 힌나라 긴축 연구의 진귀한 자료이다. 작품은 주빈의 형상을 힘들여 묘사하지 않았지만 전후 정원의 닭싸움과 학의 춤을 통해 우회적으로 주인의 우아한 정취를 보여 주고 있다.

**젖을 먹이는 어머니 – 평민 부녀의 전형적인 형상**
이 용은 호남성 장사長沙 동한 고묘에서 출토되었다. 붉은 흙으로 만들었고 아기에게 젖을 먹이는 어머니를 묘사했다. 어머니는 머리에 비녀를 꽂고 위에 수건을 쓰고 소매가 좁은 윗옷을 입었는데 당시 평민 부녀의 전형적인 차림으로 생동하고도 침착한 모습이다.

며 떠나갔다. 문지기가 겁이 나서 즉시 황보규에게 알리니 황보규는 크게 놀라 급히 사과의 편지를 써서 사람을 파견해 뒤쫓게 했다. 조일은 그대로 떠나갔고 그 후에도 끝내 황보규와 만나지 않았다.

## 군의 속리에 불과한 관상

조일의 명성이 높아진 후 여러 주·군에서 제각각 그를 참정의사參政議事로 초청했으나 그는 모두 응하지 않았고 나중에 집에서 늙어 갔다.

당시 관상을 잘 보는 사람이 조일의 관상을 보고 그의 벼슬은 군의 속리를 넘지 않을 것이라 했는데 과연 그러했다.

## 071

### 태평도와 오두미도

태평도太平道와 오두미도五斗米道는 모두 도교의 원시 형태다. 태평도는 민간에 스며들어 나중에 황건군黃巾軍으로 발전했고, 오두미도는 권세 저택에 출입하면서 후세에 도교의 기원이 되었다.

### 황건 봉기군

일반적으로 태평도는 한 순제 때 청靑·서주徐州 일대에서 활동한 우길于吉과 관계된다. 우길은 자칭 《태평청령서太平淸領書》를 깨우쳤다 하며 손에 아홉 마디의 막대기를 들고 사방에서 도를 전파했다. 우길이 죽은 후 그의 신도들은 그가 죽은 것이 아니라 시해尸解했다고 하며 계속 그의 복을 기원해 제사를 지냈다.

그 후 장각張角은 자칭 '대현량사大賢良師'라 하며 역시 청·서주 일대에서 교단을 조직했다. 장각은 사람이 범한 죄가 병의 근원이라면서 잘못을 뉘우치라 권고한 동시에 널리 부적과 주문으로 재해를 제거해 병을 치료했다. 장각이 이르는 곳마다 따르는 자들이 물결 같았고 그 신도가 북부 중국의 청·서·유幽·기冀·형荊·양揚·연兗·예豫 8주에 가득하고 그의 8대 제자 역시 각지를 순행해 10여 년 사이 신도가 수십만에 이르렀다.

당시 동한 왕조는 위로는 환관 외척, 아래로는 대족 토호가 있어 정치 분쟁이 끊임없이 발생하고 경제적 착취가 가혹했다. 장기적인 대외 용병에 따른 막대한 군비 지출의 실제 부담자는 동전 한 푼 없는 농민이었다. 우리를 박해하는 죄는 하늘에 덮어씌우는 수밖에 없다. 그래서 태평도에는 민심을 격동시키는 구호가 출현했다. "창천은 이미 죽고 황천이 이제 서리니 갑자년이 되면 천하가 대길하리." 중원의 민중은 몽롱한 희망을 느끼게 되었다.

장각은 위대한 조직자였다. 그는 평범한 도의 전파 활동 중 아무런 내색도 하지 않고 수십만의 신도를 '36방方'으로 조직했다. 큰 방은 1만여 명, 작은 방은 6, 7000명으로 하여 각각 두령을 두고 모두 자기의 지휘를 받게 했다. 가장 가까운 갑자년은 한 영제 중령 원년(189)이었다. 대방 두령 마원의馬元義는 적극 활동하면서 형·양주 일대 신도들을 업성으로 움직여 가려 했다. 이상한 점은 매 종교마다 모두 그 안에 '유다'가 있다는 점이다.

#### 도교의 창시자 장 천사

장 천사天師는 원명이 장도릉(34~156), 자는 보한輔漢, 패국 풍현 사람이다. 그는 강주령을 지냈고 동한 순제 때 학명산, 지금의 사천성 대읍현 경내에 들어가 도를 닦았다. 영화 6년(141)에 장도릉은 도서 24편을 짓고 부적 주문법으로 병을 치료해 점차 도파를 창립, 도교의 진정한 창시자가 되었다. 신도들이 입교할 때 쌀 다섯 말을 바쳐야 하므로 오두미교라고도 불렸다. 후에 도교 신도와 민간에서 그를 '장 천사'라 불렀다. 그림은 청나라 말기 민간 그림의 장 천사인데, 신마神馬로써 사기를 막고 귀신을 쫓는다 한다.

중국을 말한다

《삼국지三國志 · 위서魏書 · 장로전張魯傳》
《후한서後漢書 · 황보숭전皇甫嵩傳》

출전

8 ~ 220

동한

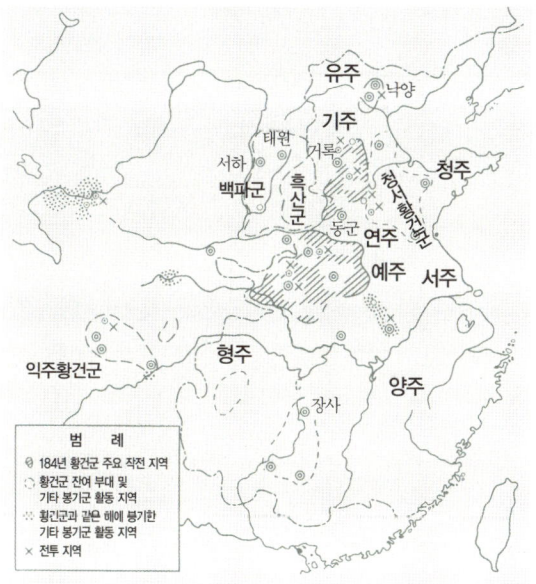

## 황건 봉기

동한 말년에 거록巨鹿, 지금의 하북성 평향 사람 장각이 태평도를 창립했다. 당시 태평도에 가입한 백성은 지금의 하북 · 산동 · 안휘 · 호북 등지를 아울렀다. 한나라 영제 중평 원년(184)에 태평도 황건군으로 자칭, 수십만 명이 기주 · 남양 등지에서 활동하며 진압하러 온 관군을 공격했다. 후에 장각이 병사하고 그 동생 장량 · 장보가 피살되었다. 황건군 주력은 9개월 후 진압되고 잔당은 각지에서 20여 년을 싸웠다. 각지 군벌 · 토호는 기회를 타서 일어나 동한 정권은 텅 빈 이름만 남았다. 위 그림은 원나라 각본 《지치신간 전상평화 삼국지전》이다. 아래 그림은 《신각탕학사 교정고본안감 연의전상통속 삼국지전》에 실려 있고, 왼쪽 지도는 《황건봉기형세도》이다.

태평도에 당주唐周라 하는 반역자가 생겨 조정에 마원의를 고발해, 마원의는 낙양성에서 수레에 찢기는 처형을 당했고, 신도 1000여 명이 연루되어 피살되었다. 장각은 즉시 영을 내려 앞당겨 거사했다. 당년 2월에 36방이 미치는 7주 28군의 신도들은 제각각 누런 수건을 머리에 동여 표지로 삼아 10일 사이에 천하가 호응했다. 이에 도성이 들끓었다. 장각은 자칭 '천공장군' 이라 하고, 동생 장보張寶는 '지공장군', 장량張梁은 '인공장군' 이라 했다.

황건 봉기군이 일어나자 동한 조정은 자연히 방비하여 진압하게 되었다. 대장군 하진何進은 금군 · 오교五校 군사로 도성을 방비하고, 숙장 황보숭皇甫嵩 ·

주준朱儁 · 노식盧植 · 동탁董卓 등에게 각지 병마를 인솔하게 해 이를 토벌 주력으로 삼았다. 더욱 적극적으로 행동한 것은 각지의 지방 인사들과 토호 지주인데 그 대표로는 노식 외에 원소袁昭 · 원술袁術 · 조조曹操 · 손견孫堅 · 공손찬公孫瓚 · 유비劉備 등이 있었다. 당년 10월에 황건 봉기군은 일단 진압되었다. 장각은 먼저 병사하고 장보 · 장량은 그 후 전사했으며, 각지 신도는 10여 만 명이 피살되었다. 황건 봉기군은 동한 왕조를 뒤엎지 못했지만 황건 봉기군을 진압한 조정 관원 · 토호 · 선비들이 도리어 진정한 의미에서 동한 왕조를 무너뜨리는 힘이 되었다. 군웅할거의 삼국 시대가 동한 왕조를 대체한 것이다.

## 쌀로 민중을 집합시킨 '쌀 도적'

태평도의 홍기와 거의 동시에 파촉 지역에서 선비 장릉張陵(張道陵이라고도 함)이 실시하는 오두미도가 성행했다. 장릉은 패국沛國 풍현豊縣 사람으로 태학을 다녔고 오경을 강의해 일찍 현량방정에 천거된 선비였다. 그는 명제 때 파군巴郡 강주령江州令을 지내고 후에 북망산에 은거해 도를 닦았다. 순제 때는 촉蜀중 학명鶴鳴, 지금의 사천 대읍大邑에 이주해 도를 닦았다. 자칭 태상노군(즉 노자老子)이 전수하는 '삼천정법三天正法'을 얻었다며 천사天師로 자칭하고 《노자》를 받드는 동시에 도서 24편을 편찬했다. 그는 도를 존숭하고 잘못을 생각하도록 사람들을 가르치면서 도에 가입하는 자는 쌀 다섯 말을 바치게 했다. 오두미도五斗米道의 명칭은 여기서 비롯된 것이다.

장릉이 죽은 후 장형張衡에게, 장형이 죽은 후 장로張魯에게 물려주었다. 장로는 일찍이 익주목益州牧 유언劉焉 · 유장劉璋 부자에 의지한 적이 있었다. 후에 유장이 장로의 모친과 신도를 죽이니 장로는 한중漢中으로 이사하여 30년이나 할거했다. 장로는 자칭 사군師君이라 하고 신도 중 초학자는 귀졸鬼卒이라 하며, 그 두령은 좨주祭酒라 하고, 신도를 많이 거느린 자는 치두 대좨주治頭大祭酒라 했다. 각 좨주의 소재지에 의사義舍를 설치하고, 쌀과 고기를 저장해 두었다가 길가는 사람들이 원하는대로 꺼내어 밥을 지어 먹게 했다. 당시 사람들은 이를 '쌀 도적'이라 불렀다. 동한 조정은 도리어 장로를 진민 중랑장에 한녕漢寧 태수로 봉했고 장로는 조정에 공물을 바쳤다. 후에 조조가 군사를 거느리고 한중에 진공, 장로는 패해 파중巴中으로 퇴각했는데 한중의 창고를 봉하고 손대지 않았다. 조조가 남군南郡에 입성해 보니 창고마다 모두 그대로 있는지라 다시 장로를 불러 진남 장군으로 임명, 낭중후閬中侯로 봉했다. 이로써 오두미는 장로

를 따라 귀순, 중원에 전파되었다.

같은 원시 도교의 교단 조직이고, 또 거의 동시에 비슷한 사회 환경에서 출현했으나 태평도와 오두미도의 발전 방식은 이렇듯 완전히 다르다. 나중에 태평도는 완전히 사라졌지만 오두미도는 도리어 천사도天師道의 명의로 사회의 각 계층에 널리 퍼져 도교의 주류 형태를 구성, 계속 변화하면서 존재했다. 이는 결코 우연한 일이 아니다.

### 육류 가공 석각 그림

한나라 시대 귀족의 주방 활동은 비교적 성대하고 조리 기술도 점점 세밀해지고 성숙되었다. 한나라 시대에 육류 조리 방법은 주로 굽고, 끓이고, 지지고, 국을 만들고, 소금에 절여 말리고, 익혀 말리는 것 등인데 생식하는 경우도 있었다. 이 동한 석각은 분주한 육류 가공 장면을 표현했다.

●●● **역사문화백과** ●●●

**[몸에 휴대하는 벽사 물품 – 강묘]**

강묘剛卯는 진 · 한 시대의 벽사물辟邪物이다. 무당의 요술과 신비 사상이 성행하는 분위기 속에서 매년 정월 묘일이면 강묘를 가지고 질병을 물리쳤다. 일반적으로 금 · 옥 · 복숭아나무 등의 재료로 제작하며, 길이 3치, 너비 1치의 장방형인데 중앙에 구멍이 있어 달아매기가 편리하다. 위에 두 줄의 글이 새겨져 있는데, 대체로 천신이 보우해 질병이 접근하지 못하게 해달라는 따위의 말이다.

중국을 말한다

# 072

《후한서後漢書·영제기靈帝紀》 출전

## 서원의 여덟 교위

서원西園에서 관직을 팔고 평락관에서 무력을 행사
함은 한나라 영제의 역사적인 황당 행위였다. 만약
다른 시점에서 동한 말년 외척·환관·조정 관원 3
종 세력으로 형성된 정치 국면을 관찰한다면 다른
감상이 들 수도 있을 것이다.

### 서원의 관작 매매

연희 10년(167) 12월
에 한나라 환제가 죽은
후 아들이 없었다. 외척
두무와 태후는 하간왕
후손인 해독정후 유장
劉萇의 장자 유굉劉宏을
환제의 양자로 맞았다. 건녕 원년(168) 정월에 두무는
낙양성 하문 밖에서 푸른 덮개 수레로 유굉을 영접해
입궁 즉위하게 했는데 그가 바로 영제靈帝로 그때 나
이 12세였다. 유굉은 가정생활이 줄곧 빈한했다. 입궁
후 환제 역시 재물을 별로 축적하지 못했다. 유굉은
생활이 사치하고, 변복해 출궁하여 유람하기를 좋아
했으므로 재물을 모으기 시작했다.

그는 우선 환관들에게 자신을 위해 군국郡國의 공
물을 축적하게 했다. 광화 원년(178)에 그는 아예 늘
놀러 다니는 서원에 궁전을 하나 지어 놓고 공개
적으로 관직을 팔기 시작했다. 관직은 그 급에
따라 값을 정했는데 2000석의 관직은 2000만
전, 400석의 관직은 400만 전, 심지어 3공 9
경마저 돈을 받고 팔았다. 당시 사도 원
외袁隗가 면직되어 조정은 정위 최열崔
烈을 사도로 임명하려 했다. 최열 역
시 영제의 유모 정 부인을 통해 500
전을 바치고서야 비로소 정식으로
임명되었다. 영제는 사도를 친히 임
명할 때 밑졌다고 생각하여, 친신들
에게 당초에 값을 좀 세게 불
러 1000만 전은 받을 걸 그
랬다고 말했다. 그러자 정
부인이 옆에서 그 말을 받았다.
"최공은 기주의 명사인데 이제 돈

당하는 금액의 돈을 지불하는 매매 행위에 지나지 않
았다.

### 서원의 여덟 교위

황건군이 봉기한 후 조정과 민간의 장수들은 진압
을 통해 모두 관직이나 작위를 얻어 일종의 무력행사
기풍을 형성했다. 젊고 기가 성한 영제도 군사에 대해
흥미를 느끼고 서원에서 군사를 취급하기 시작했다.
건석蹇碩이라는 한 소황문小黃門이 군사 문제를 알
아 영제의 총애와 신임을 얻었다. 중평 5년(188)
8월에 영제는 서원에서 건석을 우두머리로 서
원 8교위를 설치했다. 소황문 건석은 상군 교
위, 호분 중랑장 원소袁紹는 중군 교위,
둔기 교위 포홍鮑鴻은 하군 교위, 의랑
조조曹操는 전군 교위, 조융趙融은 조

을 내고 벼슬을 산단 말
입니까. 전부 제가 연락
했기에 이런 값이라도
받은 건데 도리어 만족
을 모르시네요!" 관직
의 매매란 결국 관리를
임명할 때마다 해당 임
직 관리에게 서원에 상

**조각이 정밀한 박산로**

박산로博山爐는 또 향로·훈로라고도
한다. 박산로의 덮개는 높고도 뾰족하
며 향로의 몸체는 속이 빈 산 모양이
다. 박산로란 외면에 길짐승과 새를 조각, 바
다의 선산 박산을 상징해 명명된 것
이다. 향을 태울 때 연기가 텅 빈 산
모양의 덮개 구멍에서 발산되어 신
선의 기가 감도는 듯한 느낌을 주
어 사람들에게 자신이 선경에 이른 듯
느끼게 한다.

177년

선비鮮卑가 한나라 변경을 삼면으로 교란하여, 한나라 군사가 각각 출격하여 크게 격파했다.

중국을 말한다

**서원의 관작 매매**

우매하기 그지없는 한 영제는 환관을 신임하고 먹고 마시고 노는 일밖에 몰랐다. 재물을 모으기 위해 서원에 매우 특별한 가게를 차렸으니 돈 있는 자는 공개적으로 이곳에 와서 관직과 작위를 살 수 있었다. 그들은 홍도문 밖에 방문을 내붙이고 관직의 가격을 써 붙였다. 군 태수는 2000만, 현령은 400만, 일시에 돈을 내지 못하면 잠시 외상으로 하고 부임한 후 갚도록 했다. 이렇게 돈을 내고 관직을 산 관리가 일단 부임하면 더욱 거세게 백성의 고혈을 빨아낼 것은 뻔한 일이었다. 가격을 내걸고 관직을 판 것은 한나라 영제의 '발명'이라 할 수 있다. 이에 이르러 동한 왕조의 암흑과 부패는 최고조에 이르렀다. 이 그림은 명나라 장거정의 《제감도설帝鑑圖說》에 실려 있다.

군 우 교위, 풍방馮芳은 조군 좌 교위, 간의대부 하모夏牟는 좌 교위, 순우경淳于瓊은 우 교위로 임명, 여러 교위는 모두 건석의 지휘를 받게 했다.

자세히 분석하면 영제가 설치한 8교위는 상당한 고려를 거친 직위였다. 총지휘는 친신으로서 군사를 아는 건석이고, 중군과 하군은 군사 행동의 주간으로서

본래 금군 군관인 원소와 포홍이 담임하니 자연히 익숙히 직무를 실행할 것이다. 근신 순우경과 하모가 작전을 담당하니 신임할 수 있고, 자격이 비교적 옅은 의랑 조조·조융·풍방은 전군 또는 조군을 감당해 작전의 목적보다는 보조 감리 작용을 일으키게 하는 것이다. 이렇게 총체적인 배치를 한 후 훈련을 거치고 장비를 잘 갖춘 일정 금군만 있다면 이는 얕잡아 볼 수 없는 전투 부대가 될 것이다.

이 시대 청·서주 일대에 황건 잔당이 일어나 반항했다. 한 술사의 예언에 따르면, 서울에 큰 군사 행동이 있을 것인데 두 궁전마저 피를 흘릴 것이라 했다. 당시 사람들의 관념에 따르면 모종의 행동으로 이런 무서운 재앙을 제거할 수 있다는 것이다.

이에 제일 먼저 흥분한 자가 바로 영제로, 한바탕 대규모 군사 연습으로 자신의 살기를 펴서 예언에서 말하는 불길한 기를 제압하려 했다. 이리하여 영제는 각지에서 정병을 불러다 백마사 동남쪽의 평락관 앞에 큰 단을 쌓고 위에 열두 벌 장막을 세운 높이 10장의 큰 천막을 세우고, 단의 동북쪽에 작은 단을 쌓고 위에 아홉 벌 장막을 세운 높이 9장의 천막을 세우고 두 단 사이에 수만 군사를 집결해 큰 진을 쳤다. 갑자일이 되어 영제는 친히 큰 천막 밑에 이르고 대장군 하진에게 작은 천막 밑에 이르라 했다. 영제는 친히 갑옷을 입고 갑옷을 씌운 전마를 타고 '무상 장군'으로 자칭, 진영을 세 바퀴 돈 후 떠나갔다.

●●● 역사문화백과 ●●●

**[동한 풍속 연구 저서 〈풍속통〉]**

《풍속통風俗通》은 동한 응소應邵가 지었는데 원서는 이미 대부분 유실되고 현재 10권이 있다. 주로 당시의 물산 명칭, 사회 풍속을 기술하고 고증·해석·평론을 가한 동시에 당시 사회의 불량한 사상이나 풍속에 대해 비판했다. 이는 동한 사회 풍속을 연구하는 전문 저서다.

## 서원의 주장과 외척 간의 생사 결투

평락관 연습 이후 토로 교위 개훈蓋勳은 하진에게, 황제는 총명하지만 그 신변에 교활한 자들이 있다고 말했다. 하진은 개훈과 몰래 모의해 영제 신변의 사람들을 제거하려 했다. 건석은 이 소식을 듣자 즉시 개훈을 직접 금위군에서 장안의 경조윤으로 이동시켰다. 이는 중평 5년(188) 10월의 일이다. 이듬해 4월에 건석의 배정으로 영제는 대장군 하진을 장안에 파견, 군사를 거느리고 자중하며 조정에 복종하지 않는 한수韓遂를 토벌하게 했다. 하진은 동방의 황건군을 토벌하러 간 원소가 돌아온 후에야 출발할 수 있다고 핑계를 댔다. 나이 34세인 영제가 갑자기 '중병'에 걸렸다. 조정 대신들은 황제의 병을 치료하러 가는 것이 아니라 황위 계승자를 선발하기에 급급했다.

영제는 적지 않은 아들이 있었다. 하 황후는 유변劉辯을 낳고, 왕 미인은 유협劉協을 낳았다. 영제는 유변이 경박해 황제로서 위엄이 부족하므로 유협을 계승자로 세우려 했고, 대신들은 모두 하진의 눈치를 보므로 자연히 하 황후 소생인 유변을 세우려 했다. 영제는 임종 시 건석에게 부탁해 유협을 황제로 세우려 했다. 영제는 가덕전에서 붕어했다.

당시 건석은 바로 궁중에서 먼저 하진을 죽인 후 유협을 옹립하려고 사람을 파견해 하진을 입궁하도록 청했다. 뜻밖에 건석 수하의 사마 반은潘隱이 하진과 교분이 깊어 하진을 청할 때 눈을 끔쩍거려 보였다. 하진은 알아차리고 위병을 입경한 주·군 사자의 숙소인 '백군저百郡邸'에 주둔시키고 병을 핑계로 나가지 않았다. 유변은 황후의 소생이므로 자연히 제위를 계승했다. 그가 바로 소제小帝인데 그때 나이 14세로, 하 태후가 집정했다. 얼마 안 되어 하진은 영을 내려 건석을 주살했다.

영제는 놀음에 깊이 빠져 관직을 매매하고 환관이

**한나라 시대 잡극 그림**

한나라 시대에 성행한 잡극이 벽돌에 표현되고 있다. 명삭 희극 수레는 당시 유행한 잡기의 일종인데 '차당車幢'은 대형 잡기 종목으로 난이도가 제일 높다. 화면 중 '차당' 장면에서 두 수레에 각각 막대기를 하나씩 세우고 두 수레 사이의 밧줄에 한 사람이 서 있다. 수레와 막대기와 밧줄이 연결되어 있고 출연자가 흔들리며 달리는 수레 위의 막대기와 밧줄 위에서 아슬아슬한 동작들을 연출하고 있다.

조정을 어지럽히도록 허용해 민원이 들끓었고 동한 왕조를 붕괴에 직면하게 하는 동시에 아무런 방법도 없게 했으니 그의 책임은 면할 길이 없다. 그러나 영제는 외척·환관·조정 대신의 3대 세력 간에 끼어 있었다. 그의 일부 행위는 한 군주로서 자신의 응당한 권력인 황위 계승자 선택권을 위해 최대한 드러내지 않고 항쟁을 했음을 반영하고 있다. 동한 말년의 그런 정치 현실 아래 평민 백성이 영제와 같은 황제를 만난 것은 일종의 재난이며 영제가 외척·환관·조정 대신 등 3가지의 조화롭지 못한 세력으로 구성된 거대한 역량에 직면한 것 역시 일종의 재난이다.

●●● 역사문화백과 ●●●

**[서예가 정묘한 조전비]**

조전비曹全碑는 동한 중평 2년(185)에 옛 속리 등이 공동 출자해 세웠는데 예서로 음각하고 비석 머리는 전서체를 썼다. 내용은 주로 조전의 가족 기원을 칭송하는 어조로 그 사적을 기술했다. 서예가 정묘하고 글자체가 원활하다. 현재 섬서성 서안西安 비림碑林에 보존되어 있다.

# 073

## 황제의 외삼촌이 된 백정

빈한한 출신의 하진何進은 한 왕조의 장례에 말려들 줄은 생각지도 못했다. 만약 그가 그 정도로 우매하지 않고 실수하지 않았더라면 소멸된 것은 아마 한 무리 환관에 지나지 않았을 것이다.

### 황제 외삼촌의 공로

하진은 남양南陽군 완성宛城 사람으로 가족은 양을 도살하는 백정이었다. 그의 배다른 여동생이 미인 선발에 뽑혀 입궁하고 귀인으로 영제의 총애를 받게 되어 하진은 외척으로 낭중, 호분 중랑장, 영천 태수 등의 벼슬을 했다. 하 귀인이 황후로 책봉된 후 하진을 도성에 불러들였는데 시중, 하남윤 등 관직이 그다지 높은 편은 아니었다. 중평 원년(148)에 황건 봉기가 일어날 때 한나라 영제는 이 외척을 대장군으로 승진시켜 직접 도성 지역의 위수 사무를 주관하게 했다. 마원의가 낙양성에 잠입해 환관을 부추겨 큰 혼란을 일으키려 할 때 평소에 항상 환관의 행동을 주시하던 하진이 이 음모를 발견하고 즉시 마원의를 주살했다. 이는 은연 중 도성 지역이 전쟁터가 되지 않도록 보호한 공이 되어 하진은 신후愼侯에 책봉되었다.

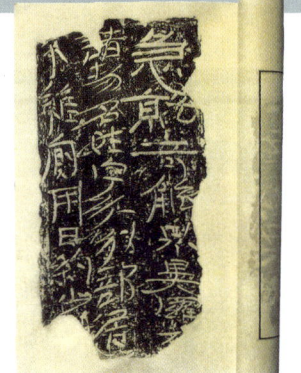

### 노복을 자르다

황건 주력은 붕괴되고 장각 삼형제는 죽었지만 천하는 여전히 혼란 상태에 처해 있었다.

원래 하 황후는 황자 변辯을 낳고, 왕 미인은 황자

협協을 낳았다. 영제는 황자 협을 건석에게 부탁했다. 1년 후 영제가 죽자 건석은 하진을 죽이고 황자 협을 옹립하려 했다. 그러나 하진을 죽이지 못한 건석은 눈을 멀쩡하게 뜨고 하 황후가 황자 변을 황제로 책립하고 그녀 자신이 태후로 집정하는 것을 보고만 있었다. 하진은 태부 원외와 함께 보좌하면서 상서 일을 처리해 군정 대권을 장악했다.

건석은 자신의 세력이 외로워지자 중상시 조충趙忠에게 연락해 하진을 제거하려 했다. 그러나 중상시 곽승郭勝은 하진의 동향 사람으로 도리어 조충에게 건석의 음모에 가담하지 말라고 권했다. 하진은 황문령에게 명해 건석을 주살했다.

### 환관과 함께 멸망하다

하진은 건석을 제거한 후 원소·원술袁術·방기逄紀·하옹何顒·순유荀攸 등과 함께 환관들을 숙청하려 획책했다. 그러나 하 태후와 하진의 동생 하묘는 평소에 환관의 회유를 받아 하진의 계획을 지지하지 않음

**벽돌에 새긴 《급취편》 탁본 (위 사진)**

《급취편急就篇》은 한 원제 때 황문령 사유史遊가 지은 식자 교재로 알려져 있다. 도합 34장으로 성명, 음식, 기물 등으로 분류되었다. '급취'는 첫머리 두 글자를 따서 책이름으로 한 것이다. 현존 《급취편》은 도합 2144자로 삼언·사언·칠언의 운에 따라 당시 상용하는 물건의 명칭이나 성씨를 한데 묶어 기억하기 좋게 한 것이다. 그림은 동한 시대 벽돌 조각 《급취편》의 탁본이다.

---

**●●● 역사문화백과 ●●●**

**[한나라 특유의 관료 계통 – 조관]**

조관朝官은 중조관과 외조관으로 구분한다. 무제 때 신변의 시위 근신에 관직을 주어 원래의 직무 외에 또 시중 상시 등 명칭을 주어 승상의 권력을 약화했다. 이런 작법은 시위 근신의 지위를 높이고 그 권력을 팽창시켜 점차 독립 체계를 형성, 이를 중조관이라 불렀다. 그 외 관원은 승상 이하 일률로 외조관이라 불렀다.

중국을 말한다

《후한서後漢書·하진전何進傳》  출전

동한

은 물론, 도리어 일마다 방해했다. 하진은 조야에서 두루 명성을 떨쳤지만 궁내에서는 질질 끌면서 환관 세력을 공격하지 못하고 있었다. 더욱 주요한 것은 하진 수하의 모사들이 제 노릇을 하지 못하는 점이다. 조조는 능력이 있지만 지위가 낮았으므로 대장군 앞에서 무슨 말을 할 수가 없었고, 원소는 명성이 매우 높았지만 사실은 평범한 인재였다. 원소는 하진에게 '멍청한 계책'을 올렸는데, 그건 바로 지방의 맹장 호걸들에게 군사를 거느리고 입경해 태후를 핍박해 간언을 받아들이게 하려는 것이었다. 놀랍게도 하진은 이를 상책으로 간주했다. 이때 대장군부의 주부로 있는 진림陳琳이 나서서 말렸다. "대장군 수하의 병력으로 환관 몇을 없애면 난로의 부지깽이로 머리카락을 태우는 것처럼 간단한데 어찌 바깥 세력을 끌어들인단 말인가? 일단 외병이 회합하면 강한 자가 먼저 군주가 될 터이니 꼭 난이 생기게 된다!" 하진은 '멍청한 계책'에 완전히 빠져 버려 이런 간단한 도리마저 인정하지 않았다. 이리하여 그는 감숙 서부의 동탁董卓에게 군사를 거느리고 입관하게 하고, 동군東郡 태수 교모橋瑁에게 성고成皇에 주둔하게 하며, 또 본래 성중에 있던 정원丁原에게 황하 강변의 맹진구孟津口에 가서 불을 지르게 했다.

하묘가 한창 형에게 경거망동하지 말라고 권고하는데 장양張讓을 우두머리로 하는 10명의 환관 집단은 벌써 먼저 손을 쓰기 시작했다.

장양의 양자는 하 태후의 여동생을 아내로 맞았는데 장양은 며느리에게 먼저 하 태후를 모시고 안정시키게 하고서 자신은 단규段珪 등 수십 명 중상시를 거느리고 무기를 휴대해 상서성에 잠

입했다. 그는 하진이 들어오자 바로 앞에 다가서며 "어찌 은혜를 원수로 갚아 선제 앞에서 자신을 보호한 적이 있는 이런 소인들을 살해하려 드는가, 궁중의 환관이 더러운 소인이라면 공경 대신 중 충성 청백忠誠淸白한 자는 도대체 몇이나 되느냐?" 하며 질책했다. 장양 등은 하진의 머리를 베어 버렸다. 장양, 단규 등은 또 사람을 상서성에 파견해 조서를 발부, 자기들의 앞잡이를 사예 교위와 하남윤으로 임명하려 했다.

상서들은 의문이 들어 대장군에게 나와 의논하자고 했다. 환관들은 하진의 머리를 담장 밖으로 상서성에 내던져 보냈다. 이때 궁문 밖에 있던 하진의 부장 오광吳匡, 장장張璋과 원소 형제, 하묘 등은 자신이 직접 부하들을 거느리고 궁중에 돌입해 환관을 죽여 버릴 수밖에 없었다. 나중에는 수염이 없는 남자라면 전부 죽여 버렸다. 환관을 다 죽이자 감숙 서부의 동탁도 3000명의 갑사를 거느리고 입경했다. 동탁이 하 태후를 죽이고 소제 유변을 폐위하고 유협을 황제로 옹립하니 그가 바로 헌제獻帝다. 동탁은 서울의 정세를 통제했다.

모든 것이 진림이 예견한 대로였다. 외척 하씨가 멸망하고 환관도 모두 소멸되고 동한 왕조도 실제적으로 멸망했다. 남은 문무백관과 금방 입경한 동탁은 명의상 여전히 한나라의 신하지만 본질적으로 이미 중원 패권을 쟁탈하는 할거 세력이 되었다.

**위엄스러운 표정의 기마 용**

이 기마 용은 감숙성 무위武威 뇌대雷臺에서 출토된, 기병 호위대의 한 성원이다. 말은 높고 웅장하고 머리를 쳐들고 버티고 섰는데 머리의 장식도 기세를 돋운다. 오른손에 극을 든 병사는 기병의 위무당당한 자태를 표현하고 있다. 감숙성 박물관에 소장되어 있다.

# 074

## 십상시

환관의 출현은 군주의 요구에 의한 것이며, 환관의 악행 역시 군주의 종용에 의한 것이다. 정직한 자와 악한 자 모두가 환관을 없애려 했으니 십상시十常侍는 어쨌든 철저히 소멸되기 마련이었다.

왕이나 황제는 모두 적지 않은 규모의 후궁이 있었는데 엄인, 즉 거세한 남자들이 궁중의 여인을 관리하게 되어 있었다. 이런 엄인을 환관이라 한다. 서한 시대에 전성殿省 등 중추 기구가 궁전과 외조外朝 사이에 가로놓여 있었기 때문에, 특히 태후가 집정하는 경우 더욱 일부 인원이 "침실에 출입하며 조서를 받들어 선고함"을 필요로 했다.

### 십상시의 유래

동한 이래 순수한 엄인을 환관으로 쓰기 시작했다. 순제 영평 연간에 환관 인원수를 중상시 4명, 소황문 10명으로 규정했다. 화제 때 두씨 외척이 권력을 독점하니 구순鉤盾은 중상시 정중鄭衆에게 황실에 충성으로 계책을 내어 두씨 가족을 제거하게 했다. 이로써 환관은 국가 대사에 참여하기 시작했고 권력도 점점 더 커졌다. 명제 때 중상시를 10명으로, 소황문은 20명으로 확대했다.

등 태후가 집정할 때 환관 권력은 최고봉에 이르러

**십상시가 권력을 독점하다**
영제 때 권력을 독점한 환관 집단을 사람들은 '십상시'라 불렀는데 12명 모두 중상시를 담임, 열후에 책봉, 권력을 독점했다. 십상시라 함은 그 큰 수를 가리키는 말이기도 하고, 화제 때 중상시 명액을 10명으로 정했기 때문이기도 하다. 백성은 착취와 압박에 못 견뎌 제각각 반항했다. 낭중 장균張鈞은 황제에 올리는 상주문에서 황건봉기군은 외척 환관의 권력 독점과 횡행 때문에 핍박에 못 이겨 폭발한 것이라고 분명히 말했다. "장각이 군사를 일으키고 만인이 이에 호응함은 모두 십상시가 그 부형·자제·친척·빈객을 주 군의 요직에 앉히고 종용해 재물을 긁어모으고 백성을 침해하기 때문에 백성이 원한을 고소할 데가 없어 도적이 된 것이옵나이다." 이 그림은 명나라 장거정의 《제감도설帝鑑圖說》에 실려 있다.

관직도 도맡고, 심지어 황위 쟁탈의 정치 소용돌이에도 달려들었다. 환제 때 환관 선초單超, 서황徐璜, 구원具瑗, 좌관左悺, 당형唐衡은 환제를 옹립하고 계책을 세워 외척 양기를 죽인 다음 같은 날에 모두 열후로 책봉되었다. 이에 환관의 위력은 외척을 넘어섰다. 5후 이후 또 후람侯覽, 왕보, 조절 등 고위급 환관들이 조정을 교란해 선비와 정직한 조정 대신을 박해하는 당고의 난을 일으켰다. 이와 동시에 장양張讓, 조충趙忠을 위시하여 하운夏惲, 곽승郭勝, 손장孫璋, 필람筆嵐, 율숭栗嵩, 단규段珪, 고망高望, 장공張恭, 한회韓悝, 송전宋典 등 12명의 환관 세력이 조야에서 악행을 저질렀는데 당시 사람들은 이들을 '십상시'라 불렀다.

중국을 말한다

《후한서後漢書·장양전張讓傳》  출전

**음식 문명의 길고 긴 원천 – 동한 주방 석각 그림**
이 그림은 우리에게 동한 시대의 음식 기구와 당시의 요리 기술,
음식물의 복잡한 조리 과정을 보여 주며, 또 당시 음식 문화가 상
당히 발달했음을 설명하고 있다.

## 짐의 부친과 모친

십상시는 환제桓帝, 영제靈帝 기간에 궐기했다. 장
양, 조충 두 사람은 어려서부터 궁정과 조정 사이의
상서성에서 심부름을 했고 환제 때 소황문이 되었다.
영제 때 두 사람은 또 중상시로 승진하고 열후를 봉했
다. 당시 장양, 조충은 세력이 일어난 후 조절, 왕보
일파와 서로 결탁하면서 앞 다
투어 악행을 저질렀다.

조절이 죽은 후 조충이 그의
대장추大長秋 직위를 인계받았
고, 이로써 십상시는 궁중을
장악했다. 그들의 자제·부형
은 모두 주·군에서 큰 관리를
담임, 독직과 폭행을 저질러
사방에 피해를 끼쳤다. 영제는
소년 시절에 입궁해 장양, 조
충의 인도 아래 마음껏 놀고
재물을 긁어모았는데, 어리고
세상일을 모르다 보니 늘 "장
상시는 짐의 부친, 조 상시는
짐의 모친이라"고 밀했다.

황제의 종용 아래 십상시는 마음 놓고 재물을 긁어
모으고 악행을 저질렀다. 심지어 저택의 규격마저 황
궁과 똑같게 지었다. 영제가 우연히 영안후대永安侯臺
에 놀러 가려 했다. 십상시는 영제가 대 위에서 자기
들의 저택을 바라볼까 봐 중대인中大人 상단尙但에게
참위의 말을 인용해 간하게 했다. "황제는 높이 오르
면 아니 되거늘, 높이 오르면 백성이 흩어지느니라."
이로써 영제는 감히 대에 올라 유람하며 놀지 못했다.
장양이 득세한 후 부자들은 벼슬을 하기 위해 그의 집
에 찾아가 뇌물로 관직을 받을 수 있었다.

황건黃巾 봉기군이 일어난 후 중상시 봉서封諝와 서
봉徐奉이 황건 봉기군과 내왕한 일이 드러나 영제는
화를 내며 장양 등을 책문했다. "그대들은 늘 당인들
이 반역을 꾀한다면서 등용을 금하고 참하려 하지만
지금 당인들이 국가를 위해 힘을 내며 황건을 진압하
고 있는데, 그대들은 도리어 장각과 결탁하고 있으니
이는 그래 참수할 일이 아닌고!" 장양 등은 머리를 조
아리며 말했다. "이는 모두 죽은 중상시 왕보, 후람의
부하이옵나이다." 이에 영제는
더 추궁하지 않았다. 낭중 장
균張鈞은 글을 올려 천하 백성
들이 황건 봉기군을 잘 따르는
것은 십상시가 백성을 해치기
때문이므로 십상시를 주살해

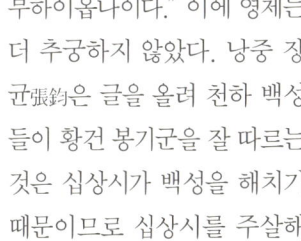

**생활 분위기가 넘치는 시녀 용**
이 도기 용은 한 시녀가 왼손에 음식
쟁반, 오른손에 술잔을 받쳐 들고 손
님에게 드리는 모습을 표현하고 있다.
시녀는 두 무릎을 꿇고 머리에 꽃을
꽂고 얼굴에 웃음을 띠고 있는데, 자
연스럽고 가벼운 일상의 분위기를 가
득 풍기고 있다. 이 도기 용은 졸렬한
작품 속에 교묘한 의미를 내포하는 방
식으로 간결한 수법으로 주제를 반영
하고 있다.

동한

8~220

| 중국사 연표 |

188년

영제가 서원西園 8교위를 설치, 소황문 건석을 상군 교위로 임명했다.
이듬해에 영제가 죽고 하진이 건석을 죽였다.

**유쾌한 노동 – 밀가루 반죽**
이 도기 용은 꿇어앉아 밀가루를 이기는
형상을 표현하고 있다. 그는 두 소매를 높
이 걷고 정서가 유쾌하고 기운이 솟구치고
눈과 입에서 기쁨의 빛을 뿌리고 있다.

천하에 사죄해야 한다고 말했다. 그러나 장균은 황건의 도를 배운다고 무고당해 도리어 주살되었다.

장양, 조충은 천하의 토지세를 1무당 10전씩 올리고 이 돈으로 궁실을 건설하도록 영제를 부추겼다. 또 자사·태수·무재·효렴의 임명 또는 승진 시 모두 서원에 군비 지원금과 궁정 건설비를 바치게 하고, 그렇지 않을 경우 임명하지 않았다. 하내河內 태수 사마직司馬直이 부임하기 싫어 독약을 먹고 자살하니, 영제는 그제야 잠시 수금을 정지한다고 선포했다.

## 사라진 환관 세력

영제가 죽은 후 외척 하진은 자기의 생질 유변을 황제로 옹립하고 소황문 건석을 주살했다. 원소는 이 기회를 타서 환관을 전부 죽여 버리라고 권고했으나, 천하 맹장 및 토호를 입경시켜 환관을 없애자고 권유했다. 주부 진림陳琳이 이는 남에게 칼자루를 넘기는 것으로 큰 화를 초래한다고 말렸으나 하진은 도무지 듣지 않았다. 그러나 하진은 장양의 계책으로 장락궁에서 살해되었다.

사예교위 원소는 군사를 풀어 환관을 몰살했는데 궁중에서 죽은 자가 2000명에 달했다. 심지어는 아직 수염을 기르지 않은 관리들마저 화를 면하지 못했다.

장양, 단규는 소제 유변과 진류왕 陳留王 유협劉協 등 수십 명을 납치해 북문을 빠져나가 황하 나루터로 달아났다. 상서 노식盧植과 하남 중부연 민공閔貢이 군사를 이끌고 강변까지 뒤쫓았다. 민공은 소리 높여 장양을 질책했다. "지금 즉시 죽지 않으면 내가 너를 죽일 테다!' 말을 마치자 바로 검을 들어 몇 사람을 베었다. 장양 등은 손을 교차하며 큰 예를 표했다. 고대 사람들의 습관에 의하면 자살은 일종 고상한 죽음이고 타인의 손에 죽는 것은 치욕으로, 민공이 이렇게 함은 바로 장양 등에게 자존의 죽음을 남겨 주는 것이었다. 연후에 장양 등은 소제에게 절을 하며 작별했다. "신 등은 죽으려 하오니 폐하께서 진중하옵소서." 말을 마치고 장양, 단규 등은 황하에 뛰어들어 죽었다.

동한 변태 세력의 최후 집단으로서 십상시는 조정에서 20여 년간 악행을 저지르고 마침내 연기처럼 사라졌다. 하씨 외척도 동시에 멸망했다. 조정 대신 중 유력한 소장파들은 할거 세력의 우두머리 또는 핵심 인물이 되었다. 이어 황제로 즉위한 헌제 유협은 평생 군웅할거의 전란 속에서 동한 왕조의 종말을 기다리게 되었다. 이는 33년이 지난 후의 일이다.

●●● **역사문화백과** ●●●

**[돌사람·돌짐승]**
양한 시대의 장례 습관에 돌사람·돌짐승은 신도神道 양쪽에 안치하는데 동한 시대에 아주 유행했다. 돌사람은 형태가 높고 크다. 예를 들면 섬서성 서건릉西乾陵 신도에 보존되어 있는 돌사람이 그러하다. 돌짐승은 새, 말, 사슴 등 각종 동물을 모방했는데 말이 가장 많이 보인다.

중국을 말한다

# 075

《후한서後漢書·동탁전董卓傳》 출전

## 동탁 정전正傳

동탁董卓은 그저 용맹과 지모를 갖춘 변경 장수에 불과하여 외척·조정 대신의 무능함이 아니라면 그는 꿈에도 궁전에 들어서지 못했을 것이다.

동탁은 역사상 죄가 많고 잔인하고 포악한 자로 간주되고 있다. 사람들은 동한 말년의 국가 붕괴를 모두 그의 책임으로 기록하고 있다.

그러나 자세히 분석하면 모두 그런 것만은 아니다. 동탁의 전傳을 쓴 《후한서》의 저자 범엽范曄은 결말에서 이렇게 평론했다.

"동탁은 천하가 혼란한 시대에 사회 준칙을 위반하고 서울 지역을 뒤죽박죽으로 만들었다. 그의 포악한 성격에 따른다면 천하 사람을 다 죽인다 해도 만족을 모를 것이다. 그러나 그는 자신을 억제하고, 현명한 선비를 등용하며, 조정의 권력을 독단하는 나쁜 일을 할 때 이모저모 고려하기도 했는데 이 역시 '도적도道가 있다'는 말과 다소 관련된다. 그가 죽은 뒤의 잔존 세력 이각李傕·곽사郭汜는 난세를 틈타 날뛰며 두 서울 지역을 완전히 불태워 버렸는데 이때 천하 재난은 비로소 극도에 달했던 것이다." 범엽의 이야기도 어느 정도 맞을 것이다.

### 정치 중추에 진입한 변경 장수

동탁은 감숙 임조臨洮 사람으로 천성이 포악하고 용맹하면서도 지모가 있었다. 환제 말년에 그는 명장 장환張奐의 군사 마로 있으면서 한양군 일대의 반란 강족을 진압해 9000필의 비단을 상으로 받았는데 전부 부하들에게 나눠주었다. 후에 그는 거기 장군 장온張溫을 따라 북궁 백옥伯玉·변장邊章·한수韓遂의 반란을 반격하고, 감숙·경기 지역에서 한수·마등馬騰의 반란을 반격해 점차 명성을 날렸다. 영제 말년에 조정은 그를 조정 대신으로 위임해 그의 병권을 해제하려 시도했으나 성공하지 못했다.

영제가 죽은 후 하진은 동탁을 불러 입경하게 했다. 동탁은 3000명의 갑사를 거느리고 낙양에 입성, 유협을 헌제로 옹립하고 자신은 영제의 생모 동 태후와 친척으로 지냈다. 동탁은 재빨리 하진·하묘何苗의 나머지 부대를 수용하고, 또 집금오 정원丁原의 부장 여포呂布를 매수하여 정원을 죽이고 도성 위수 부대 통제권을 장악했다.

### 동 태사의 치적과 죄악

동탁은 사도 황완黃琬·사공 양표와 함께 황제에 상서해 진번·두무 및 당인 2대 사건의 시정을 청구하여 일시 여론은

**동한 시대 쟁반춤 벽돌 그림**
하남성 신야新野에서 출토되었다. 직사각형 벽돌이다. 그림 중 여기女伎는 머리를 높게 쪽지고 허리를 졸라매고 허리에 버들잎 모양의 채색 장식 띠를 맸다. 발밑에 여섯 개의 쟁반과 한 개의 북이 있는데 두 발은 쟁반과 북 위를 밟고 서서 긴 소매를 저으며 너울너울 춤을 추고 있다. 한 남자 배우가 한 다리를 꿇고 두 팔을 앞으로 내밀며 머리를 처들고 여기와 마주 보며 춤을 추고 있다. 옆에는 술잔과 세발솥이 놓여 있다

동탁에 대해 크게 찬양했다. 동시에 동탁은 조정에서 주필周毖을 이부 상서로, 오경伍瓊을 시중으로, 정태鄭泰를 상서로, 하옹何顒을 장사로 임명하고, 특히 파격적으로 순상荀爽을 사공으로, 본래의 당인인 진기陳紀·한융韓融 등을 경으로 등용했다. 동탁 자신의 부하는 보통 장교에 불과했다.

동탁은 양주涼州 군사들이 낙양 일대의 부잣집에 들어가 재물을 약탈하고 부녀를 간음함을 종용하면서 이를 "옥을 수색한다"고 칭해 부잣집에서 인심이 흉흉하게 했다. 하 태후가 피살되어 영제의 문릉文陵에 부장되어야 하는데 동탁은 문릉의 부장 보물을 전부 약탈했다. 동탁은 또 늘 입궁해 공주를 간음하고 궁녀를 빼앗았고 평소에 형벌을 남용해 조정 백관을 불안하게 했다.

어느 날 양주 군사는 양성 사람들이 모두 저잣거리에 있는 것을 보고 전부 죽여 버리고, 그 수급을 수레에 걸고 부녀자들을 수레에 태워 흔들거리며 병영에 돌아왔다. 동탁은 이미 오랫동안 사용된 오수전을 포기하고 작은 동전으로 고쳤는데, 규격이 맞지 않아 시장이 혼란해져 쌀 1석에 수만 전까지 했다.

동탁의 마구잡이 짓은 조정 대신과 지방 관원들의 반대를 불러일으켰다. 원소·조조 등은 반동탁 연맹을 결성했고 동탁이 파견한 지방 고관들도 '의군'에 참가, 조정의 오경·주필과 내응했다. 동탁은 크게 놀라 소제 유변을 독살하고 오경·주필을 처형했다. 그리고 조정 관원들과 함께 도읍을 장안으로 옮길 것을 의논했다. 도읍을 옮기는데 수백만 명이 고생하며 시체가 들판에 나뒹굴었다.

여포는 명을 받고 황제의 능과 공경의 묘를 파헤쳐 보물을 수집했다. 산동 '의군'의 선봉 손견孫堅이 낙양에 진입했을때 성내는 이미 부서진 기와 조각 천지였는데, 뜻밖에 궁중에서 한나라의 전국 옥새를 찾아냈다.

## 다만 한 창에 달린 정국

동탁은 장안에 이른 후 더욱 거리낌 없이 방종하고 향락을 누리며 정적을 주살했다. 왕윤王允·사손서士孫瑞·장온張溫을 우두머리로 하는 조정 대신들은 동탁을 주살하려 모의했는데, 사전에 동탁이 먼저 장온을 주살했다. 왕윤·사손서는 여포를 매수하고 미앙궁에서 연회를 차려 동탁을 죽이려 했다.

연회를 거행하는 날 동탁이 출발하는데 말이 자꾸 놀라 그의 작은 첩이 연회에 참석하지 말라고 했으나 그는 기어이 참석했다. 북액문에 이르니 말이 아예 걸음을 멈추고 나아가지 않았다. 동탁은 놀랍고도 의심스러워 바로 돌아가려는데 여포의 권고를 듣고 다시 돌아섰다. 동탁이 금세 북액문을 넘어서자 매복해 있던 기도위 이숙李肅이 수십 명 용사를 거느리고 포위하면서 긴 창으로 동탁을 찔렀다.

그러나 동탁은 옷 속에 갑옷을 입어 몸은 상하지 않고 그저 팔을 다쳤을 뿐이다. 동탁은 수레에서 떨어지며 소리쳤다. "여포가 어디 있느냐?" 여포가 옆에서 대답했다. "조서를 받들고 도적을 토벌한다!" 동탁은 욕설을 퍼부었다. "이 개 같은 종놈아, 감히 어쩔 테냐!" 여포는 창을 들자 바로 동탁을 찔러 넘어뜨리고 용사들을 불러 머리를 베게 했다. 병사들은 만세를 불렀고 시민들은 춤을 추고 노래를 부르며 경축했다. 동탁의 시체는 저잣거리에 팽개쳤다. 동탁과 미오에 거주하던 가족도 전부 피살되었다. 원외의 문하생·빈객들이 동탁 가족의 시체를 한데 쌓아놓고 불태워 그 재를 큰길에 뿌렸다. 미오에서 황금 2만~3만 근, 백은 8만~9만 근을 찾았다.

동탁의 양주 부하 이각·곽사·장제張濟·번주樊稠 네 장수는 장안으로 반격해 여포를 몰아내고 한 헌제 유협을 수중에 장악해, 장안·낙양 일대의 관리와 백성을 또 한 차례 극히 비참한 지경에 빠지게 했다.

# 076

《사고전서총목四庫全書總目 · 자부子部 · 의가류醫家類》  출전

## 의성 태수 장중경

어린 장기張機는 고향 남양南陽에서 전염병이 유행하여 수많은 목숨을 빼앗아가는 것을 목격하고 훌륭한 재상이 되지 않으면 훌륭한 의사가 되겠다고 뜻을 세웠다. 그 후 그의 관직은 장사 태수까지 이르렀는데 그는 제자들을 거느리고 병을 치료해 사람을 구하는 의료 사업에 뛰어들었다.

장기는 자가 중경仲景이고 남양 사람이다. 남양은 지금의 하남성에 속한다. 장기는 어려서부터 유가 경전을 숙독, 동시에 남양 장씨가 대대로 의술을 했기에 가족 중 명의 장백조張伯祖에게 의술을 배웠다. 장기는 일찍이 효렴에 뽑혀 벼슬을 했는데 청렴하고 민간의 질고에 관심을 가져 민중의 깊은 사랑을 받았다. 동한 말기에 벼슬이 장사 태수에 이르렀다. 그가

늘 나다니며 병을 치료해 사람을 구했기에 사람들은 그를 의사로만 알고 태수인 줄은 모르고 있었다. 사서는 그를 위한 전傳마저 쓰지 않았던 것이다.

### 전염병의 유행

장중경이 장사 태수로 부임한 때는 바로 동한 조정 환관들의 독단독행이 최고봉에 이르렀을 때로서 정치가 어둡고 황건 봉기군과 군벌할거가 일어나서 천하가 크게 혼란한 때였다. 그의 고향 남양으로부터 장

### 의성醫聖 장중경 – 하북성 안국 양왕전 소상

장중경(약 150~219), 이름은 기, 자는 중경, 남양군 열양涅陽, 지금의 하남성 남양시 사람이다. 어려서부터 배우기를 즐겨 뭇 서적을 읽고 특히 의학을 즐겨 연구하여, 명의 장백조를 스승으로 모셨다. 장중경은 총명하고 지혜로우며 현덕을 구비해 백성의 질고에 무척 관심을 가졌다. 환자가 날로 많아짐을 본 그는 분망한 공무 중 시간을 짜내어 매월 초하루와 15일이면 대당에 앉아서 백성의 병을 치료해 주고 한 푼도 받지 않았다. 이것이 바로 "대당大堂에 앉다"라는 단어인 '좌당坐堂'의 유래이다.

### 《신농본초경神農本草經》

《신농본초》라고도 하며 줄여서 《본초경》, 《본경》이라 부른다. 한 사람의 한 시대 작품이 아니며 '신농'은 빌린 이름이다. 전국 시대 및 진한 시대 의약학자들이 약학 자료를 부지런히 수집해 나중에 종합하여 책이 되었다. 서례(서록이라고도 한다) 1권, 본문 3권으로 구분된다. 약물 365종을 수록, 그중 동물 약재 67종, 광물 약재 46종이다. 내과, 외과, 부인과, 소아과 등 학과를 포괄한 병증 약 170여 종을 언급했다. 본서는 효능과 독성의 차이에 따라 약물을 상·중·하 3품으로 구분했다. 이는 중국 약학사상 최초의 약물 분류법이다. 중국 최초의 약물학 전적으로 책에서 주장한 약물학 이론과 용약 원칙은 대부분 정확하며 높은 과학적 가치를 가지고 있다. 본서는 중국 고대 약물학 이론에 기초를 세우고 후세 약물학 발전에 커다란 영향을 끼쳤다.

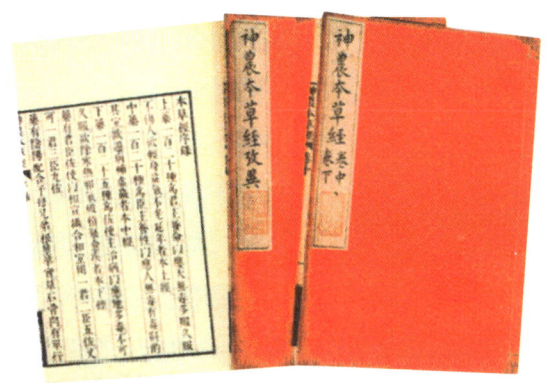

사에 이르는 광활한 지역에는 콜레라, 티푸스 등 전염병이 만연되고 있었다. 야심가들은 정권 쟁탈에 광분해 백성의 생사에 대해서는 아랑곳하는 사람이 없었다. 지방 관리로서 장중경이 유일하게 할 수 있는 일은 바로 "훌륭한 재상이 되지 않으면 훌륭한 의사가 되어" 의도醫道를 갈고 닦음으로써 병을 치료해 사람을 구하는 것이었다.

어느 날 이른 아침 장중경이 서류를 펼치고 몇 가지 공적 사무를 처리하려는데 갑자기 누군가가 정신을 잃고 쓰러진 환자를 업고 들어서면서 다급히 말하는 것이었다. "대인께서 목숨을 구해 주소서! 대인께서 목숨을 구해 주소서!' 장중경이 보니 환자는 안색이 창백했다. 그는 급히 증세를 물으며 환자를 나무 침대에 눕혔다. 위로 토하고 아래로 설사하는 증상임을 들은 그는 진맥하는 한편 불결한 음식을 먹지 않았는지를 물었다. 불결한 음식을 먹지 않았다는 말을 들은 그는 이를 바로 곽란, 즉 콜레라로 진단했다. 방에 들어가 구토, 설사를 멎게 하는 처방으로 약을 조제한 후 사람을 시켜 약을 달여 복용시키니 얼마 후 환자의 증세는 차도가 있었다. 또 한 환자가 왔는데 구토, 설

**의성 장중경의 묘**

동한의 장중경은 의술이 고명해 의성 칭호를 지녔다. 그가 지은 《상한론傷寒論》은 지금까지 여전히 경전으로 불린다. 하남성 남양시 동쪽 칠공교 서쪽에 있는 의성 묘는 지금도 향불이 꺼지지 않는다.

사 외에 열이 나고 오한이 나며 전신이 아픈 증상이었다. 장중경은 그래도 콜레라로 진단했는데 먼저 환자보다 더 엄중했다. 그래서 상기 처방에 한기를 없애고 열을 누그러뜨리는 약을 첨가했다. 이 환자를 처리하고 나니 또 한 환자가 왔는데 두 번째 환자보다 더 심해 구토, 설사, 발열, 동통 외에 또 갈증이 나서 자꾸 물을 마시려 했다. 장중경은 또 갈증을 없애는 약을 첨가했다.

연이어 세 콜레라 환자를 치료하고 나서 그는 경각

**장중경사張仲景祠**

의성사醫聖祠라고도 하는데 하남성 남양시 노성구老城區 동쪽 약 1km 되는 온량하溫凉河 강변에 있다. 문앞에 돌다리가 있는데 칠공교七孔橋라 하며 이전에 인제교仁濟橋라 했다. 이는 장중경의 묘를 중심으로 하는 집합 건축이다. 묘의 높이는 5m, 둘레는 60m인데 그 위에 정자가 있다. 묘 앞에 청나라 순치 13년(1656)에 세운 돌비석 하나가 있는데 높이 3m, 위에 "동한 장사 태수 의성 장중경 선생의 묘"라 쓰여 있다. 묘정의 남쪽은 산문인데 세 대문이 '산山' 자형으로 배열되고, 각 문은 아치형으로 쌓았다. 묘정 북쪽은 중전, 최북단은 정전, 정전 좌우 양무兩无에 각각 3간, 각 전 및 양무는 모두 경산硬山식 건축이다. 정전 내에 장중경 소상이 있고 양무에 고대 10대 명의를 모셨다. 원내에 옛 측백나무 두 그루가 있고 능소화가 그 위에 감겨 있다. 정전 서측 원내에 의림회관 옛터가 있는데, 의사들의 의술 연구 장소다.

중국을 말한다

심이 들었다. 장사군 내에 지금 한창 콜레라가 전염되고 있었던 것이다.

장중경은 콜레라 환자들을 처리하는 한편 자기의 모든 문하생을 불렀다. 그는 임상에서 콜레라를 치료하는 절차와 조리 등 경험을 전수해 함께 콜레라를 처리하게 했다.

장사군長沙郡은 티푸스가 전염된 적이 있고, 또 늘 일사병과 유사한 것도 발생했다. 장중경은 자신의 의술을 연마하고 부단히 경험을 총화해 의술을 향상시키는 한편 제자와 문하생들을 양성했다. 이리하여 그는 의술에 깊이 빠져 병을 치료하고 사람을 구하는 일에 몰두하다 보니 많은 행정 사무를 제쳐 놓게 되었다. 심지어 사람들이 그를 의사로만 알고 태수인 줄은 모를 지경이었다.

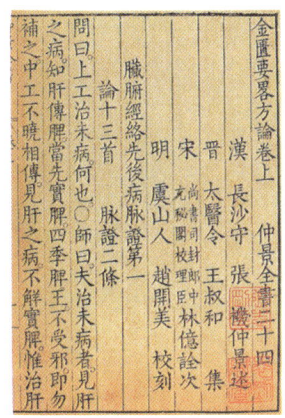
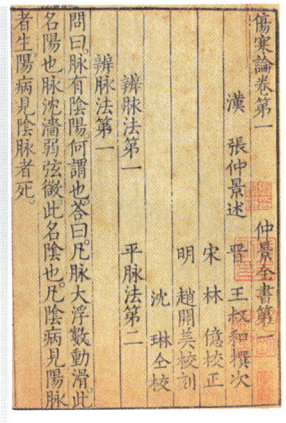

## 의약 보배 경전

장중경은 장기적인 의료 과정에 풍부한 경험을 축적했다. 그는 매번 임상 병증 약방을 일일이 기록해 나중에 대량의 의서를 축적했다. 자기의 경험을 문하생과 제자들에게 전수해 전염성과 질병에 대한 저항 능력을 확대하고, 더욱 많은 환자를 치료하기 위해 그는 대량의 의서를 총화해 의학 전문 저서 《상한잡병

론傷寒雜病論》 10권과 《금궤요략金匱要略》 24권을 완성했다. 장중경은 의서에서 먼저 질병의 증상을 서술해 질병의 시작 증상과 보편적 증상, 가장 심각한 증상을 지적한 후에 처방을 제시했다.

두 가지 의학 경전이 세상에 나온 때는 바로 군벌 쟁탈이 심한 삼국 시대여서 저서는 순식간에 흩어졌다.

진晋나라의 명의 왕숙화王叔和는 이를 정리했다. 이후 의가醫家들 속에서 전해졌고 적지 않은 의가들이 주해를 달았다. 예를 들면 금金나라의 성무기成無己는 일생의 정력으로 이 두 책을 연구하고 주석을 달았다. 장중경은 중국 고대 의성醫聖으로 존중되었고 그의 두 의서는 의학 보배 경전이 되었다.

**임상 의료의 거작 – 《금궤요략》 명나라 만력 각본과 《상한론》 명나라 만력 각본 (위 사진)**
장중경은 각지를 다니며 치료할 때 백성에 대한 각종 질병의 심각한 경과를 목격하며 티푸스에 대한 자신의 다년간의 연구를 실천해 자신의 경험을 풍부히 했다. 수십 년의 노력을 거쳐 마침내 불후의 저서 《상한병론》을 써냈다. 이는 진·한나라 이래 의약 이론의 집대성으로서 의약 실천에 광범위하게 응용되는 전문 저서이고, 중국 의학사상 영향력이 가장 큰 고전 의서 중 하나이며, 중국 첫 임상 치료학 분야의 거작이다. 후에 기나긴 연대의 유전 과정에 본서는 점차 《금궤요략》과 《상한론》 두 책으로 변이되었다.

●●● 역사문화백과 ●●●

**[여성 비녀 위의 장식물 – 보요]**
걸을 때마다 흔들리는 장식품 보요步搖는 황금·주옥 등으로 곰 등 동물의 형상을 만드는데 상층 사회 여자들의 풍채를 돋우는 데 쓰였다

●●● 역사문화백과 ●●●

**[벽사 기능을 가진 도부]**
한나라 시대 복숭아나무로 제작한 사기를 물리치는 기구인데 '도판桃版'이라고도 한다. 도부桃符는 길이가 6치, 너비가 3치이고 붉은 비단실로 감아 문에 걸어 두어 귀신을 제압한다고 한다. 이유는 복숭아나무가 5목 중의 정精으로, 벽사 기능을 가지고 있기 때문이라 한다.

8~220

동한

| 중국사 연표 |

190년 동탁은 유협을 황제로 옹립했다. 그가 바로 한나라 헌제獻帝이다. 관동의 주·군들에서 군사를 일으켜 동탁을 토벌했다.

# 077

## 평생 누명을 쓴 채백개

채옹蔡邕은 재능이 매우 많지만 보통 선비다. 그는 동탁이 횡행하던 시대에 조정의 관리로서 해야 할 일을 했다. 그러나 잔악한 동탁의 손에 죽은 것이 아니라 동탁을 무찌른 영웅의 손에 죽었다.

### 대단한 효자

후세 사람들은 채백개蔡伯喈를 부모에 불효한 죄인으로 전하는데, 이는 너무나 억울한 일이다. 사실 채백개는 대단한 효자였다. 그의 모친은 3년이나 몸져누웠다. 그는 3년 동안 계절의 변화에 따라 옷을 갈아입는 외에 옷 띠를 푼 적이 없다. 모친의 병환이 위중할 때 연이어 70일이나 침대에 누워 잔 적이 없다.

모친이 사망한 후 묘 옆에 초막을 짓고 지켰다. 이는 모두 그가 출사하기 전의 일이다. 그런데 채백개의

**불행한 운명의 채 중랑**

채옹은 동한의 대학자이다. 그는 사辭를 좋아하고 산술·천문에 정통하며, 특히 음률을 잘하고 거문고를 잘 탔다. 한 영제 때 6경 문자 교정에 참여, 석각을 서사했는데 그것이 바로 '희평석경'이다. 동탁이 정권을 독단할 때 제주로 초대되고 후에 상서·좌중랑장으로 진급했고, 고양향후高陽鄕侯에 책봉되었다. 사도 왕윤이 계책을 써서 동탁을 죽인 후 그의 죄를 함께 다스려 감옥에서 죽었다.

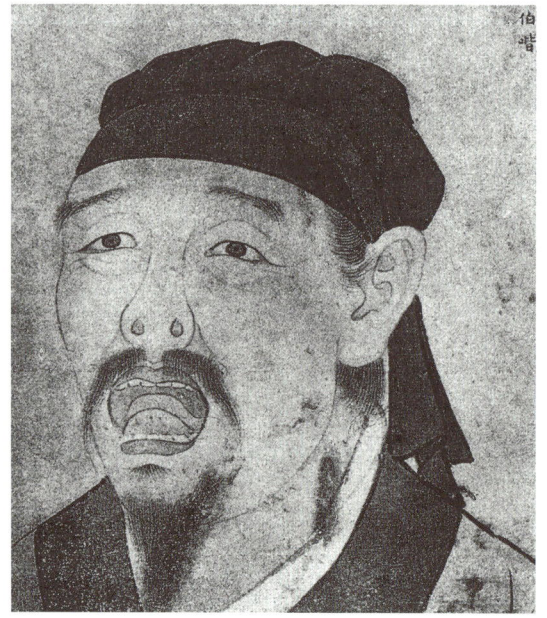

평생 누명은 '불효'라는 한 가지에만 그치지 않는다.

채백개는 이름이 옹邕이고 백개는 그의 자이다. 그는 박학하고 재주가 많으며 음률에 정통했다. 특히 문장과 사학으로 명성이 높다. 유가 6경을 직접 써서 비석에 새겨 넣어 태학 앞에 세움으로써 각지 선비들의 교정 독본으로 사용되기도 했다. 그러나 그는 사사건건 다른 의견을 제시해 미움을 샀고, 환관들은 그를 삭방군에 유배 보냈다. 후에 대사령을 만나 내지로 귀환했으나 또 환관 동생의 미움을 사서 다시 강남으로 도망가 오吳 지역에서 12년을 보냈다. 오 지역에서 그는 불에 타 그을은 오동나무를 파서 거문고를 만들었는데 그것이 바로 천고에 유명한 '초미금焦尾琴'이다.

### 동탁에게 권고하는 채백개

동탁은 채백개를 승상부의 속리로 강제 징발했다. 동탁은 잔인한 무인이지만 채옹의 재덕을 매우 존경해 그를 신임했다. 조정의 한 관리가 동탁에 아첨하느라 동탁을 '상부尙父'로 존칭하려 했는데 동탁은 경솔히 이 명칭을 접수하지 못하고 채백개를 찾아 문의

●●● **역사문화백과** ●●●

**[한나라 시대 일상 두루마기식 복장 - 첨유]**

한나라 시대 두루마기식 복장으로 안을 댄 것을 '복첨유複襜褕'라 불렀다. 일반적으로 첨유는 깃을 곧게 낸 참선용 옷이라고 알려졌다. 그 제작 원료는 천·비단실, 심지어 돼지 가죽도 사용하며 일상복이다. 황제를 알현하거나 제사 의식을 거행하는 등 성대한 장소에서는 입을 수 없다. 그러지 않으면 불경 행위로 간주된다. 서한 말기 이후 첨유는 널리 유행했다.

《후한서後漢書·채옹전蔡邕傳》 출전

했다. 채백개는 솔직히 말했다. "강태공은 주 왕조를 위해 개국 대공을 세웠기에 상부로 불리려는데, 태사께서는 상부로 불리려면 아직 이르니 관동의 반란을 평정한 후에 다시 봅시다!' 동탁은 별말 없이 그대로 따랐다. 얼마 안 되어 관동에 지진이 일었는데 동탁은 또 채백개에게 문의했다. "명공께서 타시는 수레의 규격이 너무 높아 신하가 타는 수레라고 할 수 없는데 이것이 바로 지진을 초래하는 원인입니다!' 동탁은

또 그 말에 순종해 검은색 덮개를 단 소박한 수레로 바꿔 탔다. 동탁은 채백개를 존중했고, 또 연회에서 그의 거문고 연주를 듣기 좋아했다. 채백개도 늘 기회를 틈타 권고해 동탁의 폭행을 줄여나갔다.

## 중국 역사상 첫 조문객

후에 동탁은 대신 왕윤과 여포에게 주살되고 시체가 저잣거리에 버려졌다. 채백개는 평소에 동탁이 자신을 존중하고 자신의 권고를 듣던 일을 생각하고 왕윤이 주최하는 회의에서 동탁에 대한 추모의 정을 발로했다. 성격이 동탁처럼 포악한 왕윤은 "사사로운 은혜를 마음에 품고 큰 지조를 잊는다"는 이유로 채백개를 정위의 큰 옥에 가두고 옥중에서 처형했다. 채백개는 "얼굴에 글씨를 새기거나 발을 자르는" 형으로 목숨을 부지함으로써 한사漢史를 쓸 수 있도록 해달라고 애걸했지만 소용이 없었다. 당시의 사대부들도 제각각 성원했다. 태위 마일제馬日磾는 친히 찾아와 사정하면서 이런 무고한 자를 죽인다면 민심을 잃을 것이라고 지적했다.

채백개는 결국 억울하게 죽고 말았다.

1000년 후 루쉰은 채백개를 평가할 때 이렇게 말했다. "채백개는 중국 역사상 첫 조문객이다. 그는 국민이 모두 죽여야 한다는 동탁에 대해 애도의 감정을 표시했는데 이렇게 감히 뭇사람의 뜻에 거슬리는 말을 하는 용기가 바로 세상 사람들에게 부족한 것이다."

**녹색 유약 도기 누각**
높이 99cm, 1976년 안휘성 와양현渦陽縣 대왕점大王店에서 출토되었다. 이 누각은 4층인데 3층은 북을 두는 고루鼓樓이고, 2층은 무대다. 무대는 앞 무대와 뒤 무대로 구분되고 문도 등장·퇴장용이 구분되어 있다. 앞 무대에 다섯 배우가 공연 또는 반주를 하고 있다. 이 발견은 중국 극 무대의 기점을 동한 말년으로 앞당김은 물론, 봉폐식 극 무대가 서방에서 왔다는 관점을 타파했다. 중국과 세계 희극 예술 발전사에서 모두 중대한 가치가 있다.

8~220

동한

190년 | 중국사 연표 |

동탁은 공손도公孫度를 요동 태수로 임명했다. 도度가 대족 100여 집
을 주살하고 요동후遼東侯에 평주목平州牧이 되었다.

# 078

## 명사名士의 영예

선비를 천거할 때 그 우열을 평가함은 적극적인 의의를 띠고 있다. 그러나 평가자 역시 사람이므로 허자장許子將 역시 평가자의 치욕이 되었다.

### 여론의 지지가 필요한 천거제도

양한兩漢 시대에 조정 고관의 관서에서 직접 인재를 관리로 등용할 수 있는 것 외에 주로 '선발 천거'로 관원을 보충했다. 한나라 무제 원광 원년(기원전 134)에 각 군郡·국國에 매년 효렴 각 1명씩을 천거하도록 명령했다. 한 무제 원봉 4년(기원전 113)에 또 각 주에 명해 매년 수재 1명씩을 천거하게 했다. 천거된 수재 효렴은 모두 도성에 가서 과목별로 대책을 진행한 후에야 비로소 관직을 제수한다. 그러나 선비가 벼슬길에 나서려면 그 자체가 '효' '염' '수재' 등 자질을 갖추는 외에 군현 내지 주의 범위 내에서 여론의 인정을 받아야 하니 이는 비교적 복잡한 일이었다. 예를 들면 조조曹操는 고위급 환관 조등曹騰의 손자로서 학식과 재능이 동년배를 초과했고, 명신 교현橋玄은 그를 높이 평가해 그를 난세에 천하를 안정시킬 수 있는 사람이라고 인정했다. 그러나 교현은 또 한마디 했다.

#### 저명한 효자 황향

황향黃香은 자가 문강文强으로 강하江夏 안륙安陸 사람이다. 그는 어릴 때 문장을 잘 지어 당시 유명한 신동으로 "천하에 둘도 없는 강하 황향"이라는 영예를 지녔다. 황향은 또 이름난 효자다. 그는 9세 때 모친을 여의어 부친에게 특별히 효성을 다했다. 겨울밤의 날씨가 특히 추우면 그는 우선 부친의 이불 속에 들어가 찬 이불을 따뜻이 녹인 후 부친에게 누우라 하고 여름밤에 몹시 더우면 손에 파초부채를 들고 부친의 이부자리를 부쳐 서늘하게 식혔다. 황향은 후에 위군魏郡 태수로 부임했다. 어느 해 위군은 수재를 입어 백성이 심한 고생을 겪었다. 황향은 자신의 돈과 재물을 털어 이재민을 구제했다. 이에 백성은 감동하지 않은 사람이 없었다. 이 그림은 《역대명신상해》에 실려 있다.

"군은 명성이 없으니 허자장에게 맡길 수 있겠네." 이로써 보면 천거 경로가 있고 천거될 자질을 갖추었다 하더라도 꼭 천거된다고 말할 수는 없었다. 왜냐하면 천거 제도는 지방에서 하나의 메커니즘에 지역 내의 여론의 작용에 제약을 받는다. 이런 여론은 흔히 일부 인물의 손에 통제되어 있는데 예를 들면 교현이 말하는 허자장 같은 경우이다.

### 극단으로 가는 평가

허자장이 바로 허소許劭인데, 여남汝南 평여平輿, 지금의 하남성 평여 서남쪽 사람이다. 그는 젊을 때부터 자신의 명예와 동시에 남에 대한 평가를 더욱 좋아했다. 그에게 찬양을 받은 사람은 적지 않게 이름을 날렸다. 따라서 그는 알게 모르게 인물 평가 분야의 권위자가 되었다. 심지어 그가 군내 관아에 공조功曹로 임직해도 군 태수는 그를 존중했고 같은 군의 속리들도 모두 본래의 행동거지를 고쳤다. 삼공의 가족으로 평소에 턱을 쳐들고 다니던 원소袁紹마저 외지에서 환향할 때 여남을 지나면서 일부러 수하들을 따로 보내고 자신은 한 대의 수레로 지나갔다. 이는 다름 아니라 바로 이런 여론 권위자의 말 한마디가 자신의 일생 전도를 망쳐 버릴 수도 있기 때문이었다. "엄인 환관의 후대"란 좋지 못한 평판을 듣던 조조曹操는 소문을 듣고 "겸손한 말과 중한 예물"로 그의 한마디 비평을 듣고자

《후한서後漢書 · 허정전許靖傳》
《후한서後漢書 · 허소전許劭傳》
출전

찾아갔는데 당연히 거절을 당했다. 조조가 바싹 들이대니 허소는 비로소 어쩔 수 없이 말했다. "군은 태평한 세월의 간적이요, 난세의 영웅일세." 이와 관련해 사서에도 이런 기록이 있다. "그대는 세상을 다스리는 능신이요, 난세의 간웅일세." 어쨌든 무서운 악평이었다. 실속만을 따지고 허명은 돌보지 않는 조조는 뜻밖에 너털웃음을 웃으며 떠나갔다. 그가 요구하는 것은 오직 한마디 평가 자체였을 뿐 그 내용은 상관하지 않았던 것이다.

**술의 탄생지 두강촌**
중국의 술 문화는 그 원천이 매우 먼데 두강은 양조업의 시조다. 조조는 저명한 《단가행短歌行》에서 "무엇으로 근심을 풀어 보리, 오직 두강밖에 없어라"하고 개탄했다. 이에 두강은 좋은 술의 대명사로도 쓰인다. 하남성 여양汝陽에 두강촌杜康村이 있는데, 전하는 바에 의하면 최초의 훌륭한 술이 바로 여기에서 탄생했다 한다.

## 남의 평가에 견디지 못하는 허소

그러나 남을 잘 평가하는 허소는 남의 평가도 받아야 했다.

영천潁川 사람 진식陳寔은 공평하게 처사하고 됨됨이가 정직해 자신이 억울함을 당할지언정 타인을 어려움에 빠뜨리지 않는 장자長者였다. 제2차 당고의 화가 발생했을 때 진식도 연루되었는데 남들은 모두 도망쳐 화를 피했지만 그는 도리어 이렇게 말했다. "내가 부옥되지 않으면 여러 사람이 의지할 데가 없다." 환난을 겪는 친우들을 위해 그는 결연히 옥을 찾아갔다. 그러나 허소는 영천에 갔을 때 그를 방문하려 하지 않았다. 그 이유는 진식의 일 처리는 고려하는 분야가 너무 넓어서 주도하지 못한 점을 피할 수 없다는 것이다. 이는 물론 진식의 부족한 점이지만 허소는 어찌 그를 방문하지 않았단 말인가? 솔직히 말하면 이 정직한 인사에 연루되어 화를 초래할까 봐 꺼린 것이다. 천하 사람들이 모두 탄복하고 존경하는 정직한 대신 진번이 아내의 장례를 치르러 고향에 갔을 때 고향 사람들은 모두 조문하러 갔지만 허소는 여전히 참가하지 않았다. 그 이유는 "중거仲擧는 성질이 준엄해 융통성이 적다"는 것이었다. 진번은 나중에 확실히 죽음의 화를 초래했다. 그러나 허소가 조문을 하지 않

은 원인은 여전히 연루되어 화를 초래할까 봐 두려워한 것이다. 눈길은 고명하지만 품성은 저열했다. 허소의 사촌형 허정許靖도 향리에서 인물 평가 분야의 명수였고, 어려운 자를 돕는 분야에서도 인후한 명성을 가지고 있었다. 그러나 허소는 이 사촌형과 맞지 않았고 자신이 군에서 공조를 지냄으로써 늘 허정을 배척하면서 그가 나이 순서대로 군현에 속리로 등용되지 못하게 했다. 허정은 선비로서 출사의 기회를 잃어 친히 말을 사육하고 정미소를 경영해 생계를 유지하는 수밖에 없었다. 허소와 같은 명인은 천하 사람들은 속일 수 있었지만 향리 사람들은 속일 수 없었다. 그러므로 고향에서 그의 명성은 도리어 그다지 좋지 못했다.

●●● 역사문화백과 ●●●

**[동한의 유행 무용 - 일곱 쟁반춤]**
쟁반 일곱 개를 정원에 놓고 출연자가 긴 소매를 휘두르며 쟁반 사이에서 너울너울 춤을 추는 동시에 난이도가 높은 각종 동작을 하는데 홀로 출 수도 있고 여럿이 함께 출 수도 있다. 보통 징이나 비파, 생황 등 악기로 반주하는데 여자들이 옆에서 노래를 불러 줄 수도 있고 남녀가 함께 불러 줄 수도 있다.

동한

8~220

# 079

## 사세 삼공

명문 대족을 중요시하는 시대에 '사세 삼공四世三公'은 최대의 정치 자본이었다. 동한 말년에 중원의 패권을 쟁탈하는 많은 인물 중 원소袁紹는 명성이 가장 높고 승산이 가장 큰 사람이었다.

## 사세 삼공의 명문 출신

'사세 삼공'은 원소가 늘 입에 담는 큰소리다. 그 뜻인즉, 그의 집은 고조부에서부터 사대에 걸쳐 세 사람이나 가장 숭고한 직위인 삼공을 지냈다는 것이다. 한나라 왕조가 천거 방식으로 관원을 위임했기 때문에 지주 계층에서 점차 대를 이어 벼슬하는 대족이 출현했다. 사람들은 가문의 관직 고저를 앞세우면서 자신의 사회 지위를 과시했다. 원소는 바로 그중 자신을 가장 잘 내세우는 사람이었다.

그의 부친 원성袁成은 녹이 2000석밖에 안 되는 전직 시위인 오관五官 중랑장에 불과했지만 악명이 자자한 양기에게 아첨해 무슨 일이든 할 수 있었다. 당시 백성들은 "일이 잘 풀리지 않으면 문개文開(원성의 자)에게 부탁하면 된다네"라는 노래까지 지어 불렀다. 그 아비에 그 아들이라더니 원소 역시 외척을 사귀기 좋아해 황제의 외삼촌 하진에게 투신해 중용되었다.

## 천하에 튼튼한 자는 동씨와 원씨

원소는 용모가 멋지고 평소에 큰소리를 잘치지만 사실은 지모가 부족했다. 하진은 바로 그의 말을 들었기 때문에 환관들과 결판을 낼 때 생명으로 대가를 치른 것이다. 비록 궁중의 수염 없는 남자를 전부 죽였다 하지만 자신의 졸렬한 궁리 때문에 입경한 3000명의 갑사의 우두머리 동탁에 대해서는 속수무책이었다. 기도위 포신鮑信은 이미 동탁이 발을 채 붙이기 전에 장거리 행군에 지친 군사에 대해 먼저 손을 쓰라고 권했다. 그러나 '사세 삼공'의 원 교위는 양주涼州 일대에서 여러 해 굴러 온 군벌 장군 동탁에 대해 손을 쓸 담략이 없었다.

동탁이 발을 붙이고서 공공연히 소제를 폐위하고 유협을 옹립하자고 제안했을 때에야 원소는 억지로 천하 여론이 불복할까 봐 두렵다는 이유로 불만을 표

### 지주 장원

지주 장원은 중국 봉건 토지 점유 방식과 봉건 생산 방식과 봉건 지주 생활 방식을 결합시킨 독특한 형태이다. 동한은 지주 장원이 발전한 중요한 시대다. 1971년 가을 고고학자들이 내몽골 자치구 호린게르 현에서 발굴한 동한 묘 벽화에서 한 폭의 지주 장원 그림이 출토되었다. 이는 지금까지 발견된 가장 완전한 동한 지주 장원 그림 자료로서 동한 지주 장원 생활의 정경을 사실적으로 재현했다. 묘의 주인은 동한 왕조 중앙 정부가 북방 민족 잡거 지역에 파견한 중요한 관원으로서 생전 최고 관직은 호오환 교위護烏桓校尉다. 장원 그림은 그의 만년 생활의 사실적인 묘사로, 묘 주인의 이 장원은 산과 물에 둘러싸이고 규모가 매우 크다. 그림 오른쪽 위에 넓은 전야에서 몇몇 농부가 채찍을 휘두르며 밭갈이를 하고 있다. 왼쪽 위에 뽕나무 수림 속에 높은 기와 건물들이 절반쯤 가려 있다. 울울창창한 뽕나무 수림 속에서 네 명의 부녀가 뽕을 따고 있다. 그들은 손에 바·갈고리·뽕 망태 등 공구를 들었다. 수림 밑에 네모진 늪 양쪽에 한 사람씩 서서 손에 공구를 들고 삼을 담그고 있다. 그림의 중간 아래쪽에 마구간과 소·양 우리가 있다. 광야에는 놓아 기르는 닭 무리와 돼지 무리가 있다.

《후한서後漢書·원소전袁紹傳》 출전

시했다. 동탁은 큰 소리로 꾸짖었다. "네가 감히 이럴 수가! 천하의 일이 그래 내 한마디 말이면 안 된단 말인가? 누가 감히 내 일을 반대한단 말인고!' 그래도 원소는 아주 수양 깊게 말했다. "이는 국가 대사이니 그래도 태부와 함께 의논하는 것이 좋을 듯합니다." 동탁은 또 말했다. "유씨네 후대는 더는 남겨서는 안 되겠소." 원소는 그제야 벌떡 일어났다. "천하에 튼튼한 자가 어찌 동공 하나뿐이랴!' 그 뜻인즉, 천하에 세력 있는 자가 어찌 너 동탁 하나뿐인가 하는 것이다. 이는 동탁과 한번 겨뤄 보려는 것이었다. 원소는 말하면서 손으로 섬을 잡으며 농탁에게 길게 읍하고는 궁 밖까지 걸어 나와 사예 교위의 부절을 동문에 걸어놓고 기주로 도망쳤다.

'사세 삼공' 이 도망치니 도성의 동 상국은 가만히 있을 수 없어 상금을 내걸고 원소를 잡으려 했다. 당시 동탁의 신임을 받던 주필周珌·오경伍瓊은 암암리에 동탁에게 말했다. "황제 폐위는 보통 일이 아닌 대사인데 원소가 체통을 몰라 그런 것입니다. 이제 제가 무서워서 도망친 것이니 다른 야심이 없을 것입니다. 그 가문은 '사세 삼공' 으로 문하생과 속리가 천하에 널렸는데 일단 그가 동쪽에서 무슨 거동이 있으면 천하 영웅이 모두 호응할 것이니 그때면 효산 이동은 명공의 소유가 아니외다. 차라리 그를 무죄로 사면하고 적당한 벼슬자리를 하나 안겨 주면 절대 아무 일도 없을 것입니다." 동탁은 그 말을 믿고 원소를 발해 태수로 제수하고 또 원향후邟鄕侯를 봉했다. 원소는 과연 체면을 무릅쓰고 받아들였고, 또 하진 때 제수받은 사예 교위 관직마저 지키려 했다.

## 마음이 함양에 있는 맹주

이듬해(초평 원년, 190)에 원소는 발해 태수 신분으로 사촌 동생 후장군 원술袁術·기주목 한복韓馥·예수

**소 경작과 철제 농기구의 보편적 사용**
이 그림은 내몽골 호린게르 동한 묘의 벽화 모본으로 그림에서 묘사한 동한 시대 장원의 경작 정경이다. 그림에서 보다시피 당시의 농업 생산은 이미 고도로 발달했는데, 그 대표적인 것은 소 경작과 철제 농기구의 보편적인 사용이다.

자사 공주孔伷·연주 자사 유대劉岱·진류 태수 장막張邈·광릉 태수 장초張超·동군 태수 교모橋瑁·제북 재상 포신鮑信 등 주·군 장관을 연합해 군사를 일으켜 동탁을 반대했다. 원소는 맹주로 추대되어 거기 장군에 사예 교위로 칭했다. 그들은 산조酸棗·맹진孟津 일선을 전선으로 해 동탁의 군사와 맞섰다. 동탁도 양보하지 않고 서울에서 벼슬을 하는 원외 등을 전부 멸족했다.

원소를 맹주로 하는 반동反董 연합군은 관동 의병이라 일컬으니 정의의 군대인 셈이다. 그러나 관동 의군의 참여자 조조에 의하면 "관동에 의사들이 있어 군사를 일으켜 흉악한 무리를 토벌하노니, 처음 맹진에 모였을 때 그 마음은 바로 함양에 있었더라." "권세를 보니 사람마다 다투는데 뒤이어 또 저희끼리 싸우누나. 회남의 동생은 호를 세우는데 옥새를 새기는 자는 북방에 있었구나." 본래 원소가 군사를 일으킴은 황제에 대한 충성이 아니라 진나라 말기의 항우·유방이 중원의 패권을 다투듯이 먼저 함양에 들어가 왕이 되려는 것이었다.

원술이 후에 황제로 칭한 것은 바로 그 증거다. 원소와 농탁의 속마음은 본래 같은 것이었다.

# 080

## 순리와 혹리

순리循吏와 혹리酷吏 사이에는 본질적인 차이가 없다. 다만 수단과 방식에서 멀찌감치 떨어져 있을 뿐이다.

순리와 혹리는 봉건 전제 시대의 쌍둥이 자식이다. 그들 각자의 행정 시책은 모두 봉건 왕조의 장기적인 안정을 위한 효과적인 수단에 속한다.

### 동한의 일대 순리

동한 순리 일인자는 하내河內 수무修武, 지금의 하남성 확가穫嘉 사람 위삽衛颯이다. 그는 건무 연간에 계양桂陽 태수를 지낸 적이 있다. 계양군은 남으로 교주交州와 인접, 민속이 매우 뒤떨어져 있었다.

위삽은 부임하자 바로 민간 기풍의 개화에 힘써 학교를 꾸리고 혼인 제도를 제정했다. 계양 제현 중 함광含洭·정양湞陽·곡강曲江 3현은 본래 월인越人 거주 지역으로 깊은 산골이라 교통이 단절되어 있었다. 위삽은 도로를 개척하고 역참을 건립해 백성 요역을 가볍게 하고, 간사한 관리의 화근을 제거했다. 위삽은 계양에서 연속 10년간 태수로 있었는데 군내 정사政事가 깨끗하고 조리가 있었다.

위삽의 순리 기풍은 매우 전형적이어서 "백성의 일을 도와주고, 관내 사무를 제집 일처럼 대하고, 시책이 현지 상황에 걸맞지 않는 것이 없었다."

위삽과 거의 동시대 사람으로 남양 완성 사람 임연任延이 있었다. 그는 유생 출신으로 건무 초년에 구진九眞 태수로 임명되었다. 구진은 교주에 속해 북으로 교지군交趾郡과 인접되고 남으로 일남군日南郡과 인접되어 있었다. 현지 민중은 수렵으로 생계를 유지하고 농경을 몰라 생활이 몹시 빈곤했다. 임연은 영을 내려 농기구를 제작하고, 민중에 개간 재배를 가르쳤다. 이리해 경작지가 점차 많아지고 백성의 생활이 충족해지기 시작했다. 현지 주요 주민은 개화가 비교적 늦은 낙월駱越 사람인데 그때까지 혼인 제도가 없었으므로 명확한 배우자가 없었고, 부부·부자의 관계도 잘 알지 못했다.

임연은 각 현에 영을 내려 속리들에게 모두 연령에 따라 혼인을 맺게 했는데 당시 아내를 맞은 사람이 2000여 명에 달했다. 사람들은 아들딸을 낳고서야 자신의 후대임을 알게 되어 모두 말했다. "나에게 자식을 준 이는 바로 임군이다!' 그러므로 적지 않은 어린이는 모두 '임'을 이름자로 했다. 구진 경외의 오랑캐는 구진의 상황을 보고 모두 경내에 침입하지 않았다. 임연도 그들에 대한 정찰 순라를 정지했다.

4년 후 임연은 서북 수만리 밖의 무위武威 태수로 부임했다. 임연은 부임하자 즉시 악한 짓을 하는 토호 전감田紺을 주살하고, 전감의 작은 아들 전상田尙의 무장 반란을 진압했다. 이로써 임연의 명령은 무위에서 무조건 집행되었다. 임연은 또 현지에서 1000여 명의 용맹하고 모략이 있는 인사들을

### 지위가 낮은 노비

한나라 시대 시장에는 노비 시장이 있었는데 이는 집중적으로 노비를 매매하는 장소였다. 대량의 노비는 파산한 농민 출신이었는데 그들은 각종 힘든 노동에 종사했다.

중국을 말한다

《후한서後漢書 · 혹리전酷吏傳》
《후한서後漢書 · 순리전循吏傳》
출전

조직해 흉노와 강족의 침입 · 교란을 방비했다. 임연은 수리 시설을 설치해 관아와 백성 모두 그 이득을 보게 하고, 학교를 꾸려 관리 자제들이 공부를 하면서 요역을 면하게 했다. 이로써 하서에는 우아한 유생들이 출현했다. 후에 그는 함부로 강족 사람들을 죽이고도 보고하지 않아 소릉邵陵, 지금의 하남성 언사偃師 동쪽의 현령으로 좌천되었다.

임연의 행적으로 보면 그의 순리 특색은 매우 분명하지만 이미 후세 속담에 말하는 것처럼 "보살의 마음에 벽력 같은 수단"이었다.

또 하나 독특한 순리 유총劉寵이 있었는데 그는 한 고조의 아들 제도혜왕齊悼惠王 유비劉肥의 후손이다. 그의 부친은 박식한 '통유通儒' 였다. 유총은 부친의 업을 계승해 '명경明經' 의 과목으로 효렴에 뽑혀 동평릉현東平陵縣의 현령으로 출사, 어진 정사를 베풀어 관리와 백성들의 사랑을 받았다. 그는 4차 예장豫章 태수, 3차 회계會稽 태수로 부임했다. 회계 경내의 산속 백성은 매우 근신하고 순박해 어떤 사람들은 머리가 희도록 저잣거리에 가보지 못했다. 그러나 그들은 간교한 관리들의 침입 · 교란을 받을대로 받았다. 유총은 되도록 시책을 간결하게 해 관리들이 중간에서 개인의 이익을 도모하지 못하게 했다.

그 결과 군내 기풍이 대단히 좋아졌다. 유총이 떠날 때 산음현山陰縣의 5, 6명의 백발 장자가 약야산若耶山 속에서 찾아와 100전을 그에게 선물로 주며 말했다. "산속에서는 바깥의 일을 모르고 또 군 · 현이란 무엇인지도 모르지요. 다른 태수가 관리할 때 관아의 관리

들은 산속에 오면 무얼 내라고 강요하면서 밤에도 그만두지 않았기에 개 짖는 소리가 그치지 않아 백성은 편안히 살 수가 없었소이다. 명공께서 저희 군에 오신 뒤로는 개들이 더는 밤에 짖지 않고, 백성은 산속에 들어오는 관원을 볼 수가 없었지요. 저희는 늙어서야 좋은 세월을 보게 되었는데 명공께서 떠나신다니 이렇게 배웅하러 온 것이외다." 유총은 감사하다고 인사하고 나서 노인의 손에서 한 잎씩을 받아 간직했다.

후에 유총은 종정宗正 · 대홍려경 · 사공 · 장작대장 · 사도 · 태위를 역임, 나중에 집에서 병사했다. 유총의 행적도 '순리' 의 맛이 농후하지만 그는 이미 일반적으로 백성을 다스리는 지방 관리가 아니라 조정과 종실의 경상卿相이었다.

### 동한 시대의 멋진 칠 참빗

머리를 빗는 일은 일상생활에서 빠뜨릴 수 없다. 여성이라면 특히 그러하다. 이 칠 참빗은 장식이 대범하고 간단한 상층 여성의 일상용품이다.

## 동한의 일대 혹리

혹리 중 가장 저명한 이는 감히 호양 공주에 맞선 동선董宣일 것이다. 북해군의 오관연 공손단公孫丹은 새로 집을 지었는데 점쟁이의 말에 의하면 이 집은 사람을 죽일 거라고 했다. 그는 아들에게 거리에 나가 사람을 죽이게 하고 그 시체를 정원에 묻었는데 이로써 흉한 귀신을 막는다는 것이었다. 동선은 이 일을 알고 공손단 부자를 처형하고 또 손에 병기를 들고 와서 소란을 피우는 공손 친족 30여 명을 전부 죽였다. 청주 자사는 동선이 사람을 너무 함부로 죽인다고 인정해 그를 정위 대옥에 보냈다. 또 그가 호양 공주 가노를 징벌한 일이 발생했는데 서울의 민중은 모두 "엎드린 범"이라 하면서 "경계의 북이 울리지 않음은 동소평(동선의 자)의 덕이라네"라고 말했다. 5년 후 동선은 병사하니, 나이 74세였다. 동선이 죽은 후 헝겊 한 조각을 시체에 덮고 집에 보리 몇 말이 남았을 뿐이어서 처자들은 시체 옆에서 마주 보며 울었고 황제마저 슬퍼했다. 동선과 같은 "엎드린 범"은 서한 시대 무제 수하의 피에 굶주린 개들과는 비교도 안 된다!

이장李章이라 부르는 한 혹리가 있었는데 동한이 창건될 때 양평陽平 현령을 담임했다. 청하清河의 대성 조강趙綱이 양평현 경내에 보루를 크게 쌓고 무기를 준비해 지방에 해를 끼쳤다. 이장은 부임하자 즉시 조강을 주살하고 보루를 허물어 경내가 태평하게 했다. 이장은 천승千乘 태수로 있을 때 도적을 너무 많

### ●●● 역사문화백과 ●●●

**[한나라 시대 녹색 자기]**

한나라 시대의 녹색 유약 도자기는 모체에 납을 착색제로 하는 유약을 바르고 고온으로 구운 것이다. 질이 굳고 모양이 다양하며, 유약 표면이 비취처럼 번들거리고 윤택하다. 서한 추양鄒陽의 《주부酒賦》에 "녹색 자기가 이미 열렸으니"라는 구절이 있다.

이 죽여 파직당했다. 또 낭야 태수를 맡았을 때, 인근 군 북해의 안구安丘 대성 하장사夏長思가 반란하니 이장은 경계를 넘어 토벌하여 하장사를 사살하고 300여 명을 참수했다. 이장과 같은 이런 혹리는 성지를 공략하는 중흥 공신과 같았다.

양구陽球는 어양漁陽의 세가 대족 출신이다. 소년 시절에 군의 한 관리가 그의 모친을 모욕해 그는 수십 명의 젊은이를 규합해 그 군 관리를 죽이고 그 가족을 멸했다. 양구는 입조해 벼슬을 한 후 자신이 사예 교위를 담임하면 절대 환관 조절·왕보 등을 가만 놔두지 않겠다고 큰소리를 쳤다.

광화 2년(179)에 양구는 과연 사예 교위를 담임했다. 그는 즉시 왕보가 궁전을 떠나 휴가를 보내는 기회를 틈타 상주해 왕보와 태위 단경과 허한 환관을 체포했다. 양구는 친히 왕보와 그 아들 왕맹王萌·왕길王吉을 심문했다. 왕맹은 양구에게 말했다. "우리 부자가 죽을죄를 졌다 해도 연로한 부친에 대해서만은 혹형을 면해 주게." 양구는 네놈들은 죽어도 그 죄를 다 씻지 못한다 하며 왕보 부자를 전부 때려죽이고 시체를 저잣거리에 팽개쳤다. 양구의 행위는 서한西漢 혹리의 행태와 다를 바 없지만 그가 처벌한 것은 환관이기에 여론상 관용을 받았다.

양구에게 맞아 죽은 왕길 역시 청사에 이름을 남긴 혹리였다. 왕길은 왕보의 양자로서 어려서부터 독서를 즐기고 명성을 좋아하며 성격이 잔인했다. 20여 세에 패국沛國 재상이 되었다. 그는 정사에 익숙하고 의문스러운 사건을 잘 판결하고 흉맹한 관리들을 잘 등용했다. 누군가가 자기의 아들을 양육하지 않으니 부모를 함께 참수하고 시체를 가시덩굴과 함께 매장했다. 범인을 주살할 때에는 꼭 찢어 죽인 후 수레에 싣고 전 군을 돌았다. 그는 5년간 제후국 재상으로 있으면서 1만여 명을 죽였는데 기타 혹형을 받은 자는 셀 수도 없었다.

| 세계사 연표 |
193년

로마 근위군이 줄리아누스를 황제로 옹립했다. 판노니아 주둔군은 세베루스를 황제로 옹립했다. 5월에 세베루스는 군사를 거느리고 로마에 돌입했다.

# 081

《후한서後漢書·가표전賈彪傳》
《후한서後漢書·유도전劉陶傳》
《후한서後漢書·주목전朱穆傳》

 출전

## 환제·영제 시대의 태학생

태학생은 자유로운 집단으로서 환제·영제 시대의 특수한 역사 환경에서 세력이 커지자 곧 바로 사회에 대한 자신들의 책무를 표현했다.

서울 태학에서 독서하는 선비들은 책을 많이 읽고 안목이 넓어져 사회에서 일어나는 사태들을 주목했다. 질제 때 외척 양기가 집권하면서 조서의 명의로 영을 내려 대장군 이하 각급 관원의 자제는 모두 태학 입학을 허용해 태학생이 단번에 3만여 명으로 늘어났다. 태학생은 하나의 사회적 집단으로서 국가 사회의 대사건에 참여하기 시작했다.

### 주목을 구원한 행동

한 환제 원가 3년(153)에 전국 32군에서 재해가 발생하여 황하의 물이 범람하고 수십만 호의 백성이 떠돌며 구걸을 했는데 그중 기주冀州 경내가 가장 심했

다. 조정은 강경하기로 유명한 어사 주목朱穆을 기주 자사로 파견했다. 기주 산하 각 현의 장관들은 주목이 황하를 건넜다는 소식을 듣자 두려운 나머지 40여 명이 인수를 걸어 두고 도망쳤다. 주목이 주 관아에 도착한 후 상주해 탄핵한 탐관오리 중 일부는 자살하고 일부는 옥에서 죽어 주 경내가 크게 뒤흔들렸다. 고위급 환관 조충은 부친이 숙은 후 놀아와 기수 안평安平國에 안장, 제도를 조월해 '옥갑玉匣(옥조각을 이어 만든 수의, 즉 옥의玉衣)'으로 부친을 수렴했다. 이 소식을 들은 주목은 영을 내려 조사 처리하게 했다. 당지 관원은 주목이 엄하게 징벌할까 봐 조충 부친의 묘혈을 파헤치고 시체에서 '옥갑'을 벗겨냈다. 일이 환제에게 알려지자 환제는 시비곡직을 불문하고 주목을 정위 관서의 대옥에 투입, 그를 장작대장 산하의 제작소에 보내어 노역에 종사시키려 했다. 영천潁川 사람 유도劉陶를 위시하여 수천 명의 태학생은 궁궐 앞에 가서 글을 올리며 주목을 변호한 동시에

**질박한 경마잡이 용**
이 청동 조각상은 호남성 형양衡陽에서 출토되었다. 인물은 눈이 크고 수염을 기르고 있으며, 귀에 귀고리를 달고 오른손을 들어 고삐를 잡은 모양을 했다. 말은 두 귀를 앞으로 향하고 머리에 장식을 했다. 조각은 간결하고 질박하며, 특히 말의 형상이 비교적 생동적이다.

주목을 대신해 노역에 봉사하겠다고 했다. 이에 환제는 조서를 내려 주목을 사면할 수밖에 없었다. 이는 집법으로 인해 초래된 풍파다. 태학생의 첫 행동은 비교적 높은 정치적 내포와 인솔자를 갖추고 있었다.

## 국사에 대해 의견을 발표

이 인솔자 태학생 유도는 영수 원년(155)에 또 상서해 환관 제거를 청했다. 영수 3년에 누군가 민중의 빈곤함은 화폐 제도가 잘못되었기 때문이라면서 고액 화폐의 주조를 주장했다. 유도는 또 상서해 말했다. "눈앞의 우환은 화폐에 있는 것이 아니라 백성의 굶주림에 있다." 그래서 나중에 불필요하고도 유해한 화폐 개혁의 착오를 미리 방지했다.

연희 연간에 태학생 중 우두머리는 장봉張鳳으로 바뀌었다. 연희 5년(162)에 명장 황보규는 상주해 양주凉州 자사 곽굉郭宏의 죄과를 폭로하고, 또 환관에 굴종하지 않은 탓에 무고를 당해 투옥되었다. 태학생 장봉 등 200여 명은 또 궁궐 앞에 가서 소송을 했다. 결국 황보규는 사면되었다.

## 태학생 운동의 쇠락

이때 태학사들은 명사 가표賈彪, 곽태郭泰가 우두머리를 맡아, 이전처럼 일이 발생해야 한두 명 인물이 출현하는 것이 아니라 이미 조정 관원 당인과 관련되었고, 물론 더욱 조정과 환관 세력의 주목을 받았다.

### 동한 시대 '희평석경'의 조각 (왼쪽 사진)
'희평석경熹平石經'은 중국 역사상 최초의 관변 측 확정 유가 경전 석각으로 본래 동한 낙양성 남쪽 교외 태학에 세웠는데 동한 영제 희평 4년에 학자 채옹 등이 예서로 《시》·《서》·《예의》·《춘추》·《공양전》·《논어》 등 7경을 초서, 9년의 시간이 걸려 46개의 비석을 완성해 유가 경전의 표준으로 삼았다. 한나라 말기 전란으로 훼손, 송나라 이후 일부 잔편이 출토되었을 뿐이다.

환·영 2제가 교체되는 연희 10년(167)부터 한 영제 건녕 2년(169)까지의 짧은 3년 사이 연속 두 번이나 당고의 화가 발생했다. 가표는 당인으로서 배척을 받아 집에서 죽었다.

곽태는 명성이 천하에 날린 명사로서 평소에는 과격한 언론을 발표하지 않았기에 다행히 난을 면했다. 그러나 역시 그해에 죽었다. 태학생의 활동은 저조해졌다. 희평 원년(172)에 누군가 주작궐朱雀闕에 "조절·왕보가 태후를 몰래 해쳤다"는 등 말을 써놓았다. 환관은 사예 교위 유맹劉猛이 추적·나포에 힘을 쓰지 않는다고 꺼려 자기들의 부하 단경을 사예 교위로 고쳐 임명했다.

단경은 부하를 파견해 여러 곳으로 출격하여 체포했는데 붙잡힌 태학생과 각지 유학 선비가 1000여 명에 달했다. 태학생은 이로써 다시 일어서지 못했다.

중평 원년(184)에 황건 봉기가 폭발하고 천하가 크게 혼란해졌다. 중평 2년에 이전의 태학생 수령 유도는 이미 간의대부를 맡았다. 그는 태학생의 본색을 잃지 않고 상서해 천하 대란은 모두 환관이 일으킨 것이라 지적, 체포 투옥되어 자살했다. 유도의 죽음은 동한 시대 태학생 운동의 종결을 표명한다. 뒤이어 동탁이 두 서울을 궤멸해 태학생 운동은 생존 활동 장소를 상실했다. 그들은 점차 전국 각지에 흩어져 기타 방식으로 국가 사회의 각종 문제에 대한 자신의 견해를 밝히고 이에 참여했다.

●●● 역사문화백과 ●●●

[한 세대의 서예 기풍을 과시하는 장천 비석]
장천張遷 비석은 장천표張遷表라고도 하는데 동한 중평 3년(186)에 장천의 옛 속리 위맹韋萌이 세웠다. 비석의 머리는 전서로 조각하고, 비문은 예서로 조각했다. 내용은 장천의 사적을 추억 칭송했다. 서체는 웅장하고 힘차며 기풍이 소박하다.

# 082

## 둔세 선비의 기록

둔세遁世 선비는 온화한 사람들이다. 그들은 고요함을 추구하고 다툼을 피하며 어떤 영문인지는 모르지만 속세를 피하는 것이 특징이다.

동한의 역사를 기록한 《후한서》〈일민전逸民傳〉에 기록된 자들이 바로 둔세자다. 선비는 속세 선비·속세 조소 선비·둔세 선비 등 유형으로 구분되었다. 둔세 선비는 모두 온화한 사람들이다. 그들은 인간세상을 멀리 피해야 할 먼지와 그물이라고 말할 뿐이다. 그러므로 그들은 대자연과 가장 가까운 산림 속으로 피했다. 둔세 선비의 일생은 끊임없이 도피하는 마음의 여정일 것이다.

### 야왕현의 두 노인

광무제는 친히 관중으로 서정하는 전장군 등우鄧禹를 배웅하고 낙양에 돌아오는 도중 야왕현野王縣에서 사냥을 하다가 새를 잡는 두 노인을 만나 물었다. "새가 어디에 있나요?" 두 노인은 서쪽을 가리키며 이렇게 말했다. "이 속에 범이 많은데 우리가 새를 찾으러 가기만 하면 범도 우리를 찾곤 합니다. 대왕께서는 그리로 가지 마시지요." 광무제는 말했다. "미리 방비하기만 하면 범도 두려운 건 아닙니다." 노인은 말했다. "대왕의 말씀은 틀립니다. 당년에 상탕商湯은 명조鳴條에 가서 하걸夏桀을 대비했는데, 후에는 자신도 부득이 큰 성을 쌓아 외적을 방비할 수밖에 없었지요. 주무왕도 목야牧野에 가서 주왕紂王을 대비했는데 부득이 협욕陝隩에 큰 성을 쌓아 반란을 방비할 수밖에 없었지요. 남을 대처하는 사람에게는, 다른 사람 역시 그를 대처할 수 있기 때문이지요. 방비한다 해도 소홀히 할 수 있겠습니까!" 이 두 노인의 말은 "남을 대처하는 자에 대해 남들도 그를 대처한다"는 도리를 설명한 것이다.

### 태연자약한 엄광

엄광嚴光은 엄자릉嚴子陵을 가리키는데 회계會稽 여요餘姚 사람이다. 그는 오래전에 이미 청고한 명성을 가지고 있었고 유수와는 동창이었다. 유수가 등극한 후 그는 성명을 고치고 은거했다. 광무제가 영을 내려 엄광을 찾으라 했다. 청주 제국군齊國郡에서 한 남자가 양털 옷을 입고 연못에서 낚시질을 한다고 보고했다. 광무제는 그가 바로 엄광이라 짐작하고 훌륭한 수레를 보내 그를 도성에 모셔왔다. 광무제는 친히 관사에 가서 엄광을 만났는데 엄광은 침대에 누워 일어나지 않았다. 광무제는 그의 배를 툭툭 치며 말했다. "이보게, 엄자릉. 그래 나를 도와 천하를 다스리지 않겠는가?" 엄광은 한참 생각하더니 말했다. "당년에 당요唐堯가 그렇듯 덕행이 있었지만 소부巢父는 요가 자기에게 자리를 선양하려 한다는 말을 듣자 즉시 냇가에 가서 물로 귀를 씻어 싫다는 뜻을 나타냈네. 선비는 선비의 생각이 있는데 어찌 그를 억박지른단 말인가?" 광무제는 엄광을 신변의 간의대부로 임명하려 했다. 엄광은 받아들이지 않고 부춘강에 내려가 농사를 지으면서 세월을 보내다가 80세가 되어서야 집에서 늙어 죽었다. 엄광

**키가 달린 도기 배** (위 사진)
이 도기 배는 광동성 광주시 서쪽 교외의 동한 묘에서 출토되었다. 배에는 앞·중간·뒤 세 선창이 설치되었고, 위에 6명이 각자의 위치에 분산되어 각종 자세로 일하고 있다. 배 앞에는 닻이 있고 배 뒤에는 키가 있다. 이 동한 시대 키가 달린 도기 배로 보면 적어도 한나라 시대에 이런 배를 이미 사용하기 시작했다.

중국을 말한다

| 세계사 연표 |

**193년** 로마 원로원이 줄리아누스를 죽이고 세베루스를 황제로 옹립했다.
이것이 바로 세베루스 왕조였다.

《후한서後漢書·일민전逸民傳》  출전

8~220

동한

### 은거해 낚시질하는 엄광

엄광(기원전 약 37~약 43)은 광무제 유수와 동창이었다. 원 성은 장씨인데 명제 유장의 휘를 피해 성을 고쳤다. 유수가 동한을 건립한 후 그를 서울 낙양에 불러 함께 집정하자 하면서 동등하게 앉는 권력과 자리를 주었으나 그는 사양했다. 이튿날 아침에 조회할 때 천상을 관계하는 관원이 상주하기를 "객성이 황제의 별을 범해 매우 급하다"고 보고했다. 두 사람이 한 침대에서 자는데 엄광이 다리를 광무제의 배 위에 올려놓았던 것이다. 지금의 절강성 부춘강 상류의 명승지 자릉탄 왼쪽 언덕에 자릉 낚시터가 있는데 전하는 바에 의하면 바로 엄광이 은거하며 낚시질하던 곳이라 한다. 이 그림은 청나라 말기의 《역대명신상해》에 실려 있다.

은 평소와 같은 심리와 태도로 황제가 된 옛 동창 유수를 대했지만 그에게 벼슬을 하라고 핍박하자 굴하지 않았던 것이다.

## 기민한 정단

정단井丹은 자가 대춘大春, 장안 부근의 미미현 사람이다. 그는 소년 시절부터 태학에서 공부해 오경을 통달하고 변론에 능했다. 그러므로 도성에서는 "오경에 대한 변론이 분분한데 정 대춘이 제일이다"라는 말이 돌았다. 그러나 그는 뜻하는 바가 맑고 높아 남을 방문하지 않았다. 건무 말년에 패왕沛王 유보劉輔 등 5왕이 북궁에 모여 정단을 문하에 청하려 했다. 외척 신양후 음취陰就는 그들에게 1000만 전만 준다면 정단을 청해 만나게 할 수 있다고 말했다. 음취는 돈을 가진 후 정단을 억지로 오도록 강요했다. 이에 정단은 할 수 없이 음취를 찾아갔다. 음취는 정단에게 보리밥과 파나물 등으로 식사를 대접했다. "저는 군후君侯들이 저에게 진미를 대접하기 때문에 찾아왔는데 어찌 이렇게 푸대접을 한단 말입니까!" 밥상을 다시 차려서야 정단은 먹기 시작했다. 식사 후 모두 떠나려는데 음취의 좌우에서 가마를 가지고 와서 정단을 집으로 보내려 했다. 정단은 웃으면서 말했다. "듣자니 하걸은 사람으로 수레를 끌었다는데 아마 이런

것이겠지요?' 그 자리에 모인 사람들은 깜짝 놀라 낯빛이 변했다. 음취는 가마를 물리칠 수밖에 없었다. 정단은 두문불출하며 사람들과 내왕하지 않으면서 장수해 세상을 떴다. 정단의 말은 매우 익살스럽지만 목적은 여전히 '둔세'다.

## 흉금이 다른 양홍

양홍梁鴻은 자가 백란伯鸞이고, 부풍扶風 평릉平陵 사람이다. 그의 부친 양양梁讓의 연고 덕분인지 양홍은 가정이 빈한하지만 태학에 가서 공부할 수 있었다. 학업 후 양홍은 바로 폐기된 황가 원림인 상림원에서 돼지를 방목해 생계를 유지했다. 양홍은 이웃집과 문제가 있어 고향인 평릉으로 돌아갔다. 부근에 사는 세력 있는 부자들은 양홍의 명성을 듣고 딸을 그에게 시집보내려 했다. 양홍은 선부 사양했나. 같

은 현에 맹孟씨 대족이 있었는데 힘이 세서 돌절구를 들 수 있는 뚱뚱하고 못생긴 딸이 30세가 넘도록 혼처를 찾지 못하고 있었다.

이 말을 들은 양홍은 바로 맹씨 댁을 찾아가 그 집 딸을 아내로 맞았다. 양씨 댁에 온 후 맹씨 여인은 간단한 상투를 틀고 포목 옷을 입고 가사를 돌보았다. 양홍은 몹시 기뻐하며 아내의 이름을 광光이라 지었다. 양홍은 맹광을 데리고 패릉覇陵의 산속에 들어가 농사를 짓고 천을 짜며 세월을 보냈다. 언젠가 양홍은 관문을 나서 낙양성을 지나가면서 〈오희가五噫歌〉를 한 수 지었다. "저 북망에 높이 올랐어라, 희! 황제의 서울을 돌아보노라, 희! 궁실은 크고도 높도다, 희! 사람들은 고생스럽기도 하고나, 희! 멀고도 먼 길 끝나지 않았도다, 희!" 그 뜻인즉, 황제는 높은 궁전에서 사는데 백성의 고생은 끝이 없다는 것이다.

한 장제는 이 말을 들은 후 몹시 불쾌해 사람을 파견해 양홍을 찾게 했으나 찾지 못했다.

양홍은 성을 운기運期, 이름을 요燿로 고친 후 처자를 데리고 산동으로 이주했다가, 강남의 오吳 지역으로 이주했다. 양홍은 대족 고백통皋伯通 집 낭하에 거주하면서 쌀을 찧어 주는 것으로 생계를 유지했다. 고백통은 이들 부부가 범상한 사람들이 아니라 여겨 양홍을 자기 집에 거주하게 했다. 양홍은 고씨 댁에서 열심히 저술했다. 양홍은 병이 심해지자 고백통에게 말했다. "예전에 연릉 계자延陵季子가 영박 지역에서 객사해 바로 그곳에 매장했듯이 절대 저의 아들에

게 저를 고향에 가져다 매장하지 못하게 해 주십시오." 고백통 등은 바로 오나라의 저명한 자객 요리要離의 묘 옆에 자리를 마련했다. "요리는 강직한 선비이고 백란은 청고한 선비이니 서로 친근하게 보내라 합시다!" 매장한 후 맹광은 자식들과 함께 부풍 고향에 돌아갔다.

## 오만한 자태로 세상을 대한 대량

대량戴良은 자가 숙란叔鸞이고 여남汝南 신양愼陽, 지금의 하남성 정양正陽 사람이다. 그의 증조부는 관동의 저명한 협객이었다.

그는 어려서부터 상식에 얽매이지 않았다. 그의 모친은 당나귀 울음소리를 듣기 좋아했는데 그는 늘 몇 마디씩 본을 따서 모친을 즐겁게 해드렸다. 대량의 모친이 사망한 후 대량의 형 대백란戴伯鸞은 거상하며 일거일동을 모두 상례喪禮에 맞게 처사했다. 그러나 대량은 종전대로 고기도 먹고 술도 마셨고 그러다가 슬퍼지면 한바탕 울기도 했다.

대량은 학식과 재능이 특출한데 그가 내놓은 논의는 흔히 세상 사람들을 놀라게 했다. 누군가 그에게 물었다. "그대는 이 천하의 어느 사람이 그대와 비길 수 있다고 생각하는가?" 대량은 대답했다. "나는 공자가 동방 땅에 태어나고 대우大禹가 서강西羌 땅에 태어나듯이 홀로 이 천하를 다닐 터인데 어느 누가 나와 비길 수 있겠습니까!" 주·군에서 대량을 효렴으로 천거하려 하니 그는 거부했다. 사공의 관서에서 그를 징모했는데 거의 일년이 지나도록 그가 도착하지 않아 주·군에서 억지로 그를 보냈다. 그는 처자를 데리고 관서에 간다고 하고서는 중도에 강하江夏의 산 속으로 도망쳐 유유자적하게 세월을 보내다가 장수해 죽었다. 대량의 행위는 후세 위·진나라 시대의 방탄放誕한 선비들과 매우 유사하다.

# 083

《후한서後漢書·조기전趙岐傳》 출전

## 속세에 나선 서생

다른 선비와는 달리 조기趙岐는 세상을 미워했지만 싫어함 없이 벼슬길에 나섰다. 그는 벼슬길에서 비판자의 본색을 잃지 않아 진정한 선비가 되었다.

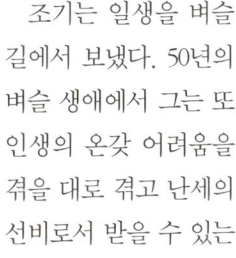

조기는 일생을 벼슬길에서 보냈다. 50년의 벼슬 생애에서 그는 또 인생의 온갖 어려움을 겪을 대로 겪고 난세의 선비로서 받을 수 있는 시달림을 모두 받았다.

### 세상을 미워하는 은자

조기는 경기 지역 장릉張陵 사람으로 본명은 가嘉다. 자를 대경臺卿이라 불렀다. 후에 그는 화를 피해 이름을 기岐로, 자를 방경邦卿으로 고쳤다. 조기는 젊을 때 경전을 통달하고 재능이 특출했는데 마융의 조카딸을 아내로 맞았다. 그러나 조기는 외척에 의지하는 이 처가를 몹시 천하게 보았다. 그는 일찍이 친구들에게 말했다. "마융은 박학해 이름이 났지만 선비의 지조를 지키지는 못했다." 조기는 중병에 걸려 7년이나 병상에 누웠는데 살 것 같지 못해 자기의 묘지명을 적었다. "한나라에 한가한 사람이 하나 있었으니 그는 바로 조가趙嘉다. 뜻은 있으나 때를 만나지 못했으니 어찌하랴, 명이로다!" 그러나 병은 뜻 밖에 나았고 그 후 그는 벼슬길에 나섰다.

### 겹벽에 몸을 숨기다

조기는 우선 사공연司空掾으로 뽑혔다. 그 후 외지 피씨현皮氏縣에 현장으로 부임, 후에 또 경조윤 수하의 공조功曹로 부임했다. 마침 중상시 당형唐衡의 형 당현唐玹이 경조윤 수하 호아 교위로 있었다. 이 사람이 덕도 재능도 없어 조기는 여러 차례 그를 깎아내린

적이 있다. 얼마 후 당현이 진급해 경조윤이 되었다. 조기는 보복이 두려워 조카 조전趙戩과 함께 서쪽으로 도망쳤다. 당현은 과연 조기의 가족을 모두 죽였다. 조기는 장강 회하와 동해 태산 일대로 돌아다니며 성명을 바꾸었다. 나중에 북해현北海縣의 시장에서 밀가루 음식을 만들어 팔면서 생계를 유지했다. 손숭孫嵩이라는 한 젊은이가 시장에서 조기가 저잣거리에 있을 사람이 아님을 발견하고 수레에서 내려 조기에게 함께 타자고 청했다. 조기가 놀라서 공포에 떨자 손숭은 수레의 장막을 내리고 길손들을 막고는 말했다. "제가 보건대, 선생은 밀가루 음식을 파는 사람 같지 않습니다. 말을 꺼내자 바로 낯색이 변하는 걸 보니 큰 원수를 지지 않았으면 망명객인 것 같습니다. 저는 북해의 손빈석孫賓石이라 하는데 집 식구가 100명이 됩니다. 저는 선생을 도울 수 있습니다." 조기는 바로 손씨 댁의 겹벽에서 몇 년을 숨어 지내다가 당형이 주살되어서야 사면을 받아 고향으로 돌아갔다.

### 당고의 화를 두 번 당하다

삼공의 아문은 동시에 조기를 불렀다. 그는 명신 사

**도기 수상 정자 (위 사진)**
하남성 절천淅川의 동한 묘에서 부장물로 출토되었다. 밑판은 둥근 못인데 못의 주변에 인물·가금·가축이 한 줄 배열되어 있고, 못 안에 늙은 거북이가 엎드려 있다. 못 중간에 처마가 둘인 정자가 서 있고, 정자와 못 주변 사이에 작은 다리가 연결되어 있다. 수상 정자에서 물고기를 먹이기도 하고 무슨 일인가 의논하기도 하는데 몹시 생동감이 있고 새비있나.

8~220

동한

### 덕으로 정사를 펴는 중모 현령

동한 부풍扶風 평릉平陵 사람 노공魯恭은 자가 중강仲康인데 15세에 동생 노비魯조와 함께 태학에서 《노시魯詩》를 배웠다. 장제 때 중모中牟현령을 지냈는데 덕으로 정사를 처리하고 백성을 교양 감화하고 형벌을 남용하지 않아 백성은 모두 존경하고 탄복했다. 건초 7년(82)에 메뚜기가 재해를 일으켰는데 오직 중모현만은 재해를 면했다. 하남윤 원안袁安은 비친肥親을 파견해 살펴보게 했다. 비친이 중모현에 들어서 뽕나무 밑에서 휴식하는데 꿩 한 마리가 어린애 옆으로 날아 지나고 있었다. 비친이 어린애에게 "너 왜 꿩을 잡지 않느냐?"고 물으니 어린애는 "이제 새끼를 부화할 꿩이어서 해치면 안 됩니다"라고 대답했다. 비친은 노공을 만난 후 말했다. "제가 이번에 온 건 그대의 치적을 검열하는 건데 메뚜기가 현 지경을 범하지 않으니 첫째 기이한 현상이고, 교화의 은택이 금수에 이르렀으니 이건 둘째 기이한 현상이며, 어린애마저 인애의 마음을 품고 있으니 셋째 기이한 현상이로소이다." 말을 마치고는 그대로 돌아가서 원안에게 보고했다. 이 그림은 명나라 도시상屠時相 《양몽도설養蒙圖說)에 실려 있다.

●●● 역사문화백과 ●●●

[비파琵琶]

비파는 동한 후기에 중국에 전해진 현악기다. 메소포타미아에서 기원, 구조는 본토의 쟁箏, 축築 등과 다른데 품에 안고 연주하며 음질이 맑고 쟁쟁하다. 중국에 들어온 후 신속히 전파되어 지금도 사람들에게 사랑받고 있다.

사도 호광胡廣의 관아에 들어갔다. 후에 북부 변경의 우환을 막기 위해 공경들은 조기를 병주幷州 자사로 천거했다. 그러나 조기가 아직 변경 수비책을 발표하기도 전에 제1차 당고의 화가 발생, 그는 파직되어 집으로 돌아갔다. 영제 때 제2차 당고의 화가 발생하여 그는 또 등용을 금지당해 선후 10여 년을 집에 박혀 있었다. 중평 원년(184)에 천하 도처에 전란이 일 때 조기는 또 등용되었다. 대장군 하진은 그를 돈황 태수로 임명했다. 조기는 역시 감숙 일대에 태수로 부임하는 관원과 동행했는데, 그는 감숙 서부에 이르자 바로 현지에서 난을 일으키는 변장邊章에게 붙잡혔다. 조기는 많은 거짓말과 구실을 대어 가까스로 장안에 돌아왔다.

## 한평생 하나의 벼슬

동탁이 죽은 후 이각이 권력을 독점하면서 태부 마일제를 각지에 보내어 백성과 관리를 살피게 했는데 조기는 조수로 동행했다. 마일제는 낙양에 남고 조기를 주변의 군·현에 파견했다. 조기가 이르는 곳마다 백성들은 기뻐하며 말했다. 조기는 형주에 가서 유표劉表에게 왕명을 선포했다. 유표는 즉시 병사를 파견해 낙양의 황궁을 수리하고 끊임없이 물자를 수송해 황제에게 바쳤다. 마침 조기의 생명의 은인 손숭도 난을 피해 형주에 이르렀지만 유표의 중용을 받지 못했다. 조기는 바로 유표의 면전에서 손숭의 위인과 품성을 찬양했다. 이에 두 사람은 뜻을 합쳐 손숭을 청주 자사로 천거했다.

조기는 당시 이미 늙었는데 형주가 안정됨을 보고 형주에 거주했다. 후에 조조는 헌제를 허창에 모셔갔고 사자를 형주에 보내어 현지에서 조기를 태상경으로 임명했다. 당시 조기는 이미 90세가량이었는데 건안 6년(202)에야 세상을 떴다.

| 세계사 연표 |

195년    로마 황제 셉티미우스 세베루스가 처음으로 파르티아를 공격했다.

# 084

《후한서後漢書·관자전宦者傳》 출전

## 환관 중의 군자

어떠한 계층·집단·직업 집단을 막론하고 모두 군자와 소인이 있다. 환관은 하나의 직업 집단으로서 그들 속에 군자가 있는 것은 매우 자연스러운 일이다.

동한 왕조는 "환관의 화"로 세상에서 유명하다. 환관은 사리를 위해 독직하거나, 법을 어기거나, 관직을 팔거나, 정치 투쟁에 참여해 권력을 독점하여 횡행하고, 특히 득세 후 포악하고 탐욕스러워 많은 사변을 초래하고 국가 민생을 해침으로써 천고의 경멸을 받았다. 그러나 일부 환관 중에는 군자 풍모를 상당히 갖춘 자도 있었는데 사서는 이를 잊지 않고 기록해 후세에 전했다.

### 겸손하고 돈후한 양하

한 안제가 죽을 때 외척 염현閻顯과 태후는 함께 밀모해 태자 제음왕 유보劉保를 폐위하고 영아 북향후北鄕侯 유의劉懿를 황제로 책립했다. 몇 달 지나서 북향후가 병사하니 환관 손정孫程 등은 염현 형제를 주살하고 다시 제음왕 유보를 황제로 옹립하니, 그가 바로 한나라 순제다. 당초에 유보를 따라 함께 지위가 박탈

된 환관 적건籍建·조희趙熹·양하良賀도 궁중의 지위를 회복했다. 그 중 양하는 위인이 청백하고 검박하고 순후하며 겸손해 황후 사무를 주관하는 대장추大長秋로 임명되었다. 양가 연간에 순제는 구경九卿 이상 고위급 관리들에게 모두 무장武將을 천거하라고 요구했는데 유독 양하만이 천거하지 않았다. 순제가 그 까닭을 물으니 양하는 대답했다. "저는 민간에서 자라 궁중에서 컸사오니 사람을 알아보는 고명함도 없고 선비들과 교제도 없나이다. 당년에 공손앙公孫鞅은 환관 경감景監을 통해 진秦나라 왕의 신임을 얻어 등용되었는데 당시 식견이 있는 사람들은 모두 결과가 좋지 않을 거라고 예측했나이다. 지금 어느 누가 신의 천거를 받는다면 이는 그의 영광이 아니라 그의 치욕이 되옵나이다." 그는 계속 무장을 천거하지 않았다.

양하가 한 말은 그야말로 당시 급진적인 사대부들의 어조다. 물론 자신에 사심이 없다면, 그리고 확실히 자격에 부합하는 인재가 있다면 어떤 사람이나 천거해도 별 상관이 없는 것이다. 그러나 고위급 환관으로서 단호히 조정에 간섭하지 않으며 겸손한 개인적인 이유로 무장 천거를 포기함은 당시로 보건대 총명하고도 고상한 태도라 말하지 않을 수 없었다.

**문희 한나라 귀환** (명나라 구영仇英 그림)
채문희蔡文姬는 이름을 염琰이라고도 하는데, 하남성 기현杞縣 사람으로 동한 말년 대문학가 채옹의 딸이다. 채문희는 어려서부터 곡절을 많이 겪었고, 결혼 후 또 전란을 만나 흉노에 잡혀가 핍박에 의해 흉노 좌현왕에게 시집가 아들 둘을 낳았다. 후에 조조는 자기의 좋은 친구의 딸이 이족에 잡혀 간 소식을 듣고 사람을 흉노에 파견해 데려왔다. 채문희는 부득이 눈물을 흘리며 두 어린 아들과 작별하고 중원으로 돌아오게 되었다. 이 그림은 바로 채문희와 두 아들이 눈물을 흘리며 이별하는 상면이나.

8~220

동한

| 중국사 연표 |

196년

조조가 출병해 헌제를 동으로 허창에 모시고 무평후武平侯에 책봉되었다. 이로써 조 씨가 천자를 끼고 천하 제후를 호령하게 되었다.

## 정정당당한 조등

조등曹騰은 어려서 입궁했다. 한나라 순제가 동궁 태자로 있을 때 등 태후는 그가 나이 어리고 근신하고 성실하다고 느껴져 그에게 태자의 독서를 시중들게 했는데 태자 유보의 사랑을 받았다. 유보는 즉위 후 조등을 소황문으로 승진시키고 또 중상시로 임명했다. 환제가 등극하는 일에 조등과 장락, 태복, 주보州輔 등 7명의 환관은 모두 공로가 있어 정후亭侯로 책봉되었다. 조등은 비정후費亭侯로 책봉, 대장추로 승진하고, 또 '특진' 직함을 첨부해 지위가 숭고해졌다.

조등은 궁중에서 30여 년을 일하며 차례로 네 황제를 모셨는데 실수한 적이 없다. 그는 명사 우방虞放·변소邊韶·연고延固·장온張溫·장환張奐·당계전堂谿典을 천거했는데 모두 당시 명신이 되었다. 언젠가 촉군蜀郡 태수가 상계연을 파견해 조등에게 뇌물로 회유하려다가 중도에서 익주益州 자사 종고種暠에게 사곡관斜谷關에서 체포되었다. 종고는 촉군 태수와 조등을 함께 탄핵하면서 정위 대옥에 두 사람을 가둘 것을 요구했다. 황제는 말했다. "이 회유 서한은 외지에서 온 것이므로 조등의 잘못으로 칠 수 없다." 조등은 이 일에 대해 조금도 개의치 않고 도리어 종고를 재능 있는 관원이라 찬양했다. 당시 사람들은 조등이 흉금이 넓고 정정당당하다고 찬미했다. 조등이 죽은 후 종고도 점차 관직이 사도에 이르렀는데 그는 늘 신변의 사람들에게 말했다. "오늘 내가 이 자리에 앉을 수 있는

●●● 역사문화백과 ●●●

**[한나라 시대 장례 풍속]**

한나라 시대에 효로 천하를 다스리도록 선양했다. 이런 사상의 영향 아래 서한 후기에 점차 3년간 거상하는 풍속이 형성, 동한 시대에 이르러 성행했다. 안제 때 또 조서를 반포해 대신은 반드시 3년 거상해야 하며 기한이 되면 다시 원직에 돌아올 수 있다고 규정해 이 풍속을 제도화했다. 3년 거상 기간에 오락을 금하고 여자와 동거하지 못한다.

건 모두 조 상시가 힘써준 덕분이오." 이 조등은 조숭曹嵩을 양자로 맞았는데 그가 바로 유명한 조조曹操의 부친이다.

## 정직한 여강

여강呂强은 하남성 성고成皋 사람으로 역시 어려서 입궁했고, 소황문으로부터 중상시로 진급했으며, 위인이 청백하고 공적인 입장에서 일을 처리했다. 한 영제는 늘 환관을 열후로 봉했는데 여강도 도향후都鄕侯로 책봉했다. 여강은 책봉을 받지 않으면서 영제에 상서해 소인을 멀리하고 훌륭한 조정 신하들을 보호하는 도리를 설명했다. 황건 봉기가 폭발할 때 영제는 여강에게 어떻게 국면을 만회해야 하는가 문의했다. 여강은 이렇게 강조했다. 주변의 독직하고 법을 어기는 소인들을 주살하고 당인에 대사령을 내리고 지방 관리를 간소화해야 한다. 영제는 과연 이를 받아들이고 당인을 사면했다. 그런데 이 일이 기타 환관들의 질투와 분노를 일으켰다. 중상시 조충趙忠·하운夏惲 등은 영제 앞에서 여강을 모함했다. 영제는 불문곡직하고 중황문에게 무기를 들고 가서 여강을 불러오라 했다. 여강도 화가 나서 말했다. "내가 일단 죽으면 화가 바로 일어날 것이다. 대장부는 국가를 위해 충성을 다해야지 어찌 그런 옥리들을 상대로 한단 말이냐!" 말을 마치고 바로 자살했다. 조충·하운은 그래도 여강을 놓아 주지 않고 재차 영제의 앞에서 나쁜 말을 하여 여강의 가족을 모두 체포하고 가산을 몰수했다.

여강처럼 청백하고 정직하고 직책에 충성한 환관 가운데 이름을 알 수 있는 사람으로는 제음 사람 정숙丁肅·하비 사람 서연徐衍·남양 사람 곽탐郭耽·여양 사람 이순李巡·북해 사람 조우趙祐 등 5명을 들 수 있다. 그들 중에는 채옹과 함께 '5경' 문자 석각 학술 활동에 참여한 사람도 있다.

# 085

《후한서後漢書·유림전儒林傳》 출전

## 사림 외사士林外史

선비는 매우 복잡하고도 방대한 계층으로, 그 어떤 고정적인 특질이 있다고 말하기란 쉽지 않을 것이다.

## 충후한 장자 유곤

유곤劉昆은 진류陳留 동혼東昏 사람으로 자가 환공桓公이다. 서한의 저명한 양효왕의 후대이며 어려서부터 《예》·《역》을 배웠고 거문고를 매우 잘 탔다. 광무제 때 그는 한창 강릉江陵에서 학생을 가르치고 있었는데 조정에서 그에게 강릉 현령을 제수했다. 후에 유곤은 승진해 홍농 태수가 되었다. 본래 홍농 변경의 효관과 면지澠池 사이의 길에는 늘 호랑이가 출몰해 길이 막혔다. 그가 어진 정사를 실시하니 이에 감화되어 부임한 지 3년 만에 민간 기풍이 변화됨은 물론, 호랑이마저 새끼를 등에 태워 황하를 건너 북안으로 가 버렸다. 이런 일은 광무제의 귀에도 전해져 그를 불러 이유를 묻자 유곤은 대답했다. "이는 우연한 일이옵나이다." 황제 신변의 관원들은 모두 그가 말할 줄 모른다고 웃었지만 광무제는 오히려 속으로 알아차리고 말했다. "이는 충후한 장자長者로서 해야 할 말이로다!'

## 의리를 지킨 양정

양정楊政은 대군代郡 범승范升의 학생이다. 범승은 그의 본처에게 관아에 고발되어 옥에 갇혀 고생을 겪은 적이 있다. 그때 양정은 범승의 아들을 안고 길옆에 엎드려 황제가 지나갈 때 상주서를 올린 후 머리를 조아리며 크게 소리쳤다. "범승은 세 번 아내를 맞아 겨우 아들을 하나 보았는데 지금 세 살밖에 아니 되옵나이다. 만약 이 아이가 고아가 된다면 너무나 슬픈 일이옵나이다." 위사가 화살을 당겨 그를 겨누었으나 그는 떠나려 하지 않았다. 무사가 창으로 그의 앞가슴을 헤쳤으나 그는 흐르는 피도 아랑곳하지 않고 머리를 조아리며 애걸했다. 황제는 감동하여 조서를 내렸다. "양정을 위해 구걸하노니 그 스승을 살려 주시라." 이 조서는 매우 재미있는데 '구걸'이란 "나의 면목을 보아 어떤 사람을 용서하라"는 말로서 죄의 유무를 막론하고 법외에 따로 사정한다는 뜻이다. 두 번째 의미는 이 사정은 양정을 위해 하는 말이지 그 범죄자를 위해 말하는 것이 아니라는 뜻이다. 세 번째 의미는 이 범인이 본 소서의 덕을 보는 건 그가 단지 양정의 스승이기 때문이라는 것이다. 총체적으로 이 조서는 범인과는 상관이 없었다. 다행히 황제가 이런 수단을 생각해 냈기 때문에 그의 스승은 목숨을 건졌다.

## 거칠고 소홀한 윤민

윤민尹敏은 유학 경전을 통달했다. 광무제는 도참을 좋아해 윤민에게 도참을 교정하게 하면서 예전에 최발崔發이 왕망을 위해 편찬 수록한 참언은 삭제하라고 지시했다. 윤민은 본래 참위의 설을 찬성하지 않았으므로 기회를 틈타 말했다. "참서는 성인이 쓴 것이 아니어서 그중 적지 않은 속자와 별자가 있고, 문자도 대부분 세속적인 말이어서 후대에 의혹을 가져다 줄까 봐 두렵나이다." 광무제가 그를 아랑곳하지 않으니 윤민은 일부러 서문에 한마디 보태 넣었다. "군주가 입이 없으니, 한나라의 보좌관이 되리라." 군주 군君자에서 입 구口자를 떼면 바로 윤씨 윤尹자가 되는데 이는 윤씨 자신이 한나라를 보좌하는 대신이 된다는 말이다. 광무제는 이를 본 후 매우 이상해 윤민에게 따져 물었다. 윤민은 말했다. "신은 전인들이 도참 서적에 문자를 증삼함을 보고 사신의 무게를 모

중국을 말한다

르고 한마디 보태 넣어 혹여 성공할까 기대했나이다." 광무제는 이에 몹시 불만스러워 죄를 다스리지는 않았지만 윤민을 더는 승진시키지 않았다.

## 폐인 황윤

황윤黃允은 제음濟陰 사람으로 재능이 출중해 이름을 날렸다. 후에 사도 원외가 조카딸을 위해 사위를 고를 때 황윤을 보고 찬탄하며 말했다. "이런 사위를 얻는다면 만족스럽겠네." 황윤은 이 말을 들은 후 조강지처 하후夏侯씨를 본가에 돌려보내자 하후씨는 시어머니에게 이별의 정이라도 표시하고 싶다며 친척과 친구들을 300여 명이나 데리고 황씨 댁에 왔다. 하후씨는 황윤이 저지른 더러운 일들을 폭로하고는 수레에 올라 떠나갔다. 이로써 황윤은 여론에 의해 '폐인'이 되었다.

## 고결하고 자율적인 왕패

왕패王霸는 뜻한 바가 고결한 사람으로 조정에서 여러 번 그를 관리로 뽑았으나 부임하지 않았다. 왕패는 영호자백令狐子伯이라는 동향 친구가 있었는데 초왕楚王의 재상으로 있었고, 그의 아들도 군郡의 공조로 있었다. 언젠가 영호자백은 아들을 통해 왕패에게 편지를 보내왔다. 영호자백의 아들은 높다란 수레에 앉아 호화롭고 부귀에 넘치는 기세로 찾아왔다. 그때

### ●●● 역사문화백과 ●●●

**[황제 전용 생활도구 – 승여]**
동한 채옹의 《독단獨斷》에 "수레와 말과 의복과 기물과 모든 물건을 승여乘輿라 한다"는 설이 있다. 천자의 용품으로 공급하므로 각종 물품을 모두 정밀하게 만들고 사치하게 장식해 황제의 드높은 존엄을 상징한다. 존경을 표시하기 위해 어떤 사람들은 승여로써 황제를 직접 대체하기도 한다.

**동한 명리 유곤이 범을 감화시키다**
명나라 화가 주서朱瑞가 그린 〈맹호도하도猛虎渡河圖〉는 〈홍농도호도弘農渡虎圖〉라고도 하는데 동한 명리 유곤劉昆의 이야기를 묘사한 것이다.

왕패의 아들은 한창 밭에서 농사일을 하다가 손님이 왔다는 말을 듣고 농기구를 놓고 집에 돌아와 손님을 만났는데 그 호화로운 기세에 눌렸다. 왕패는 오래도록 침대에 드러누워 일어나지 않았다. 왕패의 아내가 그 연유를 물으니 왕패는 말했다. "옛친구의 아들은 의표당당한데 내 아들은 초라한 모습이고 예의범절을 모르니 손님을 만나 얼굴에 부끄럼이 가득하거든. 난 아비로서 마음이 괴로워." 아내는 말했다. "당신께선 본래 지조가 고결하고 영화와 녹을 부러워하지 않으셨지요. 지금 영호자백의 존귀함을 어찌 당신의 고결함과 비교하겠습니까? 어찌 자신의 본래 뜻을 잊고 자식 때문에 괴로워한단 말씀입니까!" 이 말에 왕패는 벌떡 일어나 웃으며 말했다. "그래 그렇지!" 그리하여 아내와 함께 평생 은거했다.

# 086

《후한서後漢書·공융전孔融傳》  출전

## 발해의 명사 공융

공융孔融은 어려서부터 예의로 양보하는 기풍이 있었고 커서는 발해渤海의 명사로 존경을 받았다. 그러나 이런 천하에 명성이 자자한 조정의 고굉지신도 나중에는 조조의 손에 죽었다.

### 큰 인물이 되다

공융은 동한 시대 산동 사람으로 공자의 20세손이다. 공융이 10세 되던 해에 그 부친을 따라 서울 낙양에 갔었다. 공융은 오래전부터 이응李膺에 대한 이야기를 들어 낙양에 도착한 후 한번 보고 싶어 했으나 이응 본인은 함부로 손님을 만나지 않았다. 이에 공융은 방법을 생각해 문지기에게 말했다. "가서 주인에게 통보해라. 그의 옛 친구가 왔다고 말이다." 이응은 공융을 만난 후 그와 자기가 결코 옛 교분이 없다고 느껴져 몹시 궁금해 했다. "나와 그대는 어느 때 만나 내왕했던고?" 공융은 태연히 대답했다. "대감께선 잊으셨나 보지요? 저의 조상 공자께서는 대감의 조상 노자(노자는 성이 이씨임)와 함께 학술을 교류하셨고 서로 친구로 지내셨는데 이렇게 보면 저와 대감은 대대로 내려오는 교분 아닌가요?" 이응은 이 말을 듣고 그의 민첩함과 재질에 은근히 탄복했다. 당시 그 자리에 앉은 사람들은 모두 탄복하며 젊은 사람들이 무섭다고 했다. 한 사람이 늦게 도착했는데 먼저 도착한 사람이 방금 일어난 일을 그에게 들려주니 그 사람은 별로라는 뜻으로 말했다. "사람이란 늘 그렇지요, 어려서는 총명하지만 크면 도리어 자질이 수수하고 아무런 특징도 없게 되는데 이건 별로 놀랄 일이 아니지요." 그러자 공융이 말했다. "그렇다면 대감께서는 어릴 때 무척 총명하셨겠네요." 그 자리의 사람들이 박장대소하는 가운데 이응은 찬탄하며 말했다. "고명하면 필히 큰 그릇이 되는 법이네!" 그 뜻인즉, 공융이 앞으로 꼭 큰 인물이 되리라는 것이다.

### 온 집안이 죽음을 다투어 날린 명성

공융은 13세 때 부친이 사망했다. 그의 위로 형 공포孔褒가 있었다. 당시 환관이 권력을 독점해 태학생

#### 발해의 명사 공융

공융이 배를 양보한 이야기는 부녀와 어린애들도 다 알고 있지만 그는 어려서부터 예의로 양보하는 기풍이 있었고 커서는 또 발해의 명사로 존경을 받았다.

●●● 역사문화백과 ●●●

#### [묘비의 전신 – 묘표墓表]

묘표墓表는 묘비의 전신으로 진·한 시대 신도에 설치, 묘지의 위치와 묘 주인의 평생 사적을 기재했다. 대부분 목재로 제작했다. 문자는 간결하게 했다. 동한 시대에 묘표는 석재로 바꾸고 문자 내용에도 현저한 변화가 발생했다. 주로 사망자를 추억하고 사망자의 평생 사적을 기술했는데 찬미하는 언어를 많이 시용했다.

| 중국사 연표 |

200년

동승董承 등이 조조를 모살하려다 일이 폭로되어 주살되었다. 손책孫策이 암살 당했다. 동생 손권孫權이 그 무리를 거느리고 주유周瑜·장소張昭에게 일을 관장하게 했다.

과 기타 그들과 다른 의견을 가진 관료를 박해했다.

하루는 장검이라는 사람이 환관 후람에게 추격을 당해 공융의 집에 도망쳐 와서 난을 피하려 했다. 마침 공포가 밖에 나가고 집에는 공융이 혼자 있었다. 장검은 그가 아직 어려서 말을 꺼내지 못하고 어색하게 서 있었다. 공융은 이미 그의 내심을 간파하고 무슨 일이 있으면 말을 하시라 하면서 형님께서 집에 안 계시니 내가 결정할 수 있다고 시원스레 말했다. 그리하여 장검은 공융의 집에 남아 있었다.

### 공융이 배를 양보하다

공융(153~208년)은 자가 문거文舉이다. 동한 영제 때 시어사를 지냈다. 동탁이 권력을 독점할 때 공융은 북해 재상을 지냈고 사람들은 공 북해라 불렀다. 그는 북해군에서 임직하는 기간에 성읍을 수리하고 학교를 꾸리고 훌륭한 유학자들을 표창했다. 그는 예의를 숭상해 어릴 때부터 형제간에 배를 양보한 일로 소문이 났다. 그는 동생으로서 나이가 어리므로 작은 배를 가져야 한다면서 큰 배를 형에게 양보해 사람들의 칭찬을 받았다. 공융이 배를 양보한 이야기는 천고에 유전되는 겸양의 미담이 되었고 아동 계몽 교재의 전형적인 이야기로 되었다. 이 그림은 명나라 도시상塗時相의 《양몽도설養蒙圖說》에 실려 있다.

이 일을 후람의 앞잡이에게 들켜 공융의 집에 와서 수색했다. 장검은 안전하게 도망치고 공융 일가는 환관의 추궁을 받아 옥에 갇혔다. 죄를 판결할 때 관아에서 난처한 일에 부딪쳤다. 공포는 부친이 안 계시고 자신이 형인만큼 응당 자신이 책임을 감당해야 한다고 주장했다. 공융은 일은 자신이 일으킨만큼 자신이 감당해야 한다고 주장했다. 모친은 집의 일이란 연장자가 주도하는만큼 자신이 책임져야 한다고 주장했다. 이 일은 당시 매우 큰 파장을 일으켰고 공융의 명성도 이때부터 천 리 밖에 퍼졌다.

동한 왕조가 부패하고 백성이 살길이 없어 황건 봉기군이 기회를 틈타 거사한 후 동탁은 황실 보호를 구실삼아 입경해 한나라 헌제를 끼고 천하를 호령했다. 한실에 충성하는 공융은 동탁의 심리 상태를 매우 잘 이해해 조정 일을 의논할 때면 항상 동탁의 뜻에 따르지 않아 몇 번이나 동탁의 박해를 받았다.

후에 조조는 세력이 커지면서 공융을 끌어당기려 했지만 공융의 거절과 풍자를 받았다. 이에 조조는 몹시 미워하며 그때부터 공융을 살해할 마음을 품었다.

헌제는 조조에게 허도許都에 끌려 온 후 무슨 일이든 공융에게 물었고 그를 무척 신임했다. 그러나 한실 강산은 이미 서산에 지는 해였다. 공융이 한나라를 회복하려는 웅심이 있다 하더라도 천하 호령은 조조의 손으로 내리고 공융은 그저 실권이 없는 문신文臣에 불과, 도저히 현실을 바꿀 능력이 없었다. 오히려 그의 노력은 조조의 원한을 부채질했을 뿐이다.

---

**●●● 역사문화백과 ●●●**

**[바둑]**

한나라 시대 바둑을 '혁奕'이라고도 했다. 바둑은 높은 지능을 필요로 하는 우아한 놀이로서 극히 심오한 문화적 철학을 담고 있어 문인과 귀족에게 사랑을 받았다. 동한 시대 바둑판은 17줄이다.

## 엎어진 둥지 속에 어찌 완전한 알이 있으랴

공융은 성질이 너그럽고, 남을 질투하지 않고, 재능 있는 사람을 매우 존중하며, 후학 젊은이에 대해 항상 적극 진취적으로 조리 있게 설명했다. 공융은 감정을 중히 여기는 사람으로 그와 채옹은 훌륭한 친구였다. 채옹이 피살된 후 공융은 손님을 초대할 때마다 그를 회상하며 항상 용모가 채옹과 매우 흡사한 사람을 하나 좌석에 앉혔다. 공융은 품성이 고상해 뒤에서 남의 나쁜 말을 하지 않고, 꼭 앞에서 그 사람의 결함을 지적했고, 배후에서는 꼭 그 사람의 장점을 말해 천하의 영웅호걸들은 모두 공융을 몹시 존경하고 그에게 탄복했다. 그의 집에는 늘 빈객이 자리에 가득 찼다. 이역시 조조의 근심을 자아냈다. 게다가 이미 쌓인 알력이 있어 조조는 노수路粹라는 자를 시켜 공융을 무고

하게 했다. 즉, 그가 북해에 있을 때 천하가 크게 혼란에 빠지니 한나라를 대체해 자립하려고 군대를 모집했는데, 이는 대역무도한 죄로 극형에 처해야 한다는 것이었다. 이 무고 편지를 구실로 조조는 즉시 영을 내려 공융을 옥에 가두게 했고 얼마 안 되어 그를 죽였다. 그때 공융은 56세였다. 그의 처자 역시 모두 피살되었다.

처음에는 공융의 딸이 7세, 아들이 9세여서 죽이지 않고 남의 집에 보내 부양했다. 공융이 옥에 갇힐 때 그들은 한창 바둑을 두고 있었는데 옆에서 시중드는 사람이 그들에게 부친이 제포되었으니 어떻게 하겠는가를 묻자 아들은 대답했다. "엎어진 둥지 속에 어찌 완전한 알이 있으리오." 아들이 목이 말라 주인집의 고깃국을 마시니 딸이 옆에서 말했다. "오늘 이런 재난을 만났으니 우리가 어디로 도망칠 수 있단 말이야? 오빠 그래도 고기 생각이 나?' 오누이는 서로 붙잡고 통곡했다. 이런 말이 조조의 귀에 들어가자 조조는 죽일 생각을 했다. 그들을 잡으러 가니 딸은 오빠에게 말했다. "오늘 우린 끝내 지하에 부모님 만나러 가게 됐으니 소원을 풀게 됐어." 이 말을 들은 사람들은 몹시 괴로웠다. 그들은 죽을 때 안색도 변하지 않고 태연스레 처형을 당했다. 이에 그 자리에 있던 사람들은 모두 눈물을 흘리며 슬픔을 참을 수 없었다.

공융은 문장을 매우 잘 지었다. 위나라 문제는 공융의 문장을 읽기 좋아해 늘 황금과 비단을 많이 주며 민간에 흩어진 공융의 사부辭賦 문장을 수집했다. 당시 공융의 시체를 수습한 지습脂習은 위나라 문제 때 대부 벼슬에 임명되었다.

### 서왕모의 신선 세계

높디높은 선산, 구름이 감도는데 서왕모는 자리에 똑바로 앉고 뭇 신선이 그녀의 주위에 둘러 서 있다. 이 도기는 상·중·하 3층의 입체 설계로 삼층 사이에 서로 통하게 한 특색을 띠고 있으며, 신선 세계의 보함과 신비힘을 보여주고 있디.

# 초점 : 서기 8년부터 220년까지의 중국

사상이 작은 일에 구애되지 않고 소탈하여 고집을 버리면 이단 사상과 외래 사상을 충분히 용납할 수 있다. 그러므로 공교孔教 이외의 사상이 끊임없이 인입되었다. 따라서 한나라 말기 · 위나라 초기의 문장은 청수하고 소탈하여 작은 일에 구애되지 않고 화려하고 장대하다고 말할 수 있다.

루쉰魯迅

동한 학자들은 미신을 점차 타파했으나 철학 분야의 발견은 여전히 매우 적다. 유가는 이때 점차 앞으로 나섰는데, 왕부王符의 《잠부론潛夫論》과 왕충王充의 《논형論衡》은 이채를 띠는 탁월한 저술이라 할 수 있다.

장타이옌章太炎

동한 시대에 문학론자는 우선 환담桓譚 · 반고班固를 꼽고 다음에는 왕충을 꼽는다. 담 · 고는 모두 공자의 말씀을 높이 받들었고, 왕충의 논설은 군산君山에서 나왔으므로 동한의 문학론은 모두 양웅한테서 나왔다고 말할 수 있다.

주둥룬朱東潤

왕망 찬탈의 짧은 혼란을 거쳐 동한 광무제 유수는 농민의 반란과 지방 군벌 할거의 국면으로부터 한나라 제국의 중흥을 실현했다. 각 분야의 이해 충돌을 조화시켜 피차 조화로운 병존을 유지하기 위하여 그는 천인합일天人合一의 자연적 조화 등의 관념을 극력 고취하여 동한에 현상 유지를 위한 정치 철학이 차 넘치게 했다. 그러나 토호 겸병이라는 사실은 결국 의식 형태로서 소실되는 것이 아니었다. 마침내 당고의 화를 겪은 후 충돌의 당사자들은 한나라 제국을 패망의 운명으로 밀어갔다.

황런위黃仁宇

한나라 시대 경학은 문구에 의지했다. 그러므로 소박하게 이치를 설명하는 일면에 구속도 면하지 못했다. 위나라 이후 학문은 현묘하고 먼 기풍을 숭상했다. 성인의 도에 상당히 위배되지만 군주가 좋아했기 때문에 사상 언론은 비교적 자유로웠다. 한나라 시대에 사람들의 관습이 된 것은 장과 구절이고 위 · 진 시대에 숭상한 것은 '통通'이었다. 장구는 대부분 문장 수식의 설에 따르고, 통하는 것은 그 뜻이 통한다는 말인데 어휘로써 뜻을 방해하지 않는 것이다.

탕융둥湯用彤

문학계의 태두와 학술계의 명가들이 서기 8년부터 220년까지의 중국에 초점을 모았다. 그들은 거시적·미시적 관점이라는 독특한 시각에서 동한의 정치·경제·사회·문화의 각 차원에 대하여 깊이 분석하고 이를 쉬운 말로 해석했다. 고도의 지혜를 응집한 이런 학술 정화精華는 세월이 흐르면서 읽을 때마다 항상 새로운 맛이 나며, 중국 역사 문화의 전당에 들어가도록 우리를 인도하고 있다.

동한의 영제·헌제 시대는 크게 혼란한 시대다. 정치의 암흑과 혼란은 극단에 이르렀다. 청류淸流 사대부는 모두 '당고의 화'를 당하여 일망타진되었다. 이 혼란한 시대는 오히려 문학사상 매우 찬란한 시대이다. 이 시대의 으뜸 인물은 조조다.

후스胡適

동한이 통일에서 장기적 분열로 나아간 것도 극히 복잡한 요인을 가지고 있다. 큰 것들을 들면 아래와 같다. 첫째, 흉노·강족이 부단히 내부로 이주하여 북방과 서북 변강에서 지대한 세력을 형성했다. 둘째, 세족世族이 흥기하여 사대부의 가족 보위 관념이 조정에 대한 충성을 초과했다. 셋째, 사상적으로 집단을 중요시하는 유학의 의식이 점차 쇠락하고 대신 개체의 자유를 중요시하는 노장老莊이 흥기했다. 불교의 동방 전파도 이러한 추세를 조장했다. 넷째, 상층사회 유교 문화에 대한 민간 문화의 공개적 반항이다.

위잉스余英時

동한 사대부들이 숭상하는 이상적인 인격과 도덕 정신은 보편적인 정치 권력의 압박 아래 세속적인 비속한 인격 및 실용 정신과 내항하였다. 그들은 일종의 격렬한 태도로 자신의 지향을 수호하고 자신의 존재를 과시하지 않을 수 없었다. 이리하여 그들은 점차 극단으로 나아갔다.

거자오광葛兆光

선비들의 정치적 지위는 서한의 무제·선제 때부터 점차 현저해졌고 동한에 이르러 더욱 심해졌다. 여기에는 몇 가지 원인이 있다. 첫째, 조정 제왕의 극단적인 제창이다. 둘째, 민간 유학의 보편적인 발전이다. 셋째, 박사 제자의 지속적인 증가다. 특히 중요한 것은 당시 지방 선발 천거와 관아 징모제다.

첸무錢穆

파란만장한 중흥 활극은 한 왕조의 생명의 여정을 시작했고
숙명적으로 안정 · 극성기를 거쳐 다시 종국적인 침체의 붕괴로 나아갔다.
그러나 동한 시대의 중화 선민은 이처럼 기복이 심한 역사적 단계에 화려하고 독특한 일대 문명을 창조했다.

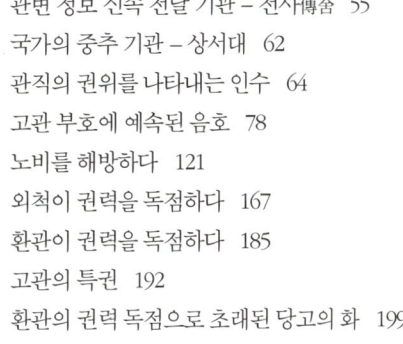

## 16. 기타

## 14. 동한의 건축

## 15. 정령 법규

# 찾 아 보 기

# 찾 아 보 기

**중국을 말한다**
06 끝없는 중흥의 길


초판 1쇄 인쇄  2008년 6월 25일
초판 1쇄 발행  2008년 6월 30일

총기획 ┃ 허청웨이
지은이 ┃ 장젠중
옮긴이 ┃ 남광철
펴낸이 ┃ 신원영
펴낸곳 ┃ (주)신원문화사

편집 ┃ 최광희, 김은정, 김숙진, 장민정
교정 · 교열 및 디자인 ┃ 인디나인
영업 ┃ 윤석원, 이정민, 박노정
총무 ┃ 양은선, 최금희, 전선애, 임미아, 김주선
관리 ┃ 조병래, 김영훈

주소 ┃ 서울시 강서구 등촌1동 636-25
전화 ┃ (02) 3664-2131~4
팩스 ┃ (02) 3664-2130
출판등록  1976년 9월 16일 제5-68호

ISBN 978-89-359-1445-6(04910)
ISBN 978-89-359-1439-5(세트)

 '本书获得中国图书对外推广计划支持'
이 도서는 중국 도서 대외 보급 계획의 번역 원고료 지원을 받았음.